# 다시
# 성경으로3

BACK TO THE BIBLE AGAIN

윤구현 목사의 그리스도 중심의 성경 읽기

다시 성경으로3

·**초판 1쇄 발행** 2020년 5월 30일

·**지은이** 윤구현
·**펴낸이** 민상기
·**편집장** 이숙희
·**펴낸곳** 도서출판 드림북
·**인쇄소** 예림인쇄 **제책** 예림바운딩
·**총판** 하늘유통(031-947-7777)

·**등록번호** 제 65 호 **등록일자** 2002. 11. 25.
·경기도 의정부시 가능1동 639-2(1층)
·Tel (031) 829-7722, Fax(031) 829-7723

그리스도 중심의 1년1독 성경 읽기

한 개혁주의 목사의 성경사랑

BACK TO THE BIBLE AGAIN

# 다시 성경으로 3

윤구현

**9-12월** | 에스겔 16장 - 요한계시록 22장

# 추천사

1년 1독 성경읽기 안내서 출간을 축하드립니다. 매일 말씀을 대하다 보니 말씀대 로 살고자 하는 노력이 생기고 무엇보다 구약을 쉽게 풀어주셔서 읽기가 수월했습니다. 믿음의 반석이 더더욱 굳건해진 것 같아 매일 매일 구원받은 기쁨으로 살고 있습니다. 감사합니다.

**–김영숙**

할렐루야! 매일매일 기대와 설레임으로 하루도 거를 수 없는 맛나를 주셔서 감사합니다. 1년 1독 성경 읽기 안내를 따라 말씀을 읽으면서 때로는 눈물을 흘리기도 하고, 때로는 터질 것 같은 감동과 기쁨과 평강과 풍요를 누리기도 했습니다. 하나님의 뜻에 순종하게 하시며 성령께서 나를 깨뜨리시며 기도하게 하셨습니다. 나는 오늘도 말씀의 맛나를 거두러 갑니다.

**–박태경**

지난 10년 동안의 윤목사님의 말씀 묵상이 책으로 나와 다시 볼 수 있게 된 것을 기쁘게 생각합니다. 신구약 성경 전체를 통한 목사님의 묵상 말씀은 세상의 변질된 복음과 타협치 않고 매번 오직 예수님으로만 결론이 되는 귀한 말씀이었습니다. 바라건대 마지막 시대에 깨어 세상과 싸워갈 많은 기독교인들에게 이 말씀 묵상집이 좋은 길동무가 되길 바랍니다.

**–강병삼**

성도는 하나님의 말씀인 성경과 평생 동행하며 살아야 한다. 그 안에 모든 진리와 삶의 지혜와 영적 생명을 담고 있기 때문이다. 그런데 현대인들은 성경과 점점 거리가 멀어지고 있는 것 같다. 예전에 성경을 읽고 묵상하던 시간들을 이제는 인터넷과 스마트폰에 대부분 빼앗기고 있다. 게다가 성경을 읽어가다 보면 그 뜻을 명확하게 이해할 수 없어 목회자나 성경학자의 도움이 필요하다고 느낄 때가 많지만 항상 이런 분들의 도움을 얻을 수 없으니 말씀 읽는 즐거움이 반감되기도 한다. 그 점에서 이 책은 성경의 좋은 안내자 역할을 한다. 그뿐 아니라 이 책을 읽고 있으면 성경을 읽고 싶은 마음도 갖게 된다. 이 책은 창세기부터 계시록까지 장별로 간략하면서도 핵심적인 내용을 담고 있어 성경을 좀 더 명확하게 이해 할 수 있도록 돕고 있다. 때로는 신학적인 설명과 주경적인 해석, 그리고 저자의 묵상이 더해져서 말씀을 더 깊이 있게 이해하도록 안내한다. 이 책은 성경적인 신학의 바탕 위에 있지만 어렵거나 이론적인 서적은 아니다. 누구든지 읽을 수 있도록 쉽게 쓰였다. 간략하고 쉬우면서도 결코 가볍지 않은 좋은 책이다. 저자가 10년간 성경에 대한 열정으로 묵상하며 결실을 맺은 이 책을 기쁜 마음으로 추천한다.

**–윤대식 목사**(Washington University of Virginia 교수, 새비전교회 담임)

## |서 문|

'1년 1독 성경 읽기'를 시작한지 백 일째 되는 날이었다. 우리 집에서 한 시간 남짓 떨어진 곳에 사는 어떤 집사님께서 한번 만나고 싶다는 연락을 해 와서 방문한 일이 있었다. 그때 그분께서 사무실에서 바인더 북 하나를 가지고 나와서 내게 보여주었 다. '1년 1독 성경 읽기'를 하면서 매일매일 배달되는 글들을 프린트하여 모은 글들이었다. 매일매일 배달되는 말씀읽기 안내 글을 일일이 밑줄을 쳐 가며 자세하게 읽으면서 받았던 감동스러운 이야기도 들려주었다. 날마다 성경읽기를 인도하면서 이렇게까지 열심을 내어 참여하고 있는 분이 있을 것이라는 생각은 미처 하지 못했었다. 내게는 큰 감동이었다. 그분의 열심을 보면서 나는 더 성실하게 그리고 더 진지하게 이 일을 계속해야 하겠다는 생각을 하게 되었다.

오늘 우리가 살아가고 있는 이 시대는 참으로 바쁘고 분주한 시대이다. 이전 시대 보다 훨씬 더 우리의 삶을 편리하게 하는 문명의 이기들이 많아졌는데도 불구하고 말이다. 우리 그리스도인들의 삶도 크게 다르지 않은 것 같다. 성경을 읽는 것이 중요한 줄은 알지만 정작 시간을 내어 성경을 읽는 일은 쉽지 않아 보인다. 시간이 없어서라기 보다 우리의 마음이 다른 일들로 분주하기 때문이 아닌가 생각된다. 그러나 날마다 시간을 내어 성경을 읽고 자신의 삶과 인생을 성찰하는 일은 그 어느 때 보다 중요한 일이 되었다. 성경 말씀을 통해 하나님의 마음을 배우고 의미있는 삶을 위한 인생의 방향을 잡을 수 있기 때문이다.

지금 우리는 AI로 대변되는 4차 산업혁명의 시대를 맞이했다. 지식과 정보의 양은 폭발적으로 늘어나고 있고, 높은 지능을 가진 기계가 그동안 사람들이 해왔던 일들의 많은 부분들을 대신하게 되는 일들이 우리 눈 앞에서 현실이 되고 있음을 본다. 사람들은 모든 가치의 상대화를 부르짖고 사람들 사이에 형성된 기존의 모든 관계의 의미들이 해체당하고 있는 시대에, 성경은 과연 우리에게 어떤 의미를 줄 수 있을까?

지난 10년 동안 우리 주님의 몸 된 교회를 섬기면서 성도들이 하나님의 말씀과 친밀해질 수 있도록 무던히 노력했다. '다시 성경으로'는 그 수고의 열매이기도 하다. 바울은 그가 말씀으로 낳은 아들 디모데에게 편지를 쓰면서 하나님의 감동으로 된 모든 성경은 교훈과 책망과 바르게함과 의로 교육하기에 유익하다고 했다. 성경을 읽고 묵상하고 실천함으로써 하나님의 사람으로 세워져 가며 하나님 앞에서 참으로 선한 삶을 살 수 있다고 했다.(딤후3:16-17) 성경이 하나님의 감동으로 기록되었다는 것은 성경이 생명력 있는 책, 살아있는 책이라는 뜻이다. 성경을 읽을 때 성령께서 우리의 마음에 말씀하시고, 우리의 삶을 교훈하시고, 우리가 바른 길로 갈 수 있도록 인도하신다.

'다시 성경으로'는 하나님의 자녀들이 하나님의 말씀인 성경을 읽는데 쉽고 재미 있게 읽을 수 있도록 도움을 주는 책이다. 이 책을 통해 성경 독자들이 성경을 좀더 깊이 이해하고, 또 계속해서 성경을 읽을 수 있도록 동기부여가 된다면 이 책의 역할은 충분한 것이 될 것이다. 나는 이 책이 성경을 읽는 독자들의 심령 속에 하나님의 말씀을 사모하는 열심이 불같이 타오를 수 있게 하는데 불쏘시개 역할을 할 수 있기를 소망한다.

사람들은 고전을 사랑한다. 수 천년 수 백년 전에 쓰였지만 그 책들 속에 인생의 의미와 삶의 지혜가 풍부하게 담겨있기 때문이다. 인류 최고의 고전인 성경은 인생의 지혜를 담고 있을 뿐만 아니라 우리를 영원한 삶으로 인도하는 살아있는 책이다. 그 동안 함께 성경 읽기에 동참한 성도들이 있었기에 중단없이 10년동안 이 길을 달려올 수 있었다. 모든 분들께 감사를 드린다. 내가 힘들어 할 때마다 포기하지 않도록 끊임없는 격려로 붙잡아준 아내에게도 고마움을 보낸다. 그리고 이 책이 세상에 빛을 볼 수 있도록 출판을 책임져 주시고 친절하게 안내해 준 도서출판 드림북 민상기 대표님께 감사드린다. 한없이 부족하지만 날마다 힘주시고 은혜를 부어주신 우리 아버지 하나님께 모든 영광을 돌려드립니다!

매일매일 소중한 시간을 내어 다시 성경으로 돌아가자! 그리고 성경의 삶을 연습하자!

2020년을 맞이하면서 리치몬드 사랑의교회 **윤구현** 목사

# 목 차

## 9월



## 10월

## 11월



## 12월

# 9월

에스겔
다니엘
호세아
요엘
아모스
오바댜
요나
미가
나훔
하박국
스바냐
학개

9월

# 에스겔

## 9월 1일 :: 에스겔 19-18장

### 1. 음란한 부녀(16장)

하나님께서 예루살렘의 타락과 심판에 대해서 말씀하신다. 그의 근본은 가나안이고 그 아비는 아모리 사람이고 어미는 헷 사람이라고 하신다. 원래 비천한 출생이었는데 하나님께서 그의 배꼽 줄을 자르고 물로 씻어 정결하게 하며 소금을 뿌려 깨끗하게 하고 그를 살려주셨다. 그러므로 예루살렘이 주님의 자비로 성장하게 되고 주님의 사랑을 받아 혼인하게 되었다. 주님께서는 예루살렘에 모든 좋은 것들을 주셔서 누리게 하셨다. 최고의 옷을 주어 입히고 장신구를 달아주고 음식을 줘 먹게 했다. 그 지위를 얼마나 높이셨든지 예루살렘이 그 화려함으로 인해 왕후의 지위를 얻게 되었다. 그런데 그들이 타락하여 교만해지고 음란하게 행했다. 남편이신 하나님께서 주신 모든 것들을 다른 남자들에게 갖다 바치고, 다른 남자와 음행하기 위해 자식까지 희생했다.

우리가 항상 잊지 말아야 하는 것은 지난날의 나의 모습이다. 처음부터 화려한 사람이 없었다. 모자라고 부족한 것들이 많았지만 하나님의 은혜와 사랑을 받아 여기까지 이르게 되었다. 성도는 항상 하나님의 은혜를 기억해야 한다. 음행을 행한 예루살렘을 하나님께서 심판하시겠다고 하신다. 사방의 모든 자로 대적이 되게 하며, 그들 앞에서 벗은 몸을 드러내게 하며, 진노와 투기의 피를 받게 하며, 사방의 모든 자로 강탈하게 하겠다고 하신다. 받은 은혜를 잊어버리고 하나님을 격노케 한 행위의 열매를 거두게 하시겠다고 하신다. 그러나 하나님은 여전히 예루살렘을 불쌍히 여기신다. 그들과 맺었던 언약을 기억하시고 그들을 용서해 주겠다고 하신다. 그렇게 함으로 그들을 부끄럽게 만드시겠다고 하신다. 예수님께서 나를 그렇게 사랑하신다.

### 2. 독수리와 포도나무(17장)

두 마리의 독수리와 포도나무에 대한 비유이다. 포도나무는 유다이고 두 마리의 독수리는 바벨론과 애굽을 지칭한다. 두 마리의 독수리가 그 포도나무의 뿌리를 빼고 실과를 따며 그 나무로 시들게 하겠다고 한다. 동풍이 불어와 포도나무를 그 자라던 두둑에서 마르게 하겠다고 한다. 유다는 한 독수리인 바벨론에 의해 망하게 되고, 바벨론의 공격을 막기 위해 애굽에 사자를 보내 말과 군대를 구했지만 다른 독수리인 애굽이 그들에게 아무 도움도 되지 못할 것이라고 한다. 이스라엘이 바벨론의 올무에 걸리게 된 이유는 시드기야 왕이 바벨론과 충성을 맹세하는 언약을 세웠는데 결국 그 언약을 배반하고 애굽을 의지했기 때문이다. 그러므로 바벨론은 언약을 파기한 유다를 완전히 파괴해 버렸다. 하나님께서 이 일을 통해 하나님과 언약을 배반한 유다의 죄를 어떻게 처리하실 것인지를 보여주신 것이다.

하나님께서 유다를 바벨론으로 끌고가 그 곳에서 그들이 반역한 그 반역을 국문하며, 바벨론의 손에서 벗어난 자들은 칼에 엎드러지고 사방으로 흩음을 당하게 될 것이라고 하신다. 두 마리의 독수리 중 그 어느 것도 이스라엘의 안전과 번영을 보장하지 않았다. 유다가 의지했던 것들은 늘 그들에게 고통만 안겨주었다. 하나님께서는 그들을 위해 전혀 새로운 길, 즉 높은 백향목 새 가지 끝에서 연한 가지를 이스라엘의 산에 심어 무성하게 하고 열매를 맺게 하여 새들이 깃들이는 아름다운 백향목을 이루게 할 것이라고 한다. 그 연한 새 가지는 예수 그리스도이다. 연한 가지처럼 겸손하신 주님께서 새로운 왕국을 이룰 것을 말씀한다. 오직 예수께만 우리 인생의 참된 소망이 있다.

## 3. 사는 길(18장)

이스라엘에 '아비가 신 포도를 먹었으므로 아들의 이가 시다'는 속담이 있다. 아버지가 죄를 지으면 아들이 그 죗값을 받는다는 말이다. 반대로 아버지가 의롭게 살면 그 아들이 아버지 때문에 복을 받는다는 말이다. 그러나 하나님은 그렇지 않다고 말씀하신다. 복과 화의 원인은 다른 누구에게 있는 것이 아니라 바로 자신에게 있다고 말씀하신다. 내가 어떻게 행하느냐에 따라 그 행위의 열매를 먹게 된다고 말씀하신다. 이스라엘은 지금 자신들이 하나님 앞에서 불의한 삶을 살고 있으면서 자신들이 당하는 고난을 조상의 탓으로 돌렸다. 조상들이 하나님 앞에서 잘못해서 자기들이 고난을 받고 있다고 생각했다. 그렇게 함으로써 자신들의 죄악된 행위들을 변명하고 위로를 삼으려고 했다. 하나님은 그들의 죄를 신랄하게 꾸짖으셨다. 그들이 지금 하나님의 율법을 어기고 죄 된 삶을 살고 있다고 지적하신다. 모든 사람들은 잘못된 일에 대한 책임을 다른 사람에게 돌리려는 경향을 가지고 있다. 그러나 어떤 일이 잘못될 때 먼저 자신을 살펴보아야 한다. 하나님께서는 이 백성들이 진정으로 사는 길을 알려 주신다. 그것은 자신을 돌아보고 잘못한 것이 있을 때에 회개하라고 하신다. 그러면 살게 된다고 하신다. 그러나 다시 죄를 범하면 그 죄의 값을 받게 된다고 하신다. 우리는 모두 죄를 범할 수밖에 없는 연약한 자들이다. 그러므로 책임을 다른 사람에게 돌리지 말고, 우리의 마음을 돌이켜 회개하고 나의 죗값을 지불하신 예수 그리스도의 희생을 나의 희생으로 받아들여야 한다.

# 9월 2일 :: 에스겔 19-21장

## 1. 탄식의 노래(19장)

이스라엘 왕들에 대한 탄식의 노래이다. 암사자가 새끼를 기르는데 그 새끼가 자라 젊은 사자가 되자 식물을 움키기를 배우고 사람을 삼켰다고 한다. 그 때에 이방이 그 소식을 듣고 함정으로 그 사자를 잡아 갈고리로 꿰어 애굽 땅으로 바벨론 땅으로 끌고 감으로 이스라엘 땅에 다시 그 소리가 들리지 않게 되었다고 한다. 이스라엘 백성들은 그들의 왕이신 하나님을 버리고 세상 나라들처럼 왕을 사모하고 그 왕에게 큰 기대를 걸었다. 그 왕을 세우고 그 왕을 의지했지만 왕은 백성들에게 오히려 크나큰 고통만 안겨주었다. 하나님께서 이 비유를 베풀어 인생들의 생각의 헛됨을 책망하신다. 또한 하나님께서는 포도나무 가지의 비유를 들어 유다의 교만을 책망하신다. 그들은 물가에 심긴 포도나무였는데 그 곳에 물이 많으므로 실과가 많고 가지가 무성하게 되었는데, 그 중에 한 가지의 키가 다른 가지들 가운데 높아서 뛰어났는데 결국 분노 중에 뽑혀 땅에 던짐을 당하게 되고 실과는 동풍에 마르고 그 강한 가지들은 꺾이고 마르고 불에 타게 되었다고 한다. 이스라엘이 하나님 앞에 교만하게 행하다가 결국 비참하게 되었음을 말씀한다. 이스라엘 왕과 백성들은 하나님께서 높이시고 하나님께서 복 주신 것을 잊어버리고 자신들의 힘으로 모든 부귀영화를 이룬 듯이 교만하게 행하다가 결국 하나님께 버림을 당하게 되고 말았다.

하나님은 당신의 자녀들에게 복의 근원이 되신다. 하나님이 우리를 심으시고 세우시고 무성하게 하시고 강하게 하신다. 그것을 아는 것이 복이다. 하나님께서는 이스라엘의 역사를 통해 당신의 백성들에게 지혜를 가르치신다. 우리가 하나님의 말씀에 귀를 기울여야 한다. 역사로부터 배우지 못하면 소망이 없다.

## 2. 역사의 교훈(20장)

하나님께서 에스겔에게 유다를 향한 형벌과 심판에 관한 말씀을 주신다. 유다의 장로들이 여호와께 물으려고 에스겔에게 왔을 때에 하나님께서 그들의 물음을 용납하지 않으셨다. 그들이 행하고 있는 죄악 때문이었다. 하나님께서 이스라엘을 택하시고 그들의 하나님이 되셔서 신실하게 행하셨지만 이스라엘은 하나님 앞에서 패역을 일삼았다. 하나님께서 그들을 젖과 꿀이 흐르는 아름다운 땅으로 인도해 들이시기를 원하셨으므로 우상을 버리고 하나님만 섬기라고 하셨다. 그러나 이스라엘 백성들은 패역하여 하나님의 말씀을 듣지 않고 그들의 눈에 보이는 가증한 우상들을 섬겼다. 하나님께서 당장 그들을 심판하셔야 했지만 하나님의 거룩한 이름을 위하여 그들의 허물과 죄를 용서하고 그들을 애굽에서 인도해 내셨다. 그러나 애굽에서 나온 출애굽 1세대들은 하나님의 사랑과 은혜를 잊어버리고 광야에서 하나님께 패역하여 율법을 무시하고 우상을 좇으며 안식일을 멸시하였다. 사랑과 긍휼이 풍성하신 하나님께서는 여전히 그들을 참으시고 그들을 광야에서 아주 멸하지 않으셨다. 출애굽 2세대 역시 하나님께서 인도해 들인 가나안 땅에서 조상들이 걸었던 길로 감으로써 하나님의 마음을 아프게 했다. 그러므로 하나님께서 그들을 마침내 열국 가운데 흩으시기로 작정하셨다. 그리고 그 곳에서 마음을 돌이켜 하나님을 섬기게 하시고, 여호와가 하나님 되심을 알게 하시겠다고 하신다. 언제나 역사는 우리에게 큰 교훈을 준다. 지혜로운 사람은 역사를 통해 배우고 어리석은 사람은 사건을 통해 배운다는 말이 있다. 역사의 교훈을 마음 깊이 새기고 하나님께로 돌아와야 한다.

### 3. 여호와의 칼(21장)

여호와께서 유다 전체에 불을 일으키시겠다고 말씀하신다. 그 불은 꺼지지 않는 불이 될 것이라고 한다. 심판의 불이다. 백성들이 하나님께 신실하지 못했을 때 하나님께서 불을 일으키고 칼을 빼어 드심으로써 심판을 행하시겠다고 하신다. 하나님께서 당신의 칼을 그 집에서 빼어 의인과 악인을 쳐 끊으시겠다고 하신다. 그 칼 속에는 여호와의 분이 담겨있어 중상을 입히는 칼이 될 것이라고 하신다. 그 심판의 칼은 바벨론 왕의 칼이었다. 특히 그 칼은 예루살렘을 향할 것이라고 하신다. 예루살렘에는 유다의 왕이 살고 있었다. 그러므로 그 칼날이 유다 왕을 향하게 될 것이었다. 하나님께서 왕의 관을 제하고 면류관을 벗기겠다고 하신다. 하나님의 심판은 철저한 심판이었다. 그들을 엎드러뜨리고, 엎드러뜨리고, 또 엎드러뜨릴 것이라고 하신다. 그래서 낮은 자를 높이고 높은 자를 낮추시겠다고 하신다.

완전하게 엎드러진 그 곳에서 지극히 낮은 자 곧 메시아가 높임을 받게 될 것을 예언하신다. 사람의 힘을 권력으로 삼고 하나님을 의지하지 않는 자는 결국 낮아짐을 당하게 될 것이다. '마땅히 얻을 자가 이르면 그에게 주리라'는 말씀은 다윗의 혈통을 통하여 의로운 왕 메시아가 오실 것이고 그 때에 비로소 엎드러진 유다의 왕권이 회복될 것이라는 말씀이다. 세상의 힘으로 권력을 삼으면 반드시 엎드러진다. 하나님을 의지하는 사람이 힘을 얻게 된다.

# 9월 3일 :: 에스겔 22-24장

## 1. 세가지 메시지(22장)

에스겔이 하나님의 대리자로서 예루살렘을 심판하게 되었다. 예루살렘이 왜 그리고 어떻게 심판을 당하게 될 것인지, 누가 심판을 당하게 될 것인지를 말씀한다. 예루살렘의 죄악은 크게 두 가지였는데, 피 흘리는 죄악과 우상을 숭배하는 죄악이었다. 사람과 사람 사이에서 일어나는 하나님의 율법을 무시한 불법적인 행위들이 피 흘리는 죄였다. 하나님의 도성 예루살렘에서 하나님의 법이 시행되지 못했다. 불의한 성읍이 되었다. 그러므로 하나님께서 그것을 차마 볼 수 없으셨다. 또한 그 땅에 우상 숭배가 만연했다. 이것은 하나님과의 관계에서 일어난 죄악이다. 종교적인 타락은 모든 악의 근원이 된다. 이웃과의 관계 그리고 하나님과의 관계를 바로 세우는 일은 매우 중요하다.

하나님의 백성들의 마음 속에서 하나님의 말씀이 무시되기 시작하면 필연적으로 불의한 길을 걷게 된다. 하나님을 잊어버린 자들에게서 나타나는 현상은 우선 자신이 세상의 것들에 마음을 빼앗기게 되어 물질적인 것들에 탐욕을 품게 되고, 사람들과의 관계가 비정상적으로 변하고, 무엇보다 하나님을 업신여기는 일들이 횡행하게 된다. 우리가 어떤 일이 있어도 하나님을 잊지 말아야 한다. 하나님은 당신의 백성들을 심판하실 때 용광로의 풀무질을 통해 단련하시겠다고 하신다. 하나님의 심판에 왕들과 제사장들, 방백들과 선지자들과 백성들 모두가 포함되었다. 죄는 전염성이 강하다. 심판과 징계는 하나님이 나를 사랑하신다는 또 하나의 반증이다. 나는 지금 하나님과의 관계의 회복을 이루고 있는가?

## 2. 오홀라와 오홀리바(23장)

이스라엘의 음란함을 두 자매의 비유를 통해 지적한다. 오홀라는 사마리아를 오홀리바는 예루살렘을 상징한다. 오홀라가 하나님께 속했을 때 앗수르 사람을 사모하다가 하나님의 심판을 받았다. 오홀리바 역시 오홀라의 전철을 따라 하나님 앞에 더 큰 음행을 행했다. 그들은 앗수르 사람을 사모할 뿐 아니라 바벨론 사람들과 애굽 사람들까지 연애했다. 그런데 그들은 자신들이 연애한 것 들로부터 미움을 받고 공격을 당하게 되었다. 앗수르와 바벨론과 애굽은 하나님께서 미워하는 자들이었다.

오홀라와 오홀리바는 '텐트를 치고 그 안에 있다'는 뜻이다. 그들이 음행을 행하기 위해 자리를 폈다는 말이다. 오홀라와 오홀리바는 하나님을 버리고 그들을 음란하게 사랑했다. 하나님께서 이 나라들을 통해 이스라엘에 치욕을 안겨주셨다. 그들의 우상숭배와 음란한 행위들은 하나님의 마음을 심히 아프게 했다. 그러므로 하나님께서 그들에게 그들이 사랑했던 자들로 대적이 되게 하시고 군대를 거느리고 와 그들을 치게 하셨다. 하나님께서 사마리아와 예루살렘을 철저하게 징계하셨다. 하나님을 버리고 세상의 지위와 권세와 학식과 재물을 의지하여 살아가는 자들은 그것들로 말미암아 진정한 유익을 얻을 수 없다. 하나님은 징계를 통해 하나님이 여호와인 것을 알게 하신다. 하나님은 회복을 준비하고 계신다. 징계의 목적은 다시 돌아오게 하는데 있다. 지혜로운 사람은 어려운 일을 당할 때 신속하게 하나님께 돌아간다.

## 3. 끓는 가마솥(24장)

1) 하나님께서 에스겔에게 임박한 예루살렘의 멸망을 '끓는 가마솥의 비유'를 통해 전달하게 하셨다. 그 가마솥은 녹슨 가마솥이었는데 피 흘린 이스라엘 성읍을 상징하는 것이었다. 에스겔은 커다란 가마솥 하나를 취하여 그것을 걸어 놓고 그 속에 물을 가득 부은 후 양을 잡아 고기와 뼈를 모두 가마솥에 넣고 불을 피워 고기를 삶았다. 계속해서 불을 지폈다. 가마솥의 비유는 하나님의 심판으로 인해 예루살렘 성이 바벨론 군대의 불같은 맹렬한 공격을 받고 완전히 멸망할 것을 보여주는 것이었다. 녹슨 가마솥에 담긴 고기는 먹을 수 없게 되었다. 녹슨 가마는 예루살렘 거민들의 가증하고 패역한 죄악을 상징한다. 예루살렘 성안에는 사회적인 불의함으로 인해 많은 사람들이 억울하게 피를 흘렸다. 뿐만 아니라 어린 자녀들이 우상에게 제물로 바쳐지기도 했다. 하나님께서 그들의 죄를 심판의 불로 태우시는 것이다. 그 불은 바벨론을 상징한다. 하나님께서 북방에서 바벨론을 일으키시고 바벨론이 예루살렘 성을 무참하게 짓밟게 하신 것이다. 불을 피워 가마솥의 고기를 삶고 국물을 조리고 뼈를 태우고 녹슨 가마솥의 녹이 없어지기까지 예루살렘의 음란함을 철저하게 파괴하실 것을 보여주셨다. 하나님은 당신의 택한 거룩한 성읍이 죄로 인해 더러워진 것을 두고 보실 수 없으셨다. 그들을 불로 태워 정결하게 하심으로써 하나님이 여호와이심을 보여주셨다. 역사는 에스겔의 예언대로 되어졌음을 증거한다. 하나님의 말씀은 땅에 떨어지지 않고 반드시 당신의 뜻을 이루신다. 성령의 불로 나의 죄악들이 태워지고 하나님 앞에서 정결하게 됨을 사모해야 하겠다.

2) 하나님께서 에스겔의 아내를 죽이심으로써 이스라엘에게 하나님의 뜻을 전하게 하셨다. 에스겔은 하나님의 말씀을 전하기 위해 사랑하는 아내의 죽음이라는 견딜 수 없이 고통스러운 사명을 받았다. 에스겔은 아내의 죽음에도 불구하고 슬픔을 드러내지 않음으로써 예루살렘에 닥친 심판의 심각성을 전달해야만 했다. 그만큼 에스겔의 메시지는 지금까지 전했던 어떤 메시지보다 더 생생하고 충격적이었다. 하나님의 백성들이 얼마나 패역한 길을 걸었으면 하나님께서 이렇게 극단적인 방법을 통해 당신의 뜻을 전달했겠가? 자기 백성들을 사랑하시는 하나님의 사랑은 끝이 없다.

에스겔은 가장 소중한 아내를 잃었다. 갑작스럽게 아내가 죽게 되었을 때 그가 받은 충격은 말로 다할 수 없었을 것이다. 그런데 하나님께서는 그 일로 인해 슬픔을 나타내지 말라고 하셨다. 에스겔은 하나님의 명령대로 행했다. 하나님의 부르심에 순종하여 따르는 일은 때로 큰 고통을 수반한다. 그러나 하나님을 생각함으로 참아야만 할 때도 있다. 아내를 매장하는 에스겔의 행동은 이스라엘 백성들을 의문에 빠뜨렸다. 그래서 백성들이 그 일의 의미를 에스겔에게 물었다. 에스겔은 아내의 죽음의 의미를 백성들에게 전했다. 소중한 아내를 하루아침에 잃었듯이 이스라엘의 소망이고 기쁨인 예루살렘 성전을 잃게 될 것이라는 것이었다.

우리는 하나님의 사랑을 너무나 더디게 깨닫는다. 하나님께서 당신의 사랑하는 아들을 십자가에 내어주기까지 우리를 사랑하셨는데 우리는 하나님의 사랑하심에 대해 감동이 없고 내가 죽어야할 죄인이었음을 깨닫지 못한다. 생생하게 보여주셨는데도 깨닫지 못하면 어디에서도 소망을 찾을 수 없다. 하나님의 아들이 나의 죄와 허물 때문에 죽으셨다.

## 9월 4일 :: 에스겔 25-27장

### 1. 이방 나라의 심판(25장)

이스라엘 주변에 있는 일곱 나라들에 대한 하나님의 심판에 관하여 말씀한다. 먼저 암몬과 모압과 에돔과 블레셋에 관한 심판이다. 이 나라들은 때로는 이스라엘을 괴롭히기도 했고 때로는 이스라엘에게 정복당하기도 했다. 하나님께서 이스라엘 주변의 나라들을 이스라엘을 시험하는 도구로 사용하셨다. 이스라엘이 범죄할 때 하나님께서 이웃나라들을 이스라엘을 심판하는 도구로 쓰셨다. 암몬, 모압, 에돔은 유다의 동쪽 경계에 위치한 나라들이었다. 그리고 블레셋은 서쪽 경계에 위치한 나라였다. 북쪽에는 두로와 시돈이 있었고 남쪽에는 애굽이 있었다. 이렇게 이스라엘은 사방에 대적들에 의해 둘러싸여 있었다. 하나님 앞에서 이스라엘이 어떻게 하는가에 따라 이들 나라들이 심판의 막대기가 되기도 했고, 때로는 정복의 대상이 되기도 했다.

암몬, 모압, 에돔, 블레셋의 심판이 선언되고 있는데 그들의 심판은 그들의 죄악 때문에 자초한 심판이었다. 하나님께서는 그들을 심판하심으로써 하나님이 여호와이신 것을 그들로 하여금 알게 하셨다. 이방 나라들에 대한 심판을 통해 하나님께서 당신이 열방의 주권자이심을 드러내셨다. 암몬과 모압은 아브라함의 조카 롯의 후손들로써 이스라엘을 괴롭혔다. 암몬은 예루살렘의 멸망을 기뻐했고, 모압은 이스라엘을 비웃었다. 에돔은 에서의 후손인데 유다를 원수처럼 여겼다. 블레셋은 함의 후손으로 끊임없이 이스라엘을 괴롭혔다. 하나님께서 이들 나라를 심판하심으로써 하나님의 백성을 대적하는 자들의 최후가 어떠한지 보여주셨다. 이제 우리는 원수를 사랑하라는 하나님의 말씀을 듣는다. 하나님의 심판의 대상이었던 모든 사람이 우리의 전도의 대상이 되어야 한다. 저들에게도 하나님의 사랑이 필요하다.

### 2. 두로를 심판하심(26장)

하나님께서 두로의 심판을 선언하신다. 그들의 죄는 예루살렘의 멸망을 보고 기뻐한 것이었다. 하나님의 백성들의 재난을 자신들의 상업적인 이익과 연관시키면서 이제 이익이 자신들에게로 돌아올 것을 생각하며 유다의 멸망을 기뻐했다. 두로는 이스라엘 북쪽 지중해 해변에 위치한 고대 페니키아의 유명한 도시국가였다. 다윗의 시대에 이 나라는 이스라엘과 매우 친하게 지냈었다. 그들은 해상무역을 장악하고 있었다. 반면에 이스라엘은 유럽과 아프리카를 잇는 상업과 교통의 중심지였다. 그래서 예루살렘을 '만민의 문'이라고 불렀다. 그런 예루살렘이 바벨론에 의해 멸망당하자 이제 자신들에게 돌아올 이익을 생각하면서 유다의 멸망을 기뻐한 것이다. 타인의 불행을 나의 유익을 위한 기회로 삼는 행위는 하나님 앞에서 선하지 못하다. 하나님께서는 바벨론 왕 느부갓네살과 그의 군대를 두로를 심판하는 도구로 사용하셨다. 예루살렘이 멸망당한 그 이듬해 바벨론 군대는 두로를 공격하여 요새화된 두로의 성읍을 파괴하고 함락시켰다. 백성들이 죽임을 당하고, 두로의 영광을 상징하던 견고한 석상이 땅바닥에 쓰러지며, 재산과 상품이 빼앗김을 당하고, 성과 집들과 모든 건축물들이 무너뜨림을 당했다. 도시의 기쁨이 슬픔으로 변했다. 두로는 다시는 건축되지 못할 성읍이 되고 말았다. 두로의 멸망으로 인해 두로와 무역하던 이웃 나라들이 크게 낙심하게 되었다. 두로는 자신들의 지혜를 믿었고, 그들이 처한 지정학적 이점을 크게 의지했다. 그러나 하나님께서 그들의 의지하던 것들을 헛된 것으로 돌리셨다. 역사의 주인은 하나님 이시다.

### 3. 두로를 위한 애가(27장)

애가는 사람이 죽었을 때 부르는 슬픈 노래이다. 두로의 멸망을 선언한 에스겔은 이제 그 예언이 확실하게 이루어질 것을 바라보면서 애가를 지어 부른다. 이 애가가 불리어질 때 두로는 여전히 세상적인 부요와 영광을 누리고 있었다. 두로는 그들의 영화가 계속되고 오히려 예루살렘의 멸망으로 인해 더욱더 번창하게 될 것이라고 생각하고 있었다. 그러나 선지자의 눈에 비친 두로는 이미 파선하여 바닷속에 가라앉아버린 배와 같았다. 두로는 물질적인 부요함을 이용하여 화려한 무역선을 만들고, 유능하고 경험 많은 사공들이 그 배를 운항하며, 그 배는 강력한 군사들에 의해서 호위를 받았다. 물질적인 부요함은 우리의 삶에 많은 가능성들을 제공한다. 그러나 그것이 진실로 우리의 안전을 담보하지 못한다. 당시에 두로와 무역했던 나라들은 스물 세 나라나 되었다. 두로는 세계 여러 나라의 진귀한 물품들을 가득 싣고 지중해를 누볐다. 이처럼 두로는 국제무역의 중심역할을 함으로써 그 풍성함과 영화가 극에 달했다.

그러나 두로의 배는 바다에서 갑자기 동풍을 만나 파선되고 말았다. 두로의 운명을 배의 파선을 통해 보여주고 있다. 이런 두로의 파선을 바라보고 이웃 나라들이 슬퍼했다. 그들의 파선할 때 섬의 거민들이 놀라고 열왕이 심히 두려워하여 근심했다. 자신들에게도 같은 재난이 임할까봐 겁을 먹었다. 인생은 항해와 같다고 했다. 우리는 항상 우리의 능력을 넘어서는 폭풍이 있음을 기억해야 한다. 폭풍을 일으키시고 그것을 잠잠케 하시는 분이 하나님이시다. 항상 하나님 앞에서 겸손해야 한다.

# 9월 5일 :: 에스겔 28-30장

## 1. 교만과 몰락(28장)

1) 두로 왕의 교만과 몰락에 관한 말씀이다. 두로 왕은 자신에 대하여 생각하기를 "나는 신이라 내가 하나님의 자리 곧 바다 중심에 앉았다."고 했다. 그는 바다 중심에 탁월한 나라를 일으킨 자신의 지도력에 자신감을 가지고 있었다. 그 자신감은 자신을 신이라고 생각하게 만들었다. 그는 자신의 지혜를 다니엘의 지혜보다 낫다고 했다. 그는 자신의 지위와 지혜와 재물을 한껏 자랑했다. 교만한 마음을 품은 것이다. 하나님께서 두로 왕의 교만함을 꺾으셨다. 바다를 통해 권력을 세우고 재물을 쌓은 왕이 바다 한 가운데서 죽임을 당하게 되었다. 참된 지혜는 여호와를 경외함에 있다.

에스겔은 이런 두로 왕에 대한 애가를 불렀다. 그는 두로 왕을 타락하여 쫓겨남을 당한 사탄에 비유했다. 사탄은 완전하고 지혜가 충만했으면 온전히 아름다웠고 하나님의 동산 에덴에서 여러 가지 보석으로 단장했었고, 그가 지음을 받던 날에 큰 축제가 벌어졌으며, 그는 기름부음을 받은 덮는 그룹이었으며 하나님의 성산에 있었고 화광석(하나님의 임재) 사이로 왕래했었다. 이렇게 흠이 없고 온전하던 자가 하루아침에 몰락했다. 교만이 그의 몰락을 재촉했다. 높이 올라가고 재물이 쌓이는 것보다 그것을 지키는 것이 더 어려운 것은 교만 때문이다. '교만은 패망의 선봉이고 거만한 마음은 넘어짐의 앞잡이'라고 했다. 결국 두로 왕의 영광은 한줌의 재가 되고 말았다. 불의와 교만은 오래가지 않아 꺾이게 된다. 우리가 하나님 앞에 설 때에만 우리의 존재를 확인하게 된다.

2) 시돈은 가나안의 장자인 시돈이 세운 성읍으로 두로 다음가는 지중해 연안의 유력한 항구도시였다. 그들은 하나님의 백성인 이스라엘을 대적했다. 그러므로 하나님께서는 그들로 하여금 하나님이 여호와이신 것을 알게 하시겠다고 하신다. 하나님은 항상 불의한 자들을 심판하심으로 당신의 거룩하심을 나타내신다. 하나님께서 시돈에 염병과 칼을 보내시겠다고 하신다. 칼과 기근과 염병은 열국 백성들을 심판하시는 하나님의 중요한 심판의 도구이다. 세상에 일어나는 일들이 우연한 것이 없다. 모든 일에는 원인이 있고 결과가 있다. 하나님은 역사를 통해 당신의 주권을 선포하시고 하나님의 하나님 되심을 나타내신다. 시돈은 이스라엘에게 찌르는 가시 즉 아프게 하는 가시였다. 시돈은 이스라엘을 우상숭배의 늪으로 빠뜨린 죄를 지었다. 그로 인해 이스라엘은 하나님의 심판을 받아야만 했다. 하나님께서 그 시돈의 역할을 눈감아주지 않으시고 그 가시를 제거하셨다.

하나님께서 이렇게 이방 나라들을 심판하심으로 결국에는 당신의 언약의 백성인 이스라엘을 회복하신다. 열국 가운데 흩으셨던 하나님의 백성들을 다시 모으시고 약속의 땅으로 다시 인도해 들이신다. 이스라엘은 하나님과 언약을 맺은 백성들이다. 언약에 신실하신 하나님께서 그들과 맺으신 언약을 기억하시고 그들에게 회복의 소망을 주신다. 그들이 집을 짓게 하고 포도원을 가꾸게 하며 사방의 적들을 없애주신다. 그렇게 함으로써 하나님이 그들에게 여호와가 되심을 알게 하신다. 나에게 하나님은 어떤 분이신가?

## 2. 애굽을 심판하심(29장)

애굽 왕과 애굽 땅에 하나님의 심판이 있을 것이고 그 심판은 바벨론 왕 느부갓네살에 의해서 시행될 것을 말씀한다. 당시의 애굽 왕 바로는 나일강을 효과적으로 개발하여 활용하는 탁월한 업적을 남겼다. 그 일로 인해 그는 매우 교만하게 되었다 자신이 나일강의 주인이며 그 강을 지배하는 신이라고 했다. 나일강은 애굽에 번영을 제공해준 강이었다. 나일강이 없었다면 애굽의 번영도 없었을 것이다. 그러나 나일강의 창조자는 바로 왕이 아니라 하나님이시다. 하나님께서 그의 교만을 보시고 그를 악어라고 부르시며, 하나님께서 그를 대적하겠다고 말씀하다. 하나님께서 애굽 왕을 심판하시는 목적은 애굽 모든 거민들로 하여금 하나님이 여호와이심을 알게 하기 위함이었다.

애굽은 이스라엘과 특별한 관계에 있는 나라였다. 이스라엘은 늘 강대한 이웃나라인 애굽을 의지했다. 애굽은 이스라엘이 자신들의 도움으로 살아간다고 생각하고 그들이 마치 이스라엘의 구원자인 것처럼 행동했다. 당시에 애굽과 바벨론은 근동의 주도권을 쥐기 위해 힘겨루기를 하고 있었다. 애굽은 이스라엘이 바벨론과 동맹을 맺는 것을 매우 싫어했다. 그들이 이스라엘의 보호자가 되어주겠다고 하며 이스라엘에 압력을 가했다. 그러한 애굽의 태도는 하나님의 뜻에 반하는 것이었다. 하나님은 바벨론을 사용하여 애굽을 심판하심으로써 그들이 실제로 아무것도 아닌 갈대지팡이와 같은 존재임을 드러내시고 이스라엘에게 소망을 주셨다. 하나님께서 그 날에 이스라엘 족속에게 한 뿔이 나게 하시겠다고 하신다. 역사의 진정한 주인은 바벨론도 아니고 애굽도 아니고 하나님이시다. 진정한 힘은 하나님이 주신다. 나는 무엇을 의지하여 살아가고 있는가?

## 3. 애굽의 멸망1(30장)

애굽과 애굽의 동맹국들이 심판을 받을 것을 말씀한다. 하나님께서는 그 날을 '슬픈 날, 여호와의 날, 구름의 날, 열국의 때'라고 하셨다. 그 날에 애굽에는 칼이 임하고 백성들이 옮겨지며 애굽의 요새가 헐리게 될 것이라고 한다. 또한 애굽의 동맹국들인 구스와 붓과 룻과 굽 땅에 하나님의 심판이 있을 것이라고 한다. 이들은 모두 애굽을 의지한 나라들이었다. 언제나 강대국과 동맹을 맺는 일은 매력적인 일이다. 위기의 때에 강대국의 보호를 받을 수 있기 때문이다. 그러나 하나님께서 심판하시는 날에 강대국은 그들에게 아무 도움이 되지 못했다. 성도의 안전은 세상의 힘에 있지 않다. 여호와께서 집을 세우시고 여호와께서 성을 지키실 때 가장 안전하다. 나는 무엇에 희망을 걸고 있는가?

하나님께서는 바벨론 왕 느부갓네살을 애굽과 그 동맹국들을 심판하는 도구로 사용하셨다. 애굽 땅을 칼과 기근과 전염병으로 황폐하게 하시겠다고 하신다. 놉, 바드로스, 소안, 노, 신, 아웬, 비베셋, 드합느헤스는 애굽의 정치 종교의 중심지였다. 하나님께서 애굽의 그 도시들을 심판하시기 위해 '강포한 군대'인 바벨론 군대를 보내시겠다고 하신다. 애굽 왕의 팔을 꺾으시는 분은 하나님이시다. 꺾인 팔 애굽은 바벨론과 싸워 완전한 패배를 당했다. 그 땅의 백성들은 열방 가운데 흩어지게 되었다. 그렇게 함으로써 하나님께서는 그들 가운데 당신이 여호와이심을 드러내셨다. 나는 지금 무엇을 힘으로 삼고 살아가고 있는가? 예수님이 나의 힘과 능력이 되고 있는가? 자신을 냉정하게 들여다보자.

## 9월 6일 :: 에스겔 31-33장

### 1. 애굽의 멸망2(31장)

1) 과거에 있었던 앗수르의 멸망을 예로 들어 애굽에 임할 심판을 경고한다. 과거에 크고 아름다운 레바논의 백향목과 같았던 위풍당당했던 앗수르가 멸망당하여 폐허가 된 것처럼 교만한 애굽도 이제 곧 앗수르의 길을 걷게 될 것이라고 하신다. 당시에 예루살렘은 바벨론의 세력에 대항해서 마지막으로 애굽의 끈을 의지하고 있었다다. 그들은 애굽으로부터 구조의 손길을 애타게 기다렸다. 그러나 에스겔은 그것이 헛된 소망임을 알았다. 에스겔은 애굽을 앗수르에 비교하고, 앗수르는 백향목에 비유했다. 백향목은 나무의 왕이라 불릴만큼 견고하고 아름다운 광택과 향을 가진 나무이다. 앗수르는 백향목처럼 가지가 아름답고, 키가 높고, 물을 넉넉히 머금고, 가지가 길게 뻗혀 공중의 새가 그 가지에 보금자리를 만들었다. 한 때 티그리스 강의 상류에 위치했던 앗수르의 영광은 그렇게 대단했다. 그런데 그 앗수르의 영광이 그들의 교만으로 인해 완전히 꺾이게 되었다. 영원할 것 같았던 영화가 한 순간의 물거품처럼 되었다. 하나님께서 바벨론을 일으키셔서 교만한 백향목을 꺾어버리신 것이다.

사람이 자기의 위치를 바로 깨닫지 못하면 늘 교만하게 행한다. 모든 제국의 멸망의 공통적인 원인은 그들의 교만이다. 우리는 흙에서 났다가 흙으로 돌아갈 존재이며, 우리 인생의 주인은 하나님이시다. 허망한 것들에 소망을 두면 그것이 떠나가는 날 견딜 수 없는 고통을 당하게 된다. 하나님께서는 하나님으로 힘을 삼고 살아가는 사람에게 영생의 소망을 주신다.

2) 계속해서 애굽과 애굽 왕에 대한 심판을 선언하고 있다. 아직 시퍼렇게 살아있는 나라와 왕에 대해서 애가를 부르는 일은 상상하기 힘든 일이었다. 그러나 그들의 심판과 멸망이 너무나 분명했기 때문에 선지자는 그들을 향해 애가를 불렀다. 바로 왕은 바다 가운데 큰 악어로 비유되었다. 바로는 스스로 열국의 지도자로 자처하면서 많은 나라를 괴롭히며 횡포를 부렸다. 그러므로 하나님께서 그 악어를 끌어내어 땅바닥에 내동이치시겠다고 하신다.

또한 찬란한 문명으로 인해 열국의 빛으로 여겨졌던 애굽의 빛을 꺼뜨리고 마치 흑암 재앙이 임했던 날과 같이 어둠으로 뒤덮겠다고 하신다. 하나님께서 바벨론을 보내 전쟁으로 땅을 황폐하게 만들고 그들의 교만을 꺾으심으로 슬픈 노래를 부르게 하겠다고 하신다. 마침내 애굽은 음부에 내던져지게 될 것이라고 한다. 수많은 열국들이 그들의 교만으로 인해 이미 음부로 내려갔다. 앗수르, 엘람, 메섹과 두발, 에돔, 시돈이 그런 나라들이다. 이제 애굽이 그 뒤를 따를 차례라고 한다. 역사는 우리에게 엄중한 진리를 증거한다. 지혜로운 사람은 역사로부터 배운다고 했다. 그러나 안타깝게도 역사로부터 배우는 나라나, 사람이 많지 않다. 심판이 임하면 그 때는 이미 돌이키기에 늦은 시간이다. 우리가 하나님 앞에서 지혜로운 마음을 얻어야 하겠다. 다른 사람들의 실패를 교훈으로 삼는 사람은 같은 실패를 반복하지 않는다. 하나님께서 행하신 일들을 보고 교훈을 받아야 하겠다.

## 2. 애굽의 멸망 3(32장)

계속된 애굽과 애굽 왕에 대한 심판의 말씀이다. 애굽의 멸망이 확실한 것이었으므로 이미 죽은 자를 위하여 부르는 애가를 부름으로써 심판의 확실성을 강조한다. 바로 왕의 죄는 악어와 같이 잔인함에 있었다. 바로는 애굽의 큰 세력을 믿고 이웃나라들을 괴롭히며 그들에게 횡포를 부렸다. 악어와 같은 바로를 끌어내어 땅바닥에 내동이쳐 죽게 하겠다고 하신다. 또한 불을 꺼버리듯이 그들의 찬란한 빛을 끌 것이라고 하신다. 애굽의 멸망을 보고 열국들은 놀라고 떨 것이라고 한다. 애굽은 하나님 없는 세상을 상징한다. 세상의 권세와 부와 명예는 허망하기 짝이 없다. 역사의 주인은 사람이 아니라 하나님이시다. 하나님은 사람의 중심을 살피신다.

애굽이 음부에 던져질 것이라고 한다. 그러므로 선지자는 죽은 애굽을 땅 속에 매장하는 의식을 치른다. 사람들은 애굽의 멸망이 놀랍고 두려워 슬픈 노래를 부르고, 유명한 세상의 나라들 즉 앗수르, 엘람, 메섹과 두발, 에돔, 시돈도 애굽과 함께 멸망할 것이라고 한다. 결국 애굽은 멸망함으로 수치 가운데 거하게 되고 죽음의 세계인 음부에서 조차도 이미 멸망한 유명한 나라들과 더불어 조롱을 받을 것이라고 한다. 이 나라들은 한 때 세상에 명성을 떨치던 나라들이었다. 그러나 그들의 교만이 하늘을 찔렀을 때 하나님께서 그들의 힘과 권세를 허무한 것으로 돌리시고 세상에 웃음거리가 되게 하셨다. 애굽도 곧 그들의 뒤를 따라 갈 처지에 놓이게 되었다. 지혜로운 사람은 역사에서 배우고 미련한 사람은 사건을 통해 배운다는 말이 있다. 하나님 없는 부귀영화는 허무하기 짝이 없다. 역사의 교훈을 만면교사로 삼아 항상 하나님 앞에 겸비해야 한다.

## 3. 이스라엘의 회복 1(33장)

에스겔이 다시 이스라엘의 파수꾼으로 등장한다. 파수꾼이 하는 일은 성벽의 높은 곳에 서서 적의 움직임을 주야로 살피면서 적국이 갑자기 공격해 오는지 경계하는 일이다. 그리고 그러한 일이 일어날 때 신속 정확하게 백성들에게 알려야 할 책임이 파수꾼에게 있다. 파수꾼이 경계를 잘 서서 경고의 나팔을 불어 알릴 때 백성들은 그 경고를 무시하면 안된다. 파수꾼의 경고를 무시함으로써 재난을 당하게 되면 그 책임은 백성들이 지게 되는 것이다. 파수꾼은 신속하게 알려할 책임이 있고 백성들은 그 소리를 듣고 신속하게 반응해야 할 의무가 있다. 그러나 이스라엘은 그 소리를 듣는데 실패함으로 비극적인 결과를 맞이하게 되었다. 교회는 세상을 향하여 파수꾼의 사명을 잘 감당해야 한다. 그러므로 복음의 나팔을 분명하게 불어야 한다. 위기가 있을 때에 경고의 나팔을 불어야 하고 그 위기에서 벗어나도록 재촉해야 한다.

예루살렘이 멸망했다는 소식을 들은 에스겔은 이제 새로운 메시지를 전해야 할 책임의식을 느꼈다. 그것은 함락 이후의 이스라엘의 회복과 구원에 관한 소식이었다. 바벨론으로 끌려간 포로민들은 예루살렘이 절대로 함락되지 않을 것이라는 생각을 하고 있었는데 예루살렘도 함락되었다는 소식은 그들에게 큰 충격이 되었다. 결국 에스겔의 예언대로 모든 것들이 이루어진 것이다. 그러므로 이제 이 백성들은 에스겔의 말에 귀를 기울여야만 했다. 먼저 에스겔은 유다 땅에 남은 자들에게 하나님의 심판을 경고했다. 왜냐하면 그들이 여전히 하나님의 심판의 의미를 깨닫지 못하고 있었기 때문이었다. 사람은 자신에게 불행이 닥치면 우연으로 돌리려는 경향이 있다. 그러나 성도는 영적 촉각을 곤두세우고 시련의 의미를 되새겨 보아야 한다. 에스겔은 자신을 찾아온 사람들에게 입술로만 순종을 고백하지 말고 마음으로 따르라고 권고했다. 말씀을 즐기기만 하지 말고 순종해야 한다. 삶이 변하지 않는 말씀에 대한 지식은 영적 사치에 불과하다.

9월 7일 :: 에스겔 34-36장

## 1. 거짓 목자와 참 목자(34장)

거짓 목자들과 악한 양들을 향한 하나님의 심판에 대한 경고와 이스라엘을 회복시킬 참 목자와 그를 통해 이루어질 화평의 언약에 대해 말씀한다. 목자는 양떼를 살피고 인도하는 자인데 하나님께서는 택한 백성인 이스라엘을 인도하고 돌보는 지도자들을 '목자'로 비유한다. 목자 된 지도자들은 마땅히 백성들을 돌보고 그들의 필요를 채워주는 일을 해야 했는데 그렇게 하지 않고 오히려 백성들을 착취했다. 그러므로 선지자는 그런 지도자들에게 하나님의 심판을 선언한다. 언제나 지도자의 역할이 중요하다. 목자가 맡은바 사명을 제대로 수행하지 못하면 양들은 흩어지고 유리 방황하게 된다. 하나님은 목자들을 향해 언제나 여호와의 말씀을 들으라고 하신다. 하나님의 부르심과 경고하심에 귀를 기울이는 목자가 되어야 한다.

거짓 목자들을 심판하신 후에 하나님께서는 친히 양무리의 목자가 되시겠다고 하신다. 참 목자는 잃어버린 양을 찾고 양에게 좋은 꼴을 제공하며 좋은 우리에서 쉬도록 한다. 예수님께서는 목자 없는 양과 같은 하나님의 백성들을 보시고 안타까워하셨다. 주님께서는 친히 참 목자가 되어 잃어버린 양들을 찾으셨다. 주님께서는 자신을 일컬어 나는 선한 목자라고 했다. 거짓 목자들은 위기의 때에 양들을 버리지만 참 목자는 양들을 위하여 생명을 버린다고 주님께서는 말씀하셨다. 그리고 말씀하신대로 자신의 생명을 십자가에 내어 놓으심으로써 잃은 양들을 찾아 아버지께로 인도하셨다. 이스라엘이 갈망했던 평화롭고 복된 상태는 그들의 힘이 아닌 하나님의 은혜로 임하게 되었다. 하나님께서 자기 백성과 화평의 언약을 맺으시고 그들의 하나님이 되셨다. 참 목자이신 예수 그리스도께 나아와 그리스도의 도를 배우고 순종하자.

## 2. 세일산아(35장)

세일산(에돔)에 대해서 심판을 선언한다. 하나님께서 에돔을 대적하여 그 땅을 황폐하게 만들고 그곳의 성읍들을 무너뜨릴 것이라고 하신다. 사람들은 폐허로 변한 세일산을 보고 놀라게 될 것이라고 한다. 하나님께서 세일산을 심판하시는 이유가 있다. 그들은 옛적부터 이스라엘에 대해서 악한 감정을 가지고 있었다. 그들은 출애굽하여 가나안으로 향하던 이스라엘을 방해하였고(민20장), 모압과 연합하여 유다를 공격하기도 했다(대하20장). 또한 애돔은 이스라엘이 바벨론의 공격을 받아 큰 재난에 처했을 때 바벨론을 도와 이스라엘이 멸망하는데 일조함으로 형제의 의를 저버렸다.

하나님은 '너를 축복하는 자를 축복하고 너를 저주하는 자를 저주하겠다'고 아브라함에게 말씀하셨다. 하나님은 언약에 신실하신 분이시다. 이렇게 에돔을 심판하심으로써 하나님께서는 에돔으로 하여금 하나님이 여호와이심을 알게 하셨다.

선지자는 거듭하여 에돔의 죄와 하나님의 심판에 대해서 말씀한다. 에돔이 바벨론을 도와 이스라엘을 멸망시킬 때 그들은 말하기를 '이 두 민족과 이 두 땅은 다 내게로 돌아와서 내 기업이 되리라'고 했다. 그러나 하나님은 '나 여호와가 거기 있다'고 말씀하셨다. 에돔은 하나님의 존재를 인정하지 않았다. 그들은 욕심을 내어 하나님의 것, 하나님의 백성이 거하는 땅을 차지하려고 했다. 하나님께서 그들의 마음을 알고, 그들의 말을 듣고 계셨다. 하나님께서 에돔을 심판하심으로써 다시금 그들이 하나님은 여호와이신 줄 알게 하시겠다고 하신다. 하나님은 영원토록 살아 계셔서 우리의 생각을 아시고 우리의 말을 들으신다. 나의 말과 행위가 주께 열납되기를 소망해야 하겠다.

### 3. 새 영, 새 마음(36장)

이스라엘의 회복에 대해서 말씀한다. 두 가지의 회복, 즉 땅의 회복과 마음의 회복에 대해서 말씀한다. 하나님께서는 이스라엘 땅을 회복하기 전에 그들을 괴롭혔던 이방인들을 심판하신다고 하신다. 에돔을 비롯한 유다 주변의 이방인들은 이스라엘 땅을 자기들의 소유로 삼고자 혈안이 되었다. 그러나 그 땅에는 여전히 여호와가 계셨다. 이스라엘과 유다의 땅은 하나님의 언약이 머물러 있던 땅이었다. 그들은 유다의 멸망을 기뻐하면서 이제 그 땅이 자신들의 기업이 되었다고 했다. 그 땅에 살고 있던 백성들을 세상의 조롱거리로 만들고 그 땅을 멸시하고 빼앗아 자기들의 소유로 삼았다. 하나님께서는 이방인들의 죄에 대해서 분노하시고, 열심으로 그들을 심판하시겠다고 하신다. 그들의 즐거움을 변하여 수치와 부끄러움이 되게 하겠다고 하신다. 그리고 그들이 멸시했던 이스라엘을 회복하시고, 이스라엘과 함께하셔서 그들에게 풍요와 번성함과 안전함을 주겠다고 하신다.

이스라엘의 회복은 단지 땅의 회복, 즉 외적인 회복에 그치지 않고 내적인 회복, 영적인 회복이 될 것을 말씀한다. 하나님께서 이스라엘을 회복하시는 목적은 그들의 영광을 위함이 아니라 하나님의 영광, 즉 하나님의 더럽혀진 이름을 다시 거룩하게 하기 위함이었다. 그러므로 하나님께서 흩어졌던 당신의 백성들을 다시 모아서 데리고 오며, 그들에게 물을 뿌려 정결하게 하며, 그들 속에 새 영과 새 마음을 주시겠다고 하신다. 참된 회복은 외적인데 있지 않다. 우리의 마음이 새로워져야 한다. 먼저 회개해야 한다. 그럴 때 하나님께서 우리의 심령에 성령을 부어주시고 놀라운 평강과 풍성함으로 인도하신다. 새 영, 새 마음을 가지고 하나님을 향한 온전한 예배를 회복하며 하나님의 영광을 위해 살아야 하겠다.

9월 8일 :: 에스겔 37-39장

## 1. 연합된 두 막대기(37장)

하나님께서 이스라엘의 회복에 관하여 에스겔에게 보여준 두번째 징조는 두 개의 막대기가 하나 되는 것이었다. 두 개의 막대기를 하나로 연합하는 징조는 남과 북으로 갈라진 채 이방에 포로가 되어 살아가고 있던 이스라엘 백성들이 한데 모아져 하나의 통일된 국가로 회복될 것을 보여준다. 에스겔은 두 막대기에 각각 '유다와 그 짝 이스라엘 자손(유다)', '요셉과 그 짝 이스라엘 온 족속(이스라엘)'이라고 쓴 후 그것을 한데 묶어 백성들에게 보여주었다. 백성들은 '그것이 무슨 뜻인지 우리에게 말해달라'고 했다. 북 이스라엘은 유다가 멸망하기 136년 전에 멸망하고 그 존재 자체를 찾을 수 없는 때였다. 그런데 하나님께서는 그 이스라엘을 다시 회복시키시고 유다와 하나되게 하시겠다고 하신다. 사람들의 기억 속에서 사라진 일들도 하나님은 기억하시고 다시 회복키시는 분이시다. 무슨 일이든지 관심과 사랑이 있으면 잊지 않고 기억한다. 하나님의 자기 백성들을 향한 사랑은 끝이 없다. 두 개의 막대기를 하나되게 한 에스겔의 행위는 영적 이스라엘인 교회의 회복을 예시한다. 하나님께서 이스라엘 자손은 포로된 열국에서 취하여 고토로 돌아가게 하며 그들로 나라를 이루고 한 임금 한 목자인 다윗을 세워 다스리게 한다고 하신다. 하나님께서 택한 자기 백성을 세상에서 불러내어 교회로 모으셨다. 때로는 교회가 세상 속에서 시련과 고난을 당하지만 하나님의 교회는 반드시 일어서고, 만 왕의 왕이 되시고 만 주의 주가 되시는 예수 그리스도의 통치를 받는다. 예수님께서 교회를 당신의 처소, 즉 거룩한 성소로 삼으시고 영원토록 교회 안에 계심으로 하나님의 거룩하심을 드러내신다. 우리를 당신의 거룩한 성소로 삼으시고 우리와 함께 거하시는 주님을 찬양하자.

## 2. 곡의 심판(38장)

하나님의 통치에 대항하는 인간들의 연합세력을 상징하는 '곡'의 심판에 관한 말씀한다. 곡은 로스와 메섹과 두발의 왕이다. 곡은 여러 나라들-바사, 구스, 붓, 고멜, 도갈마-을 모아 이스라엘을 공격할 것이라고 한다. 이 나라들은 이스라엘을 동서남북으로 에워싸고 있는 나라들이다. 곡이 이끄는 연합군대들은 완전한 갑옷을 입고 칼을 쥐고 방패와 투구를 갖추고 말과 기병으로 무장한 큰 군대로 묘사된다. 그들은 평화롭게 살고 있는 이스라엘에 대해서 강한 적개심을 품고 전쟁을 일으켰다. 그 시기는 '여러 날 후 곧 말년'이라고 한다. 그러므로 이 전쟁은 종말론적 전쟁의 성격을 띠게 된다. 결국 이 곡은 영적 이스라엘인 교회를 향해 공격하는 적그리스도의 세력을 상징한다. 교회는 처음부터 곡이 이끄는 악한 세력의 공격을 받아왔고, 악의 세력은 마지막까지 교회를 짓밟기 위한 술책을 꾸민다. 그러나 하나님께서 당신의 택한 교회를 보호하시고 교회를 위해 싸우심으로써 결국 하나님의 교회가 승리를 거두게 될 것이다. 아무리 강한 군대 조직을 가지고 공격해도 곡은 결국 종말을 고하게 될 것이다. 언제나 세상은 힘의 논리를 강조하고 힘으로 자신들의 욕망을 충족하여 왔다. 그러나 역사의 진정한 주인은 하나님이시고 하나님께서 당신의 영광을 위해 모든 것, 심지어는 악의 세력조차도 사용하신다. 하나님께서 곡을 치시는 목적을 이렇게 말씀하셨다. “이와 같이 내가 여러 나라의 눈에 내 존대함과 내 거룩함을 나타내어 나를 알게 하리니 그들이 나를 여호와인줄 알리라.” 그러므로 우리는 항상 깨어 있어 하나님을 의지하자. 오늘 내게 승리가 주어졌다면 그것은 나의 영광을 위한 것이 아니라 하나님의 영광을 위한 것이다. 그러므로 우리는 우리를 대신하여 싸우시고 승리하신 하나님께 찬양과 경배를 돌리자.

### 3. 싸우시는 하나님(39장)

곡의 멸망이 다시 한 번 강조되고 있다. 로스와 메섹과 두발 왕 곡이 이스라엘을 공격해 왔는데 성경은 이러한 일이 하나님의 섭리에 의한 것이라고 말씀한다. 그들은 스스로 전쟁을 준비하고 자기들이 스스로 전쟁을 일으켰다고 생각했겠지만 곡을 전쟁터로 이끌어 내신 분은 하나님이셨다. 곡과 그의 협력자들은 바벨론 포로에서 돌아온 이스라엘을 공격할 것이다. 이것은 결국 회복된 이스라엘, 즉 영적 이스라엘인 교회에 대한 적그리스도의 공격을 의미한다. 그러나 곡의 공격은 실패로 끝나게 될 것이다. 그들은 이스라엘의 산 위에 엎드러질 것이고 그들의 시체는 각종 움키는 새와 들짐들의 먹이가 될 것이고 그들은 빈 들에 엎드러지며 결국 불로 멸망을 당하게 될 것이다. 아무리 많은 군사들을 가지고 있을지라도 하나님께서 그것들을 사용하지 못하게 하시고 쓸모 없게 만드신다. 이렇게 곡을 멸망시키는 목적은 “그들이 나를 여호와 인줄 알리라”이다. 하나님의 목적은 어떤 경우에도 변함이 없다. 하나님은 당신의 영광을 위해서 일하신다. 곡이 멸망하게 되어 이스라엘 땅에 그 군대의 시체들로 가득차게 될 때 하나님께서 곡의 병기를 불사르며 그들의 시체를 매장함으로 이스라엘을 거룩하게 할 것이다. 얼마나 시체가 많았던지 일곱 달 동안을 매장하겠다고 하신다. 하나님께서 전쟁을 완전히 마무리하고 이스라엘 땅을 완전하게 회복시키시겠다는 말씀이다. 곡의 남은 시체는 새와 들짐승들의 먹이가 되게 하겠다고 하신다. 이렇게 하나님께서 하나님의 거룩하신 이름을 위하여 곡을 멸망시키시고 이스라엘을 회복시키실 것이다. 그 보증으로 교회에게 성령을 부어주셨다. 어떤 경우에도 하나님의 이름을 망령되게 하는 일이 없도록 하자.

## 9월 9일 :: 에스겔 40-42장

### 1. 새 성전에 대한 환상(40장)

1) 새 성전에 대한 환상이다. 에스겔은 유다 왕 여호야긴이 사로잡힌지 25년, 성이 함락된 후 14년에 이 환상을 보았다. 이것은 이스라엘이 절망적인 상황에 처해있음을 보여준다. 그러나 그 절망을 뛰어넘는 하나님의 역사가 있게 될 것을 에스겔이 본 것이다. 그 때 에스겔도 포로로 끌려와 바벨론 땅 그발강 가에 있었다. 하나님께서 환상 가운데 그를 예루살렘으로 이끌어 가셨다. 그리고 지극히 높은 산에 세워진 성전을 보여주셨다. 그 당시 예루살렘 성전은 무너져 황폐하게 되어 있었다. 에스겔은 모양이 놋 같이 빛난 천사의 안내를 따라 성전 입구에 섰다. 천사는 손에 삼줄과 척량하는 장대를 가지고 있었다. 새로운 이상의 안내자는 그 자를 가지고 성전을 척량했다. 구분하기 위함이었다.

교회는 하나님의 완전한 성전의 모형이다. 하나님께서는 교회를 척량하시고 세상으로부터 구별하신다. 하나님의 백성은 모두다 하나님의 삼줄과 장대에 의해 척량함을 입은 자들이다. 천사가 새 성전의 환상을 자세하게 보여준 목적은 이스라엘 백성들에게 그 성전을 설명하기 위함이다. 비록 예루살렘 성전이 바벨론의 공격으로 인해 폐허가 되었지만 그러나 하나님은 에스겔을 다시 예루살렘으로 데리고 가 높은 곳에 선 성전의 모습을 보이셨다.

성전은 하나님의 임재의 상징이다. 하나님의 백성들에게는 성전이 가장 중요하다. 그 곳에서 하나님께 예배하고 하나님을 만난다. 그리고 하나님의 역사는 성전으로부터 시작된다. 언제나 하나님의 가장 중요한 관심은 당신의 성전인 교회에 있다. 하나님은 교회가 거룩하게 지어져가기를 원하신다. 나는 하나님의 거룩한 처소로 지어져가고 있는가?

2) 에스겔은 이상 중에 새 성전의 바깥 뜰과 바깥 뜰에 있는 세 개의 문을 둘러보았다. 성전 사면에 담이 둘러 있는데 담은 매우 두껍고 높아서 아무나 들여보거나 넘어갈 수 없도록 설계되어 있었다. 담은 안과 밖을 구분하는 중요한 역할을 한다. 담을 통해 성전은 세상으로부터 안전하게 구별되었다. 이것은 하나님의 성전 된 성도들의 삶이 어떠해야 하는지를 보여준다. 또한 성전으로 들어가는 동쪽 문, 성전 바깥 뜰로 들어가는 북쪽 문과 남쪽 문에 대해 자세히 묘사한다. 성전 안 뜰과 그리로 들어가는 세 문도 바깥 뜰에 있는 세 문과 같았다. 동쪽과 북쪽과 남쪽의 문이 모두 같다는 말씀은 누구나 차별없이 그 문으로 들어올 수 있다는 것을 의미한다. 예수님은 자신을 양의 문이라고 하셨다. 누구든지 그 문으로 들어가며 나가면 꼴을 얻을 수 있다고 하셨다. 죄인이 거룩하신 하

나님께로 나아오는 유일한 길은 양의 문이 되시는 예수 그리스도 뿐이시다.

성전 안 뜰에는 제사를 위해 준비하는 장소와 제사장들의 방이 있었는데 하나님을 잘 섬길 수 있도록 배치되었다. 모든 것들은 하나님을 섬기기 위하여 주어졌다. 언제나 성도의 삶의 우선은 하나님이다. 하나님을 예배하고 하나님을 섬기는 것이다. 먹든지 마시든지 무엇을 하든지 다 하나님의 영광을 위해서 하라고 했다(고전10:31) . 우리의 섬김과 헌신과 봉사가 하나님의 영광을 위한 것이 되어야 한다. 하나님 중심의 삶을 사는 것이 가장 영광스럽고 복된 삶이다. 이스라엘의 회복이 성전의 회복으로부터 시작되었듯이 교회의 회복은 온전한 예배로부터 시작된다. 나는 하나님의 성전으로써 하나님 영광을 위해 쓰임받을 수 있도록 잘 구비되어 있는가?

## 2. 새 성전 본당(41장)

천사는 에스겔을 성전의 가장 중요한 부분인 성전 본당의 건물로 인도했다. 성전 본당은 현관, 성소, 지성소로 이루어져 있었다. 그 외에 골방들과 별관이 있었다. 그 중에서 성소와 지성소는 성전에서 가장 중심이 되는 부분이다. 그래서 성소를 외전이라고 부르고 지성소를 내전이라고 불렀다. 현관에서 지성소에 이르는 데에는 세개의 문이 있고, 그 출입구의 너비는 각각 4척, 10척, 6척이었다. 그리고 성전 본관 건물의 세 면으로 돌아가면서 골방들이 있었다. 또한 성전 본당 건물 밖에는 별관이 있었다. 성전 본당의 모든 벽면에는 그룹과 종려나무가 새겨져 있었다. 그룹은 거룩하신 하나님의 임재를 상징한다. 그리고 종려나무는 승리와 영광을 상징한다. 하나님의 임재의 처소인 지성소에 들어가기 위해서는 많은 문들-바깥 뜰의 문, 안 뜰의 문, 성전 본당 현관 문, 성소의 문, 지성소의 문-을 통과해야만 했다. 더구나 지성소는 대제사장이 일년에 단 한 차례 희생제물의 피를 가지고 들어가 백성들의 죄를 대속했다. 하나님은 지극히 거룩한 분이시므로 아무나 함부로 접근할 수 없었던 것이다. 예수 그리스도께서는 이 모든 번거로운 절차들을 자신의 육체의 죽으심을 통해 단번에 해결하심으로 누구든지 쉽게 하나님께로 나아갈 수 있게 하셨다. 예수 그리스도의 피는 모든 사람들의 죄를 사하는 능력이 있다. 예수 그리스도의 피를 힘입어 우리가 아무 때나 직접 지극히 거룩하신 하나님 임재의 처소로 나아갈 수 있다. 예수 그리스도는 우리의 완전한 의가 되신다. 우리를 거룩하신 아버지께로 인도하신 예수 그리스도를 찬양하자.

## 3. 제사장의 방(42장)

이제 마지막으로 제사장의 방과 성전을 둘러싸고 있는 사면의 담에 대해서 말씀함으로써 성전의 모습에 대한 묘사를 마무리하고 있다. 제사장의 방은 성전 북편과 남편에 있었다. 그 방들은 3층으로 되어 있었고 삼층 방에는 베란다가 딸려 있는 구조로 되어 있었다. 제사장의 방을 특별하게 구별한 것은 그들이 성전에서 봉사하는 일을 했기 때문이다. 제사장들을 위해서는 특별하게 옷을 지었는데 그 옷을 입고 성전에서 봉사하게 했다. 봉사의 일을 마치고 밖으로 나갈 때에는 반드시 입었던 옷을 벗고 평상복으로 갈아입은 후에 나가야만 했다. 하나님께 제사를 드리고 섬기는 일은 참으로 중요한 일이었다. 함부로 아무렇게나 할 수 없었다. 반드시 거룩한 옷을 입고 하나님 앞에 나아가야만 했다. 그렇게 함으로써 하나님을 섬기는 자임을 인식하게 한 것이다. 오늘 우리는 모두 왕 같은 제사장들로써 하나님을 섬기는 삶을 살도록 부름받았다. 우리가 입어야 할 거룩한 옷은 예수 그리스도의 피에 적신 거룩한 세마포 옷이다. 하나님 앞에서 섬길 때에 그리스도의 피의 공로를 의지하여 나아가는 것이다. 또한 성전은 사면이 벽으로 둘러 쌓여있었다. 세상과 구별하기 위함이다. 우리의 삶에도 이 구별이 있어야 한다. 하나님 앞에 구별된 삶을 살아야 한다. 세상과 아무 차이가 없다면 어떻게 세상이 교회를 통해 하나님을 알아볼 수 있겠는가? 거룩한 삶은 하나님의 자녀라는 구별 의식을 가지고 살아가는 삶이다.

## 9월 10일 :: 에스겔 43-45장

### 1. 돌아온 하나님의 영광(43장)

1) 이스라엘 백성들의 범죄로 인해 하나님께서 성전을 떠나셨었는데 이제 새로운 성전으로 하나님께서 다시 들어오시는 장엄하고 영광스러운 모습을 보여주고 있다. 성전은 하나님이 임재하시는 곳이다. 성전에 하나님이 계시지 않으면 그것은 아무 의미가 없는 건축물에 불과하다. 하나님께서 성전을 떠나셨을 때 이스라엘은 멸망당하고 포로로 잡혀갔다. 그들은 바벨론 땅에서 많은 고난을 당해야만 했다. 그러나 이제 하나님께서 에스겔에게 새 성전에 대한 환상을 보여주신 후 그 성전으로 임하시는 영광스러운 모습을 보이심으로써, 하나님께서 버리셨던 이스라엘을 불쌍히 여기시고 다시 그들과 함께 하시겠다고 하셨다. 하나님께서 이스라엘을 자기 백성으로 삼으신 것이다. 하나님의 백성들에게 하나님이 함께 하시는 것보다 중요한 것이 없다. 이스라엘은 잃어버렸던 하나님과의 관계를 다시 회복하게 되었다. 이스라엘 백성들이 하나님 안에서 치유와 회복과 구원을 누리게 되었다. 하나님께서 성전으로 들어오시자 그 성전 안에 하나님의 영광이 가득 찼다. 그 곳에서 하나님께서 영원히 거하시겠다고 약속하셨다. 그러므로 더 이상 하나님 앞에서 죄 된 삶을 버리고 거룩함으로 나아가야 한다. 하나님께서 나를 당신이 거하실 성전으로 삼으셨는데, 하나님이 내 안에 거하실 만하게 구별된 삶이 있어야 하겠다. 하나님 안에 있을 때 모든 것이 참된 회복을 누리게 된다.

2) 새 성전에 대한 이상을 통해 이스라엘이 회복될 것을 보여주신 하나님께서 성전 제사에 대해서 말씀한다. 성전의 제단이 부각된다. 제단의 척수가 재어지고 그 제단을 만드는 날에 그 위에 번제가 드려지며 피를 뿌리는 규례가 정해진다. 이제 모든 관심의 초점이 제단으로 향한다. 그 곳에서 제사가 드려질 것이기 때문이다. 번제단에서 드려질 제사와 제물에 대해서 자세하게 언급하고 있다. 번제단에서 제사는 7일동안 드리라고 한다. 7일동안 속죄제와 번제가 드려지게 된다. 그 곳에서 피뿌림의 의식이 행해지게 되었다. 그렇게 되면 그 제단이 정결하게 되고 온전히 봉헌되어질 수 있게 되는 것이다. 그 후 8일째부터는 일반 제사가 드려질 수 있게 되었다. 하나님께서는 그러한 제사를 즐겁게 받으시겠다고 하신다. 성전의 여러가지 기구들 가운데 특별히 번제단이 강조되고 그 단에서 드려지는 제사가 강조된 것은, 백성들의 죄가 사해지고 하나님과 화목하게 되는 것이 가장 중요하다는 것이다. 번제단의 희생은 우리 주 예수 그리스도의 십자가의 죽음을 예표한다. 예수 그리스도께서 십자가에서 피 흘려 죽으심으로 세상의 죄를 사하시고 죄인들을 하나님 앞으로 인도하셨다. 오늘 하나님의 성전 된 우리의 삶에서 가장 중요한 것도 우리 주 예수 그리스도의 십자가의 희생이다.

그 피를 믿는 자마다 영생을 얻게 된다. 오직 십자가 위에서만 죄가 용서되고 하나님과의 화목이 이루어지게 된다. 그리스도께서 나를 위하여 온전한 희생제물이 되시고 나를 하나님과 화목하게 하셨다.

## 2. 성전 봉사의 규정(44장)

1) 이제 지성소에 임재하여 계신 하나님께 새로운 예배가 어떻게 드려져야 하는지 말씀한다. 먼저 새 성전에서 봉사할 봉사자들의 자격을 언급하고 그들이 주의해야 할 것이 어떤 것들인지를 말씀한다. 즉 성전 봉사의 일은 임의로 할 수 있는 것이 아니라 하나님의 뜻에 맞게 행해져야 함을 말씀하신 것이다. 하나님께서는 하나님이 들어오신 성전 동쪽 문을 닫아서 아무나 그리로 통행하지 못하게 하신다. 성전 동문은 하나님의 영광이 들어오신 문이기도 하지만 또한 하나님의 영광이 떠나갔던 문이기도 하다. 이 문을 열수 있는 분은 오직 하나님 한 분 뿐이시다. 문을 닫고 다시 열지 못하게 하시겠다는 것은 하나님께서 영원히 그 성전에 계시겠다는 말씀이다. 하나님께서 우리와 영원토록 함께 계신다.

하나님께서 이방인들의 성전봉사를 금지시키셨다. 성전 규정에 대하여 하나님께서는 에스겔에게 '전심으로 주목하고 전심으로 주의하라'고 하신다. 이방인들의 성전봉사를 금지시킨 것은 그들이 마음으로 몸으로 할례받지 않는 자들이기 때문이었다. 그러나 레위인들은 전에 이방인들을 성전으로 불러들여 여러가지 허드렛 일을 시킨 역사를 가지고 있다. 이제 더 이상 그런 일이 있어서는 안된다고 엄중히 말씀하신다. 예배의 의미를 모르고 드리는 예배는 하나님 앞에 아무 것도 아니다. 오직 언약의 백성만이 하나님께 예배드릴 수 있고 하나님께서는 그 예배만 받으신다. 나는 오늘 세례의 진정한 의미를 알고 있는가? 진실로 하나님 앞에서 언약 백성으로 살아가는 영광스러운 복을 누리는 자들이 되어야 하겠다.

2) 다음은 성전에서 봉사할 사람들의 임무와 역할에 대해서 말씀한다. 성전에서 봉사하는 일은 레위인들과 제사장들이 담당했다. 그 중에서 레위인들은 전에 이방인들이 했던 일, 즉 성전 문지기나 제물을 도살하고 요리하는 일, 제사드리는 예배자들을 보조하는 일 등을 해야 한다고 한다. 그렇게 한 이유는 전에 그들이 하나님 앞에서 맡은바 사명을 제대로 감당하지 못하고 죄를 지었기 때문이라고 하신다. 그래도 하나님께서는 그들에게 은혜를 베풀어서 성전 봉사의 일에서 아주 제외시키지는 않으셨다. 제단을 섬기는 제사장의 일은 오직 사독의 자손 레위인들만 할 수 있게 했다. 사독은 가장 어렵고 힘들 때에 신실하게 하나님을 섬겼다. 하나님은 언제나 사람의 중심을 살피고 계신다. 반역의 시대에도 오직 하나님 앞에서 충성되게 행했던 사독을 하나님께서 기억하시고 그 자손에게 영원한 제사장의 직분을 맡기셨다. 우리가 주님을 섬기는 일은 받은 바 은혜에 감사해서 하는 것

이다. 그러므로 아무리 어렵고 힘든 일일지라도 충성된 마음으로 섬기도록 하자. 하나님은 오늘도 하나님 앞에 신실한 사람을 찾고 계시고 그 사람에게 당신의 일을 맡기셔서 영광을 받으신다.

사독의 자손들이 제사의 일로 봉사를 할 때에 그들이 지켜야 할 규례가 엄격했다. 언제나 자신들을 모든 것들로부터 거룩하게 유지해야 할 필요가 있었다. 또한 자신들을 정결하게 할 뿐 아니라 하나님과 백성들 사이에서 중재자로써 백성들을 잘 가르칠 의무가 주어졌다. 하나님께서는 그들에게 아무 기업도 주지 않으시고 여호와 자신이 친히 그들의 기업이 되어주시겠다고 하신다. 하나님께서 그들의 모든 삶의 필요들을 책임지시겠다는 것이다. 하나님께서 제사장들에게 삶에 필요한 양식들을 공급하심으로 오직 하나님만 섬기게 하셨다. 주를 위해 헌신하는 자의 삶을 책임지시는 하나님이시다.

## 3. 은혜를 기억하라(45장)

이스라엘의 공직자들인 왕과 제사장과 레위인들을 위하여 특정 지역을 성별하라고 하신다. 그리고 지도자들은 공평과 정의를 시행하라고 하신다. 그들은 언제나 성전을 중심으로 살아감으로써 하나님과 바른 관계를 유지하고 하나님께 바른 예배를 드리며 하나님의 공의를 실현해야만 했다. 성전을 포함하는 거룩한 땅의 크기는 길이 25,000척, 너비 20,000척이었다. 그 땅의 한 가운데 성전이 위치했다. 그 땅 가운데 일부는 제사장들의 몫으로 주어졌다. 성전의 거룩함을 위해 땅을 구별하고, 성전의 일이 잘 수행될 수 있게 하기 위해 제사장의 구역을 정해주셨다. 그리고 왕에게는 따로 기업을 주었다. 성도의 삶은 언제나 성소를 중심으로 이루어져야 하고 하나님을 모시고 살아가야 한다.

또한 하나님께서 절기들에 관한 규례를 주셨는데, 신년절, 유월절, 초막절에 관한 규례를 말씀하신다. 신년절은 한 해를 시작하면서 지난 한 해 동안의 모든 부정을 씻어내는 절기로써 희생제물로 바쳐진 짐승의 피를 성전과 성전 구역의 특정한 곳에 발랐다. 그 다음에 애굽에서의 해방과 구원을 기념하는 유월절을 지켰다. 출애굽 할 때에 먹었던 어린양과 무교병과 쓴 나물을 먹었다. 마지막으로 초막절을 지키게 했는데 이스라엘 백성들의 40년 광야생활 가운데서 그들을 보호하시고 인도하신 하나님의 은혜에 감사하여 지킨 절기이다. 이 절기는 추수감사의 절기이기도 하다. 이처럼 제사는 항상 하나님과 하나님의 은혜를 기억하게 한다. 우리의 예배가 그렇다. 하나님께서 나를 인도하시고 나에게 베푸신 은혜를 항상 기억하고 예배를 통해 감사와 찬송과 영광을 돌리자.

## 9월 11일 :: 에스겔 46-48장

### 1. 절기와 규정들(46장)

새 성전에서 수행되어야 할 여러 절기와 제사의 규정들을 말씀한다. 언뜻 보기에 시시콜콜해 보이는 것들이지만 하나님과의 관계를 바로 세우고 신앙 공동체의 정의를 세우는데 중요한 것들이다. 안식일과 월삭에 관한 규례와 성전 출입에 대한 규례는 하나님께 나아가 예배 드리는 일이 결코 쉬운 일이 아니었음을 보여준다. 비록 왕이라 할지라도 하나님 앞에 나올 때는 정해진 규례를 따라야만 했다. 감사한 것은 오늘 우리가 예수 그리스도 안에서 언제든지 하나님 앞에 나아갈 수 있게 되었다는 것이다. 우리에게 주어진 이 특권을 바르고 진지하게 사용하여 하나님과 더욱 더 깊은 교제의 자리로 나아가도록 하자. 하나님께 드리는 제사에는 절기와 성회의 제사, 왕의 자원 제사, 항상 드리는 상번제의 제사 등이 있었다. 정기적인 제사도 있지만 매일 드려지는 제사도 있다. 그것은 우리의 매일의 삶이 하나님 앞에서 순종과 헌신의 삶이 되어야 함을 말씀한다.

성도는 언제나 예배가 신앙 생활의 중심이 되어야 하고 끊임없이 예배의 삶을 살아야 한다. 하나님께서는 특별히 왕의 기업에 관한 규정을 정해 놓으셨는데 하나님께서 정해주신 이상으로 탐욕을 품지 않도록 하며, 백성들의 기업을 보호할 책임이 왕에게 있음을 상기시킴으로써 부당한 일들로 인해 백성들이 하나님 앞에 나아오는 일에 방해되는 일이 생기지 않도록 세심하게 배려하고 계신다. 예배와 삶은 따로 떨어진 것이 아니라 서로 밀접한 관계를 가진다. 우리의 일들이 하나님 앞에 나아가는 데 방해가 되지 않도록 하자.

### 2. 완전한 회복(47장)

하나님께서 에스겔에게 성전 문지방에서 흘러나온 물이 바다를 이루는 환상을 보여주셨다. 성전이 회복되고 그 안에 하나님이 계시고 예배가 회복될 때, 그 성전으로부터 놀라운 생명수가 흘러나와 그 물이 다다른 곳마다 소성하고 번성하는 놀라운 생명의 역사가 일어났다. 교회의 완전한 회복에 관한 예언의 말씀이다. 하나님의 교회 안에 하나님께서 계시고 교회가 생명 있는 예배를 회복할 때 그로 말미암아 만물이 회복되는 일들이 있게 된다. 교회는 이 온전한 회복을 꿈꾸어야 한다. 내가 가는 곳에 생명이 역사하고 다시 살아나고 회복되는 역사가 있기를 소망해야 한다. 내 안에 계신 생명의 하나님께서 일하시도록 우리의 삶을 하나님께 온전히 드리도록 해야 하겠다.

성전이 세워지고 예배가 회복된 후 12지파에게 새로운 땅이 분배되고 있다. 그 땅은 하나님께서 주시겠다고 약속하신 땅이었다. 약속에 신실하신 하나님께서 우리에게 영원한 약속의 땅을 기업으로 주실 것이다. 성도는 그 땅을 사모하며 사는 자들이다. 모든 지파가 땅을 분배받았듯이 하나님께서는 당신의 백성들에게 주실 땅을 준비하고 계시고 약속한대로 주실 것이다. 하나님의 백성은 한 사람도 영원한 기업을 얻는데 실패하지 않을 것이며 우리의 상상을 초월하는 놀라운 일들이 그 때에 있게 될 것이다. 이 땅은 외인들에게도 분배하라고 한다. 하나님은 온 세상을 사랑하시고 구원하시기를 기뻐하신다. 오늘도 우리가 믿음의 삶을 살아가면서 영원한 하나님의 기업을 소망하는 자들이 되어야 하겠다.

### 3. 여호와 삼마(48장)

회복된 땅의 질서에 대해서 말씀한다. 새 땅의 중앙에 '거룩한 땅'이 있고 그 가운데에는 하나님을 섬기는 '제사장의 땅'이 있으며, 또 제사장의 땅 중심에는 '성소'가 있다. 이것은 회복된 나라가 어떤 나라인지 보여주는 중요한 말씀이다. 즉, 회복된 새 땅의 주인은 하나님이시며 하나님을 중심으로 이루어진 나라라는 것이다. '하나님의 나라'는 늘 우리의 마음을 설래게 한다. 하나님의 온전하신 지배를 받고 그 앞에서 순종하는 삶을 살게 될 것을 상상하는 일은 감동 그 자체이다. 우리는 이 땅에 살면서 그 삶을 연습하며 사는 자들이다. 완성된 하나님의 나라를 이 땅에서 맛보며 사는 것이다.

새롭게 회복된 성읍의 이름은 '여호와 삼마'이다. '여호와께서 거기 계신다'는 뜻이다. 그 성읍의 출입문은 동서남북에 각각 하나씩 나 있어서 누구나 그리로 들어가 거기 계시는 하나님을 만날 수 있게 했다. 하나님이 우리의 영원한 왕이 되시는 것이다. 하나님의 백성들은 마지막 회복의 날에 그 가슴 벅찬 영광을 누리게 될 것이다. 하나님이 거기 계셔서 영원토록 함께하실 것이다. 그러나 여호와 삼마는 미래의 일이 아니다. 하나님은 오늘 여기에도 계시며 우리가 항상 하나님께 나아올 수 있도록 모든 문들을 열어놓고 계신다. 지금이 은혜 받을 만한 때이고 지금이 구원의 날이 되는 것이다. 성도의 삶은 언제나 하나님 중심, 교회중심이 되어야 한다. 하나님과 교통하는 복보다 더 큰 복은 없다. 새 하늘과 새 땅을 소망하자.

# 9월 12일 :: 다니엘 1-3장

## 1. 뜻을 정한 사람들(1장)

다니엘서는 바벨론에서 포로생활을 했던 충실한 하나님의 백성들에 대한 신앙을 보여주고, 하나님께서 친히 천지와 자연과 국가의 운명을 통제하시며 자기 백성들을 돌보시는 분이심을 말씀한다. 유다는 3차에 걸쳐 바벨론에 의해 포로로 끌려갔다. 다니엘과 그의 세 친구는 유다 왕 여호야김 3년(BC605)에 바벨론 포로가 되었다. 바벨론에 끌려온 후 그들은 느부갓네살 왕의 왕궁에서 포로민들의 민족적 주체성을 없애기 위해 실시된 3년 동안의 교육을 받았다. 그들은 그 곳에서 갈대아 사람의 학문과 방언을 배워 왕의 시종으로 봉사해야만 했다. 다니엘과 세 친구-하나냐, 미사엘, 아사랴-는 여호와께 대한 신실한 믿음을 가지고 있었다. 느부갓네살 왕은 자신이 베푸는 음식을 먹게 함으로써 그들을 온전히 자신의 사람으로 만들고자 했다. 그러나 다니엘과 세 친구는 왕의 진미를 먹지 않겠다고 다짐하고 그들을 맡은 환관장에게 구했다. 왕의 명을 거역하는 것은 생명을 위태롭게 하는 일이었지만 하나님께서 환관장의 마음을 움직여 그들이 은혜와 긍휼을 얻게 했다. 어렵고 힘든 상황이었지만 다니엘과 세 친구는 자신들이 믿는 여호와 신앙을 포기하지 않았다.

하나님의 말씀에 순종하려고 할 때에 많은 고난과 핍박이 있게 된다. 그러나 견딜 수 있는 힘과 피할 수 있는 길을 하나님께서 내어주신다. 다니엘은 왕에게 발탁되어 바벨론의 왕궁에서 국사를 돌보는 중요한 인물이 되었다. 참된 신앙은 어떤 상황 속에서도 하나님만 의지하며, 가장 절망적인 상황 속에서도 믿음을 지키고 하나님의 이름을 높이는 자로 살아갈 수 있게 한다. 뜻을 정하면 하나님께서 길을 열어주신다.

## 2. 주권자 하나님(2장)

느부갓네살 왕이 한 꿈을 꾸고 그 꿈의 내용이 무엇인지 또 그 꿈의 의미가 무엇인지 몰라 번민했다. 왕은 자신이 꾼 꿈의 내용과 해석을 알고자 하여 박수와 술객들과 점장이와 술사들을 불렀다. 그러나 그들은 왕이 꾼 꿈의 해석은 고사하고 그 꿈의 내용조차 알지 못했다. 그들은 왕 앞에서 여러가지 말로 변명했다. 화가 난 왕은 시위대 장관을 시켜 바벨론 모든 박사를 다 멸하라고 명령했다. 왕의 명령으로 인해 다니엘과 그 세 친구들도 죽을 운명에 처하게 되었다. 그 때 다니엘이 시위대장 아리옥을 불러 그 일에 대한 자초지종을 묻고 그가 왕이 꾼 꿈의 내용과 해석을 알게 하겠다고 했다. 다니엘은 그 일을 자기 친구들에게 고하고 하늘에 계신 하나님께서 왕에게 보여주신 은밀한 일로 인하여 자신과 그 친구들이 죽임을 당하지 않기 위하여 하나님께 기도했다. 기도할 때에 밤에 하나님께서 다니엘에게 이상으로 왕에게 보여주었던 현재와 미래에 관한 일들을 자세하게 보여주셨다. 하나님께로부터 이상을 받은 다니엘은 하나님께 찬송하고 감사했다. 그리고 왕의 시위대 장관 아리옥에게 그 사실을 고하고 왕을 뵙기를 청했다. 느부갓네살 왕 앞에 선 다니엘은 하나님께서 이상 중에 자신에게 보여주신 왕의 꿈 - 왕 이후의 장래에 관한 일 - 에 관한 일을 자세하게 말하고 그 꿈을 해석해 주었다. 다니엘의 말을 들은 왕은 다니엘의 하나님이 참 신이심을 인정했다. 그리고 다니엘을 높여 바벨론의 온 도를 다스리게 하고 모든 박사들의 어른으로 삼았다. 이 일로 인하여 다니엘과 세 친구는 바벨론에서 존귀하게 되었다. 하나님께서 그들을 높여주셨다. 역사의 주인은 하나님 이시다.

### 3. 더욱 높아짐(3장)

바벨론 왕이 금으로 자신이 섬기는 신의 형상을 만들고 그것을 두라 평지에 세운 후 나라의 모든 방백과 수령과 도백과 재판관과 재무관과 모사와 법률사와 각 도의 관원들을 신상의 낙성식에 참여하게 했다. 그리고 모든 악기 소리를 들을 때에 금으로 세운 신상 앞에 엎드려 절하게 했다. 만약 절하지 않는 자가 있으면 그 사람은 즉시 극렬히 타는 풀무에 던져 넣게 했다. 양심의 자유를 속박하고 억지로 자기의 신을 섬기게 한 것이다. 그러나 사드락과 메삭과 아벳느고는 왕을 높이지도, 왕이 세운 금신상에 절하지도 않았다. 이 일로 인해 그들은 풀무에 던져 넣어질 운명에 처하게 되었다. 왕은 그들을 불러 회유하기를 이제라도 절하라고 했다. 그러면 살려주고 그렇지 않으면 왕의 명대로 극렬히 타는 풀무 가운데 던져 넣겠다고 겁박했다. 사드락과 메삭과 아벳느고는 왕 앞에서 자신들의 신앙을 굽히지 않았다. 왕의 말을 가치 없는 말로 여겼다. 만약 왕께서 그런 행동을 하시면 하나님께서 그들을 건져내실 것이고, 그리 아니하실찌라도 신상에게 절하는 일은 하지 않을 것이라고 했다. 화가 난 왕은 풀무를 7배나 뜨겁게 하여 그들을 그 풀무에 던져버렸다. 그러나 하나님께서 그의 사자를 보내 풀무가운데서 그들을 보호하시고 어떤 해도 당하지 않게 하셨다. 이 일로 느부갓네살 왕은 조서를 내려 어떤 백성이든지 사드락과 메삭과 아벳느고의 하나님을 모욕하지 못하게 했다. 그들은 자신들의 신앙으로 하나님의 이름을 높이고, 하나님께서는 그들의 생명을 보존하시고 바벨론 땅에서 탁월한 명예를 얻게 하셨다. 죽이고 살리며 높이고 낮추는 권세가 하나님께 있다. 온전한 믿음은 하나님의 영광을 드러내고 사람을 존귀하게 만든다.

9월 13일 :: 다니엘 4-6장

### 1. 인생의 길(4장)

느부갓네살 왕이 왕위에서 쫓겨났다가 다시 회복한 후에 온 나라에 조서를 내렸다. 그 조서의 내용은 하나님께서 그에게 행하신 이적과 기사에 대한 것이었다. 느부갓네살 왕은 유다를 멸망시킨 왕이었다. 그는 자기의 힘과 권세가 대단한 줄 알고 하나님을 무시하며 교만하게 행했다. 그러므로 하나님께서 그의 교만함을 징벌하시고 역사의 주인이 하나님이신 것을 알게 하시고, 그에게 맡겨진 사명이 어떤 것인지를 바로 깨닫게 하셨다. 하나님께서 왕의 꿈을 통하여 그의 교만을 지적하시고 그 마음을 하나님께로 돌이키게 하셨다. 다니엘은 왕의 꿈을 해석해주고, 왕이 백성들에게 공의를 행함으로 죄를 속하고 가난한 자를 긍휼히 여김으로 죄악을 속하라고 왕에게 간청했다. 그러나 왕은 하나님의 싸인을 무시하고 교만하게 행하다가 결국 사람에게서 쫓겨나 들짐승들과 함께 거하며 소처럼 풀을 먹으며 7년 동안을 들판에서 살아야만 했다. 느부갓네살은 비참한 삶을 통해 진정으로 역사의 주인은 하나님이시고, 하나님께서 친히 인간 나라를 다스리는지를 깨닫게 되었다. 그러므로 그는 지극히 높으신 영생하시는 하나님을 찬양하고 높였다.

사람이 권세가 높아지면 교만하기 쉽다. 오르막 길에서는 하나님이 잘 보이지 않는다. 그래서 하나님께서 우리에게 내리막 길을 허락하신다. 인생의 내리막 길에서 하나님을 만날 수만 있다면 그 길이 나에게 가장 복된 길이다. 자기 힘으로 모든 것을 이루고 또 모든 것을 할 수 있다고 생각하는 것만큼 어리석은 것이 없다. 진정으로 인생의 참 주인은 하나님이시다. 우리가 하나님 앞에서 겸비한 마음을 가져야 한다.

### 2. 역사의 교훈(5장)

느부갓네살의 아들 벨사살이 바벨론의 왕이 되었다. 왕이 큰 잔치를 배설하고 일천명의 귀인들과 왕후들과 빈궁들과 더불어 그 부친 느부갓네살이 예루살렘 성전에서 취하여 온 금 은 기명들을 가지고 술을 마셨다. 그 때 사람의 손가락이 나타나서 왕궁 벽에 글씨를 썼는데 아무도 그 글을 해석할 자가 없었다. 이 일로 인해 왕은 얼굴 빛이 변하고 생각이 번민하여 두렵고 떨린 마음으로 어찌할 줄 몰랐다. 그 곳에 모였던 모든 사람들도 큰 충격을 받았다. 태후가 이 소식을 듣고 왕궁으로 와서 왕에게 그 글을 해석할 자로 다니엘을 추천했다. 왕후는 다니엘을 일컬어 그의 속에 '거룩한 신들의 영이 있는 사람'이라고 했다. 왕 앞에 불려나온 다니엘은 과거에 느부갓네살이 어떻게 나라를 다스렸는지, 하나님 앞에서 어떤 마음을 품게 되었는지를 알려주었다. 벨사살은 아버지의 일을 다 알고 있는 사람이었음에도 불구하고 마음을 낮추지 않고 도리어 스스로 높여서 하나님을 거역하고 하나님의 전 기명을 가져다가 귀인들과 왕후들과 빈궁들로 더불어 술을 마시며 우상을 섬김으로써 그의 생명과 길을 주장하시는 하나님을 무시했다. 그러므로 하나님께서 그의 시대를 마감하시기로 작정하시고 나타나셔서 벽에 글씨를 새김으로써 심판을 선언하셨다. 그 벽에 새긴 글씨는 '메네 메네 데겔 우바르신'이었는데 이는 '왕의 시대가 끝나게 되었는데 왕이 하나님의 저울에 달려 부족하게 되었으므로 하나님께서 그 나라를 둘로 나누어 다른 사람에게 주었다'는 뜻이었다. 그 날 밤 벨사살은 죽임을 당했다. 역사의 교훈을 무시한 왕을 하나님께서 심판하셨다. 하나님은 역사의 주인이시고 인생들은 그 역사 앞에 항상 겸손해야 한다.

### 3. 다니엘의 형통함(6장)

벨사살을 이어 왕이 된 다리오의 시대에 다니엘이 왕의 총애를 입어 전국을 다스리는 버금총리가 되었다. 다른 총리들과 방백들이 그 일을 못마땅하게 여겨 다니엘의 약점을 잡아 그를 총리의 자리에서 끌어내리고자 혈안이 되었다. 그러나 다니엘은 충성되고 정직하게 국사를 돌봄으로써 어떤 틈도 주지 않았다. 이에 다니엘의 업무상의 결점을 찾는데 실패한 동관들은 다니엘의 신앙을 약점으로 삼아 그를 곤경에 빠뜨리기 위하여 왕에게 청하여 한 달동안 오직 왕에게만 절하게 하는 조서를 전국에 반포하게 하고 그 명을 어기는 자는 사자굴에 던져 넣게 하자고 했다. 그들의 제안대로 왕은 어인이 찍힌 조서를 전국에 반포하여 지키게 했다. 그러나 다니엘은 그런 것에 아랑곳하지 않고 어김없이 하루 세 번씩 예루살렘을 향하여 열린 창에서 무릎을 꿇고 기도하며 하나님께 감사했다. 무리들은 그 일을 책잡아 다니엘을 고소했고, 왕은 할 수 없이 다니엘을 사자 굴에 던져넣고 돌을 굴려다가 굴 아구를 막고 친히 어인을 쳐서 봉하였다. 그러나 하나님께서 그의 천사를 보내 사자의 입을 봉하게 하시고 다니엘을 상하지 않게 보호하셨다. 그 일로 인해 다니엘을 참소했던 자들과 그 가족이 사자의 밥이 되고 말았다.

왕은 다시 온 나라에 조서를 내려 백성들로 하여금 다니엘의 하나님 앞에서 떨며 두려워하게 했다. 하나님께서 다니엘을 그의 시대에 형통하게 하셨다. 어떤 상황 속에서도 하나님만 섬기고자 하는 다니엘의 신앙은 초지일관 변함이 없었다. 하나님께서는 '하나님을 존중히 여기는 자를 존중히 여기고 하나님을 멸시하는 자를 경멸히 여기신다'고 하셨다. 언제 어디서나 하나님의 이름이 높임을 받아야 한다.

## 9월 14일 :: 다니엘 7-9장

### 1. 교회의 승리(7장)

다니엘이 잠을 자다가 꿈을 꾸었다. 인류 역사의 미래에 관한 꿈이었다. 그는 꿈 속에서 세 가지의 이상(vision)을 보았다. 첫 이상은 하늘의 네 바람이 큰 바다로 몰려 불더니 큰 짐승 넷이 바다에서 올라오는 이상이었다. 그 네 짐승은 사자와 곰과 표범과 열 뿔 달린 짐승이었다. 세상에 일어나게 될 네 왕들에 관한 이상이었다. 네째 짐승은 유난히 사납고 힘이 셌으며 성도들과 더불어 싸워 이겼다. 그러나 하나님께서 성도들을 위하여 복수하심으로 결국 성도가 나라를 얻게 되었다. 두번째 이상은 하늘 보좌에서 옛적부터 계신 분(하나님)이 심판을 베푸시는 이상이었다. 하나님의 형상은 흰 옷을 입고 머리털은 깨끗한 양털 같고 그 보좌는 불꽃이고 그 바퀴는 붙는 불이고 불이 강처럼 흘러나오며, 그를 수종하는 자는 천천이고 만만이며 그분께서 심판을 베푸시는데 짐승을 죽여 불에 던지면 남은 짐승들은 권세를 빼앗겨 정한 시기까지 기다리게 되었다. 짐승들이 아무리 무시무시하고 힘이 세더라도 하나님 앞에서 그들은 아무것도 아니었다.

세번째로 본 이상은 인자 같은 이가 하늘 구름을 타고 하나님 앞에 오자 하나님께서 그에게 권세와 영광과 나라를 주어 모든 백성과 나라가 그를 섬기게 되는 이상이었다. 다니엘이 그 이상을 보고 번민할 때에 한 천사가 그 일의 해석을 알게 했다. 네 짐승으로 대표되는 세상이 일어날 것이지만 결국은 성도들이 나라를 얻고 영원히 누리게 된다는 것이었다. 교회의 권세가 여기에 있다. 예수님께서 말씀하시기를 '세상에서는 너희가 환란을 당하나 담대하라 내가 세상을 이기었노라' 하셨다. 역사의 진정한 주인은 하나님이시고 교회는 예수 그리스도 안에서 최후의 승리를 누리게 된다.

### 2. 세상의 주관자(8장)

다니엘이 첫 이상을 본 후 2년 후에 다시 이상을 보았다. 이번에도 인류의 미래 역사에 관한 이상이었다. 그가 첫번째 본 이상은 강 가에 두 뿔을 가진 수양이 서 있는데 나중에 난 뿔이 처음 난 뿔보다 길었다. 그런데 그 수양이 서쪽 북쪽 남쪽을 향해 들이받았는데 어떤 짐승도 당해내지 못한 이상이었다. 이것은 메대와 바사 왕국이 일어날 것에 대한 이상이었는데 나중에 일어난 바사가 메데를 정복하고 페르시아 왕국을 세운 후 여러 나라들을 정복하여 제국을 이루게 될 것에 대한 이상이었다. 두번째는 두 눈 사이에 큰 뿔을 가진 한 수염소에 대한 이상인데 이 수염소가 처음에 본 수양에게로 달려가 그 수양을 쳐서 그 두 뿔을 꺽어버리고 짓밟아 버리는 이상이었다. 그런데 그 수염소가 강대하여 가더니 갑자기 그 큰 뿔이 꺾이고 그 대신에 다른 네 뿔이 하늘 사방을 향하여 나게 되었다. 그 수염소는 헬라의 왕을 상징하는 이상이었다. 헬라(그리스)의 알렉산더가 일어나 페르시아를 정복했지만 곧 죽게 되자 그 나라가 넷으로 갈라지게 되었다.

그 네 나라의 마지막이 되었을 때 한 왕이 일어나게 되는데 이 왕은 거룩한 백성들을 멸하는 악한 왕이었다. 역사 속에서 이 왕은 유대인을 핍박했던 안티오쿠스 에피파네스를 상징한다. 그러나 그 역시 깨어지게 되는데 사람의 손으로 말미암지 않고 깨어지게 된다. 다니엘의 이상이 보여주는 중요한 사실은 세상 역사를 하나님께서 주관하시고 인도하신다는 것이다. 나라가 일어나고 왕이 세워지고 먹고 먹히는 전쟁의 역사가 사람의 역사이지만 그 이면에는 하나님의 간섭하심이 있는 것이다. 하나님이 세우실 때 강하게 되고 하나님이 폐하시면 약해지는 것이다. 오늘 나의 인생도 하나님께서 주관하시고 인도하신다.

## 3. 칠십 이레 환상(9장)

바벨론이 망하고 페르시아왕 아하수에로의 아들 다리오가 갈대아 나라의 왕이 되었을 때 다니엘이 성경에 기록된 한 말씀을 깨달았는데, 그것은 예레미야가 예언했던 이스라엘이 70년 만에 바벨론 포로가 끝나게 된다는 것이다. 그러므로 다니엘은 이 말씀을 의지하여 하나님께 기도하며 간구하기로 결심하고 하나님 앞에 나아가 엎드렸다. 다니엘은 하나님의 언약대로 이제는 주의 얼굴 빛을 주의 황폐한 성소에 비추어 이스라엘을 회복시켜달라고 했다. 그는 이 기도를 이스라엘의 의에 의지해서 드린 것이 아니라 하나님의 큰 긍휼을 의지하여 드렸다. 다니엘은 하나님 자신을 위하여 자신의 기도를 들어달라고 하나님께 간구했다.

하나님께서 다니엘을 사랑하시고 그의 천사 가브리엘을 다니엘에게 보내 앞으로 되어질 일에 대해서 70 이레의 환상으로 보여주셨다. 하나님께서 자기 백성을 위하여 70이레의 기한을 정하셔서 백성들의 죄를 사하며 하나님의 예언이 응하게 하시고 또한 거룩한 메시야를 보내주시겠다고 하셨다. 그 메시야가 일어나기까지 일곱 이레와 육십 이 이레가 지날 것이라고 하셨다. 이것은 이스라엘이 바벨론 포로에서 돌아와 새롭게 성전과 성벽을 수축하고 그로부터 62 이레가 지난 후에 예수 그리스도께서 오셔서 고난을 받고 죽으실 것이라는 말씀이다. 그 후에 한 이레 동안의 핍박이 일어나게 될 것인데 제사와 예물이 금지되고 적그리스도의 핍박과 박해가 이루어질 것이라고 한다. 이 적그리스도는 종말의 때까지 그 세력을 과시하게 될 것이다. 그러나 하나님의 진노가 마지막 종말의 때에 적그리스도에게 임함으로 결국 하나님의 나라가 온전하게 서게 될 것이다. 예수 그리스도를 의지하여 우리가 고난과 핍박의 때를 잘 견디어 내면 하나님께서 최후의 승리를 당신의 백성들에게 주신다.

## 9월 15일 :: 다니엘 10-12장

### 1. 바사군과 헬라군(10장)

바사 왕 고레스 3년에 다니엘에 한 환상을 보았는데 큰 전쟁에 관한 것이었다. 그 이상을 보고 다니엘은 세 이레 동안이나 식음을 전폐할 정도로 매우 슬퍼했다. 다니엘은 그 이상을 힛데겔 강가에서 보았는데 한 사람이 세마포 옷을 입고 허리에 우바스 정금 띠를 띠고 있었는데 그 몸은 황옥 같고 그 얼굴은 번갯빛 같고 그 눈은 횃불 같고 그 팔과 발은 빛난 놋과 같고 그 말소리는 무리의 소리와 같았다고 한다. 이는 요한 계시록에 기록된 예수 그리스도의 모습을 닮았다(계1:13-16). 그 환상을 보자 다니엘은 그 앞에서 정신을 잃었는데 그 말소리를 들을 때에 마치 죽은 자와 같이 되었다. 하나님을 만나면 모든 사람은 자신의 연약함과 초라함과 누추함과 죄악됨을 깨닫고 두려워 떨게된다.

그 때 그 사람이 다니엘을 어루만지며 깨웠다. 그가 이르는 말을 깨닫고 일어서라고 하였다. 그는 다니엘을 '은총을 크게 받은 사람'이라고 불렀다. 그 사람이 다니엘에게 말씀을 전하러 오게 되었는데 바사국 군(악한 영)이 그를 막아 지체하게 되었지만 천사장 미가엘의 도움을 받아 오게 되었다고 한다. 그 사람은 오랜 후에 하나님의 백성이 당할 이상을 다니엘에게 전하고자 했다. 다니엘은 그 말씀을 듣고 두렵고 떨려 힘이 없어졌다. 그 때에 그 사람이 다니엘을 어루만지며 용기와 격려를 주었다. 그는 바사군과 싸울 것이라고 한다. 그러나 헬라군이 이를 것이라고 한다. 이 헬라군도 악한 영을 묘사한다. 이는 곧 주님께서 싸우시게 될 싸움의 성격이 영적이라는 것을 말씀한다. 우리는 영적 싸움을 하며 이 세상을 살아간다. 영적 싸움은 끊임없이 계속된다. 그러나 예수 그리스도께서 우리와 함께 싸우신다. 그러므로 많은 고난이 있더라도 반드시 이기게 될 것이다.

### 2. 영적 싸움터에서(11장)

참된 것을 다니엘에게 보여주겠다고 한 그 사람이 세상의 전쟁의 역사에 대해서 말씀한다. 먼저 바사와 헬라 사이에 전쟁이 있을 것이라고 한다. 처음에는 바사가 헬라를 이길 것이나 헬라에서 한 능력 있는 왕이 일어나서 큰 권세로 다스리게 되겠지만 그 나라도 나누어지게 될 것이라고 한다. 또한 애굽 왕은 강하게 될 것이고 북방왕과 맺은 정략결혼을 통한 연합은 깨어지게 되고 북방 왕은 애굽을 치게 될 것이지만 결국은 물러가게 될 것이라고 한다. 이제 북방 왕의 아들들이 전쟁을 준비하고 남방 왕과 싸우게 될 것이지만 그들이 남방 왕을 이기지 못하게 될 것이지만 다시 연합군대를 조직

하여 남방을 치게 되는데 승리를 거두게 될 것이라고 한다. 이 와중에 유다에서도 악한 자가 일어나서 자신의 이상을 이루려 할 때에 북방 왕이 와서 토성을 쌓고 견고한 성읍을 취하게 되고 남방 군대는 유다에게 아무 힘도 되지 않을 것이라고 한다. 이런 일들이 역사 속에서 일어났다. 유다는 북방과 남방 사이에 끼어 있어서 언제나 전쟁을 피할 수 없었고 결국에는 북방군대에 의해 멸망을 당하게 되었다. 그러나 전쟁의 역사는 간단치 않다. 서로 먹고 먹히며 물고 물리는 일들이 계속해서 반복된다. 특히 헬라 왕국의 한 왕국인 시리아 왕국의 안티오쿠스 에피파네스는 유다에 쳐들어와 제사를 폐지하고 성소에 우상을 세움으로써 성소를 더럽게 하는 일을 하며 백성들을 타락시켰다. 그런 와중에도 자기 하나님을 아는 백성은 강하여 용맹을 발할 것이라고 한다. 북방의 군대는 강한 힘을 가지고 세상을 요란하게 하지만 중요한 것은 이런 모든 일들에 작정된 기한이 있다는 것이다. 역사 속에서 하나님의 백성들은 십자가의 강한 군사로 연단받아야 한다. 세상을 영적 싸움터로 바라보면 그 시작과 끝을 분별할 수 있다.

## 3. 최후의 승리(12장)

역사의 마지막 때의 대 환란에 관해 말씀한다. 안티오쿠스 에피파네스가 적그리스도의 모형으로 하나님의 성전과 그 백성들을 유린했듯이 마지막 때에 하나님의 백성들을 향한 사탄의 집요한 공격이 있게 될 것이다. 그러나 하나님께서 대군 미가엘을 보내 싸우게 하시고 하나님의 책에 기록된 자를 구원하게 할 것이다. 그 때에 땅의 티끌 가운데서 자는 자 중에 많이 깨어 영생을 얻는 자도 있겠고 수욕을 받아서 무궁히 부끄러움을 입을 자도 있을 것이라고 한다. 그러므로 참으로 지혜로운 자는 이 땅에 사는 동안 참된 신앙을 가지고 경건한 삶을 살아간다. 많은 사람들을 옳은 길, 생명의 길로 인도하는 일을 한다. 이런 사람은 별과 같이 영원토록 비취는 광명한 천국을 누리게 된다. 하나님께서는 참된 믿음을 가진 자에게 최후의 승리를 보장해 주신다. 하나님께서는 다니엘에게 이 글을 봉함하라고 했다. 그리고 그 일이 확실하게 일어날 것임을 말씀하신다.

우리는 이 진리를 깨닫기 위해 부지런히 분주하게 움직여야 한다. 한 영혼이라도 얻기 위해 노력해야 한다. 마지막 삼년 반은 혹독한 시련과 핍박의 때가 될 것이다. 적그리스도의 핍박 앞에서 많은 성도들의 권세가 무너지게 될 것이다. 그러나 하나님께서 개입하시면 모든 상황은 종료된다. 흑암의 권세는 힘을 잃고 무너지게 되어 있다. 그러므로 우리의 신앙에 인내가 필요하다. 다니엘은 그 종말이 궁금했지만 주님께서는 그것을 마지막 때까지 간수하고 봉함하라고 했다. 우리가 미래의 일을 다 알 필요는 없다. 오늘 하나님 앞에서 분투하는 삶을 살아가는 사람에게 복이 있다. 영원한 안식이 우리의 것이 될 때까지 믿음의 싸움을 계속 싸우자.

# 9월 16일 :: 호세아 1-3장

## 1. 호세아에 대하여

호세아서는 하나님께서 북 이스라엘의 선지자 호세아의 결혼을 통해 하나님과 이스라엘의 언약적 관계를 보여주는 선지서인데, 남편과 아내, 부모와 자녀, 농부와 암소, 사냥꾼과 비둘기의 관계 등을 통해 하나님께서 이스라엘 백성들을 사랑하시므로 하나님께로 돌아오라고 호소한다. 호세아가 활동하던 시대는 이스라엘이 거의 망해가던 시대였다. 여로보암 2세가 다스리던 시대는 이스라엘의 황금시대였으나 영적 암흑의 시대였다. 여로보암 2세 이후로 이스라엘이 망하기까지 불과 30여년 세월 동안 여러 왕들이 서로 죽이고 죽는 일들이 일어났다. 그 때에 하나님께서 호세아 선지자를 일으키셔서 이스라엘을 향한 당신의 언약적인 사랑을 보여주시며 이제라도 돌이켜 하나님께로 나아오라고 하셨다.

## 2. 이스르엘, 로루하마, 로암미(1장)

하나님께서는 호세아에게 부정한 여인인 고멜을 취하여 결혼하게 하시고 그들을 통해 세 자녀를 얻게 하셨는데 그들의 이름을 이스르엘, 로루하마, 로암미 라고 칭하게 함으로써 이스라엘을 향한 하나님의 아픈 마음을 드러내셨다. 이스르엘은 '하나님이 심으신다'는 뜻이고, 로루하마는 '긍휼이 없다'는 뜻이고, 로암미는 '내 백성이 아니다'란 뜻이다. 이는 하나님께서 그 땅에 재앙을 내리시고, 그 백성에게서 긍휼을 거두시고, 그들을 자기 백성으로 여기지 않을 것이라고 경고하신 것이다. 풍성한 곡식을 생산하는 기름진 땅 이스르엘 평원에서 대 학살이 있을 것이라고 경고하시고 그들을 버리시겠다고 하시는 것이다. 이러한 강경한 하나님의 태도는 역설적으로 당신의 백성을 지극히 사랑하시는 하나님의 마음을 드러낸다. 그래서 그들을 암미, 루하마로 바꾸어 주신다.(호2:1)

호세아와 고멜의 결혼은 오늘 하나님과 나와의 관계를 보여주고 있다. 하나님은 여전히 불의한 나를 사랑하시고 너는 내 것이라고 말씀하시고, 나를 당신의 신부로 삼으시고 나의 허물과 죄를 대신하여 자신의 생명을 십자가에 내어놓으셨다. 하나님의 사랑은 언제나 그렇다. 바울은 하나님의 사랑을 이렇게 증거했습니다. "우리가 아직 죄인 되었을 때에 그리스도께서 우리를 위하여 죽으심으로 하나님께서 우리에게 대한 자기의 사랑을 확증하셨느니라"(롬5:8)

## 3. 너희 어미와 쟁론하라(2장)

하나님께서 이스라엘을 향해 '저는 내 아내가 아니요 나는 저의 남편이 아니라'고 하신다. 이스라엘이 하나님과의 언약관계를 져버리고 음란하게 우상을 섬겼기 때문이다. 이스라엘은 풍요와 다산의 신인 바알을 숭배하면서 그 우상이 자신들에게 평화와 번영을 가져다준다고 여겼다. 그들은 바알을 향하여 말하기를 '나는 나를 연애하는 자들을 따르리니 저희가 내 떡과 내 물과 내 양털과 내 삼과 내 기름과 내 술들을 내게 준다'고 했다. 그러므로 하나님께서 이스라엘 백성을 향해 '너희 어미와 쟁론하고 쟁론하라'고 하신다. 어미는 이스라엘 나라를 가리키고 자녀는 이스라엘 백성 개개인을 가리킨다. 즉 너희 자신과 싸우라는 말씀이다. 그 얼굴에서 음란을 제하고 그 유방 사이에서 음행을 제하라고 하신다. 이스라엘의 영적 간음을 참아 볼 수 없으신 하나님의 불편한 마음을 드러내신 것이다. 그래서 그들을 발가벗겨 나던 날 같이, 광야 같이 되게 하겠다고 하신다.

하나님께서 음행하는 이스라엘을 향해 질투하신다. 가시로 그 길을 막고 담을 쌓아 그 길을 찾지 못하게 하여 그 연애하는 자들에게 미치지 못하게 하며 그들을 만나지 못하게 하시겠다고 하신다. 그리하여 본 남편 되시는 하나님을 생각하게 하고 하나님 안에서 누렸던 은혜를 다시 사모하게 하겠다고 하신다. 남자와 여자가 결혼을 하면 다른 사람에게 눈길을 주지 말아야 한다. 남편은 아내만, 아내는 남편만 바라보아야 한다. 그러나 아내 된 이스라엘은 남편 된 하나님을 버리고 헛된 우상에게 그들의 마음을 줌으로써 정절을 잃어버렸다. 하나님께서 그 이스라엘을 참지 못하시고 그들에게 벌을 주셨다. 하나님의 진노는 이스라엘을 사랑하시는 하나님의 마음의 표현이다. 하나님께서는 불의한 이스라엘을 설득하여 말로 위로하고 그들에게 포도원을 주고 죄악으로 인해 고통을 받았던 아골 골짜기를 소망의 문으로 삼아주겠다고 하신다. 그들에게서 바알들을 제거하고 오직 하나님 한 분만 남편으로 삼게 하겠다고 하시며, 그들에게 장가들어 영원히 살겠다고 하신다. 이스르엘 평원에 다시 하늘의 풍성함이 임하게 하겠다고 하신다. 하나님은 이렇게 우리를 사랑하신다. 우리를 진정으로 복주시기 위해 하나님께서 때로는 징계의 막대기를 사용하신다. 두 마음을 품지 말고 하나님만 사랑하자. 날마다 죄와 싸우자. 정결한 그리스도의 신부로 살아가자.

## 4. 나도 네게 그리하리라(3장)

음란한 이스라엘을 향한 하나님의 사랑은 끝이 없다. 이스라엘 자손이 다른 신을 섬기고 건포도 떡을 즐길지라도 하나님께서 저희를 사랑하겠다고 말씀하신다. 그러므로 호세아에게 일러 타인에게 연애를 받아 음부 된 그 여인을 다시 사랑하라고 하신다. 은 열 다섯개와 보리 한 호멜 반으로 하나님을 위하여 고멜을 다시 사라고 말씀하신다. 보리 한 호멜 반은 은 15세겔을 주어야 살 수 있는 양이다. 그러므로 은 30으로 그 여자를 다시 사라는 것이다. 은 삼십은 당시 노예의 몸값이었는데 죄악의 노예가 되어버린 그 여자를 다시 사라고 하신다. 그리고 그에게 타일러 '많은 날 동안 나와 함께 지내고 행음하지 말며 다른 남자를 좇지 말라 나도 네게 그리하리라'고 말하라고 하신다. 간 쓸개를 다 빼놓으신 하나님이시다. 하나님께서는 이스라엘이 포로가 되어 많은 날동안 고난을 받을 것을 말씀하신다. 그러나 그들이 다시 돌아와 그 하나님 여호와와 그 왕 다윗을 구하며, 경외하므로 여호와께로 와 그 은총으로 나아가게 될 것이라고 한다. 하나님께서 이스라엘 백성들을 사방으로 흩으신 것은 그들이 다시 하나님을 찾게 하기 위함이었다. 고난을 통해 하나님을 기억하게 하고 다시 하나님께 돌아오게 하기 위함이었던 것이다. 끝까지 버리지 않고 포기하지 않으시는 하나님의 사랑을 나타낸다.

호세아가 다시 찾은 고멜을 향해 '너는 많은 날 동안 나와 함께 지내고 행음하지 말며 다른 남자를 좇지 말라 나도 네게 그리하리라'고 말해야 할 때 그의 마음이 어떠했겠는가? 끊임없이 부정을 저지르는 아내를 다시 품는 것만큼 고통스러운 일이 어디 있겠는가? 그런데 하나님께서 우리에게 그렇게 하셨다. 허물과 죄로 죽었던 우리를, 불순종의 아들들 가운데서 역사하는 영, 사탄의 노예가 되었던 우리를 당신의 아들을 보내 십자가에 죽게 하시고 우리를 그 흑암의 권세에서 건져주셨다. 돌아오라는 하나님의 음성을 무시하지 말아야 한다. 나에게 전부를 주신 하나님께 내 전부를 드릴 수는 없겠는가?

## 9월 17일 :: 호세아 4-6장

### 1. 쟁변하시는 하나님(4장)

여호와께서 당신이 그토록 사랑하시는 이스라엘과 다투신다. 그토록 사랑했건만 그 사랑을 저버리고 하나님의 마음에 큰 상처를 남긴 자기 백성들을 향해 하나님께서 분노하신다. 그 하나님의 마음을 가지고 선지자는 자기 백성들에게 여호와의 말씀을 들으라고 한다. 여호와께서 자기 백성들과 쟁론하시면서 하신 말씀이 이렇다. '이 땅에는 진실도 없고 인애도 없고 하나님을 아는 지식도 없고, 오직 저주와 거짓말과 살인과 절도와 간음 뿐이요 피가 피를 부르는 폭력만이 있다'고 하신다. 반드시 있어야 할 것은 아무것도 없고, 있어서는 안되는 것 들로만 가득 찬 부패한 백성들의 마음을 들여다보고 한탄하시는 하나님이시다. 거짓 선지자들이 판을 치고 하나님의 진리를 가르쳐야 할 자들이 율법을 잊어버린 것을 하나님께서 슬퍼하신다. 그러므로 하나님께서도 그 자녀들을 잊어버리시겠다고 하신다. 우리가 하나님을 버리고 하나님을 잊은 것은 아무것도 아니다. 그러나 하나님이 우리를 잊어버리시면 그 때엔 정말 어디에서도 소망을 찾을 수 없다. 눈에 보이는 것으로만 소망을 삼고 살아가며 죄악을 사랑하는 곳에는 진정한 배부름과 만족함이 없다. 백성들은 선지자들을 본받아 우상을 음란하듯 섬기며 그것에게 희생을 드리며 그것에게 복을 빌고 있다.

하나님께서는 배반한 이스라엘을 보면서 유다에게 마지막 기대를 걸고 계신다. 이스라엘은 범죄할지라도 유다는 그렇게 하지 말아야 한다고 하신다. 길갈로 가지 말고 벧아웬으로 올라가지 말라고 한다. 우상숭배의 자리로 나아가 여호와께 맹세하는 일이 없어야 한다고 한다. 우상과 연합하는 자를 하나님은 내버려 두신다. 우리가 하나님 앞에서 완강하지 말아야 한다. 하나님이 나와 다투시지 않게 해야 한다. 사랑으로 부르시는 하나님의 음성을 들을 수 있도록 귀를 열어야 한다. 날마다 귀를 열고 하나님의 말씀을 들을 때 여호와를 아는 지식이 더해진다. 하나님이 나와 다투실  때 그 앞에 납작하게 엎드려야 한다.

### 2. 지계표를 옮기는 자(5장)

'제사장들아 들으라 이스라엘 족속들아 깨달으라 왕족들아 귀를 기울이라'고 말씀한다. 우상숭배에 빠져 하나님을 저버린 근본적인 이유가 무엇인지 주의 깊게 경청하라는 것이다. 미혹되어 마음이 빼앗겨 버렸는데 마음을 빼앗긴 이유는 하나님의 말씀에 귀를 기울이지 않았기 때문이다. 살아계신 하나님을 향해 그들의 귀와 눈을 막고 마음까지도 닫아 하나님의 말씀을 듣지 않았기 때문이었다. 돌아오라고 끊임없이 외쳤지만 그 음성을 외면하자 이제 그들을 향해 하나님께서 재앙과 심판을 준비하신다. 그 심판을 미스바와 다볼에 행하시겠다고 하신다. 미스바와 다볼은 우상숭배의 중심지였다. 그 곳이 그들을 잡는 올무가 되고 그물이 될 것이라고 하신다. 믿고 의지했던 것들이 오히려 거침이 되는 것이다. 하나님이 그들의 모든 것을 알고 계셨다. 그들이 양 떼와 소 떼를 끌고 여호와께로 갈지라도 여호와를 만날 수 없었다. 여호와께서 그들을 떠나셨기 때문이다. 교만하게 행하며 그 행위를 바르게 하지 않는 자를 하나님께서 외면하신 것이다. 어느 남편이 정조를 지키지 아니한 아내를 대면하겠는가? 우리의 신랑 되신 주님 앞에서 진실하지 못하면 주님께서 싫어 버리신다. 여호와를 만날 수 없는 것이 가장 무서운 심판이다. 유다의 방백들은 지계표를 옮기는 자 같다고 하나님께서 책망하신다. 지계표는 개인이나 집단이 가지고 있는 소유의 경계를 표시하는 경계표이다. 지도자들이 마땅히 있어야 할 자리를 지키지 않고 불법과 폭력으로 백성들을 압제하고 탈취하는 것을 하나님께서 보시고 심판을 준비하셨다. 우리가 진실로 하나님의 얼굴을 구하며 살아야 한다.

## 3. 힘써 여호와를 알자(6장)

이스라엘을 책망하는 선지자의 말씀을 통해 우리는 이스라엘이 하나님 앞에서 철없는 철부지 아들과 같다는 생각을 하게 된다. 아버지가 싫어서 자기 하고 싶은대로 하는 아들의 그 반항을 바라보시는 아버지의 마음이 어떠했겠는가? 그러므로 선지자는 여호와께로 돌아가자고 다시 호소한다. 집을 나가면 자유가 있을 것 같지만 곧 바로 고생이 찾아온다. 몸과 마음에 상처만 남게 된다. 진정한 자유는 아버지의 아들됨을 인정하고 아들로써 살아갈 때 주어진다. 아버지께로 돌아가면 아버지는 언제나 그 아들을 맞을 준비를 하고 계신다. 또한 여호와를 힘써 알자고 한다. 하나님과의 관계를 새롭게 하자는 것이다. 우리는 항상 하나님 알기를 힘써야 한다. 하나님은 새벽 빛과 같이, 늦은 비와 같이 그렇게 우리에게 다가오시는 분이시다. 사모하는 영혼을 만족하게 하시는 하나님이시다. 새벽 빛은 어두움을 몰아내고, 늦은 비는 대지를 적셔 땅에서 풍성한 소출을 거둘 수 있게 한다. 예수 안에는 지혜와 지식의 모든 보화가 감추어져 있다고 했다. (골2:3) 하나님을 사랑하고 인격적인 교제 가운데 살아갈 때 하나님 안에 있는 풍성함을 누릴 수 있게 된다.

하나님은 우리의 형식적인 믿음을 싫어하신다. 많은 번제를 하나님께 드리는 것보다 하나님 아는 것을 더 원하신다. 부모는 자녀가 보내주는 많은 선물보다 자녀의 따뜻한 전화 한 통화를 더 기대한다. 자녀의 말속에서 따뜻함과 사랑을 느끼고 싶어한다. 인간은 관계적인 존재이다. 서로 얼굴과 얼굴을 맞대고 보는 것보다 좋은 것은 없다. 하나님과 우리의 관계도 마찬가지이다. 하나님은 피상적인 믿음보다 친밀한 교제를 기대하신다.

## 9월 18일 :: 호세아 7-10장

### 1. 여호와께 물으라(7장)

호세아 선지자는 계속해서 이스라엘의 정치 지도자들의 잘못을 지적한다. 우선은 신앙생활의 실패에 대해서 말한다. 그들이 하나님을 바르게 믿고 따르지 않게 되었을 때 사회적으로 악이 만연하게 되었다는 것이다. 백성들은 우상 숭배에 빠져있었고 범죄와 악행이 겉으로 드러날 정도로 사회 구석 구석에 만연되어 있었다. 그들의 범죄는 하나님을 두려워하지 않는 데서 기인했다. 하나님을 두려워하지 않으면 불의한 일들이 힘을 얻게 된다. 그러나 하나님은 모든 악을 기억하시고 심판하신다.

이스라엘 백성들의 죄를 '빵 만드는 자에게 달궈진 화덕'에 비유한다. 빵을 만들기 위해 뜨겁게 달구어진 화덕과 같이 그들의 마음이 음란하고 더러운 욕심으로 불일듯하다는 것이다. 죄악이 잠시 가라앉은 것 같지만 반죽 된 빵이 발효되기까지 잠깐 쉬는 것처럼 일시적인 현상이었다고 질책한다. 또한 뒤집지 않는 전병처럼 하나님 앞에서 신실하지 못하므로 아무짝에도 쓸모 없는 것이 되고 말았다고 한다. 하나님께 헌신이 없는 신앙은 가증할 뿐이다. 어려운 일들을 당할 때 신자가 해야 할 가장 중요한 일은 하나님께 나아가 하나님께 묻는 것이다. 하나님은 우리를 끊임없이 훈련하시고 연단하신다. 우리가 인생 길에서 넘어질 수 있고 실패할 수 있다. 하나님은 실패와 좌절을 경험하게 함으로써 오히려 우리를 더욱 더 강한 자로 성장시키신다. 우리는 그 속에서 날마다 하나님을 신뢰하는 법을 연습해야 한다. 모든 일은 하나님과 관계가 있다. 하나님을 의지하고 하나님께 묻는 것이 참된 겸손이고 지혜이다.

### 2. 헛된 소망 버리기(8장)

이스라엘이 우상을 숭배하고 하나님 대신에 다른 나라의 힘을 빌리고 하나님의 언약과 율법을 무시한 것을 지적한다. 그러한 죄악들은 마침내 이방인들에 의해 이스라엘이 망하게 되는 결과를 초래하게 되었다. 하나님께서 당신의 백성들에게 하나님의 말씀을 주셨다. 하나님의 백성들이 하나님의 말씀을 순종할 때 참으로 사는 길은 얻게 된다. 그러나 이스라엘은 하나님의 말씀을 버리고 음란하듯 우상을 섬기며 하나님 대신에 다른 나라의 힘에 의존했다. 이스라엘은 그들의 멸망이 목전에 다가왔지만 깨닫지 못했다. 더 열심히 우상을 섬기고 자신들에게 도움을 줄 것 같은 눈에 보이는 나라들을 의지했다. 그러한 일로 인해 하나님의 미움을 사고 하나님의 진노를 피할 수 없게 되었다. 하나님께서 선지자를 주신 것은 자기 백성들을 사랑하시고 그들에게 진실로 형통한 길이 무엇인지를 알게 하기 위함이었다. 선지자가 심판을 경고하는데도 그들은 하나님의 선민이기 때문에 모든 재앙에서 제외될 것이라는 착각을 하며 살았다. 하나님의 백성이면 그 백성다운 생각을 하고 행동을 해야 한다. 하나님께서는 저들을 위하여 율법을 만 가지로 기록하였다고 말씀하신다. 그 율법 속에 당신의 백성들에게 필요한 것들을 자세하게 적어놓으셨다. 그러나 그들은 그 율법이 자신들과는 관계없는 것으로 여겼다. 우리가 하나님을 섬기면서 헛된 것들에 소망을 품거나 열심을 내지 않도록 해야 하겠다. 나는 지금 얼마나 하나님의 말씀에 귀를 기울이고 있는가?

## 3. 하나님의 심판(9장)

선지자, 제사장, 방백들의 타락을 지적한다. 그들은 백성들을 신앙적으로 인도할 사명이 있었음에도 불구하고 오히려 타락함으로써 이스라엘의 멸망을 부채질했다. 곡식을 추수하는 일은 백성들에게 큰 기쁨이 되는 일이지만 선지자는 이스라엘에게 기뻐 뛰놀지 말라고 한다. 하나님의 은혜와 복으로 인해 먹을 양식을 거두게 되었지만 그들은 스스로 생각하기를 그들이 섬기는 우상이 그들에게 풍성한 소출을 주었다고 생각했기 때문이다. 하나님께서 그들의 수확물을 빼앗으시고 그 곳에 찔레와 가시덩굴이 나게 하겠다고 하신다. 그들을 포로 되게 하여 그 땅을 황무하게 할 것이라는 것이다. 복의 근원이신 하나님을 잊어버린 백성들에게 내리시는 하나님의 징계이다. 우리가 모르고 잘못하고 실수할 수 있다. 그러나 고의적으로 계획적으로 범하는 것은 악한 행위이다. 하나님께서는 파수꾼을 보내셔서 그들의 악을 막으려고 하셨지만 그들은 그 선지자의 말을 듣지 않았다. 하나님께서는 여행에 지친 나그네가 광야에서 포도와 무화과를 만나듯이 이스라엘을 기뻐하시고 그들에게 복을 주셨지만 그들은 세상의 것에 눈이 멀어 하나님을 등지고 세상을 사랑했다.

이스라엘이 하나님께 불순종한 댓가는 혹독했다. 하나님께서 그들을 이방인의 손에 붙이셔서 고통을 당하게 하실 뿐만 아니라 현재의 생활에서도 큰 고통을 겪게 하셨다. 가정에는 아이를 배거나 해산함이 없고 혹 자식을 기를지라도 그들을 없이하시겠다고 하신다. 배지 못하는 태와 젖 없는 유방은 큰 심판이었다. 하나님의 교회가 영적 자녀를 생산하지 못하고, 말씀의 꼴이 사라지면 영적으로 피폐하게 된다. 우리가 하나님의 복을 헛된 것으로 돌리고 남용하지 않도록 해야 한다.

## 4. 묵은 땅을 기경하라(10장)

호세아 선지자는 북왕국 이스라엘이 하나님을 떠나 범죄하던 시대에 하나님의 백성들에게 심판을 경고하며 죄를 버리고 하나님께로 돌아오라고 선포했다. 하나님께서는 호세아에게 거리의 한 창녀를 택하여 그와 결혼하여 자녀를 낳게 하심으로써 범죄한 백성들을 향한 당신의 사랑을 말씀하시고 죄를 회개하고 돌아오면 용서해 주시겠다고 하셨다. 그들은 하나님께서 복 주심으로 매우 부요한 삶을 살았다. 그러나 그 땅이 번영할수록 이방 신상들을 아름답게 꾸미는데 정신을 빼앗기고, 그 속에 하나님을 두려워하는 마음이 없었으므로 나라의 기강이 무너지고 왕의 권위는 땅에 떨어졌다. 하나님께서는 그들의 죄를 더 이상 참지 않으시고 전쟁을 통해 그 백성을 징계하시기로 결심하셨고 그 때를 기다리고 계셨다. 호세아는 그 때가 오기 전에 죄악된 마음을 밭 갈아 그 심령에 하나님의 공의를 심고 사랑의 열매를 수확하라고 백성들에게 호소했다.

사람의 마음에 악이 가득하면 죄의 열매를 거두게 되고, 그것들은 모두가 하나님 앞에서 거짓되어 결국은 사망에 이르게 된다. 밭을 갈면서 크고 작은 돌맹이들을 치우듯이, 우리의 심령을 깊이 밭 갈아 마음 속 깊은 곳에 숨어있는 악의 뿌리까지라도 다 뽑아내야 하겠다. 내 마음 밭에 말씀과 기도의 씨앗을 뿌리고 성령의 단비가 내리기를 갈망하자. 하나님께서 기다리실 때 지체하지 않고 돌이키는 사람은 용서의 열매를 먹게 된다. 하나님은 지금이 바로 그 때라고 말씀하신다.

# 9월 19일 :: 호세아 11-14장

## 1. 불붙는 긍휼(11장)

하나님께서 이스라엘의 죄를 지적하시고 그러나 그들에게 은혜를 베풀겠다고 하신다. 이스라엘을 향한 하나님의 사랑이 집요하시다. 하나님께서 이스라엘이 어렸을 때 그들을 사랑하여 애굽에서 불러내시고 그들과 가까이하기를 원하셨지만 이스라엘은 선지자들이 부를수록 점점 더 하나님을 멀리하고 바알들에게 제사하고 아로새긴 우상 앞에서 분향했다. 하나님께서는 그런 이스라엘을 사랑하시고 그들에게 걸음을 가르치며 팔로 안으시고 사랑의 줄로 이끄시며 그 목에서 멍에를 벗기시며 그들 앞에 먹을 양식을 차려 놓으셨다. 그럼에도 불구하고 이스라엘은 하나님께 마음을 두지 않았다. 마치 우리의 모습을 보는 듯하다. 우리가 하나님의 사랑을 받고 하나님의 은혜로 살아가고 있으면서도 하나님께 감사할 줄 모르고, 하나님을 의지하지 않는다. 오히려 점점 신앙이 퇴보하고 하나님에게서 멀어져가고 있다. 참으로 안타까운 일이다.

그런 이스라엘을 향해 하나님께서는 애원하듯이 말씀하신다. '내가 어찌 너를 놓겠느냐, 내가 어찌 너를 버리겠느냐, 아드마 같이 스보임 같이 놓아두지 않겠다'고 하십니다. 아드마와 스보임은 소돔과 고모라가 멸망 당할 때 함께 멸망 당했던 도시였다. 하나님께서 온 세상에서 당신의 백성을 모아 각각 그 집에 머물게 하겠다고 하신다. 참으로 하나님의 불붙는 사랑은 꺼질 줄 모른다. 오늘도 그 사랑은 변함이 없다. 하나님이 아예 나를 당신의 성전으로 삼으시고 나와 함께 하신다. 나를 절대 놓지 않으시는 하나님이시다. 나를 향한 하나님의 불붙는 열정이 나를 감동케 한다. 그 주님의 마음을 닮아 나도 그렇게 주님을 사랑하고 싶다.

## 2. 하나님을 바라보라(12장)

에브라임이 바람을 먹고, 동풍을 따라갔다고 한다. 그들은 하나님을 의뢰하지 않고 이방인들을 신뢰하고 그들에게 도움을 구하려 했다. 하나님께서는 그것을 '바람을 먹는 일'이라고 하신다. 헛된 수고라는 말씀이다. 주변의 강대국들은 언제나 이스라엘 백성들에게 매력적이었다. 이스라엘은 그들과 관계 맺기를 원하고 그들과 친하게 지내고 그들의 도움을 받고 싶어했다. 그러나 하나님께서는 그들에게 야곱처럼 되라고 말씀하신다. 야곱은 형 에서를 속이고 그에게서 축복을 빼앗은 후 도망갔지만 하나님께서는 그를 벧엘에서 만나주시고 그와 언약을 맺으시고 그에게 복을 주셨다. 하나님의 은혜를 구하기 위해 하나님과 씨름하여 마침내 하나님의 복을 받아내고야 말았다. 그러므로 선지자는 백성들이 그들의 하나님께로 돌아와야 한다고 호소한다. 하나님께 돌아와 인애와 공의를 지키고 항상 하나님을 바라보라고 한다. 불의한 방법으로 얻은 재물을 즐거워하지 말고 불의함을 버리라고 한다. 그렇지 않으면 하나님께서는 그들을 다시 옛날 광야의 백성들과 같게 하겠다고 하신다. 하나님께서 특별히 야곱의 과거의 삶에 대해서 말씀하시는 것은 야곱이 정처없는 인생으로 살아갈 때 하나님께서 그에게 은혜를 베풀어서 그가 형통하게 되었음을 상기시킴으로 그들이 하나님을 기억하고 하나님을 의지하게 하기 위함이다. 하나님의 자녀는 늘 하나님께 돌아와 하나님을 바라보아야 한다. 하나님은 오늘도 여전히 나를 사랑하시고, 하나님이 참 복의 근원이 되신다. 우리가 비록 야곱처럼 허물이 많지만 하나님을 붙잡았던 야곱을 본받아 하나님과 겨루어 이기는 자로 살아가기를 힘써야 하겠다.

## 3. 권고하시는 하나님(13장)

하나님께로 돌아오지 않는 에브라임의 불순종을 보면서 선지자는 마음 속이 타 들어가는 아픔을 경험하고 있다. 옛날에 하나님께 불순종함으로 인해 징벌을 받았음에도 불구하고 이스라엘은 지난날의 아픔을 교훈으로 삼지 않고 여전히 더욱 범죄하여 우상을 숭배하고 사람의 손으로 부어만든 우상에게 입 맞추며 그것에게 복을 구하는 패역한 일을 일삼고 있었다. 그들의 삶이 활력이 있고 소망이 있는 것처럼 보였지만 실상은 아무 소망이 없었다. 선지자는 이 백성을 보면서 그들의 모습이 마치 '아침 구름, 쉽게 사라지는 이슬, 타작마당에서 광풍에 날리우는 쭉정이, 굴뚝에서 나는 연기'와 같다고 했다. 모든 것들이 살아있는 것 같고 아름다운 결과들이 있는 것 같지만 그 모든 것들은 아무 실속이 없이 쉽게 사라지는 것들이었다. 우리가 인생을 살면서 쭉정이과 같은 것들을 붙잡고 그것을 좇아 살아가면서도 마치 자신의 인생에서 가장 귀한 것을 얻었다고 생각하는 어리석음을 범하고 있지는 않는지 돌아보자.

범죄하는 이스라엘을 향해 하나님께서 마치 사자처럼, 길가에서 기다리는 표범처럼, 새끼 잃은 곰처럼 분노하신다. 그러나 여전히 그들의 죄를 사하시고 그들을 음부의 권세에서 속량하시고 사망에서 구속하시는 하나님이시다. 사망과 음부의 권세를 하나님께서 쥐고 계신다. 하나님께서 배역하는 백성들을 향해 분노하시지만 그 분노는 사랑으로 인한 분노이다. 오직 하나님 한 분께만 소망을 두며 살게 하시고 하나님만 복의 근원으로 삼고 살기를 원하시는 질투의 하나님이시다.

## 4. 여호와의 길(14장)

하나님께서는 불의한 이스라엘을 향해 하나님께로 돌아오라고 호소한다. 그들에게 궁극적으로 복을 주시겠다고 말씀한다. 하나님께서 자비를 베푸심으로 이스라엘의 모든 불의와 패역이 치유되어 다시는 몰락하지 않게 될 것이라고 하신다. 진노 중에라도 소망을 주시는 하나님이시다. 우리가 우리의 죄악을 따라 갚음을 받았다면 우리 중에 살아남이 있을 사람이 아무도 없을 것이다. 하나님의 자비와 긍휼이 무궁하시므로 우리가 진노 중에라도 호흡하며 살 수 있는 것이다.

'내가 저희의 패역을 고치고 즐거이 저희를 사랑하겠다'고 하신다. 하나님의 사랑은 측량할 수 없다. 행위대로 보응하시는 하나님이신 것 같은데 또한 측량할 수 없는 자비와 긍휼을 베푸시는 하나님이시다. 하나님의 불타는 사랑이 우리를 죄에서 구원하셨다. 하나님이 당신의 사랑하는 아들을 나를 위해 보내주시고 십자가에 내어 주심으로 나를 향한 당신의 그 사랑을 확증하셨다! 우리는 날마다 말씀을 가지고 여호와께로 돌아와야 한다. 헛된 것들을 의지하지 말고 하나님 한 분만 우리의 소망으로 삼아야 한다. 지혜로운 사람은 무슨 일을 만나든지 하나님께 피하고 하나님을 의지한다. 여호와의 길로 갈 때 그 길에 참된 소망이 있다.

## 9월 20일 :: 요엘 1-3장

### 1. 여호와께 부르짖으라(1장)

요엘은 유다 왕 요아스 때에 활동한 선지자이다. 그 시대는 정치적으로 매우 불안정한 시대였다. 아달랴의 6년에 걸친 왕위 찬탈 뒤에 요아스가 8살의 어린 나이에 왕이 되어 제사장 여호야다의 보호 아래서 나라를 다스려야만 했다. 정치가 바로 서지 못하니 백성들의 삶이 온전할 리 없었다. 그러한 혼란의 때에 요엘은 나라에 닥쳐올 위기들을 경고하면서 하나님 앞에 바로 설 것을 역설했다. 요엘은 '팥종이가 남긴 것을 메뚜기가 먹고 메뚜기가 남긴 것을 늣이 먹고 늣이 남긴 것을 황충이 먹었다'는 말로 유다를 향해 다가오고 있는 심판을 예고했다. 나라가 위기 가운데 있었는데도 사람들은 술에 취하여 살아가고 있었다. 그러므로 선지자는 암사자의 어금니 같은 이족이 곧 그 땅에 쳐들어올 것이라고 경고하면서, 그들이 와서 농부들의 포도원과 무화과나무를 황폐하게 할 것이라고 했다.

포도와 무화과는 번영과 행복의 상징이다. 곧 그 땅에 평화가 없어지겠다는 것이다. 그러므로 선지자는 제사장들에게 굵은 베를 입고 금식하며 회개하라고 했다. 하나님의 전으로 백성들을 모으고 여호와께 부르짖으라고 했다. 그들에게 임할 재앙은 곧 하나님의 심판이었다. 선지자는 하나님께 불의를 행한 나라를 향해 무서운 심판을 준비하고 계신 하나님을 보았던 것이다. 우리는 늘 하나님 앞에서 깨어 있어야 한다. 우리의 인생에 메뚜기 떼와 같은 상황이 임하지 않게 해야 한다. 여호와께 부르짖는 자에게는 소망이 있다.

### 2. 여호와의 날(2장)

메뚜기 재앙과 가뭄 재앙에 이어 어둡고 캄캄한 여호와의 날이 임박하게 되었다고 경고한다. 임박한 여호와의 날은 메뚜기 재앙, 가뭄 재앙과는 비교도 할 수 없는 하나님의 심판의 날을 말한다. 아주 강한 백성이 와서 유다를 황폐하게 할 것이라고 한다. 이런 재앙은 자고 이래로 없었고 이후 세대에도 없을 것이라고 한다. 여호와의 날은 구원의 소망이 사라진 심판의 날을 의미한다. 파란 하늘에 갑자기 천둥과 번개와 비를 동반한 먹구름이 몰려오는 것을 보면 사람들은 그것을 피하기 위해 급하게 움직인다. 그런데 이 백성들은 그들에게 이런 경고가 주어졌음에도 불구하고 경각심을 갖지 못했다. 그만큼 죄의 달콤함에 취하여 살아가고 있었기 때문이다.

여호와의 날이 임박했으므로 백성들은 회개하고 여호와께 돌아와야만 했다. 그러므로 선지자는 이제라도 금식하며 울며 애통하고 마음을 다하여 여호와께로 돌아오라고 한다. 옷을 찢지 말고 마음을 찢고 하나님께로 돌아오라고 호소한다. 돌아오면 하나님께서 뜻을 돌이킬 수 있을 것이라고 한다. 하나님 앞에서 우리의 허물이 발견될 때마다 옷을 찢는 형식적인 회개가 아닌 마음을 찢는 진실한 회개를 해야 한다. 진실한 회개를 보실 때 하나님의 중심이 뜨거우시며 그 백성에게 긍휼을 베푸신다. 하나님은 사랑이시다.

## 3. 그 날이 오면(3장)

유다를 다시 돌이키실 때 유다를 괴롭혔던 열국을 심판하시겠다고 하나님께서 말씀하신다. 하나님께서 이스라엘의 대적들을 사용하셔서 이스라엘을 치셨을 때 그들은 이스라엘에게 필요 이상의 많은 고통을 안겨주었다. 그들은 이스라엘을 침략하여 성전의 은과 금을 약탈해 갔을 뿐만 아니라 백성을 노예로 팔아 넘기까지 했다. 하나님께서 그들의 죄악을 보시고 그들을 속히 멸하실 것을 말씀하신다. 그리고 징계했던 이스라엘은 다시 회복시키겠다고 하신다. 하나님은 항상 당신의 백성을 위해 인자하시고 자비하시며 풍성한 은혜를 베푸시는 분이시다. 하나님께로 돌아오는 자를 위하여 복을 준비하고 계신다.

회복의 날을 '그 날'이라고 부르는데 그 날이 오면 산마다 젖과 포도주가 넘치고, 개울마다 물이 가득하고, 주의 성전에서 샘물이 흘러나와 땅을 비옥하게 하고, 여호와께서 그 곳에 머무시며 여호와의 영광이 해처럼 빛나게 될 것이라고 하신다. 죄를 싫어하시는 하나님이시지만 궁극적으로 이스라엘을 버리지 아니하시고 구원하시는 하나님이시다. 하나님께서 시온에 계셔 자기 백성들과 함께 하시며 그들의 하나님이 되어 주신다. 오늘도 하나님은 내 안에 계셔서 임마누엘이 되시고 우리의 삶에 기쁨을 창조하시는 분이시다. '그 날'을 사모하는 사람은 하나님 앞에서 자신을 깨끗이 한다.

# 9월 21일 :: 아모스 1-3장

## 1. 내가 불을 보내리니(1장)

아모스 선지자는 예루살렘에서 남쪽으로 16km 떨어진 드고아에서 가축을 돌보고 뽕나무를 재배하던 평범한 목자였다. 하나님께로부터 선지자로 부름을 받은 후 벧엘로 이주하여 북이스라엘에 대하여 예언했다. 여로보암 2세가 통치하던 당시의 이스라엘은 부유한 삶을 살아가고 있었지만 그들의 번영과 부요함은 그들을 교만하게 만들었고 방종과 부패와 배교를 일삼고 살아가고 있었다. 입술로는 하나님을 경배했지만 그들의 삶은 온갖 부도덕과 탐욕과 이기주의로 가득 차 있었다. 아모스는 이러한 백성들에게 멸망의 임박성을 경고하고 참된 신앙을 갖도록 촉구했다.

이스라엘의 죄를 지적하고 심판을 경고하기 전에 하나님께서는 먼저 이스라엘의 주변 나라들에 대하여 심판을 선포하셨다. 이들 나라들은 하나같이 죄악을 일삼았는데, 포로를 학대하며 형제들을 향해 분을 품으며 인신매매와 아이 밴 여인의 배를 가르는 끔찍한 일들을 자행했다. 하나님께서 그들의 죄를 낱낱이 기억하셨다. 그러므로 그들의 성에 불을 놓아 궁궐들을 사르며 죄악의 본거지에 심판을 내리겠다고 말씀하신다. 이스라엘 주변 나라들을 향한 하나님의 심판은 이스라엘의 죄악에 대해서도 예외없이 벌하시겠다는 하나님의 경고의 말씀이었다. 이웃의 불행과 아픔을 볼 때 나를 돌아보고 스스로를 경계하고 더욱 더 하나님 앞에 경건한 삶을 살아야 한다.

## 2. 은혜를 기억하라(2장)

모압과 유다와 이스라엘의 죄에 대해서 심판을 선언하신다. 모압 왕은 에돔 왕의 시체를 불에 태움으로 그 나라를 모욕했다. 그러므로 하나님께서 불을 보내 모압의 궁궐들을 사르고, 그들 가운데서 재판장을 멸하고 방백들을 그와 함께 죽이시겠다고 하신다. 모압은 이스라엘을 저주하기 위해 발람을 고용했고, 이스라엘로 우상숭배의 죄에 빠지게 했던 나라이다. 이웃에게 대하여 비윤리적이고 비인도적인 범죄를 저지를 때 하나님께서 보시고 심판을 보내신다.

유다의 죄는 여호와의 율법을 멸시하며 그 율례를 지키지 아니하며 열조의 행위를 따라 거짓된 것들, 즉 우상숭배의 길을 걸어간 것이다. 하나님의 백성으로써 마땅히 말씀을 좇아 순종하며 오직 여호와 하나님만 섬기는 자리에 있었어야 할 유다가 이방 풍속을 좇으며 하나님을 멀리하고, 하나님께서 주시는 복을 받아 누리고 있었음에도 불구하고 하나님의 은혜를 기억하지 않았다. 하나님께서 유다를 향하여 질투하시고 유다에 불을 보내 그 궁궐들을 사르겠다고 하신다. 궁궐을 사른다는 말은 그들에게 어떤 안전지대도 없이 하나님께서 완전히 심판하실 것이라는 뜻이다.

이스라엘의 죄는 의인과 궁핍한 자를 팔며, 아버지와 아들이 한 여인에게 들어가는 악한 성적인 범죄를 행하며, 여호와의 거룩한 이름을 더럽힌 것이었다. 그들은 하나님께 구원받은 하나님의 백성답게 살지 못하고 나실인을 타락시키고 선지자의 예언을 막는 죄를 범했다. 하나님은 그들에게 신실하심을 나타내셨는데 그들은 하나님께 신의를 저버리고 형식적인 신앙생활을 하고 있었다. 그러므로 하나님께서 그들의 힘을 약하게 하셨다. 자기 백성의 죄를 더 엄하게 다루시는 하나님 이시다.

## 3. 나는 너희만 알았다(3장)

하나님께서 이스라엘에게 심판을 말씀하시면서 그들을 '애굽 땅에서 올리신 족속'이라고 하며 하나님 자신을 향하여는 '내가 땅의 모든 족속 중에서 너희만 알았다'고 하심으로써 이스라엘을 향한 하나님의 참담한 마음을 드러내셨다. 하나님께서 이스라엘 백성들을 사랑하셔서 그들이 애굽에서 430년 동안 종살이하고 있을 때에 압제의 멍에를 꺾으시고 그들을 가나안 땅으로 인도해 들이셨다. 하나님은 오직 이스라엘만 사랑하시고 그들만 아시고 그들에게만 은혜를 베푸셨다. 그럼에도 불구하고 이스라엘은 그 하나님의 사랑을 기억하지 아니하고 하나님을 등지고 하나님께서 싫어하시는 죄악된 일만 일삼았다.

하나님의 심판은 우연한 것이 아니었다. 두 사람이 의합하지 않고 동행할 수 없듯이, 움킨 것이 있는 사자가 수풀에서 부르짖듯이, 덫을 베풀면 새가 거기에 치이듯이 이스라엘을 향한 심판에는 반드시 그 원인이 있었다. 하나님은 이방 민족을 불러 사마리아 성중에서 일어난 요란함과 학대함을 보라고 하신다. 그들은 그 성에서 포학과 겁탈을 행하고 있었다. 그러므로 하나님께서 부르짖는 사자가 되어 이스라엘에 심판을 베푸시겠다고 하신다. 사방에 대적을 베풀어 그들의 힘을 쇠하게 하며, 궁궐을 약탈하게 하겠다고 하신다. 하나님의 강렬한 징계는 하나님의 깊은 사랑을 증거한다. 그러므로 징계 중에라도 건져내시겠다고 하신다. 징계만 보지 말고 그 너머에 있는 하나님의 사랑을 보아야 한다. 하나님은 오직 나만 아시고 나만 사랑하신다. 나는 그 하나님 앞에 어떻게 나의 사랑을 나타내고 있는가?

## 9월 22일 :: 아모스 4-6장

### 1. 내게로 돌아오라(4장)

패역한 이스라엘 백성들을 일컬어 '사마리아 산에 거하는 바산 암소들'이라고 한다. 그들이 벧엘과 단에 송아지 형상의 우상을 만들어 놓고 섬기는 것을 빗대어 이르는 말씀이다. 그들에게는 종교적인 열심이 있었다. 벧엘과 길갈에서 아침마다 희생을 드리며, 삼일 마다 십일조를 드리며 누룩 넣은 것을 불살라 수은제로 드리며 낙헌제를 드렸다. 그러면서 가난한 자들을 학대하며 궁핍한 자를 압제하고 그러한 일들을 아주 자연스럽게 여기고 있었다. 형식적으로는 흠잡을 데 없는 신앙생활을 하고 있었지만 그들의 삶에서 신앙의 흔적을 찾아볼 수는 없었다. 하나님께서 그 일을 역겨워하셨다. 그러므로 이스라엘 땅에 여러가지 재앙을 내리셨다. 모든 성읍에서 그들의 이를 한가하게 하며 각처에서 양식이 떨어지게 하셨다. '이를 한가하게 한다'는 말씀은 그들에게 '깨끗한 이를 주었다'는 말씀이다. 즉 양식이 없어 굶주려 치아에 끼일 음식조차 없게 하셨다는 것이다. 그렇게 했어도 그들은 하나님께로 돌아오지 않았다. 비를 멈추고, 풍재와 깜부기 재앙을 보내고, 메뚜기를 보내 동산과 포도원과 무화과나무와 감람나무를 먹게 하고, 염병과 칼을 보내 청년들과 말들을 죽였지만 그들은 여호와께 돌아오지 않았다. 하나님께서 당신의 사랑하는 자녀들을 죄에서 돌이키기 위해 모든 피조물들을 당신의 뜻대로 사용하신다. 고난은 하나님께로 돌아오라는 신호이다. 우리가 깨어 있어야 한다.

### 2. 여호와를 찾으라(5장)

하나님께서 이스라엘을 위하여 애가를 지으셨다. 처녀 이스라엘이 땅에 엎드러졌지만 일으켜 세워 줄 자가 없을 것이라고 하신다. 천 명이 나가던 성읍에 백 명이 남고 백 명이 나가던 성읍에 열 명만 남으리라고 하신다. 그들의 태평성대가 변하여 애통하는 날이 될 것이라고 말씀하신다. 그러나 여전히 이스라엘을 향하신 하나님의 사랑은 변함이 없어서 그들의 성읍 가운데 백 명, 열 명을 남겨놓으심으로 절망 가운데서도 소망을 갖게 하신다.

하나님께서 이스라엘을 향해 '너희는 나를 찾아라 그리하면 살리라'고 하신다. 아모스 선지자도 이스라엘 백성들에게 벧엘을 찾지 말고 길갈로 들어가지 말며 브엘세바로 나가지 말라고 했다. 여호와를 찾아야 살 소망이 생긴다고 했다. 공법과 정의가 세워져야 인간다운 삶을 살 수 있으므로 하나님을 찾으라고 했다. 공의와 정의는 하나님께로 돌아올 때만 온전하게 회복된다. 그러나 그들은 공법을 인진(쓴 쑥)으로 변하며 정의를 헌 신짝처럼 땅에 던져버렸다. 선지자는 살기 위하여 선을 구하라고 호소한다. 악을 미워하고 선을 사랑하며 성문에서 공의를 세우라고 한다. 진실로 여호와의 날을 사모하는 사람은 이 땅에서 공법과 정의를 시행해야 한다. 그럴 때 주님을 향한 우리의 모든 헌신이 의미를 갖게 된다.

## 3. 하나님을 등진 자들(6장)

어리석은 사마리아 지도자들을 책망한다. 아모스가 예언을 하던 시대에 이스라엘은 최고의 번영을 구가하고 있었다. 그들을 넘보는 대적들이 없었다. 그러므로 지도자들이 교만하여져서 불의를 일삼았다. 하나님께서는 그들에게 갈레로, 하맛으로, 가드로 가보라고 하신다. 그들의 형편들을 살펴보고 지금 이스라엘이 얼마나 큰 하나님의 은혜 가운데 살아가고 있는지 깨달아 알라고 하신 것이다. 그들은 상아 상에 눕고 송아지를 취하여 먹으면서 점점 안일에 빠져 강포한 자리로 나아가고 있었다. 그들이 다윗처럼 악기를 제조했지만 그 악기를 가지고 하나님을 찬양한 것이 아니라 '헛된 노래'를 지절거렸다. 자신들의 쾌락을 위해 곡조를 읊어댔다. 또한 대접으로 포도주를 마시며 귀한 기름을 몸에 바르면서 방탕한 삶을 살았다. 곧 다가올 요셉(이스라엘)의 환란에 대하여 관심이 없었다.

그들은 마치 '바위 위에서 달리는 말, 바위를 가는 소'를 상상할 수 없음에도 불구하고 그렇게 허무한 것들을 기뻐하며 살고 있었다. 그들은 스스로 위로하기를 '우리의 부귀영화가 우리의 힘으로 이룬 것'이라고 자랑했다. 그 마음에 하나님을 경외함이 없으면 못할 생각이 없고 못할 말과 행동이 없다. 하나님을 등진 삶 보다 어리석은 삶이 없다. 우리가 하나님을 대적하면 하나님이 우리의 대적이 되신다.

## 9월 23일 :: 아모스 7-9장

### 1. 메뚜기, 불, 다림줄(7장)

아모스가 이스라엘의 심판에 대해서 본 환상은 황충이 땅의 풀을 뜯어먹는 환상, 큰 불이 바다와 육지를 삼키는 환상, 이스라엘 가운데에 다림줄을 베푸는 환상이었다. 황충과 큰 불의 환상은 자연재해를 통한 하나님의 심판에 대한 징조였지만 이스라엘 백성들은 전혀 위기의식을 느끼지 못하고 있었다. 아모스는 이 재앙의 환상을 보고 하나님께 기도하여 그 재앙이 임하지 않게 해 달라고 했다. 하나님께서 아모스의 기도를 들으시고 뜻을 돌이켜 그 일이 이루어지지 않게 하겠다고 하셨다. 우리는 자연적인 재앙들을 통해 하나님의 음성을 들을 수 있어야 한다. 처처에 지진과 기근과 화산폭발과 같은 자연해해들이 끊이지 않고 발생하고 있다. 이런 것들을 보면서 하나님의 심판에 대한 경각심을 가져야 한다.

세번째 다림줄 환상은 그들의 삶이 하나님의 기준에 미치지 못하고 있음을 보여준다. 하나님께서 웃음의 산당들을 제하시고 칼로 여로보암의 집을 치겠다고 하신다. 우상을 숭배하는 그들을 심판하시고 그들에게 전쟁을 보내심으로써 불순종한 자들을 심판하시겠다는 것이다. 이러한 환상에 대해서 당시의 제사장이었던 아마샤가 아모스와 논쟁을 벌였다. 두 사람은 이스라엘의 현실에 대해 완전히 서로 다른 인식을 가지고 있었다. 아마샤는 아모스와의 논쟁을 통해 자신의 영적인 무지를 드러내고 말았다. 오늘 나와 나의 주변에서 일어나고 있는 일들에 대해 영적으로 해석할 수 있는 안목이 내게 있는가?

### 2. 영적 기갈이 오면(8장)

하나님께서 아모스에게 여름 실과 한 광주리의 환상을 보여주셨다. 광주리에 담긴 과일처럼 이스라엘의 죄가 무르익어 이제 곧 하나님의 심판이 임하게 될 것을 환상을 통해 계시하셨다. 여름 실과를 추수하는 것은 농부에게 큰 기쁨이 된다. 그러나 하나님은 그 기쁨을 슬픔으로 변하게 하겠다고 하신다. 이스라엘의 끝이 임박했음을 말씀하신다. 그들은 모든 면에서 끝을 향하여 달려가고 있었다. 그리고 그 끝에는 하나님의 심판이 예비되어 있다. 그들은 이웃과의 관계이 있어서 죄악된 일들을 일삼고 있었다. 가진 자들이 궁핍한 자를 삼키며 땅의 가난한 자를 망하는 길로 인도하고 있었다. 그들은 월삭과 안식일이 빨리 지나가기를 갈망하고 있었다. 가난한 이웃을 사랑의 대상이 아닌 자기들의 욕심을 채우기 위한 도구로 여기고 있었다. 월삭과 안식일이 그들에게는 크나큰 방해가 되었다. 그 날에는 장사를 하여 이를 취할 수 없었기 때문이다. 그래서 그 날이 빨리 지나가기를 바랐다. 또한 탐욕에 눈이 멀어 에바를 작게 하고 세겔을 크게 하며 거짓 저울을 사용하는 죄를 범함으로 사회의 질서와 정의를 내팽개쳐버렸다. 더 나아가 재물에 눈이 멀어 은으로 가난한 자를 사며 신 한 켤레로 궁핍한 자를 사는 인권유린을 자행하고 있었다.

하나님께서 그들의 죄악을 달아보고 계셨다. 그러므로 그들에게 애통과 애곡과 곤고가 임하게 하겠다고 하신다. 그들에게 기근을 보내되 말씀을 듣지 못한 기갈을 보내겠다고 하신다. 하나님께서 그들을 떠나시겠다는 말씀이다. 하나님의 백성에게 가장 무서운 기갈은 양식의 핍절이나 물이 없어 갈하게 되는 것이 아니라 하나님의 말씀을 듣지 못하는 것이다. 육신의 것에 취하여 살면 반드시 영적인 기갈이 온다.

## 3. 그 날이 오면(9장)

하나님께서 범죄한 이스라엘을 철저하게 심판하신다. 심판을 피하기 위해 도망하며 이리저리 숨어보지만 하나님의 손이 미치지 않는 곳이 없다. 하나님께서는 범죄한 모든 나라에 심판을 행하십니다. 유다도 예외가 아니다. 그들은 구스와 같이 타락하고 범죄하는 자들이었다. 하나님께서 그들을 보고 탄식하신다. 그러나 하나님의 자비와 긍휼은 무한하시다. 진노 중에라도 자기 백성을 향한 사랑을 거두지 아니하시고 그들에게 관심을 가지고 계시는 하나님이시다. 그러므로 하나님께서 야곱의 집을 온전히는 멸하지 않겠다고 하신다. 비록 그들에게 곡식을 체질하듯 열국에 흩으시고 온갖 어려움과 시련을 당하게 하시지만 아주 없이하지는 않으신다. 하나님은 환란과 심판을 통해 알곡과 쭉정이를 갈라내시며 진실로 하나님을 의뢰하고 은혜를 구하는 자에게 긍휼을 베푸신다. 하나님의 공의의 칼날을 피할 수 있는 자가 아무도 없다. 그러나 자기 백성을 사랑하시는 하나님이시다. 그러므로 심판 중에서 건져내시고 은혜를 베푸신다.

그 날이 되면 다윗의 무너진 천막을 일으키고 그 틈을 막으며 그 퇴락한 것을 일으켜서 옛적과 같이 세우겠다고 하신다. 그리고 만국을 기업으로 얻게 하겠다고 하신다. 그 날이 되면 밭 가는 자가 곡식 베는 자의 뒤를 이으며 포로를 밟는 자가 씨 뿌리는 자의 뒤를 이으며 산들은 단 포도주를 흘리며 작은 산들에는 양과 염소의 젖이 풍성하며 이스라엘 백성들을 포로에서 돌이켜 풍요와 번영을 주시겠다고 하신다. 자녀를 향한 아버지의 사랑은 넓고도 깊다. 다시 세우시고 심으시는 하나님의 열심을 찬송하자. 하나님은 우리의 모든 참된 부요의 원천이 되신다. 하나님을 가까이하는 자가 복이 있다.

## 9월 24일 :: 오바댜 1-요나 4장

### 1. 마음에 지각이 없으면(오바댜1장)

오바댜는 유다의 선지자로서 예레미야와 같은 시대에 활동했다. 오바댜는 예루살렘의 멸망을 도운 에돔에게 멸망을 선포하고 유다의 회복을 예언했다. 에돔이 하나님의 심판을 받아 멸망하게 된 원인은 환란당한 형제 이스라엘을 돌아보지 않고 오히려 열국과 손잡고 이스라엘을 침략했기 때문이다. 에돔은 스스로 강하고 지혜롭다고 생각했다. 자신들은 마치 높은 바위 틈에 거하는 독수리 같다고 생각했다. 그러므로 아무도 그들을 땅에 끌어내릴 자가 없다고 여겼다. 그러나 하나님께서 에돔을 끌어내리실 것이라고 하신다. 비록 독수리처럼 높게 오르며 별 사이에 깃들일지라도 거기서 끌어내리시겠다고 말씀하신다. 사람이 마음에 지각이 없으면 언제나 헛된 생각을 하고 무모한 일들을 행한다.

이스라엘의 멸망에 가담했던 에돔의 모든 시도들을 물리치고 하나님께서 이스라엘을 다시 회복시키실 것이라고 말씀하신다. 이스라엘은 잃어버렸던 땅을 다시 소유하게 될 것이라고 하신다. 하나님께서 야곱 족속을 불이 되게 하시며 요셉 족속을 불꽃으로 삼으셔서 에서 족속을 초개처럼 사를 것이라고 하신다. 역사 속에서 하나님의 말씀은 온전하게 성취되었다. 하나님은 약속을 지키시는 분이시다. 역사의 모든 주권은 하나님께 있다. 우리가 이웃의 불행을 보고 기뻐하지 말아야 할 것은 헐고 세우는 권세가 하나님께 있기 때문이다. 우리는 하나님께로부터 온전한 회복을 약속받은 자들이다. 눈 앞에 펼쳐지는 역사의 부침을 보고 웃고 웃을 것이 아니라 우리의 지각을 하나님을 찾는데 사용해야 하겠다. 예수 그리스도 안에서 완성될 영원한 나라를 소망하자.

### 2. 가서 외치라(요나1장)

요나서는 세상 사람들을 향한 하나님의 주권적인 선포와 선민 이스라엘의 세상에 대한 선지자적 제사장적 사역을 강조하는 말씀이다. 요나서의 저자는 선지자 요나이다. 하나님께서는 선지자 요나를 통해 니느웨를 구원하시고자 하셨다. 그러나 요나는 하나님의 말씀을 거역하고 자기의 길로 갔다가 하나님의 징계를 경험하게 되고 결국 하나님의 말씀에 순종함으로 니느웨를 구원한 큰 구원의 역사에 쓰임받는 인물이 되었다. 하나님은 요나서를 통해 세상에 심판이 임박했음을 선포하고 하나님을 거역하는 자들이 회개하고 하나님께로 돌아와야 함을 말씀한다.

하나님께서는 니느웨를 구원하시기 위해 아밋대의 아들 요나를 선지자로 임명하시고 그에게 니느웨 성을 구원하라는 사명을 주셨다. 그러므로 '너는 저 큰 성읍 니느웨로 가서 그것을 쳐서 외치라'고 하셨다. 니느웨 백성들을 향한 하나님의 사랑을 보여주셨다. 그러나 요나는 하나님의 말씀을 순종하지 않았다. 그는 하나님이 자기 백성들만을 위한 하나님이라고 생각했다. 이방인을 구원하라는 하나님의 말씀이 요나의 마음에 큰 부담이 되었다. 그는 하나님의 낯을 피하여 다시스로 도망가고자 했다. 그러나 하나님께서 폭풍을 보내셔서 요나가 타고가던 배를 흔드셨다. 삼일 삼야를 물고기 뱃속에서 죽음을 경험한 요나는 다시 하나님의 말씀을 전하는 선지자로 부름받았다. 세상을 향한 하나님의 사랑은 크고 놀랍다. 하나님은 당신의 종들을 사용하셔서 세상을 구원하고자 하신다. 교회는 그 하나님의 일을 이루는 자들로 부르심을 받았다. 사명을 자각하는 것만큼 중요한 것이 없다. 나는 지금 사명을 좇아 살아가고 있는가?

### 3. 요나의 기도(2장)

요나가 물고기 뱃속에서 하나님께 기도했다. 자신의 불순종으로 인해 자신이 고난을 당하고 있는 것을 요나는 알았다. 그러므로 하나님의 자비와 긍휼을 구했다. 그는 말하기를 "내가 주의 목전에서 쫓겨났을찌라도 다시 주의 성전을 바라보겠다"고 했다. 주의 성전은 주님이 계신 곳이다. 요나는 물고기 뱃속에서 하나님을 생각했다. 죽음의 현장에서 하나님을 바라본 것이다. 우리의 소망은 오직 하나님께 있다. 우리가 어떤 상황 속에서도 하나님을 바라보도록 하자.

요나는 물고기 뱃속에서 하나님께 서원했다. 그는 구원이 오직 여호와께 있음을 깨달았다. 그러므로 선지자로서의 사명을 바로 감당해야 하겠다는 사명의식을 고난의 시간에 다시 갖게 된 것이다. 고난의 시간은 하나님을 바라보는 시간이다. 그 시간에 우리는 가장 본질적인 하나님과의 관계를 새롭게 회복해야 한다. 그러면 하나님 앞에서 어떻게 살아야 할지를 알게 된다. 사명을 따라 사는 인생이 진정으로 복이 있다. 하나님께서 요나의 기도를 들으시고 물고기에게 명하여 요나를 육지에 토해내게 하셨다. 요나에게 다시 기회를 주신 것이다. 하나님은 우리의 기도를 들으시고 우리에게 사명을 주신다. 요나는 고난을 통해 자신의 편협한 신앙이 교정 받고 세상을 향해 마음을 열게 되었다. 하나님께서는 때때로 우리를 고난의 학교로 보내시고 그 곳에서 인생의 참 목적을 발견하게 하신다. 시련과 역경을 만났을 때 원망과 불평으로 인생을 허비하지 말고 하나님 앞에 자신을 세우며 하나님의 뜻을 구하는 지혜가 있어야 하겠다.

### 4. 여호와의 말씀대로(3장)

요나에게 두번째로 여호와의 말씀이 임했다. 처음과 같은 사명이 주어졌다. 큰 성읍 니느웨로 가서 하나님께서 명하신 것을 전하라는 것이었다. 요나가 하나님의 말씀에 순종하여 니느웨로 갔다.

니느웨는 큰 성읍이었다. 그곳에는 수 많은 사람들이 살고 있었다. 요나는 니느웨로 가서 하루 종일 하나님의 말씀을 전했다. 사십일이 지나면 니느웨가 무너질 것이라고 외쳤다. 하님의 심판이 임박했다는 말씀이었다. 그는 그들에게 회개하라는 말을 하지 않았다. 다만 심판에 관한 말씀만 선포했다. 그러나 니느웨 백성들은 요나가 선포한 말씀을 듣고 하나님을 믿으며 금식을 선포하고 모든 백성들이 굵은 베를 입었다. 그 소문이 왕궁에 들려지게 되었을 때 왕도 보좌에서 일어나 조복을 벗고 굵은 베를 입고 재에 앉았다. 왕은 심지어 짐승들이게까지 굵은 베를 입히고 금식하라고 했다. 요나의 말 한 마디로 인해 니느웨 성에 철저한 회개의 역사가 일어났다. 그들은 모두 하나님의 긍휼을 구했다. 하나님께서 그것을 보셨다. 그러므로 그 땅에 내리기로 하신 재앙을 내리지 않으셨다.

우리는 우리의 열심으로 전도해서 사람들을 변화시키려는 조급증을 가지고 있다. 그러나 회개는 하나님이 시키신다. 뭇 사람의 마음을 움직이시는 하나님이시다. 중요한 것은 우리가 하나님의 마음을 품고 하나님의 뜻에 순종하여 나아가는 것이다. 하나님은 모든 사람이 회개하고 하나님께로 돌아오기를 원하신다. 우리가 말씀에 순종하면 역사는 하나님이 하신다.

## 5. 박넝쿨 교훈(4장)

요나가 전한 말씀을 듣고 니느웨가 철저하게 회개했다. 니느웨는 원래 악독한 나라였다. 나훔3장에는 니느웨를 이렇게 묘사하고 있다. "나훔3: 1화 있을찐저 피 성이여 그 속에서는 궤휼과 강포가 가득하며 늑탈이 떠나지 아니하는도다 2휘휘하는 채찍 소리, 굉굉하는 병거 바퀴 소리, 뛰는 말, 달리는 병거, 3충돌하는 기병, 번쩍이는 칼, 번개 같은 창, 살륙 당한 떼, 큰 무더기 주검, 무수한 시체여 사람이 그 시체에 걸려 넘어지니 4이는 마술의 주인된 아리따운 기생이 음행을 많이 함을 인함이라 그가 그 음행으로 열국을 미혹하고 그 마술로 여러 족속을 미혹하느니라." 얼마나 악독했으면 그 악독이 여호와 앞에 상달되었겠는가? 그런데 그 니느웨가 회개한 것이다. 놀라운 일이었다. 이쯤되면 요나는 기뻐해야 하는 것이 당연했다. 그러나 요나는 니느웨의 구원을 싫어하고 하나님께 화를 냈다. 그리고 하나님께 역정을 부렸다. "요나가 심히 싫어하고 노하여 여호와께 기도했다"(1절)고 말씀한다. 그의 기도의 내용은 니느웨가 구원받은 것을 참을 수 없다는 것이었다. 요나는 니느웨가 구원받느니 차라리 자신이 죽는 것이 낫다고 했다. 참 이상한 선지자이다.

하나님께서는 박넝쿨 교훈을 통해 영혼을 구원하는 것이 얼마나 중요한지를 교훈하셨다. 우리가 예수를 믿으면서도 자기 생각, 자기 가치관대로 믿는 일들이 많다. 모든 것을 내려놓고 하나님의 마음을 배워야 한다. 하나님은 세상 모든 사람이 구원받기를 원하신다. 편협한 신앙에서 벗어나 미워하는 사람조차도 포용하는 주님의 마음을 가지도록 하자.

## 9월 25일 :: 미가 1-4장

### 1. 하나님의 애통과 탄식(1장)

유다의 왕들이었던 요담, 아하스, 히스기야 시대에 활동했던 선지자 미가는 북 이스라엘과 남 유다의 죄에 대하여 하나님께서 반드시 심판하실 것이라고 예언했다. 사미리아와 예루살렘은 남 유다와 북 이스라엘의 상징적인 두 도시이다. 미가서는 이 두 도시에 대하여 하나님의 심판을 선포하고 있다. 하나님의 심판 앞에 모든 도시는 멸망하게 될 것이라고 했다. 선지자로서 미가는 오랜 세월동안 선지자의 역할을 감당했다. 사실 요담 왕 때의 유다는 굉장히 강한 나라였다. 하나님께서 요담을 형통하게 하셨다. 그러나 아하스 때에 이르러 유다의 상황은 완전히 바뀌었다. 아하스는 아버지와 달리 하나님을 등지고 백성들을 부추겨 우상을 숭배하게 했고 심지어 자기 아들을 우상에게 바쳐 불로 태워 죽이는 일까지 했다.

하나님께서는 아하스와 유다의 죄를 인하여 유다를 암몬, 에돔, 블레셋의 손에 넘기셨다. 그러나 유다는 전혀 자신들의 죄악을 깨닫지 못했고 하나님의 성전에 있던 재물들을 앗수르에게 바치고, 앗수르를 통해 자신들의 살 길을 찾고자 했다. 그야말로 유다와 사마리아는 완전히 세속화되었고 예루살렘은 세속화된 도시가 되고 말았다. 사마리아는 매춘의 도시가 되었다고 한다. 사마리아는 풍요와 물질적 욕망을 채우기 위해 하나님을 배반하고 스스럼없이 우상을 그들의 삶 깊숙이 끌어들였다. 그 죄는 유다에까지 깊숙이 침투되었다. 사람의 죄악된 본성은 언제나 타락의 기회를 엿보고 있다. 진실로 하나님을 경외하며 살아가는 사람이 몇이나 될까 생각해볼 때 두려운 마음이 앞선다. 하나님께서 나를 향해 애곡하고 애통하면 때가 늦다. 더 늦기 전에 신속하게 하나님 앞으로 달려 나아가야 한다.

### 2. 타락을 경계함(2장)

미가서는 사마리아와 예루살렘의 심판에 관한 말씀이다. 2장은 멸망할 자들에게 임할 임박한 심판의 이유를 설명하고 그들이 어떤 죄를 지었는지 열거한다. 잠을 잘 때까지도 악을 생각하고 간사한 일들을 경영하며 날이 밝자마자 그 악한 계획들을 실행하는 이스라엘의 죄악을 구체적으로 열거한다. 무엇보다 이스라엘의 사회 지도층의 타락을 질타한다. 사회의 지도자들이 가난한 자들을 착취하고 학대하는 일들을 일삼고 있었다. 부자들과 권력자들은 타인의 밭과 집을 빼앗고 가난한 사람들을 학대하는 것으로 악을 행했다. 사람의 생각이 잘못되면 자신에게 주어진 힘, 권력을 가지고 많은 사람들을 눈물나게 만드는 일들을 행한다. 이스라엘의 이런 죄악들은 본질적으로 하나님의 언약과 율법을 거부하는 행위들이었다. 그러므로 그들은 하나님의 심판을 피할 수 없게 되었다. 세상이 불의한 길로 갈 때 그 세상을 바른 길로 인도해야 할 책임이 영적 지도자들에게 있다. 그런데 이스라엘의 선지자들은 권세자들에게 붙어 그들의 권력을 함께 누리며, 그들의 착취와 학대를 눈감아주고 있었다. 정치적인 타락보다 더 무서운 것이 종교적인 타락이다. 영적 타락이 하루 아침에 오지 않는다. 세상과 세상에 있는 것들을 사랑하게 될 때 나도 모르는 사이에 내 생각과 삶의 중심에 불의한 것들이 자리를 잡게 된다. 오직 권력과 부와 쾌락만을 추구하는 개인과 사회는 하나님의 심판을 피할 수 없다. 오늘 나는 어느 자리에 서 있는지 자신을 돌아보고 하나님 앞에서 연약한 자들을 불쌍히 여기는 겸손한 자리에 서기를 힘써야 하겠다.

## 3. 참 리더십을 고대함(3장)

선지자는 계속하여 이스라엘의 치리자들이 백성들을 학대하고 있는 것을 고발한다. 마땅히 공의를 행하고 선을 사랑해야 할 지도자들이 공의를 저버리고 선을 미워하며 악을 행하는 것을 좋아했다. 그들이 행한 죄악들은 상상을 초월했다. 그들은 자신들의 만족을 위해 백성들의 고혈을 짜는 일을 서슴지 않았다. 미가는 그 상황을 마치 사람들이 고기를 가지고 음식을 만들 때 하는 것과 같이 철저하게 백성들의 삶을 유린하는 일들을 자행했다고 말한다. 그러면서도 그들은 버젓이 하나님께 나아와 기도하며 하나님의 은혜를 구했다. 하나님께서 그 모습을 보고 얼마나 역겨워하셨겠는가? 그러므로 하나님은 그들 앞에서 얼굴을 가리우시겠다고 하신다.

선지자들도 백성들을 유혹하며 자신들의 배를 채우는데 혈안이 되어 있었다. 자신들의 입에 무엇을 채워주면 좋은 말을 하고, 그렇지 않으면 전쟁을 준비했다. 하나님의 말씀을 전해야 할 자들이 자기들의 마음에서 나는 소리들로 백성들을 현혹했던 것이다. 그러므로 그들이 밤을 만나게 되고 흑암을 만나게 될 것이라고 한다. 거짓된 이상과 점을 통해서 밥 벌이 하고 있던 그들의 길을 완전히 막아 아예 이상과 점조차도 치지 못하게 할 것이라고 하신다. 이러한 불의한 지도자들과 거짓된 선지자들로 인해 시온이 밭 같이 갊을 당하며 예루살렘은 무더기가 되며 성전의 산은 수풀로 변하게 될 것이라고 한다. 지도자에게는 그가 속한 집단의 미래를 결정할 중대한 책임이 있다. 그 책임을 제대로 감당하지 못하면 공동체 전체가 어려움에 빠지게 된다. 우리는 지도자들의 경성함과 영적 지도자들이 하나님을 경외하도록 기도하자.

## 4. 그 날이 오면(4장)

그 날에 예루살렘에 회복이 있을 것이라고 말씀한다. 타락한 지도자들로 인해 시온이 멸망을 당하게 될 것이지만 하나님께서 시온을 영원히 심판 가운데 내버려두지 않을 것이다. 시온은 여호와가 계신 곳이기 때문이다. 시온 산에 이방이 모이며 여호와의 말씀으로 통치를 받게 되면, 온 세상에 평화가 임하게 될 것이라고 한다. 그 평화는 메시야를 통해서 임하게 된다. 메시야의 시대가 도래하면 참된 평화가 임하게 되는데 '무리가 칼을 쳐서 보습을 만들고 창을 쳐서 낫을 만들며, 각 사람이 자기 포도나무 아래와 자기 무화과나무 아래 앉게 된다'고 한다.

뿐만 아니라 메시야의 시대가 오면 이방 사람들이 하나님의 교회에 모이며 하나님의 말씀으로 통치를 받게 될 것이라고 한다. 온 세상에 복음이 전파되고 백성들이 하나님의 말씀의 통치를 받게 될 것이다. 메시야의 시대가 오면 남은 자들이 회복되고 하나님께서 완전한 승리를 거두게 된다. 연약한 자가 회복되며 시온의 미래가 여호와의 승리로 귀결될 것이다.

남은 자는 모든 시련과 환란을 통과하고 하나님 앞에서 믿음을 지킨 자들이다. 하나님께서 저는 자를 모으며 쫓겨난 자와 환란 받게 한 자를 모아 남은 백성이 되게 하겠다고 하신다. 그들로 강한 나라가 되게 하며 그들을 통해 하나님의 나라를 회복하게 할 것이라고 한다. 언제나 하나님이 하시는 일은 놀랍다. 전혀 기대하지 않은 곳에서 당신의 일을 하시며, 기대하지 않았던 사람을 통해 당신의 뜻을 성취하시는 하나님이시다. 우리가 그 메시야의 날을 기다리며 인내로써 우리의 믿음을 경주하며 영광스럽게 남은자의 축복을 누릴 수 있어야 하겠다. 가는 곳 마다 평화를 심는 자가 되어야 하겠다.

## 9월 26일 :: 미가 5-7장

### 1. 베들레헴 에브라다야!(5장)

이스라엘이 이방인의 침략을 받아 수치를 당하게 될 것이라고 한다. 유다의 마지막 왕이었던 시드기야는 바벨론에 의해 비참한 최후를 맞이하게 되었다. 그는 붙잡혀 두 눈이 뽑히고 바벨론 땅으로 끌려갔다. 많은 귀족들과 백성들도 포로로 잡혀갔다. 미가의 예언대로 바벨론은 막대기로 이스라엘 재판자의 뺨을 쳤다. 예루살렘 성은 적들에게 짓밟혀 폐허가 되었다. 이렇게 해서 다윗의 왕권은 완전히 끊어진 것 같았다. 백성들은 더 이상 소망을 가질 수 없었다. 그러나 미가 선지자는 그 비참한 상황 속에서 이스라엘의 회복에 대한 소망을 보았다. 베들레헴 에브라다에서 영원히 이스라엘을 다스릴 자가 나오게 될 것인데 그 왕의 기원은 영원하다고 했다. 에브라다는 베들레헴의 옛 이름이다. 끊어져버린 것 같았던 베들레헴 출신의 다윗 혈통이 메시야를 통해 온전하게 회복되는 소망을 보게 된 것이다. 그 때까지 이스라엘은 마치 임산한 여인이 해산하기까지 겪어야 하는 고난의 시간을 통과해야만 했다.

고난의 풀무를 통과한 후 이스라엘은 새롭고 영원한 왕이신 메시아에게로 와서 평화를 누리며 살게 될 것이라고 한다. 그 메시야는 여호와의 능력과 그 하나님의 이름의 위엄을 의지하고 서서 그 떼에게 먹여서 그들로 안연히 거하게 할 것이라고 한다. 그가 창대하여 땅끝까지 미치게 될 것이라고 한다. 그 메시아의 시대가 오면 야곱의 남은 자가 열국 중과 여러 백성에 있게 될 것이라고 한다. 온 세상에 메시야의 통치가 임하게 되는 것이다. 우리는 지금 그 시대의 영광을 누리고 있다. 다윗의 자손으로 오신 예수 그리스도는 만 왕의 왕이시며 만 주의 주가 되셔서 온 세상을 통치하신다. 하찮은 베들레헴 에브라다를 높이신 주님을 찬송하자.

### 2. 주의 말씀을 들으라(6장)

하나님께서 이스라엘과 쟁론하시면서 이스라엘의 죄악을 폭로하신다. 그들이 어디에서부터 잘못 되었는지 지적하신다. 이를 위해 하나님께서는 이스라엘과 쟁론하신다고 하신다. 쟁론하신다는 말씀은 서로 다투어 논쟁한다는 말이다. 하나님의 격렬한 마음을 표현하는 말씀이다. 하나님은 먼저 은혜를 망각한 이스라엘을 책망한다. 종 되었던 애굽에서 해방하시고 지금까지 은혜로 인도하신 하나님을 잊어버리고 이스라엘은 계속해서 죄를 일삼으며 살았다. 하나님의 구원을 기억하는 것보다 중요한 것이 없다. 그 때에 이스라엘은 아무 힘이 없었다. 하나님께서 사람들을 일으키시고 그들을 통해 이스라엘에게 선을 베푸셨다. 싯딤에서 길갈까지의 여정을 통해 미디안을 무찌르시고, 요단강을 건너게 하시고 여리고 성을 정복하셨다. 하나님께서 행하신 일들을 추억해보면 은혜 아닌 것이 아무것도 없었다. 그 하나님께 삶의 열매를 드리는 것이 마땅하다. 오늘 나의 삶은 어떤가? 하나님께서 은혜로 여기까지 인도하신 삶에 대해 감사함이 있는가? 우리도 하나님을 향해 하박국의 노래를 부르자.

매를 순순히 받고 그것을 정하신 자를 순종하라고 한다. 거짓되고 불의한 삶을 청산하라고 한다. 이웃에게 해를 끼치지 말라고 한다. 참된 지혜는 하나님을 경외하는 것이라고 말씀한다. 신앙은 삶으로 나타난다. 삶이 없는 신앙은 쭉정이와 같아서 바람이 불면 날아가 버린다. 하나님은 복의 근원이시다. 뿌린 씨앗을 추수하고 감람기름을 짜고 포도 술틀을 밟을 수 있는 것이 하나님의 은혜이다. 하나님은 교만한 자를 물리치신다. 삶으로 고백하는 믿음이 참 믿음이다.

## 3. 선지자의 탄식(7장)

선지자는 선인과 정직한 자가 끊어진 세상을 인해 탄식한다. 더 이상 따먹을 무화과가 없고 포도송이가 없는 것은 큰 불행이 아닐 수 없다. 선인과 경건한 자가 끊어지면 거기에는 반드시 불의와 불화가 있게 된다. 하나님께서는 시대시대마다 의인들을 남겨두시고 그들을 통하여 세상을 구원하며 세상을 복되게 하셨다. 얼마나 불의한 세상이 되었으면 이웃을 믿지 말고 친구를 의지하지 말고 품에 누운 여인에게라도 입의 문을 닫으라고 하시겠는가? 이웃과 친구를 믿지 못하는 사회는 정상이 아니다. 나는 나와 관계된 사람들에게 신뢰를 주고 있는가? 악이 득세하는 곳에 하나님의 심판이 임하게 된다.

선지자는 오직 하나님을 바라보겠다고 말한다. 세상에 소망을 둘 것이 없었기 때문이다. 우리의 소망은 오직 우리의 구원자 되시는 하나님께 있다. 하나님의 심판 중에라도 성도는 오직 여호와를 신뢰해야 한다. 여호와의 통치를 믿고 그분의 신실하심을 믿어야 한다. 세상에 하나님과 같은 신은 아무것도 없다. 하나님은 상처를 싸매시고 회복시키시는 분이시다. 선지자는 옛적 같게 해 달라고 간구한다. 하나님께 순종했던 종들을 통하여 형통함을 누렸던 유다의 과거를 그리워한다. 하나님께서 결국에는 자기 백성을 다시 품으시고 회복시켜 주실 것이다. 오늘도 우리는 이 소망을 품고 살아가자. 하나님의 신실하심을 믿는 성도는 칠흑같은 어둠 속에서도 낙심하지 않는다. 하나님께서 빛을 비추시면 모든 어두움이 물러가게 된다. 우리의 마음에 빛 되신 예수 그리스도를 모시자. 주님을 바라보자.

## 9월 27일 :: 나훔 1-3장

### 1. 여호와의 길(1장)

나훔은 요나서에서 회개하던 니느웨의 심판에 대한 예언의 말씀이다. 그들은 요나의 심판에 대한 예언을 듣고 한 때 회개하여 하나님의 심판을 피했지만 요나가 메시지를 전한 후 약 150년이 지나고 나훔 선지자의 입을 통해 하나님은 다시금 관영한 그들의 죄악으로 인해 멸망 받을 것을 선포하신다. 나훔 선지자의 예언은 선포 이후 18년 만에 니느웨와 앗수르 제국에 그대로 이루어졌다. 니느웨는 그 잔인함과 야만성으로 인해 '피의 성'이라고 불리웠다. 또 영적 음행인 우상숭배와 마술을 행하는 일들이 성행했다. 그것으로 여러 나라를 미혹했는데 이것이 니느웨 멸망의 원인이다.

비옥한 초생달 지역을 지배하던 앗수르는 결코 망할 것 같지 않았다. 그들은 이미 북 이스라엘을 삼켰다. 유다도 앗수르로 인해 큰 고통 가운데 있었다. 그러나 나훔은 앗수르의 죄악에 대한 하나님의 진노를 선포했다. 수 십년 안에 바벨론에 의해 거꾸러뜨림을 당하게 될 것이었다. 하나님은 니느웨가 범람하는 물로 진멸될 것을 예언하셨다. 가시덤풀 같이 엉클어졌고 술을 마신것 같이 취한 그들이 마른 지푸라기 같이 다 탈 것이라고 했다. 비록 강장하고 중대할지라도 반드시 없어질 것이라고 했다. 여호와의 길은 회리바람과 광풍에 있다고 했다. 심판의 바람이 불어오면 모든 것을 말리고 부순다. 진노의 불이 쏟아지면 아무도 그 분노와 진노 앞에 설 수 없고 감당할 수 없다. 하나님은 진노를 불같이 쏟으시는 분이시다. 우리의 눈에 보이는 것을 의지하지 말며 그것에 소망을 두지 말고 보이지 아니하는 하나님을 의뢰하자. 하나님은 자기에게 향하는 자를 알아보신다.

### 2. 내가 너의 대적이 되어(2장)

앗수르가 침략을 받아 비참하게 될 것을 말씀한다. 강들의 수문이 열리고 왕궁이 소멸될 것이라고 한다. 은과 금 아름다운 기구가 풍부했던 니느웨가 공허하고 황폐해 질것이라 한다. 그들은 결국 신흥 강국 바벨론과의 전쟁에서 패배하였다. 앗수르는 520년을 지속하던 거대한 제국이었는데 기원전 612년에 바벨론과 메대 연합군의 공격을 받아 난공불락의 니느웨 성이 약탈을 당했다. 그리고 마침내 B.C 609 년 바벨론에 의해 멸절 된 후 흔적도 없이 사라지고 말았다. 앗수르는 북 이스라엘을 침략하여 기원전 722년에 그 땅에서 이스라엘 백성들을 추방하였으며 유다를 공격하여 그들에게 조공을 받았다. 그러나 하나님께서 강들의 수문을 열듯이 대적들을 홍수처럼 니느웨성 안으로 끌어들이셨다. 왕궁이 소멸되고 왕후가 벌거벗은 몸으로 끌려가며 그 모든 시녀가 가슴을 치며 비둘기같이 슬피 우는 일이 있게 되었다.

니느웨는 거대한 성읍(성벽의 길이가 무려 13킬로 미터에 달했고 높이가 60 미터로 엄청난 두께의 강력한 성벽)이었고 도시 변두리에는 30층이 넘는 사원들이 금과 은으로 화려하게 꾸며져 있었다. 그 성에는 온갖 먹을 양식이 충분했다. 약탈에 의해 쌓은 부요함이었다. 그야말로 화려한 성읍이었다. 그러나 노략하는 자들에 의해 그들의 은 금이 노략당하고 빼앗김을 당했다. 하나님께서 그들의 대적이 되셔서 그들의 병거들을 사르고 젊은 사자들을 칼로 멸하며 그 노략한 것들을 땅에서 끊어버리셨다. 회개할 기회는 언제나 주어지는 것이 아니다. 하나님이 우리의 대적이 되지 않도록 오늘 우리의 마음을 하나님께로 돌려야 한다.

## 3. 노아몬과 니느웨(3장)

'피의 성'니느웨의 최후의 멸망을 예언한다. 그 곳에 휙휙하는 채찍 소리, 굉굉하는 병거 바퀴 소리, 뛰는 말, 달리는 병거, 충돌하는 기병, 번쩍이는 칼, 번개 같은 차, 살륙 당한 떼, 큰 무더기 주검, 무수한 시체가 있게 될 것이라고 한다. 여호와께서 그들의 대적이 되어 열국에게 구경거리가 되게 하겠다고 하신다. 세상의 어떤 권력도 하나님의 심판을 막을 수 없다. 앗수르의 황무함을 통해 세상 힘의 허무함을 깨닫게 된다. 언제나 역사는 우리에게 많은 교훈을 준다. '노아몬'이라는 도시는 애굽에 있던 천혜의 요충 도시였는데 그 곳은 강 사이에 있었고 바다를 끼고 있었다. 거기에 구스의 용병이 있었고 애굽도 지원군이 되었다. 그러나 가장 안전하다고 믿었던 그 도시는 나훔이 예언을 하기 51년 전에 앗수르에 의해 멸망했다. 그 도시는 역사에서는 기록되지 않았지만 나훔 당시에는 누구나 아는 잘 알려진 도시였다. 이러한 천혜의 요새도시 노아몬도 견디지 못했는데 '니느웨가 버틸 수 있겠는가?' 하고 선지자는 묻는다.

나훔을 통해 우리는 아무리 강대한 나라도 하나님의 심판을 피하지 못함을 배운다. 사람들은 누구나 힘을 갖기를 원하고 그 힘에 의지하여 살고 싶어 한다. 그러나 우리가 반드시 알아야 하는 것은 힘의 참된 근원은 하나님께 있다는 것이다. 그것을 아는 사람은 교만하지 않는다. 항상 하나님 앞에서 겸손하고 하나님을 의지한다. 노아몬과 니느웨는 우리에게 큰 교훈을 준다. 세상의 역사가 힘에 의해 진행되어가는 것처럼 보이지만 역사의 주인은 하나님이시다.

## 9월 28일 :: 하박국 1-3장

### 1. 신앙이 흔들릴 때(1장)

하박국 선지자는 유다왕 여호야김 때에 활동한 선지자이다. 그는 니느웨가 멸망할 때부터 바벨론이 유다를 침공할 때까지 예언활동을 했다. 하박국이 활동하던 시대에 앗수르는 쇠퇴하고 바벨론이 점점 힘을 얻어 강하게 되었다. 이렇게 열국의 흥망 앞에서 유다는 크게 고통을 당해야만 했다. 하박국 선지자는 그러한 현실을 붙잡고 하나님께 부르짖었지만 기도의 응답을 받지 못했다. 그래서 하나님께 질문했다. 하나님께서는 왜 악인들의 악행에 대해 무관심한지, 왜 그들을 심판하지 않으시는지 물었다. 오늘날 많은 악과 불의함이 판을 치고 있는 세상 속에서 살아가면서 우리의 마음속에 떠오르는 질문이기도 하다.

하박국의 질문에 하나님께서 대답하셨다. 승승장구하던 앗수르를 넘어뜨릴 나라를 일으키겠다고 하신다. 그들은 사납고 성급한 백성 곧 땅의 넓은 곳으로 다니며 자기의 소유 아닌 거할 곳들을 점령하는 자들이라고 했다. 하나님께서 그들을 일으키셔서 앗수르를 치게 하시겠다고 하신 것이다. 그들은 표범보다 빠르고 저녁 이리보다 사납다고 했다. 그들은 자기들의 힘을 자기 신을 삼는 자라고 했다. 그러나 그 힘이 또한 그들을 넘어지게 할 것이었다. 하지만 하박국은 못마땅 했다. 악한 나라를 들어 유다를 치게 하시는 하나님을 이해할 수 없었다. 하나님의 방법은 늘 그랬다. 그러나 바벨론은 그것을 알지 못했다. 그들 스스로의 교만함이 또한 그들의 멸망의 원인이 되었다. 우리가 우리를 다스리시는 하나님의 방법을 다 이해할 수 없을지라도 겸손히 하나님께 소망을 두어야 한다.

### 2. 오직 의인은(2장)

하박국은 그의 눈에 보이는 부조리하고 불합리한 모든 일들에 대해 하나님의 대답을 듣고 싶었다. 그는 파수하는 곳, 성루에 서서 하나님의 말씀을 기다렸다. 파수대나 성루는 언제나 가장 높은 곳에 세워졌다. 적들이나 메신저가 멀리서 성으로 가까이 오는 것을 미리 파악하기 위해서이다. 이렇게 하박국은 하나님의 말씀을 받을 가장 좋은 위치에 있기를 원했다. 우리에게 가장 높은 성루는 언제나 기도의 자리이다. 우리는 기도하다가 하나님의 뜻을 발견하고 하나님의 음성을 듣게 된다. 하나님께서 하박국에게 주신 음성은 모든 것이 정한 때가 있으므로 참고 기다리라는 것이었다. 인내로써 참으면서 하나님의 때를 기다리는 것이다. 믿음은 눈앞에 보이는 현실에 아무 변화가 없어도 인내하며 하나님의 때를 기다리게 한다. 바벨론은 마음이 교만하여 자기 자신을 의지함으로 타락하게 되었다. 그러나 의인은 믿음으로 산다.

하나님은 바벨론에 화를 선포하신다. 그들은 자기의 소유 아닌 것으로 소유를 삼았다. 그것은 여러 민족을 불행하게 하고 얻은 댓가였다. 하나님은 그러한 것들에 화를 선언하셨다. 우리가 하나님을 잊어버릴 만큼 세상의 것들에 우리 마음을 빼앗기는 일이 없도록 해야 한다. 우리의 삶에 고난과 역경이 있고 때로는 희망의 싸인이 보이지 않을 때, 눈앞의 현실에 너무 집착하지 말고 믿음의 눈을 들어 멀리 보아야 한다. 하나님의 자녀는 믿음으로 산다. 또한 하나님께서 형통하게 하실 때에 그것에 집착하므로 하나님을 잊어버리는 일이 없게 해야 한다. 바벨론은 자기 힘을 의지하고, 말하지 못하고 생기가 없는 은과 금으로 입힌 우상을 의지했다. 그러나 오직 여호와는 그 성전에 계신다. 하나님의 말씀에 우리의 주의를 기울이고 하나님으로 힘을 삼고 살자.

## 3. 하박국의 노래 (3장)

하박국은 자신이 하나님께 드렸던 질문에 대해 응답을 받은 후 하나님을 찬송했다. 그는 모든 것을 통치하시는 하나님을 알게 되었다. 그는 이렇게 기도했다. "여호와여 내가 주께 대한 소문을 듣고 놀랐나이다. 여호와여 주는 주의 일을 이 수년 내에 부흥케 하옵소서 이 수년 내에 나타내시옵소서 진노 중에라도 긍휼을 잊지 마옵소서" 이제 그의 기도의 내용이 완전히 바뀌었다. 수 많은 질문들로 가득 찼던 기도가 하나님께 대한 놀라움으로 변했다. 우리가 하나님을 만나면 모든 의문이 풀리고 하나님을 높이고 찬양하게 된다. 유다를 훈련하시는 하나님의 징계는 매우 고통스러운 것이었다. 그러나 하박국은 그것을 달게 받아들였다. 그것을 거부하거나 그러한 현실로부터 도망가지 않았다. 오히려 하나님의 도우심과 자비를 간구했다. 하나님의 훈련을 통과한 사람은 의의 평강한 열매를 얻게 된다. 우리가 하나님의 훈련을 받을 때에 나를 하나님의 사람으로 변화시켜 달라고 구하자.

하나님의 징계로 인해 유다는 황폐하게 되었다. 그러나 그러한 황폐함 속에서도 하박국은 하나님께 이렇게 감사의 찬송을 드렸다. "비록 무화과나무가 무성치 못하며 포도나무에 열매가 없으며 감람나무에 소출이 없으며 밭에 식물이 없으며 우리에 양이 없으며 외양간에 소가 없을찌라도 나는 여호와를 인하여 즐거워하며 나의 구원의 하나님을 인하여 기뻐하리로다 주 여호와는 나의 힘이시라 나의 발을 사슴과 같게 하사 나로 나의 높은 곳에 다니게 하시리로다" 우리가 하나님의 훈련 학교에서 이런 노래를 부를 수 있겠는가? 모든 것이 있어도 하나님이 없으면 아무것도 아니며, 모든 것을 잃어도 하나님을 만나면 전부를 얻는 것이다.

# 9월 29일 :: 스바냐 1-3장

## 1. 경고의 나팔 소리(1장)

스바냐서는 유다가 회개하기를 거절하면 온 나라와 예루살렘 성까지 잃게 될 것이라고 경고했다. 백성들은 하나님께서 결국에는 축복할 것이라고 알고 있었지만 스바냐는 먼저 하나님의 심판, 그것도 철저한 심판이 있을 것이라고 했다. 하나님께서는 심판을 통해 백성들의 죄를 벌하실 뿐만 아니라 그들을 또한 거룩하게 하기를 원하셨다. 악이 아무리 성행할지라도 하나님의 나라는 반드시 오고야 만다는 것을 스바냐서는 우리에게 보여준다.

스바냐는 요시야의 종교개혁이 한창일 때에 예언활동을 했다. 이스라엘이 하나님께로 돌아오는 위대한 개혁이 일어났지만 그것은 잠깐 동안의 개혁에 불과했다. 요시야가 죽고 난 후 4년만에 유다는 바벨론의 침공을 받아 1차 포로로 잡혀가게 되는 신세가 되었다. 개혁의 시대, 부흥의 시대에 사람들은 교만하기 쉽다. 모든 것이 잘 되고 회복되는 것처럼 보일 때가 항상 위험하다. 그 때에 진실로 겸손하지 않으면 매우 쉽게 넘어지게 된다. 그들은 선지자의 심판을 경고하는 목소리를 청종하지 않았다. 지금 잘하고 있는데, 모든 것이 잘 되어가고 있는데 무슨 소리냐며 귀를 닫아버렸다.

우리의 신앙의 열심이 끝까지 지속되기 위해서는 계속해서 하나님의 말씀에 귀를 기울여야 한다. 그들은 개혁의 거대한 물결 속에서도 여전히 버리지 못한 것들이 있었다. 하나님의 눈은 불꽃 같아서 그 앞에 숨길 수 있는 것이 없다. 요시야 왕만큼 철저하게 개혁한 왕도 없었다. 그러나 개혁은 여전히 여러운 일이다. 경고의 나팔 소리를 들을 때에 정신 바짝 차리고 불의한 길들을 돌이켜야 한다.

## 2. 여호와를 찾으라(2장)

수치를 모르는 백성들에게 돌아오라고 호소한다. 명령이 시행되기 전, 광음이 겨 같이 날아 지나가기 전, 여호와의 진노가 임하기 전, 여호와의 분노의 날이 이르기 전에 그리하라고 한다. 하나님은 언제나 죄인이 회개하고 돌이킬 수 있는 기회를 주신다. 선지자들이 언제나 심판만 선언하지는 않았다. 심판과 더불어 하나님의 축복, 하나님의 구원도 선포했다. 언제나 선택은 하나님의 말씀을 들은 자들의 몫이 되었다. 여호와를 찾으며 공의와 겸손을 구하면 여호와의 분노의 날에 숨김을 얻게 되어지고, 경고의 말씀이 주어질 때 마음을 돌이키면 화가 변하여 복이 되는 역사가 일어난다.

가사, 아스글론, 아스돗, 에그론은 가드와 더불어 블레셋의 지방 수도였다. 하나님께서 블레셋의 악함을 인하여 그들을 심판하겠다고 하신다. 그 때에 가드는 이미 멸망하고 없었다. 이제 남은 네

도시가 그들의 우상숭배와 이스라엘을 대적한 일로 인해 하나님의 심판을 받게 되었다. 하나님께서 그 땅을 이스라엘의 남은 자들에게 주겠다고 말씀하신다. 하나님은 진노 중에라도 남은 자들을 남겨놓으심으로써 유다를 향한 하나님의 긍휼을 아주 거두지 않으셨다.

하나님께서 이스라엘 괴롭혔던 모압과 암몬을 향해서도 심판을 경고하신다. 그들이 스스로 교만하여 하나님의 백성을 훼방하고 그 땅을 침범했다. 그러므로 하나님께서 모압과 암몬을 소돔과 고모라같이 하시겠다고 하신다. 구스와 앗수르 또한 하나님의 심판을 면할 수 없었다. 이처럼 하나님께서 유다 주변의 모든 나라들을 심판하심으로써 하나님의 백성을 괴롭힌 것들에 대해 보응하셨다. 사방으로 우겨 쌈을 당해도 하나님의 이름을 부르는 자에게는 소망이 있다.

## 3. 내가 너희를 돌이키리라(3장)

유다 주변 나라들의 심판을 예언한 후 스바냐는 다시 유다의 죄에 대해 포커스를 맞춘다. 하나님의 성과 하나님의 백성들이 주변 나라들의 죄악을 본받았다. 겉으로는 하나님을 예배하고 섬기는 것 같았지만 그들의 마음은 하나님을 거부하고 계속해서 죄 가운데 있었다. 그들은 더 이상 하나님께 돌아오는 것에 대해 관심이 없었다. 너무 교만하고 자만심으로 가득 차 있었다. 언제나 죄악의 정점에는 지도자들의 부패함이 있다. 하나님의 백성들이 하나님의 말씀을 듣고 순종하는 것이 왜 그렇게 어려운지 모르겠다. 정말 우리의 마음 속에 자리잡고 있는 죄악과 반역의 뿌리는 지긋지긋하게도 질기다. 하나님께서 열국을 심판하신 것은 이스라엘이 잘 해서가 아니었다. 그러한 심판을 통해 당신의 백성들에게 경고하시고 교훈하시며 하나님께로 온전히 그 마음을 향하게 하기 위함이었다. 그러나 이스라엘은 그러한 심판을 보면서도 하나님께로 그 마음을 돌이키지 않았다. 하나님께서는 그들을 향해서도 이미 심판을 작정하셨다. 그럼에도 불구하고 다시 한번 회개를 촉구한다. '오직 나를 경외하고 교훈을 받으라 그리하면 내가 형벌을 내리기로 정하기는 하였거니와 너의 거처가 끊어지지 아니하리라'고 하셨다.

하나님의 질투의 불에 소멸되기 전에 돌이키면 얼마나 좋겠는가? 하나님께서 심판을 베풀 자들에게 심판을 베푸심으로써 그 땅과 백성들을 거룩하게 하고 겸손한 마음으로 하나님을 섬기게 하겠다고 하신다. 자기 백성들 사이에 거하시겠다고 하신다. 오늘 나를 향하신 하나님의 열심은 여전하시다. 나를 사랑하시고 나와 함께 거하기를 원하시는 하나님이시다.

## 9월 30일 :: 학개 1-2장

### 1. 성전을 재건하라(1장)

이스라엘 백성들이 바벨론 포로에서 돌아왔을 때 그들은 즉시 성전을 재건하기 시작했다. 그러나 그들은 대적들로 인해 여러가지 반대를 만났을 때 뒤로 물러가 성전 재건을 포기하고 자기들의 삶을 세우는데 여념이 없었다. 그 기간이 무려 10여년이나 되었다. 그 때에 하나님께서 학개 선지자를 하나님의 백성들에게 보내 책망하시면서 중단한 성전 재건사역을 다시 시작하게 하셨다. 다행히 스룹바벨과 여호수아와 백성들이 선지자의 말씀을 듣고 마음에 감동을 받아 하나님의 전 역사를 시작하게 된 것이다. 놀라운 하나님의 은혜였다. 성전 재건에 대한 열심이 식어버린 백성들을 향해 하나님께서는 '자기의 소위를 살펴보라'고 말씀하신다. 대적들의 반대에 부딪혔을 때 포로에서 돌아온 백성들은 성전 재건을 포기하고 자기들의 집을 화려하게 꾸미는데 여념이 없었다. 그러면서 그들은 '아직은 여호와의 전을 건축할 때가 아니라고.'"언젠가는 하나님의 때가 돌아올 것이라고' 스스로 위로하면서 자기들의 사업에 바쁜 나날들을 보내고 있었던 것이다. 하나님은 그것을 기뻐하지 않으셨다.

우리가 어떻게 하나님을 향한 우리의 열심이 식지 않게 할 수 있겠는가? 하나님 중심으로 살아가는 삶은 늘 깨어 있어서 하나님을 바라보아야만 가능하다. 그들이 자기들의 삶에 여념이 없었지만 하나님께서는 그들의 삶을 빈한하게 하셨다. 그들은 많은 것을 바랐지만 도리어 적었고 그 적은 것마저 하나님께서 불어버렸다고 말씀하신다. 그들의 안일한 삶으로 인해 하늘의 이슬과 땅의 산물이 그치고, 하나님께서 그들의 손으로 하는 모든 일에 한재를 불러 임하게 하셨다고 하신다. 우리 마음의 성전을 재건하자.

### 2. 내 백성을 격려하라(2장)

성전이 재건이 진행되고 있는 가운데 학개 선지자에게 임한 두 번째 말씀이다. 재건되어가는 성전의 모습은 초라했다. 솔로몬 성전의 영광을 기억하고 있던 자들에게는 큰 실망감이 있었다. 그러나 하나님께서는 모든 사람들을 격려하신다. '스룹바벨아 스스로 굳세게 할찌어다 여호사닥의 아들 대제사장 여호수아야 스스로 굳세게 할지어라. 이 땅의 모든 백성아 스스로 굳세게 하여 일할찌어다' 라고 말씀하신다. 무슨 일에든지 격려를 받는 것은 좋은 일이다. 우리 하나님은 격려의 하나님이시다. 우리의 모습이 비록 연약하고, 우리가 행하는 일들이 비록 보잘것 없을지라도 주를 향한 열심이 있다면 하나님은 그 열심을 기쁘게 받으신다.

하나님께서 영광으로 새롭게 지어지는 성전에 충만히 거하시겠다고 하신다. 그 성전의 나중 영광을 이전 영광보다 크게 하시고 그 곳에 평강을 주시겠다고 하신다. 여호와의 말씀이 있고, 성령께서 우리의 마음에 충만하게 거하시면 우리는 어떤 일도 두려워할 필요가 없다. 겉모습이 중요한 것이 아니라 그 안에 무엇이 있느냐가 더 중요하다. 비록 초라한 성전이지만 하나님이 그 안에 계시면 가장 영광스럽게 된다. 이제 하나님께서 이 백성들에게 복을 주시겠다고 하신다. 그리고 온 천하를 진동시키고 열방의 세력을 멸하겠다고 하신다. 스룹바벨을 취하여 인을 삼으시겠다고 하신다. 세상 모든 나라와 백성들이 심판을 받을 때에도 하나님을 자기 하나님으로 모신 백성은 하나님께 인이 되어 영원히 쇠하지 않게 된다. 나를 성전 삼으시고 내 안에 계신 하나님, 나를 격려하시고 나에게 확실한 구원을 베푸시는 하나님을 찬양하자.

# 10월

스가랴
말라기
마태복음
마가복음
누가복음
요한복음

## 10월 1일 :: 스가랴 1-4장

### 1. 스가랴에 대하여

스가랴는 학개와 동시대에 활동하며 포로에서 돌아온 이스라엘 백성들에게 예언했던 선지자이다. 스가랴는 백성들에게 그들의 죄를 버리고 성전 재건 사역을 계속하라고 권면한다. 스가랴서는 소선지서중 가장 긴 책으로 난해한 환상이 많아 구약의 묵시록이라 불리운다. 스가랴서에는 에스겔서와 같이 상징적 환상이 많고 이사야서와 같이 메시야에 대한 예언이 많다. 그의 환상은 이스라엘의 대적을 심판하고 예루살렘을 축복하며, 하나님의 백성들이 위선과 죄를 피하고 거룩을 유지해야 한다고 경고함으로써 우리가 주님 오실 때까지 어떻게 살아야 하는지 교훈한다.

### 2. 회복케 하시는 주(1장)

먼저 스가랴는 이스라엘 백성들을 향해 그들의 열조를 본받지 말고 여호와께로 돌아오라고 한다. 그들의 열조들은 돌아오라는 하나님의 거듭된 경고에도 불구하고 하나님께로 돌이키지 않았다. 포로에서 돌아온 백성들이 성전 재건을 중단하고 그의 조상들의 길을 답습하고 있었다. 그러므로 하나님께서 선지자를 보내 권면하신 것이다. 스가랴는 화석류나무 사이에 선 홍마 탄 천사를 보았다. 그 천사는 이스라엘 백성들은 고난을 받고 있는데 온 세상은 평안을 누리고 있는 것을 못마땅하게 여겨 하나님께 여쭈었다. 그 때 하나님께서 말씀을 주셨는데 하나님께서 이스라엘을 긍휼히 여겨 그들이 예루살렘에 돌아왔으므로 거기에 하나님의 집이 건축되고 예루살렘이 다시 회복될 것이라고 하셨다. 그리고 성읍에는 풍성함이 있게 될 것이라고 하셨다. 하나님께서 다시 시온을 안위하고 예루살렘을 택하겠다고 하신다. 그러므로 네 뿔과 네 공장의 환상을 보여주심으로써 이스라엘을 괴롭혔던 네나라들 즉 이집트, 앗수르, 바벨론, 그리고 페르시아의 뿔을 꺾겠다고 하신다. 스가랴는 이 환상을 통해 이스라엘이 다시 회복될 것을 보았다. 우리 하나님은 회복시키는 분이시다. 하나님의 징계는 잠깐이다. 우리는 어떤 상황 속에서도 새롭게 하시는 하나님을 바라보아야 한다.

### 3. 불 성곽(2장)

스가랴가 본 세 번째 환상은 '척량줄을 잡은 천사'의 환상이었다. 이 환상을 통해 하나님께서는 예루살렘을 다시 회복하실 것을 보여주셨다. 예루살렘에 사람이 거하고 사람과 육축이 많아져 성곽 없는 촌락과 같이 될 것이라고 하신다. 하나님께서 친히 불 성곽이 되어 예루살렘을 보호하며 그 가운데서 영광이 되실 것이라고 하신다. 하나님께서 이스라엘을 북방으로 흩으셨는데 이제 그 땅에서 나오라고 하신다. 하나님께서 천사를 보내 그들을 끌어내게 하시며 이스라엘을 범하는 자는 하나님의 눈동자를 범하는 것과 같다고 하신다. 하나님께서 이스라엘을 이렇게 사랑하시는 것이다. 하나님은 오늘 나를 이렇게 사랑하신다. 그의 아들 예수 그리스도를 보내 나를 죄악의 속박에서 건지시고 구속하셨다.

이제 하나님께서 임하셔서 이스라엘 가운데 거할 것이라고 하신다. 그 날에 많은 나라가 여호와께 속하여 하나님의 백성이 되고 하나님께서 그들 가운데 거하겠다고 하신다. 여호와께서 장차 유다를 취하여 거룩한 땅에서 자기 소유를 삼으시고 다시 예루살렘을 택하겠다고 하신다. 말씀하신대로 하나님께서 당신의 아들을 보내셔서 죄인들을 하나님의 자녀로 삼으로써 그들 가운데 거하시고 그들의 하나님이 되셨다. 지금도 하나님은 세상의 나라들을 부르시고 그들의 하나님이 되시는 일들을 계속하신다. 이 일은 종말의 때까지 계속될 것이고 예수 그리스도의 재림을 통하여 완성되게 될 것이다. 하나님의 선택을 받고, 하나님의 성소로 여김을 받은 사람은 복이 있다. 하나님이 내게 불 성곽이 되어서 나를 지키신다.

## 4. 대 제사장 여호수아(3장)

하나님께서 여호수아를 당신 앞에 세우시고 그를 높여주셨다. 그리고 여호수아를 대적하는 사탄을 조롱하셨다. 하나님 앞에서 사단은 '불에서 꺼낸 그슬린 나무'에 불과한 존재였다. 대제사장 여호수나는 더러운 옷을 입고 있었다. 그러나 하나님께서는 당신의 사자들을 명하여 그의 더러운 옷을 벗기게 하시고 그에게 아름다운 옷을 입히게 하셨다. 옷의 더러움은 이스라엘 백성들의 죄를 상징한다. 하나님께서 여호수아의 죄를 온전하게 사하여 주시겠다는 말씀이다. 그리고 그의 머리에 정한 관을 씌우게 하셨다. 죄 사함 받는 것도 황송한 일인데 정한 관을 머리에 씌워 우리를 높여주시는 하나님 앞에 한없는 부끄러움을 느낀다. 하나님은 예수 그리스도 안에서 우리의 모든 죄와 허물을 사하시는 분이시다.

여호와께서 "네가 만일 내 도를 준행하며 내 율례를 지키면 네가 내 집을 다스릴 것이요 내 뜰을 지킬 것이며 내가 또 너로 여기 섰는 자들 중에 왕래케 하리라." 고 말씀하신다. 그러므로 일곱 눈이 있는 언약의 돌, 즉 완전하시며 불꽃같은 눈으로 지키고 보호하시는 예수 그리스도를 세우고 그 땅의 모든 죄악을 단번에 사하겠다고 하신다. 연약한 순과 같은 종을 보내셔서 아버지께 온전하게 순종하게 하심으로 세상에 참된 평화를 가져다주게 하신 하나님이시다. 그 날에 하나님의 백성들이 포도나무와 무화과나무 아래로 서로 초대하게 되는 일이 있을 것이라고 하신다. 예수 그리스도로 말미암아 죄악이 속함을 받은 사람에게는 참된 평화가 있게 된다.

## 5. 순금 등대, 두 감람나무(4장)

스가랴가 순금 등대와 두 감람나무 환상을 보았지만 그것이 무엇을 의미하는지 몰라 천사에게 물었다. 순금 등대는 교회를 상징하고 두 감람나무는 스룹바벨과 여호수아로 대표되는 메시야 예수 그리스도를 상징한다. 이 환상을 통해 하나님께서는 스룹바벨로 하여금 성전을 재건하도록 격려하고 새로운 확신 가운데 그 일을 계속하게 하신다. 하나님의 말씀은 참으로 오묘하다. 우리는 스가랴처럼 끊임없이 말씀의 의미가 무엇인지 하나님께 묻고 또 물어야 한다. 스가랴의 질문에 대해 하나님께서는 성전을 재건하는 일이 사람의 손에 있지 않고 오직 하나님의 능력 안에 있음을 말씀하신다. 순금 등대와 같은 정결한 성전, 즉 교회는 오직 하나님의 능력으로 세움을 입게 된다. 그리고 그 교회의 참된 주인은 메시야이신 예수 그리스도이다.

순금 등대와 두 감람나무 환상은 이스라엘 백성들에게 큰 힘이 되었다. 그들은 고국으로 돌아온 후 성전을 재건하려고 했지만 대적들의 방해로 그 일을 진척시킬 수 없었다. 그러한 방해는 이스라엘 백성들을 낙심케 했다. 그러므로 하나님께서는 순금 등대의 환상을 보여주심으로써 거룩한 성전이 반드시 다시 세워지게 될 것임을 말씀하시고 그것으로 그들을 위로하셨다. 이스라엘 백성들이 했던 모든 일들은 하나님께서 하신 일들이었다. 또한 두 감람나무의 환상을 보여주셨는데 이 두 감람나무는 총독 스룹바벨과 대제사장 여호수아를 지칭하는 것으로써 참된 왕과 제사장인 예수 그리스도와 그의 능력을 통해 교회가 빛 된 사명을 감당하게 될 것임을 예표하셨다. 하나님의 일은 사람의 능력이 아닌 기름부음받은 예수 그리스도의 능력으로 온전케 된다. 교회는 그 힘의 능력을 의지해야 한다.

## 1. 두루마리와 에바(5장)

날아가는 두루마리와 에바 속에 있는 여인에 관한 환상이다. 이 두 환상은 모두 이스라엘의 죄와 그 죄에 대한 심판을 보여준다. 날아가는 두루마리의 크기는 길이와 너비가 각각 20규빗과 10규빗이라고 했다. 두루마리는 하나님의 말씀이 기록된 책이다. 그 두루마리는 도적질하는 자와 헛된 맹세를 하는 자에 대한 저주의 글들로 가득 차 있었다. 이스라엘 백성들의 죄가 모든 면에서 만연해 있었지만 특히 도적질과 맹세의 죄가 심각했다. 하나님께서 그것을 심판하시겠다고 말씀하신다. 이어서 보여진 환상은 에바속에 있는 여인이다. 에바 가운데에 한 여인이 앉았는데 그 에바 위에 납이 얹어져 에바를 막아버리는 환상이다. 그리고 그 에바는 시날 땅으로 옮겨졌다. 에바는 곡식의 양을 측정하는 바구니이다. 그 바구니 속에 있는 여자는 악을 상징한다. 이스라엘 땅에 죄가 만연할 때는 항상 에바를 속이는 일들이 있었다. 거짓된 에바를 사용하여 도적질을 했던 것이다. 그 에바가 납덩이에 눌려 시날 땅으로 옮겨지게 되었는데 시날 땅은 바벨론 땅, 즉 악의 본산지이면서 종국적으로는 심판을 받을 땅인 것이다. 하나님께서 도적질과 맹세를 용납하지 않으신다. 그것들이 심판받을 날이 있다. 하나님 앞에 정직하고 성실하게 사는 것은 복된 일이다. 예수님께서 우리의 모든 죄악을 십자가에서 씻으시고 거룩한 자로 살아갈 수 있게 하셨으므로 감사하고, 악과 불의한 것들을 멀리하고 우리의 남은 날들은 십자가 은혜 의지하여 살도록 하자.

## 2. 네 병거의 환상(6장)

스가랴가 본 마지막 환상으로써 '네 병거 환상'이다. 이어서 여호수아가 면류관을 쓰는 장면을 보여줌으로써 환상을 마무리한다. 하나님께서는 네 병거의 환상을 통해 주위의 대적을 물리치시고 이스라엘을 구원해 주실 것을 약속하신다. 그리고 금과 은으로 만들어진 면류관을 여호수아에게 씌어주심으로써 대제사장이시며 왕으로 오실 메시야의 최종적인 승리를 보여주신다. 하나님은 언제나 죄악을 일삼는 자기 백성들이지만 그들을 사랑하시고 그들을 보호하시고 그들에게 승리를 주실 것을 약속하신다.

앞의 일곱가지 환상들을 통해 하나님께서는 자기 백성들을 향한 하나님의 마음이 어떠한지를 온전히 보여주셨다. 죄악을 싫어하시고 죄악을 심판하시는 하나님이시지만 자기 백성을 향한 불붙는 사랑을 나타내시는 하나님이심을 보여주셨다. 네 병거의 환상을 통해 하나님께서 자기백성들을 대적하는 자들을 어떻게 벌하시는지 보여준다. '넷'은 온 세상을 상징한다. '네 말'은 하나님의 심판과 구원을 상징하는데 홍마는 전쟁과 피, 흑마는 재난과 절망, 어룽지고 건장한 말은 심판의 가혹함, 그리고 백마는 기쁨과 번영을 상징한다. 네 병거가 사방으로 나아가는데 이는 하나님의 통치가 온 세상에 임함을 상징적으로 보여준 것이다.

8가지의 환상을 다 보여주시고 나서 이제 하나님께서는 여호수아에게 금과 은으로 만든 면류관을 씌워주도록 명령하신다. 메시야가 세상의 나라들을 심판하고 하나님 나라를 완성할 것을 보여주신 것이다. 역사의 주인은 하나님이시고 최후의 승리는 하나님께만 있다. 예수 그리스도는 나의 연약함에도 불구하고 나에게 승리를 주시는 분이시다. 죄를 이기고 세상을 이길 힘이 우리 주님께 있다. 승리의 주님을 찬양하자.

### 3. 참된 금식 (7장)

스가랴 7장의 말씀은 금식에 대한 말씀이다. 이스라엘 백성들은 포로생활을 하면서 해마다 네 번의 금식을 행했는데, 4월,5월,7월,10월에 금식을 행했다. 4월의 금식은 바벨론 사람들이 예루살렘을 점령한 것을 기억하며 한 금식이었고, 5월의 금식은 예루살렘을 점령한 바벨론 왕 느부갓네살이 예루살렘을 불태운 것을 회고하며 한 금식이었고, 7월의 금식은 유다 총독 그달랴가 암살된 것을 기억하며 한 금식이었고, 10월의 금식은 느부갓네살에 의해 예루살렘이 포위된 것을 기억하며 한 금식이었다. 이렇게 금식은 특별한 사건을 잊지 않고 기억하며 하나님 앞에서 그 때의 그 마음을 바치는 것이었다. 그러나 세월이 흐르면서 유다의 금식은 형식이 되어버리고 말았다. 그러므로 하나님께서 그들을 책망하시기를 '온 땅의 백성과 제사장들에게 이르라 너희가 칠십년 동안 오월과 칠월에 금식하고 애통하였거니와 그 금식이 나를 위하여, 나를 위하여 한 것이냐 너희의 먹으며 마심이 전혀 자기를 위하여 먹으며 자기를 위하여 마심이 아니냐'고 하셨다.

금식보다 중요한 것은 하나님의 말씀을 청종하는 것이다. 금식은 하나님의 말씀에 온전히 순종하고자 행하는 것이 되어야 한다. 무슨 일이든지 본래의 취지에서 벗어나 형식에 치우치게 되면 하지 아니함만 못하다. 하나님은 이스라엘 백성들에게 금식 보다도 현재의 삶에서 하나님의 말씀을 순종하는 삶을 살라고 하신다. 우리 신앙생활도 마찬가지이다. 세월이 흐르면서 점점 형식화되고 타성에 젖은 신앙생활을 하고 있지는 않는지 자신을 돌아보자.

# 10월 3일 :: 스가랴 8-10장

## 1. 시온에 거하시는 하나님(8장)

이스라엘 백성들에게 회복이 선포된다. 하나님께서 형식적인 금식을 행하고 있던 이스라엘 백성들을 사랑으로 감싸주시고 그들을 구원하고 옛적의 영화를 다시 회복하게 하시겠다고 말씀하신다. 하나님께서 시온을 위하여 크게 질투하며 그를 위하여 크게 분노함으로 질투한다고 말씀하신다. 그만큼 당신의 백성을 향해 중심이 뜨거우신 하나님이시다. 예루살렘이 진리의 성읍이 되고, 예루살렘 길거리에 늙은 지아비와 늙은 지어미가 다시 앉고, 성읍 거리에게 어린 남자와 여자가 앉아 장난을 치며, 포도나무가 열매를 맺으며 땅이 산물을 내며 하늘은 이슬을 내려 그 백성으로 모든 것들을 풍성하게 누리게 하겠다고 하신다. 하나님께서 은혜를 베풀기로 작정하시면 아무도 그것을 막을 수 없다. 하나님이 시온에 거하실 때 모든 것이 원래의 위치로 회복되는 역사가 있게 된다. 하나님은 모든 일의 진정한 해답이 되신다. 우리의 삶이 아무리 얽히고 설켰더라도 그 중심에 하나님이 계시면 모든 것이 질서를 찾고 회복되는 은혜를 누리게 된다. 정말 중요한 것은 문제 자체가 아니라 그 문제 속에 하나님을 모시는 것이다. 어떤 상황 속에서도 우리가 해야 할 일이 있다면 하나님 앞에서 정직하고 신실하게 행하는 것이다.

하나님께서 이스라엘 백성들을 향하여 말씀하시기를 "너희는 각기 이웃으로 더불어 진실을 말하며 너희 성문에서 진실하고 화평한 재판을 베풀고 심중에 서로 해하기를 도모하지 말며 거짓 맹세를 좋아하지 말라"고 하신다. 그런 것들은 하나님께서 가장 싫어하시는 것들이라고 하신다. 항상 하나님을 기쁘시게 할 것을 생각하자.

## 2. 나귀를 타신 왕(9장)

하나님께서 유다의 대적자들이었던 주변 국가들 즉 수리아와 두로와 시돈과 블레셋을 멸하겠다고 하신다. 그들은 유다가 바벨론에게 포로되어 끌려갈 때에도 오히려 번영을 구가했던 나라들이었는데 유다가 포로에서 돌아온 후에도 여전히 유다에게 위협적인 존재들이었다. 그러나 하나님께서는 그들을 멸하겠다고 하신다. 하나님께서 하나님의 집을 보호하시고 감히 적들이 넘보지 못하게 하겠다고 하신다. 우리는 자주 악인의 형통 앞에서 마음이 위축되어 절망할 때가 있다. 그러나 역사의 진정한 주인은 하나님이시다. 하나님께 소망을 두고 진리를 좇아 행하면 어떤 경우에도 하나님의 일하심을 경험하게 된다.

하나님께서 두려워하는 백성들에게 소망을 주셨는데 그들에게 왕을 보내겠다고 말씀하신다. "시온의 딸아 크게 기뻐할찌어다 예루살렘의 딸아 즐거이 부를찌어다 보라 네 왕이 네게 임하나니 그는 공의로우며 구원을 베풀며 겸손하여서 나귀를 타나니 나귀의 작은 것 곧 나귀새끼니라"고 하셨다. 그러므로 이 소망을 품은 자들마다 참 보장(요세, 성체)이 되시는 하나님께로 돌아오라고 말씀한다. 하나님께서 모든 것들을 회복시키겠다고 하신다. 우리 예수님은 세상 나라의 왕들처럼 강하고 교만한 왕이 아니라 나귀 새끼를 타고 입성하시는 겸손한 왕이셨다. 그 왕께서 우리의 모든 죄와 허물을 담당하시고 십자가에서 죽으셨다. 진정한 강함은 약함 속에 있다. 그 약함 속에서 하나님을 의지하기 때문이다. "교만은 패망의 선봉이요 넘어짐의 앞잡이인 반면에 겸손은 존귀의 앞잡이"라고 했다. 강한 것을 추구하는 세상속에서 그리스도의 겸손을 배우고 십자가의 길을 걸어갈 때 하나님의 승리를 경험하게 된다. 그들을 위해 하나님께서 형통함과 풍성함을 예비하신다. (17절)

### 3. 여호와께 비를 구하라(10장)

"봄비 때에 여호와 곧 번개를 내는 여호와께 비를 구하라 무리에게 소낙비를 내려서 밭의 채소를 각 사람에게 주리라"고 말씀하신다. '봄비(늦은 비)!' 말만 들어도 가슴 설레이게 하는 단어이다. 특히 이스라엘 백성들에게 있어서 봄비는 생명과 같은 것이었다. 이스라엘 백성들은 농사를 짓는데 반드시 두 번의 비가 적절한 시기에 내려야만 풍성한 소출을 기대할 수 있었는데, 이른비와 늦은 비였다. 이른 비는 파종을 하는 시기인 10월에 내렸는데, 농부가 씨를 뿌린 후에 비가 내림으로써 씨앗들이 싹을 트고 빗물을 먹고 자랄 수 있었다. 늦은 비는 추수를 앞 둔 3-4월에 내리는 비인데 곡식을 여물게하는 비였다. 하나님께서는 이스라엘 백성들에게 봄비를 구하라고 말씀하신다. 그들에게 풍성한 결실을 주시겠다는 말씀이다.

비는 은혜를 상징한다. 하나님의 은혜를 구하라는 말씀이다. 하나님께 은혜를 구하는 자마다 소낙비와 같은 넘치는 은혜를 베푸시겠다는 것이다. 복의 근원이 하나님이시다. 이스라엘은 그 하나님을 제쳐놓고 쓸데없이 드라빔과 복술자들을 의지함으로써 목자 없는 양과 같이 유리하는 삶을 살았었다. 하나님께 이른비와 늦은비를 구하자. 하나님의 은혜가 임하는 곳에는 늘 풍성함이 있다. 하나님은 지금이 은혜 받을 만한 때이고 지금의 구원의 날이라고 말씀하신다. 세상의 헛된 것들에 우리의 마음을 두지 말고 오늘도 은혜 베풀 준비를 하고 계시는 하나님을 소망하자. 비록 하나님은 내가 고난의 바다를 지날 때에도 그 물결이 나를 덮치지 못하게 하시며, 하나님 없는 세상의 모든 부요함을 헛된 것으로 만드시는 분이시다. 그러므로 여호와께 비를 구하자.

## 10월 4일 :: 스가랴 11-14장

### 1. 참 목자를 의지하라(11장)

하나님을 거부하는 자들을 향한 심판의 말씀이다. 심판이 있다는 것은 참으로 하나님을 의지하는 자들에게 구원이 있다는 것을 확인시키는 것이다. 이스라엘은 참 목자이신 메시야를 버리고 어리석고 무책임한 목자를 선택했다. 그 목자는 '없어진 자를 마음에 두지 아니하며 흩어진 자를 찾지 아니하며 상한 자를 고치지 아니하며 강건한 자를 먹이지 아니하고 오히려 살찐 자의 고기를 먹으며 또 그 굽을 찢는 목자'였다. 유다는 하나님께서 보내주신 참 목자를 은 삼십에 팔아버렸다. 그리고 그 참 목자를 십자가에 매달아 죽여버렸다. 이 모든 일들은 거짓 목자들의 지도를 따른 결과였다. 하나님께서는 은총과 연락이라는 두 막대기를 꺾어버리심으로써 그들을 심판하셨다. 레바논의 백향목으로 지은 성전을 파괴하시고, 요단의 자랑인 강가의 숲을 불태워버리셨다.

이스라엘의 심판은 거짓 목자들의 어리석고 무책임한 행동 때문이었다. 백성들은 거짓 목자들에게 속아 하나님을 버리고 대적하는 자들이 되었던 것이다. 그러므로 언제나 영적 침체와 타락의 때에 지도자들의 책임은 막중하고 그에 따른 심판도 엄중하다. 하나님은 지도자들에게서 그 죄를 물으시고 그들을 심판하신다. 스스로 선생 된 자들이라고 여기는 자들은 하나님을 두려워해야 한다. 하나님의 백성은 언제나 참 목자이신 예수 그리스도를 믿고 따르고 의지해야 한다. 하나님께서 이스라엘을 출애굽 시키실 때 열 가지 재앙을 보내신 것은 자기 백성을 단번에 구원할 힘이 없어서 그런 것이 아니었다. 어린양의 피가 얼마나 능력이 있는지를 보여주시기 위해서 그렇게 하신 것이다. 예수 그리스도와 십자가를 믿는 믿음은 우리가 붙잡아야 할 영원한 소망이다.

### 2. 그 날에(12,13장)

이스라엘의 회복을 말씀한다. 예루살렘이 이방 나라에 의해 짓밟힘을 당하지만 그 날이 되면 하나님께서 그 모든 대적들을 치시고 이스라엘에게 승리를 가져다 주겠다고 하신다. 예루살렘 거민들은 그들의 하나님 만군의 여호와로 말미암아 힘을 얻게 될 것이라고 하신다. 여호와께서 유다 장막을 구원할 것이므로 어떤 나라도 더 이상 대적이 될 수 없게 되는 날이 이르게 되는 것이다. 하나님께서 보호하시면 아무도 건드릴 수 없다. 그 때까지 이스라엘은 말로 다할 수 없는 고난을 받았다. 그들의 마음은 한없이 슬프고 비참했다. 그러나 하나님께서 그들의 눈물을 닦아주시는 날이 오게 하겠다고 하신다. 하나님은 언제나 우리를 위로하시고 우리에게 새 힘과 소망을 주시는 분이시다. 눈물과 탄식을 거두실 분은 하나님 한 분 밖에 없다.

오늘 고난이 있고 슬픔과 아픔이 있다고 너무 슬퍼하거나 낙심하거나 절망하지 말자. 더욱 더 하나님과 동행하기를 소망하며 인내로써 믿음의 경주를 하자. 우리의 삶의 배후에서 역사하시는 하나님의 손을 의지하자. 그러기 위해 무엇보다 우리에게 필요한 것이 은총과 간구하는 심령이다. 하나님 앞에 불의한 우리의 삶에 대해 가슴 아파하며 거룩한 자로 서기를 소망하자. 하나님께서 그의 성령을 부어주실 때에 그들의 마음에 애통하며 통곡하는 역사가 있었다. 하나님의 은혜와 복, 진정한 회복은 회개로부터 시작된다. 하나님은 우리의 연약함대로 내버려두지 않으시고 반드시 회복케 하신다. 그 하나님을 사모하자.

## 3. 남은 자(14장)

그 날(여호와의 날)에 메시야가 오셔서 열국과 전쟁을 하시고, 그 전쟁을 승리로 이끄신 후 예루살렘에 평강과 번영을 주시겠다고 말씀하신다. 하나님의 백성들의 종말론적 승리에 대한 예언이다. 이 예언은 요한계시록에서 아마겟돈 전쟁을 통해 구체적으로 실현되며, 하늘로부터 새 예루살렘이 내려와 이스라엘의 영원한 회복이 이루어진다. 그 날에 생수가 예루살렘에서 솟아나 절반은 동해로, 절반은 서해로 흐른다고 한다. 결국 이 축복은 전 세계로 퍼져나가게 될 것이다. 하나님께서 당신의 백성들에게 복을 주시는 것이다.

그 날에 예루살렘을 대적한 열국들은 징계를 받게 된다. 하나님의 백성들의 역사는 언제나 그렇게 되어왔다. 처음에는 하나님의 백성들이 많은 고난을 당하고 실패하고 패배한 것 같았다. 그들의 눈에 많은 눈물과 근심과 탄식이 있었다. 그러나 마지막 날에 하나님께서는 대적들을 징계하시며 하나님의 백성들의 눈에서 눈물을 닦어주시며 그들에게 참된 평화를 가져다주셨다. 하나님의 구속 역사는 그렇게 완성될 것이다.

마지막 날에 예배가 회복되고 절기가 지켜진다는 말씀은 하나님께서 자기 백성을 통치하시고 하나님께서 자기 백성에게 번영과 평화를 주심을 묘사한다. 그 날이 되면 말방울에까지 '여호와께 성결'이라고 기록될 것이며, 하나님의 전에 있는 솥도 제단에서 쓰이는 주발과 같이 될 것이다. 이제 거룩하지 않는 것이 없게 될 것이다. 우리가 주님 안에서 성결한 자로 지어져 가야 한다. 오늘 실패하더라도 다시 일어나 여호와의 거룩하심 앞으로 나아가자. 진정으로 구원의 감격이 있는 예배의 회복을 이루어야 하겠다.

## 10월 5일 :: 말라기 1-4장

### 1. 말라기에 대하여

말라기는 이스라엘 백성들이 바벨론 포로에서 돌아온 후 학개 스가랴의 권면에 힘입어 중단되었던 성전을 재건했지만 오랜 세월이 지나도 하나님의 백성들의 삶이 힘들고 고달프게 되자 그들의 신앙이 퇴색되고 많은 의심과 회의로 가득하게 되었을 때, 하나님께서 말라기(나의 사자) 선지자를 보내셔서 그들이 고난을 당하고 있는 진정한 원인이 무엇인지 말씀해주시고, 죄악된 길에서 돌이키도록 영적 각성을 촉구하는 말씀이다.

### 2. 하나님의 사랑(1장)

하나님과 이스라엘 백성들 사이에 논쟁이 있다. '내가 너희를 사랑하였다'고 하나님께 말씀하시자 이스라엘 백성들은 '주께서 우리를 어떻게 사랑하셨느냐'고 반문한다. 그들이 당하고 있는 고달픈 현실을 볼 때 하나님께서 자신들을 사랑하지 않으신 것이 분명하다고 단정한 것이다. 그러나 하나님의 사랑은 언제나 주권적이다. 하나님께서 에서를 미워하시고 야곱을 사랑하셨다. 에서는 하나님께서 헐어버리신 것을 다시 쌓겠다고 했지만 하나님께서는 비록 그들이 쌓을지라도 다시 헐겠다고 하신다. 이스라엘은 하나님 앞에서 잘 한 것이 아무것도 없지만 하나님은 자기 백성을 일방적으로 사랑하셨다. 문제는 제사장들의 죄악에 있었다. 그들은 고난의 원인을 밖에서 찾으려고 했지만 정작 자신들 내부에 문제의 원인이 있었던 것이다. 제사장들의 죄악은 곧 백성들의 죄악이었다. 그들은 더러운 떡과 눈먼 희생을 드리며 여호와께 드리는 제사를 번폐스러운 것으로 여겼다. 그들은 속였지만 여호와의 눈은 그 모든 것들을 감찰하고 계셨다.

우리가 하나님의 사랑을 받을 만한 자가 되어야 한다. 우리의 삶의 모든 영역이 하나님 앞에 진실하게 드려져야 한다. 무엇이든지 형식적이 되어버리면 그것으로는 더 이상 하나님을 기쁘시게 할 수 없다. 우리는 무엇을 하든지 하나님의 사랑에 합당한 영광을 돌려드려야 한다.

### 3. 레위와 세운 나의 언약(2장)

하나님께서 불의한 제사장들을 향해 경고하신다. 제사장들은 하나님의 말씀을 듣지 않을 뿐더러 그 말씀을 마음에 두지도 않았다고 한다. 불의한 제사장들을 향한 하나님의 분노는 맹렬하다. 하나님께서 절기의 희생의 똥을 그들의 얼굴에 발라버리겠다고 하신다. 즉, 그들을 쓸모없는 자들로 여겨 버리시겠다는 말씀이다. 제사장들의 죄악은 필연적으로 백성들에게 전염되었다. 백성들은 제사장들의 본을 따라 결혼과 가정의 거룩함을 짓밟고 자기의 아내들을 버리고 이방 여인과 혼인했다. 그렇게 함으로써 이스라엘 여인들의 눈에 눈물이 마르지 않게 했다. 하나님께서는 이혼하는 것을 매우 싫어하시는데 그들은 하나님께서 싫어하시는 그것을 일삼았던 것이다. 하나님께서 레위인들을 세우시고 그들과 언약을 맺으실 때 생명과 평강의 언약을 맺으셨다. 모세 시대에 이스라엘 백성들이 바알브올의 일에 부속되었던 일로 인해 비느하스가 하나님께 헌신함으로써 백성들의 죄악이 사해지는 일이 있었다.(민25:11-13) 레위 사람들의 전적 헌신과 순종의 결과로 하나님께서 그들과 '생명과 평강의 언약'을 세우셨다. 제사장들의 경건함은 많은 백성들을 하나님의 의로 돌아오게 만들었다. 그런데 말라기 시대의 제사장들의 모습은 형편없었다. 그러므로 하나님은 다시 그들을 향해 제사장의 입술은 지식을 지켜야 하고 사람들은 그 입에서 율법을 구하게 해야 한다고 말씀하신다. 생명과 평강의 언약을 성실하게 지켜 나가자.

## 4. 온전한 십일조(3장)

하나님께서 하나님의 길을 예비하는 언약의 사자를 보내시겠다고 말씀하신다. 그 언약의 사자는 주의 길을 예비했던 세례 요한이었다. 요한은 와서 백성들이 갈망했던 메시야의 길을 예비하고 그들을 메시아에게로 인도하는 일을 했다. 메시야의 오심으로 인해 이 땅에 심판이 시작되었다. 이제 그 심판은 메시야의 재림으로 인해 완성되게 될 것이다. 하나님께서는 그들이 무엇을 잘못하고 있는지 구체적으로 말씀하신다. 그것은 백성들이 하나님의 것을 도적질했는데 곧 온전한 십일조와 헌물을 드리지 않았다고 하신다. 십일조와 헌물은 하나님의 것이다. 하나님은 온전한 십일조를 창고에 들여 하나님의 집에 양식이 있게 하라고 하신다. 그것으로 하나님을 시험하여 하나님께서 하늘 문을 열고 넘치도록 복을 부어주시는 것을 보라고 하신다. 온전한 십일조를 드리는 자를 위하여 황충을 금하고 포도나무의 과실로 풍성하게 하며 그들이 거하는 땅을 아름답게 하심으로 열방에게 하나님의 복을 드러내게 하시겠다고 하신다.

십일조는 우리의 삶의 모든 주권이 하나님께 있음을 인정하고, 참된 믿음을 고백하는 시금석이다. 하나님의 것을 하나님의 곳간에 들임으로써 나의 믿음을 고백해야 한다. 온전한 십일조의 준수는 하나님의 교회를 풍성하게 만든다. 하나님은 당신을 사랑하는 자들을 위해 이른 비와 늦은 비의 복을 준비하고 계신다. 하나님의 복은 우리의 상상을 초월한다. 십일조를 드림으로 나의 믿음 있음을 고백하자. 그것을 행함으로 하나님의 복을 기대하자.

## 5. 내 이름을 경외하는 너희(4장)

하나님께서 최후의 심판을 행하실 날이 올 것이라고 말씀하신다. 그 날은 극렬한 풀무 불 같은 날로써 뿌리와 가지를 남김없이 태우시는 완전한 심판의 날을 예고하신다. 이런 심판의 날에 신실한 믿음의 사람들에게는 의로운 해가 떠올라서 치료하는 광선을 발하게 될 것이라고 하신다. 악인들에게 심판을 행하시는 날이 하나님의 이름을 경외하는 사람들에게는 치유와 회복과 구원의 날이 되는 것이다. 의로운 태양이신 예수 그리스도의 완전한 보호를 받게 되는 것이다. 예수를 믿으면 구원을 받는다. 예수를 믿으면 그 영혼이 참된 기쁨과 자유함을 누리게 된다. 마치 외양간에서 나온 송아지가 기뻐서 펄쩍펄쩍 뛰는 것 같은 기쁨과 즐거움이 예수 안에 있다.

나는 얼마나 심판의 날을 기억하며 살아가고 있는가? 하나님의 말씀은 변함이 없다. 그 입으로 말씀하신 것을 반드시 행하시고 이루시는 하나님이시다. 성도는 하나님의 율례와 법도를 기억해야 한다. 그 율법을 완성하시 예수 그리스도를 믿고 의지해야 한다. 여호와의 크고 두려운 날이 이르기 전에 엘리야 선지자를 보내시겠다고 하셨는데, 세례 요한이 엘리야의 심정을 가지고 자기 백성들을 향해 '회개하라 천국이 가까왔다'고 복음을 전했다. 하나님께서 마지막 선지자였던 세례 요한을 보낸 것도 자기 백성을 심판을 피하여 하나님께로 돌이키게 하기 위함이었다. 나의 마음에 의의 태양이신 그리스도가 있는가? 우리의 마음을 돌이키시는 성령의 음성에 귀를 기울이고 외양간에서 나온 송아지처럼 구원의 기쁨을 누리는 참 주의 백성으로 살아가야 하겠다.

# 10월 6일 :: 마태복음 1-3장

## 1. 아브라함과 다윗의 자손(1장)

마태복음은 세관원 출신이었던 마태가 기록한 복음서로써 유대인 독자들을 위해서 기록되었는데, 예수 그리스도께서 구약의 예언을 성취하신 메시야이심을 증거한다. 온 세상을 지으신 창조주이신, 영이신 하나님이 친히 사람의 몸을 입으시고 죄인과 같이 되셨다. 죄인들을 구원하기 위함이었다. 마태복음 첫 구절에서 우리는 하나님의 사랑과 은혜를 발견하게 된다. 하나님이 세상을 사랑하셔서 당신의 독생자를 세상에 보내 주셨다.

예수님은 혈통적으로 다윗과 아브라함의 자손으로 이 세상에 오셨다. 이스라엘은 다윗의 자손 중에서 이스라엘의 통치자가 오실 것이라고 기대하고 있었는데, 예수님이 유다 왕조의 창시자 다윗의 혈통을 따라 오셨다. 또한 예수님은 아브라함의 후손으로 오셨다. 하나님께서 아브라함을 부르시고 그와 언약을 맺으셨다. 하나님께서 아브라함에게 "내가 너로 큰 민족을 이루고 네게 복을 주어 네 이름을 창대케 하리니 너는 복의 근원이 될찌라 너를 축복하는 자에게는 내가 복을 내리고 너를 저주하는 자에게는 내가 저주하리니 땅의 모든 족속이 너를 인하여 복을 얻을 것이니라" (창 12:2-3)고 하셨다. 그 언약이 예수 그리스도 안에서 성취되었다. 하나님은 신실하게 약속을 지키시는 분이시다.

예수님은 다윗의 자손인 요셉과 마리아 사이에서 태어났다. 성령께서는 그들이 결혼하기 전에 마리아의 몸을 빌어 예수님이 나시게 하셨다. 주의 사자는 요셉에게 현몽하여 그의 아내 마리아 데려오기를 무서워하지 말라고 했다. 낳으면 이름을 '예수'라 하라고 했다. '예수'는 '구원자'라는 뜻이다. 죄인들을 구원하시기 위해서 하나님께서 죄인의 몸을 빌어 당신의 사랑하는 독생자를 보내 주셨다. 죄인과 함께 하신 하나님이시다. 하나님께서는 이미 선지자를 통해 이 땅에 그의 아들을 보내 주실 것을 약속하셨다. 그리고 그 약속을 신실하게 지키셨다. 죄인들을 사랑하시고 그들과 함께 하시기 원하시는 하나님이시다. 예수님이 이 세상에 오신 사건은 인류에게 가장 놀랍고 복된 사건이었다. 그 예수를 믿는 자는 하나님의 자녀가 되고 영원한 생명을 얻게 된다. 요셉은 주의 사자의 말에 온전하게 순종하여 정혼한 마리아를 자기 집으로 데리고 왔다. 이렇게 하여 그는 하나님의 아들을 그의 집에 모셔들이게 되었다. 나 같은 죄인에게 찾아 오신 예수 그리스도를 마음에 영접하는 사람은 복된 사람이다. 예수님이 나의 구원이시다.

## 2. 두려워하는 사람들(2:1-12)

예수님께서 헤롯왕 때에 미가 선지자의 예언대로(미5:2) 유대 베들레헴에서 나셨다. 만 왕의 왕이신 예수님께서 가장 초라한 모습으로 이 세상에 오셨다. 하나님의 나라가 이 세상에 초라하고 조용하게 임했다. 하나님은 이스라엘이 기대했던 메시야를 베들레헴에 나게 하심으로써 하나님 나라가 어떤 것인지를 보여주셨다. 베들레헴은 '떡집'이라는 뜻이다. 예수님이 세상에 오셔서 모든 사람들에게 생명을 주는 생명의 떡이 되심을 상징적으로 보여주셨다. 예수님이 나신 베들레헴에 동방의 박사들이 찾아와 예수님께 경배드렸다. 그들은 이방인들이었다. 예수님은 유대인의 왕으로 오셨을 뿐만 아니라 온 세상의 왕으로 오셨다. 예수님은 세상의 모든 사람들로부터 경배를 받으실 왕이시다.

유대인의 왕의 탄생 소식에 가장 놀란 사람은 헤롯 왕과 예루살렘에 살고 있던 사람들이었다. 왕은 자기의 왕권에 도전하는 자가 새롭게 나타난 것에 대하여 민감한 반응을 보였다. 한편 예루살렘 사람들은 메시야의 오심으로 인해 헤롯 왕의 분노를 사지 않을까 두려워했다. 평화의 왕 예수님이 어떤 분이신지 알지 못할 때 인생들의 마음 속에는 두려움만 남는다.

## 3. 라헬의 통곡(2:13-18)

예수님을 죽이려고 했던 헤롯의 음모는 동방박사들이 다른 길로 고국으로 돌아감으로써 수포로 돌아갔다. 하나님께서 예수를 살리기 위해서 요셉과 마리아 가정을 애굽으로 피신시키시고 헤롯이 죽을 때까지 그 곳에 머물게 했다. 헤롯은 자신이 속은 사실로 인해 분노하여 베들레헴 경내에 있던 2살 아래의 사내아이들을 모두 죽임으로 끔찍한 범죄를 저질렀다. 마귀는 어떻게 해서든지 하나님의 나라가 이 땅에 임하는 것을 싫어한다. 그러나 하나님은 당신의 교회를 보호하신다. 헤롯의 분노와 살인행위는 베들레헴에 사는 여인들에게 심한 통곡을 가져다주었다. 여인들은 자식이 없어짐으로 위로받기를 거절하게 되었다. 하나님은 성도들이 이 땅에서 고난이 있을 것을 보여주시고, 이러한 끔찍한 일을 통해서 인간의 죄악됨을 폭로하시며, 예수 그리스도의 대속적인 죽음을 미리 보여주셨다. 예수님은 그 죄인들을 위해 제물로 드려지기 위해서 오셨다. 예수님께서 라헬의 눈물을 거두어 주실 것이다. 하나님의 백성들에게 잠시 고통과 눈물이 있을 것이지만 하나님은 그들의 최후에 소망을 주신다.(렘31:16,17)

## 4. 나사렛 사람(2:19-23)

예수님을 죽이려고 했던 헤롯이 죽었다. 헤롯이 죽은 후에 주의 사자가 요셉에게 현몽하여 예수님을 이스라엘 땅으로 데리고 가라고 했다. 요셉은 순종하여 예수님을 데리고 이스라엘 땅으로 들어왔다. 그러나 사실 요셉은 아켈라오의 소식을 들었던 터라 이스라엘로 들어가기를 두려워했었다.

두려움은 우리의 믿음을 시험하는 도구가 되기도 한다. 하나님의 말씀을 순종하는 것이 언제나 쉬운 것이 아니다. 여러가지 염려와 근심을 동반한다. 그러한 때에 하나님의 주권을 믿고 하나님의 뜻에 따라 살 것을 결단해야 한다. 요셉은 예수님을 데리고 갈릴리 나사렛이란 동네에 와서 살았다. 예수님은 그 곳에서 성장하셨다. 예수님의 나사렛 정착은 하나님의 말씀을 이루는 일이 되었다. 나사렛은 사람들에게 알려지지 않은 작은 시골 동네였다. 예수님은 그 곳에서 메시야로서의 사역을 준비하셨다. 하나님은 우리의 거주의 한계를 정하시는 분이시다. 우리의 삶의 현장이 어디든지 그 곳에서 하나님을 배우고 하나님의 마음을 알아가는 것보다 중요한 것은 없다.

## 5. 주의 길을 예비하는 자(3:1-12)

세례 요한이 유대 광야에서 회개와 천국의 도래에 대해서 외침으로써 예수 그리스도의 오시는 길을 예비하는 자의 역할을 감당했다. 요한은 회개하고 나아온 자들에게 요단강에서 세례를 배풀었다. 천국은 회개하는 자에게 임하게 된다. 회개는 자기가 죄인임을 고백하고 하나님 앞에서 사죄의 은혜를 구하는 것이다. 세례는 회개함으로 죄 사함을 받았다는 상징적 의식이다. 회개하지 않는 자에게는 하나님의 임박한 진노가 있게 된다. 요한은 광야에 살면서 오직 이 메시야의 길을 예비하는 자가 되었다. 우리의 모든 삶도 메시야의 오심을 예비하는 삶이 되어야 한다. 예수 그리스도를 드러내는 삶을 살아야 한다. 예수님은 성령과 불로 세례를 주시는 분이시다. 죄인의 마음 속에 성령의 인을 쳐주셔서 자신이 죄인임을 고백하게 하시고 임박한 심판에서 건져주신다. 예수님의 오심은 두가지 목적이 있다. 회개하고 믿는 자에게는 구원을 베푸시고, 끝까지 회개하지 않는 자에게는 심판을 베푸신다. 우리의 마음 속에 예수님을 모시고 주님의 길을 예비하고 평탄하게 하는 자로 살아가야 하겠다.

## 10월 7일 :: 마태복음 4-6장

### 1. 마귀의 시험(4:1-11)

예수님께서 세례를 받으신 후 광야에서 40일동안 시험을 받으셨다. 마귀가 예수님께 찾아와 예수님을 시험했다. 만약 하나님의 아들이라면 돌을 가지고 떡을 만들라고 했다. 선악과를 가지고 유혹했던 마귀가 먹을 것을 가지고 유혹했다. 예수님은 마귀에게 시험을 받았을 때 하나님의 말씀을 가지고 물리치셨다. 육적인 것보다 더 중요한 영적인 가치를 붙잡았다. 마귀는 두번째로 예수님을 시험하여 성전 꼭대기에서 뛰어내리라고 했다. 예수님의 심령 속에 재차 의심의 씨앗을 뿌렸다. 그러나 예수님은 여전히 말씀으로 그 시험을 물리치셨다. 그러나 마귀는 집요하게 예수님을 유혹하여 자기에게 경배하라고 했다. 예수님은 오직 하나님만이 경배를 받으실 분이심을 아셨으므로 사탄을 물리치셨다.

시험에서 이기신 예수님께 천사가 와서 수종들었다. 예수님은 우리가 받아야 할 모든 시험을 받으시고 이기셨다. 사탄은 끊임없이 믿는 자의 심령 속에 하나님을 의심하도록 의심의 씨앗을 뿌리고, 헛되고 무익한 것들을 경배하도록 유혹한다. 그러나 모든 시험을 이기신 예수님께서 우리에게 이길 힘을 주신다. 그러므로 우리가 우리의 연약함을 인정하고 유혹과 시험을 만날 때마다 예수의 이름을 부르자.

### 2. 예수님의 일성(4:12-17)

예수님께서 공식적으로 공생애를 시작하셨다. 세례 요한은 예수님의 오심을 예비하는 광야의 외치는 자로서의 사명을 다하고 감옥에 갇히게 되었다. 이제 본격적으로 하나님의 나라가 전파되기 시작했다. 하나님께서 과거에는 여러 모양으로 당신의 종들을 보내셔서 하나님의 일을 하셨는데 이제는 아들이 직접 그 일을 하게 되었다. 하나님의 아들이 오셔서 하나님의 일을 시작하신 것은 하나님께서 이 세상을 사랑하시는 증거이다.

예수님은 공생애를 시작하시면서 맨 먼저 세상을 향하여 "회개하라 천국이 가까왔느니라"고 하셨다. 하늘나라의 왕이신 예수님이 직접 오셔서 하나님의 나라의 시작을 알리신 것이다. 하나님의 나라는 회개로부터 시작된다. 어두움 가운데 있던 백성들의 영혼 속에 구원의 빛이 임하게 되었다. 예수님은 갈릴리 해변에서부터 천국복음을 전파하시기 시작하셨다. 갈릴리 가버나움은 이스라엘의 통치가 미치지 않는 이방인들이 다스리던 지역이었다. 하나님의 은혜가 미치지 못한 곳에서 은혜의 복음을 전하기 시작하신 것이다. 빛이 비추이면 어두움이 물러간다. 예수님은 우리 영혼에 생명의 빛이 되신다.

## 3. 사람을 낚는 어부(4:18-25)

예수님이 갈릴리 해변에서 어부들을 부르셨다. "나를 따라오너라 내가 너희를 사람을 낚는 어부가 되게 하리라"고 하셨다. 고기 잡던 어부들을 사람 낚는 어부가 될 수 있도록 부르신 것이다. 그 날 베드로와 안드레, 야고보와 요한이 예수님을 따르기 시작했다. 그들은 자기들의 직업을 버리고 하늘나라를 위해 자신들을 헌신하기로 결단했다. 평범한 어부들이 하나님의 아들을 만났다. 예수님과 더불어 신령한 영적 교제를 누릴 수 있게 되었다.

예수님께서는 온 갈릴리에 두루 다니시면서 회당에서 가르치시고 천국 복음을 전파하시고, 백성들의 병과 약한 것들을 고쳐주셨다. 이렇게 해서 그 땅에 천국이 퍼져나가기 시작했다. 고통 중에 있던 많은 사람들이 그들의 삶의 현장에서 하나님의 나라를 경험하게 되었다. 복음을 들으며, 모든 약한 것들이 온전하게 회복되는 은혜를 누리게 되었다. 천국의 소식은 금새 데가볼리와 예루살렘과 유대와 요단강 건너편까지 퍼져나갔다. 내 안에 예수 그리스도의 생명을 가진 복음이 있을 때, 먼 곳까지 영향력을 미치게 된다. 나는 지금 예수의 복음으로 영향을 받고 있는가?

## 4. 복 있는 사람(5:1-12)

예수님께서 산에 오르셔서 제자들을 향해 천국의 원리를 선포하셨다. 우리 인생에게 무엇이 가장 중요한 것인지, 진정한 그리스도인의 모습은 어떤 것인지 말씀해 주셨다. 예수님은 가장 먼저 팔복을 말씀하셨다. 심령이 가난한 자, 애통하는 자, 온유한 자, 의에 주리고 목마른 자, 긍휼히 여기는 자, 마음이 청결한 자, 화평게 하는 자, 의를 위하여 핍박을 받는 자가 복이 있다고 말씀하셨다. 천국은 이런 자들의 것이라고 하셨다. 심령이 가난하다는 말은 우리의 마음에 선한 것이 아무것도 없음을 발견하는 것, 즉 자신이 죄인인 것을 깨닫는 것을 의미한다. 천국은 이런 사람들을 위하여 예비되어 있다. 심령이 가난한 자는 자신의 죄인됨을 철저하게 깨닫고 오직 하나님의 은혜를 구하게 된다. 이런 사람은 진실로 복 있는 사람이다.

팔복은 각 사람들마다 다른 복을 받는다는 뜻이 아니다. 복은 오직 하나이다. 천국을 얻는 것이다. 그러므로 하나님 앞에서 심령이 가난한 자는 애통하게 되고, 그런 사람은 온유할 수밖에 없고 더 이상 세상의 의가 아닌 하나님이 인정하시는 그리스도의 의를 사모하게 되고, 죄인을 불쌍히 여기게 되며, 어두움을 싫어하고 평화를 사모하며, 기꺼이 의를 위해 핍박을 받는 것을 즐겨하게 된다. 이것이 천국 백성으로 사는 자들의 모습이다. 나는 진실로 천국을 소유한 자인가?

## 5. 소금과 빛(5:13-16)

그리스도인의 삶은 어떠해야 하는가? 예수님께서는 복 있는 하나님의 자녀를 세상의 소금, 세상의 빛으로 인정하셨다. 하나님의 자녀는 마땅히 이 세상에서 소금과 빛의 사명을 감당하는 자들이 되어야 함을 말씀하신다. 그리스도인이 세상에서 영향력 있는 자로 살아야 하는 것이 마땅하다. 그리스도인이 되었다는 것은 세상과의 결별을 의미하지 않는다. 오히려 더욱 더 세상을 가까이해야 하고, 세상 속으로 들어가야 하고, 그 속에서 그리스도의 소금으로 빛으로 살아내야 한다. 그리스도인을 향한 예수님의 요구는 매우 고상하고, 엄중하다. 우리는 이 땅에서 아무렇게나 살아도 되는 그런 사람들이 아니다.

`그리스도의 은혜를 받은 사람, 하나님의 나라가 어떤 것인지 아는 사람은, 함부로 살 수 없다. 그리스도인이 세상에 소금이 되어야 하고 세상의 빛이 되어야 한다는 것은, 세상이 그만큼 부패해 있고, 세상이 어두움의 권세 아래 있음을 의미한다. 예수님은 그런 세상 속으로 당신의 백성들을 보내시고 그들이 세상 속에서 영향력 있는 자로 살기를 원하신다. 그러나 내 안에 그리스도의 의가 없으면, 그리스도의 생명의 빛이 없으면 아무 일도 할 수 없는 무능한 자가 될 뿐이다. 날마다 그리스도의 의와 그리스도의 생명의 빛을 사모하자.

## 6. 하늘에 쌓은 보물(6:19-24)

우리 자신을 위해서 보물을 땅에 쌓아두지 말라고 예수님이 말씀하신다. 땅에 쌓아두면 좀먹고 썩으며 도둑에게 빼앗기게 된다고 하신다. 우리 자신을 위해 보물을 안전한 하늘에 쌓아두라고 하신다. 사람은 자기의 보물이 있는 곳에 마음을 둔다. 주님께서는 우리의 보물을 하늘에 쌓게 하심으로 이 땅에 있는 없어질 것들에 우리의 가치를 두지 말고 우리의 눈을 들어 영원한 하나님의 나라를 바라보게 하신다. 우리가 이 땅에 살면서 두 주인을 섬길 수 없다. 세상을 사랑하면 그 속에는 아버지의 사랑이 없다고 했다. 땅의 것에 집착하는 사람이 하나님의 나라에 관심을 가질 수 없다. 보물은 우리의 최고의 가치가 무엇인지를 보여준다. 우리의 보물은 무엇이고 어떻게 그것을 하늘에 쌓아둘 수 있겠는가? 우리가 무엇을 가지고 하늘에 올라갈 수 있는 것이 아니다. 성도는 이 땅에서 하늘의 삶을 살아내야 한다. 무엇을 하든지 하나님의 영광을 위해서 하는 것이다. 우리의 모든 것들이 하나님을 기쁘시게하는 일들이 되어질 때 그것은 하늘의 보물이 된다. 우리의 최고의 보물은 예수 그리스도를 닮아가는 것이다. 예수 그리스도만 사랑하고 예수님께 모든 소망을 두는 사람은 이 땅에서 하늘의 삶을 살게 된다.

## 10월 8일 :: 마태복음 7-9장

### 1. 거룩한 것과 진주(7:1-6)

비판을 받지 아니하려거든 비판하지 말라고 한다. 우리가 어떤 사람을 비판하게 되는 것은 우리가 스스로 우리 자신이 비판을 받는 사람보다 의롭다고 여기기 때문이다. 그러나 주님께서는 우리가 비판하는 형제의 눈 속에는 티가 있고, 비판하는 자의 눈 속에는 들보가 있다고 하신다. 그러므로 형제를 비판하기 전에 먼저 자신을 탐색하라고 하신다. 언제나 내 눈에는 들보가 있고, 나의 허물이 형제의 허물보다 크다. 그것을 아는 사람은 형제를 비판할 수 없다. 그러므로 주님께서는 아주 비판을 하지 말라고 말씀하신다. 형제를 비판하는 것은 곧 자기 자신에게 외식을 행하는 것이 된다. 우리가 진실로 관심을 가져야 하는 것은 예수 그리스도의 복음이다. 예수님은 우리의 모든 허물과 죄를 다 뒤집어쓰고 십자가에서 죽으셨다. 우리를 정죄하지 않으시고 우리의 눈에 있는 티를 빼려고 하지 않으셨다. 복음의 가치를 모르는 사람을 개나 돼지에 비유한다. 예수님은 단지 우리에게 무엇을 하고 무엇을 하지 말아야 할지, 선한 것과 악한 것을 구별해 주시는 분이 아니시다. 오히려 우리에게는 선악을 분별할 수 있는 능력이 없고, 우리에게는 어떤 의도 없음을 깨닫게 함으로써 진실로 거룩하고, 참된 보화가 되시는 예수 그리스도를 소망하게 하신다.

### 2. 지혜로운 사람(7:15-29)

거짓 선지자들을 삼가라고 한다. 그들은 양의 옷을 입고 나오지만 속은 노략질하는 이리라고 한다. 좋은 것과 나쁜 것은 열매를 통해서 알 수 있다. 아무리 잎사귀가 무성하고 풍성해도 맺은 열매가 아름답지 못하면 그것은 좋은 나무가 될 수 없다. 좋은 나무는 반드시 좋은 열매를 맺고, 나쁜 나무는 아름다운 열매를 맺을 수 없다. 예수님은 우리 인생을 나무에 비유하셨다. 그 나무에서 맺게 되는 좋은 열매는 복음의 열매이다. 예수 그리스도이다. 오직 예수 그리스도의 열매를 맺는 사람만이 천국에 들어가게 된다. 나의 삶에서 그리스도의 열매가 맺히도록 나를 부인하고 십자가를 져야 한다. 세상이 알아주지 못할 지라도 주님께서 알아주시는 인생이 되어야 한다.

그런 사람은 그 집을 반석 위에 지은 지혜로운 사람과 같다고 했다. 반석을 기초로 삼지 않는 집은 비바람이 몰아치고 창수가 날 때 반드시 무너지게 된다. 그러나 예수 그리스도가 우리의 기초가 될 때 주님께서 시련과 고난 앞에서 든든하게 설 수 있게 해 주신다. 흔들리지 않는 반석은 깊은 곳에 있다. 주 예수를 더 깊이 알아가기를 소망하는 사람은 결코 흔들리지 않는 집을 짓게 된다.

### 3. 예수님을 깨우라(8:23-27)

예수님께서 제자들과 더불어 배를 타고 가시는 중에 배에서 잠이 들었다. 때마침 바다에 큰 파도가 일어나 배를 집어삼키려고 했다. 그 때에 제자들은 주무시고 있던 예수님을 급히 깨웠다. 제자들은 모두 죽게 되었다며 두려워했다. 예수님께서 일어나셔서 그들의 믿음 적음을 책망하셨다. 그리고 바람과 바다를 꾸짖어 잠잠하게 하셨다. 제자들은 바람과 바다를 순종케 하신 예수님의 능력을 놀라워했다.

잠에서 깨어나신 예수님은 먼저 제자들에게서 믿음을 찾으셨다. 그들의 믿음을 없음을 꾸짖으셨다. 믿음이 없으면 매사에 염려와 근심이 있게 되고 두려움 가운데서 살게 된다. 예수님은 우리가 어떤 상황에서든지 당신을 온전히 신뢰하기를 원하신다. 오늘 내가 겪고 있는 일보다, 내가 처한 상황보다 더 중요한 것은 그 모든 일들을 예수님께서 아시고 주관하고 계심을 믿는 믿음이다. 믿음이 있을 때 주님을 신뢰하고 그 주님을 바라보게 된다. 불신앙은 항상 우리에게 두려움을 가져다준다. 우리의 삶에 풍랑은 늘 있다. 사탄은 풍랑을 일으켜 우리를 믿음에서 넘어지게 한다. 인생에서 어려운 일들을 만날 때마다 두려워하지 말고 바람과 바다를 잠잠케 하신 예수님을 깨우자.

### 4. 생명의 주인(9:18-26)

한 관원에게 소녀 딸이 있었는데 죽었다. 소녀의 아버지는 예수님이 죽은 자기 딸을 다시 살리실 수 있음을 믿고 예수님께 나아와 딸의 몸에 손을 얹어 살게 해달라고 간청했다. 예수님께서는 그 죽은 소녀를 살리기 위해서 가셨다. 관원의 집에는 어린 딸의 죽음을 애도하는 많은 조문객들이 있었다. 사람들을 물리치신 예수님께서 죽은 소녀에게로 들어가 그의 손을 잡으셨다. 그러자 죽은 소녀가 살아났다. 죽은 자를 살리신 예수님의 소문이 온 지역에 퍼져나갔다.

죽음은 모두에게 슬픔과 절망을 안겨준다. 모든 사람은 죽음 앞에서 슬퍼하고 체념한다. 그러나 예수님은 그 죽음과 절망의 한 가운데로 들어오셔서 생명의 역사를 일으키심으로 당신이 생명의 주관자가 되심을 보여주셨다. 예수님은 하나님을 떠나 죽었던 우리를 다시 살리신 분이시다. 십자가에서 우리의 죽음을 대신 죽어주시고 우리 코에 다시 생기를 불어넣어 주시고, 우리 손을 잡고 일으켜 주셨다. 예수님은 슬픔과 죽음을 기쁨과 생명으로 바꾸시는 분이시다. 어두운 현실 앞에서 좌절하지 말고 죽음을 몰아내신 예수님께로 나아와 내미시는 주님의 손을 다시 붙잡자. 주님께서 손을 잡아주시면 모든 죽은 것이 다시 살아나게 된다. 주님의 손을 사모하자.

## 10월 9일 :: 마태복음 10-12장

### 1. 믿음의 싸움(10:34-42)

예수님은 자신을 세상에 화평을 주러 온 자가 아니라 검을 주러 온 자라고 하셨다. 예수님은 세상의 죄와 싸우시되 십자가에 자기 몸을 내어 주기까지 싸우셨다. 그렇게 싸우심으로써 마귀의 일을 멸하셨다. 검은 싸우기 위해서 있는 것이다. 그리스도의 복음을 받아들인 사람은 필연적으로 영적 싸움을 하게 된다. 육체와 싸우고 죄와 싸우고 그리스도를 대적하는 모든 것들을 거슬러 싸우게 된다. 이 싸움은 십자가를 지는 삶으로 나타난다. 날마다 자기를 부인하고 자기 십자가를 지고 예수님을 따라갈 때 우리가 이 땅에서 이기는 자가 된다. 이 싸움은 우리 자신과의 싸움이기도 하고, 우리의 가까운 부모 형제들과의 싸움이기도 하고, 그리스도를 거스르는 세상과의 싸움이기도 하다. 성도는 그리스도께서 쥐어주신 검을 가지고 믿음의 싸움을 싸워야 한다. 그리스도에게 속한 사람은 날마다 십자가를 지는 삶을 각오한다. 예수 그리스도의 이름을 높이기 위한 삶을 살아가는 것이다. 우리가 진실로 사랑해야 할 것은 예수 그리스도 한 분 밖에 없다. 예수님께서는 우리를 위해서 당신의 생명을 내어 주셨다. 우리도 주님을 위하는 일에 우리의 생명을 걸어야 한다. 그러한 삶에는 필연적으로 싸움이 있게 된다. 그리스도께서 주시는 상을 얻기 위해 나는 어떻게 믿음의 싸움을 싸우고 있는가?

### 2. 천국을 침노하는 자(11:7-19)

세례 요한의 제자들이 돌아간 후, 예수님께서 모인 무리들에게 말씀하셨다. 그들이 광야에 나간 이유를 선지자를 보기 위함이었다고 했다. 이스라엘 백성들은 참된 선지자를 고대하고 있었다. 요한은 그들의 기대에 부응하여 참 선지자의 길을 걸었던 사람이었다. 예수님은 무리들에게 요한은 선지자 이상의 선지자라고 소개하셨다. 예수님은 요한을 구약 성경에서 마지막 때에 오리라고 예언되었던 엘리야라고 하셨다. 그는 모든 선지자들보다 더 큰 선지자였다. 요한은 단지 메시야가 올 것이라고 외쳤던 선지자가 아니라 실제로 오신 메시야를 만나고 그 메시야를 사람들에게 소개했던 선지자였다. 그는 참으로 큰 선지자였음에 틀림없었다.

그러나 예수님께서는 "천국에서는 지극히 작은 자라도 저보다 크다"고 하셨다. 요한이 메시야를 소개하는 자였다면 예수를 믿는 자들은 천국을 소유한 자들이므로 요한보다 더 큰 자가 되는 것이다. 요한은 메시야를 세상에 소개하는 마지막 선지자였고, 이제 천국, 그리스도의 나라가 이 세상에 임하게 되었다. 그러므로 모든 선지자와 율법이 예언했던 바로 그 메시야, 그리스도를 모신 사람은 천국을 소유한 자이다. 예수님은 자신을 메시야로 받아들일 줄 모르는 세상을 향해 피리를 불어도 춤을 추지 않고, 애곡하여도 가슴을 치지 않는 장마당의 아이들에 비유하셨다. 생명의 주 되신 예수 그리스도와 교통하는 사람이 복이 있다.

### 3. 안식일의 주인(12:1-21)

안식일에 예수님께서 그의 제자들과 더불어 밀밭 사이를 지나가시게 되었는데 그의 제자들이 시장하여 밀 이삭을 잘라먹었다. 제자들의 행위는 율법에서 금하는 것이었다. 그러므로 바리새인이 그것을 보고 안식일에 하지 못할 일을 한다고 예수님을 비난했다. 그러나 예수님께서는 제자들을 꾸짖지 아니하시고 오히려 다윗이 시장할 때에 자기와 함께했던 자들과 하나님의 전에 들어가서 제사장만 먹던 진설병을 먹은 일을 들어서 제자들의 행위에 문제가 없다고 변호하셨다. 하나님께서는 이스라엘 백성들에게 참 안식의 모형으로 안식일을 주셔서 지키게 하셨다. 그 날에는 아무 일도 하지 말고 하나님 안에서 안식을 누리기를 원하셨다. 안식일의 정신은 무엇은 해도 되고 무엇은 해서는 안되는 식의 어떤 규례를 지키는데 있는 것이 아니라, 안식일을 주신 하나님 안에서 참된 교제를 누리는데 있다. 예수님은 안식일의 주인이시다. 참된 안식을 주시기 위해서 이 땅에 오셨다. 그러므로 예수 그리스도 안에 있는 자의 날들은 매일 매일이 안식일이다. 우리는 정해진 하루가 아닌 매일의 삶 속에서 주님과 동행하고, 주님안에 있는 쉼을 누려야 할 자들이다. 우리가 예수 안에서 행한 모든 일들은 우리 하나님을 기쁘시게 하는 일이 된다.

사람들이 예수님을 고소하기 위해 안식일에 한편 손 마른 사람을 예수님께 데리고 나와 안식일에 병을 고치는 것이 옳은 일인지 따져 물었다. 그들은 비록 선한 일일지라도 안식일에는 하지 않아야 한다고 생각하고 있었다. 그러나 예수님께서는 안식일 일지라도 구덩이에 빠진 양을 붙잡아 내는 것이 옳다고 하시고, 그 손 마른 사람을 고쳐주셨다. 바리새인들은 그 일로 심히 분노하며 예수님을 죽일 방도를 찾기 시작했다. 하나님께서 주신 율법을 지키는 것은 좋은 일이지만 그 율법을 주신 목적이 무엇인지도 모른채 문자에 매달리게 될 때 율법주의가 된다. 우리가 율법을 지켜야 하지만 율법주의자가 되어서는 안된다. 진리에 대해서 귀를 막아버릴 때 바리새인처럼 되기 쉽다. 예수님은 율법의 완성자로 이 세상에 오셨다. 율법의 참된 의미가 이해되고 그것이 시행될 때 율법은 완성되게 된다. 예수님은 제사보다 자비를 원하시는 분이시다. 율법의 정신은 사랑이다. 사랑의 법을 실천함이 없이 율법을 논하는 것은 옳은 일이 아니다. 안식일을 지키는 것이 맞는지 주일을 지키는 것이 맞는지 소모적인 논쟁을 벌이지 말고 주님 안에서 안식을 누려야 한다. 예수 그리스도 안에서는 모든 날이 안식일이고 모든 날이 주일이다. 그러나 우리의 연약함을 아시는 하나님께서 한 날을 정하여 안식일을 지키라고 명하셨다.

## 10월 10일 :: 마태복음 13-15장

### 1. 천국 비유1(13:24-30, 36-43)

예수님께서 비유를 사용하여 천국에 대해 말씀하셨다. 비유의 목적은 듣고 깨닫는 자와 깨닫지 못하는 자를 분별하기 위함이라고 예수님께서 말씀하셨다. 예수님의 비유 속에는 하늘나라의 비밀이 담겨있다. 예수님께서는 천국을 좋은 씨를 자기의 밭에 뿌린 사람으로 비유했다. 농부가 밭에 씨앗을 뿌릴 때는 좋은 씨앗을 골라서 뿌렸는데, 방심하는 사이에 원수가 와서 그 밭에 가라지를 뿌리고 갔다. 곡식과 가라지는 비슷하게 생겨서 구분하기 어렵다. 그러나 결실 할 때쯤 되면 곡식과 가라지를 구별할 수 있게 된다.

종들이 가라지를 발견한 후 주인에게 와서 그것을 뽑아버리기를 원하는지 물어보았을 때, 주인은 추수때까지 가만 놔두라고 했다. 가라지를 뽑다가 곡식까지 뽑을 것을 염려했다. 우리의 삶에 알곡과 가라지는 항상 섞여있다. 그러나 알곡과 가라지는 결코 함께 할 수 없다. 마지막 추수때가 되면 분리하여 거두어지게 되고, 가라지는 불사름을 당하게 된다. 천국의 밭을 가꾸어 갈 때에 가라지 뽑겠다고 너무 집착하지 않아도 하나님께서 마지막에 골라내신다. 농부가 해야 할 일이 있다면 원수가 가라지를 뿌리지 못하도록 늘 깨어 있어야 하고, 충실한 열매를 맺는 일에 더 깊은 관심을 가지는 것이다. 천국과 지옥은 반드시 있다. 천국을 사모하는 인생으로 살자.

### 2. 천국비유2(13:31-35)

천국은 사람이 자기 밭에 갖다 심은 겨자씨 한 알 같고, 여자가 가루 서말 속에 갖다 넣어 전부 부풀게 한 누룩과 같다고 말씀하신다. 겨자씨는 씨앗 중에 지극히 작은 씨앗이다. 그러나 그것이 심겨져 자라게 되면 새들이 그 가지에 깃들일 만큼 커다란 나무가 된다. 천국은 이와 같이 처음에는 시작이 미약하고 보잘것없어 보여도 나중에는 창대하게 되어지는데, 그 안에 생명이 있기 때문이다. 예수 그리스도의 생명을 가진 자는 지극히 하찮은 일을 통해서도 역사를 만들어 내고 하나님의 살아계심을 증거하게 된다. 누룩은 가루를 부풀려 부드럽게 하는 역할을 한다. 작은 누룩이 많은 양의 가루를 부풀게 하는 것은 그 속에 생명이 있기 때문이다. 생명이 있는 것은 언제나 접촉하는 모든 것에 큰 영향력을 미치게 된다. 교회는 세상에서 누룩과 같은 존재이다. 세상에 크게 드러나지 않지만 끊임없이 세상을 변화시키고 세상에 하늘의 생명을 공급하는 일을 한다. 세상을 아름답게 바꾸고 변화시키는 능력이 계속해서 역사하도록 해야 하겠다. 내가 가는 곳에 그리스도의 향기가 드러나고, 우리 교회가 많은 사람에게 생명을 나누어줄 수 있도록 계속해서 겨자씨 처럼, 누룩 처럼 예수 그리스도의 생명으로 충만해지기를 사모하자.

## 3. 나의 곳간에는?(13:47-52)

천국은 바다에 치고 각종 물고기를 모으는 그물과 같다고 했다. 이 세상은 영적인 추수를 기다리고 있는 거대한 바다와 같다. 교회는 세상을 향하여 끊임없이 복음의 그물을 던져야 한다. 천국복음을 전해야 한다. 그 복음이 전해질 때 죄인들이 듣고 회개하고 돌아오며 하늘 나라의 백성들이 생겨나게 된다. 그물을 던지는 일은 한 두번 하고 말 일이 아니다. 계속해서 그물을 내려야 하며 그 그물 속에 물고기들이 가득 찰 때까지 던져야 한다. 그물에 고기가 가득차게 되면 그 날이 마지막 날이 된다. 그물 안에 들어온 고기들이 모두다 좋은 것은 아니므로 좋은 것은 그릇에 담고 쓸모 없는 것은 버리듯이, 세상 끝 날에 천사들이 와서 의인 중에서 악인들을 골라낼 것이므로 교회는 때를 얻든지 못 얻든지 그물 던지는 일을 멈추지 말아야 한다. 참과 거짓을 구별하시는 분은 하나님이시다.

천국의 제자 된 서기관은 마치 새 것과 옛 것을 그 곳간에서 내어오는 집 주인과 같다고 했다. 곳간이 비어있으면 내어올 것이 없다. 내 곳간에는 무엇이 채워져 있는가? 우리의 곳간을 예수 그리스도로 가득 채워서 세상에 그리스도를 나누어줄 수 있어야 한다. 교회는 그 일을 하기 위해 존재한다. 복음으로 충만하고 복음을 나누어주는 교회가 되기를 기도하자.

## 4. 세례요한의 죽음(14:1-12)

예수님께서 행하시는 많은 권능의 소식이 헤롯의 왕궁에까지 들려졌다. 헤롯왕은 그가 세례 요한에게 행했던 일로 인하여 두려워 떨게 되었다. 헤롯이 동생의 아내 헤로디아를 취한 일로 인해 세례 요한에게 책망을 받게 되었다. 그는 요한을 몹시 싫어하여 죽이고자 했지만 백성들을 두려워하여 함부로 할 수 없었다. 그런데 그의 생일을 당하여 잔치를 벌이게 되었을 때 세례 요한의 목을 달라는 헤로디아의 딸의 요구를 들어줌으로써 요한을 제거하게 되었다. 참으로 악한 일을 저지른 것이다. 이 일은 은혜가 없은 세상이 얼마나 잔인하고 불행한 것인지를 극명하게 보여준 사건이었다.

예수 그리스도의 사역과 세례 요한의 죽음은 율법의 시대가 끝나고 은혜의 시대가 시작되었음을 알리는 신호탄이었다. 예수 그리스도의 권능의 사역을 통하여 하나님께서는 율법이 더 이상 사람들에게 참 소망을 줄 수 없음을 보여주시고, 오직 은혜만이 이 세상을 새롭게 할 수 있음을 나타내셨다. 세례 요한은 마지막 선지자로 이 땅에 와서 율법의 마침이 되시는 예수 그리스도의 오심을 준비하는 일을 충실하게 수행한 후 하나님의 부르심을 받았다. 세례 요한의 죽음은 율법의 시대를 마감하고 예수님께서 새로운 은혜의 세상을 여는 신호탄이 되었다. 이제 예수 그리스도께서는 이 은혜를 유다뿐만 아니라 온 세상에 전파하셔야 했다. 하나님이 세상을 사랑하셔서 당신의 독생자를 보내주시고 그 은혜를 전파하게 하신 것이다. 헤롯이 예수님의 소문을 듣고 놀란 것은 당연한 것이었다. 빛의 소식이 왕궁에 전해짐으로써 세상은 무엇으로 통치되어져야만 하는지를 분명하게 알 수 있게 되었다.

## 5. 은혜를 사모한 여인(15:21-28)

예수님께서 다시 두로와 시돈 지방으로 가셨다. 그 때에 귀신들려 고통당하고 있는 딸을 둔 한 가나안 여자가 예수님께 나아와 불쌍히 여겨달라고 간구했다. 예수님께서는 이스라엘 집의 잃어 버린 양을 구원하는 것이 자신이 이 땅에 온 목적이라며 '자녀의 떡을 취하여 개들에게 던짐이 마땅치 않다' 하시며 여인의 요구를 거절하셨다. 그러나 그 가나안 여자는 포기하지 않았다. '개들도 제 주인의 상에서 떨어지는 부스러기를 먹는다'며 간절하게 은혜를 구했다. 예수님께서 그 여자의 믿음을 크게 칭찬해 주시고 그 딸의 병을 고쳐주셨다.

예수 그리스도에게 생명의 은혜가 있음을 믿는 믿음은 어느 곳에서든지 하나님을 기쁘시게 한다. 예수님께서는 이 가나안 여자의 믿음을 시험하심으로써 이방인이 어떻게 하나님의 은혜 가운데로 들어올 수 있는지 보여주셨다. 믿음은 가나안 여인의 고백처럼 하나님 앞에서 험블한 마음을 갖게 한다. 오직 예수 그리스도가 모든 문제의 참된 해답이 되신다는 믿음은 어떤 장애물도 뛰어넘게 한다. 주님께서 나에게 기대하시는 믿음도 그런 것이다. 주님의 은혜가 아니면 나는 아무것도 아님을 고백하는 것, 그 믿음을 가지고 주님께 나아가는 사람이 영육간에 회복을 경험하게 된다. 내게는 가나안 여자처럼 예수님의 마음을 기쁘시게 하는 믿음이 있는가? 주님의 은혜는 부스러기 은혜 조차도 항상 풍성하다!

# 10월 11일 :: 마태복음 16-18장

## 1. 누룩을 주의하라(16:5-12)

예수님께서 제자들에게 바리새인과 사두개인들의 누룩을 주의하라고 말씀하셨다. 제자들은 그들이 가지고 온 떡이 없는데 주님께서 무슨 누룩을 주의하라고 하시는지 의아해했다. 예수님께서는 깨달음이 없는 제자들을 책망하시면서 떡의 누룩이 아닌 바리새인과 사두개인들의 교훈을 삼가라고 하셨다. 누룩은 양면성을 가지고 있다. 가루를 부풀게 하는 좋은 역할을 하기도 하지만 좋은 물건을 썩게 만드는 역할도 한다. 바리새인들과 사두개인들은 백성의 지도자들이었지만 그들의 말과 행실은 백성들의 삶에 좋지 않게 영향을 끼쳤다. 그러나 예수님의 말과 행실은 언제나 세상에 선한 역사들을 만들어 냈다. 늘 싱싱하고 썩지 않는 생명의 양식을 공급해 주었다.

바리새인과 사두개인들은 좋은 말로 사람들을 교훈했지만 그들에게 생명을 주지 못했다. 오히려 율법과 유전으로 백성들이 생명으로 나아가는 길을 막아버렸다. 사람의 교훈으로 가르치는 가르침은 사람들에게 참된 생명을 공급하지 못한다. 예수 그리스도의 십자가와 부활의 능력을 초월하는 것이 이 세상에 없다. 예수 그리스도를 생명의 주님으로 믿고 의지하는 사람은 하늘의 생명을 누린다.

## 2. 잃어야 얻는다(16:21-27)

예수님께서 베드로에게 신앙고백을 받으신 후부터 자신의 십자가의 고난과 죽음과 부활에 대해 제자들에게 말씀하셨다. 그 때에 베드로가 예수님께서 죽으시면 안된다며 항의했다. 예수님은 그런 베드로를 사탄으로 지목하시며 하나님의 일을 생각하지 않고 사람의 일을 생각하고 있다며 크게 책망하셨다. 그리고 십자가의 의미가 무엇인지 말씀해 주셨다. 이 땅에서 진실로 예수님을 믿고 따를 준비를 하고 있다면 그 사람은 반드시 자기를 부인해야 하고 자기 십자가를 지고 예수님을 따라야 한다고 하셨다. 하늘의 생명, 영원한 생명은 예수님을 위하여 잃는 사람만이 누리게 되며 하늘의 생명과 바꿀 있을 만큼 가치 있는 것은 이 땅에 아주 없다고 말씀하셨다.

자기를 부인하고 철저하게 예수님께 모든 소망을 걸지 않고는 하늘의 생명을 누릴 수 없다. 예수를 믿으면 이 땅에서 모든 좋은 것을 얻고 누리게 될 것이라고 생각하는 사람들이 많다. 그러나 예수님은 십자가를 져야 하고, 고난 당해야 하고, 잃어버리고 빼앗겨야 비로소 영원한 것을 얻게 된다고 말씀하신다. 하늘의 것을 사모하는 사람은 이 땅의 것에 소망을 두지 않으며 기꺼이 그리스도의 영광을 위해 땅의 것을 포기하며 살아간다. 사탄은 언제나 우리가 이런 고백을 하지 못하도록 방해한다. 신앙고백을 했던 베드로에게 사탄이 역사했다. 믿음을 고백하고 그 믿음을 지키는 것도 하늘로부터 얻게 되는 은혜이다. 우리가 자신을 신뢰하지 않고 매 순간 예수 그리스도를 의지할 때 이기는 삶을 살게 된다.

## 3. 예수님께로 나가자(17:14-21)

간질병 걸린 아들을 둔 한 아버지가 그 아이를 데리고 예수님께로 와서 고쳐달라고 간구했다. 예수님의 제자들에게도 데리고 왔었지만 그들은 고치지 못했었다. 예수님은 제자들을 향해 믿음이 없고 패역한 세대라며 탄식하셨다. 제자들에게서 믿음을 기대하셨지만 그들은 아직 주님의 마음을 만족시킬만한 믿음을 가지고 있지 못했던 것 같다. 예수님께서 꾸짖으셨을 때 아이에게 있던 귀신이 나가고 간질병이 낫게 되었다. 제자들은 자기들이 병을 고치지 못한 것에 대해서 의문을 가졌다. 예수님께서는 그들이 믿음이 없어서 아이의 병을 고치지 못했다고 말씀하시고, 한 겨자씨 만큼만 믿음이 있어도 그 믿음이 역사하고 못할 것이 없게 된다고 말씀하셨다.

생명이 있는 믿음은 산과 같은 우리 인생의 문제들을 능히 해결할 수 있는 힘을 준다. 하나님은 믿음을 기뻐하시고 믿는 자 속에서 역사하신다. 우리가 예수 그리스도를 우리의 생명의 주로 믿고 고백할 뿐 아니라, 또한 내 인생의 모든 문제가 예수 그리스도 안에서 진정한 해답을 얻게 될 것을 믿어야 한다. 문제를 만났을 때 다른 사람에게 도움을 구하기 전에 예수 그리스도께로 나아가자. 주님께 문제를 내려놓고 기도하자. 믿음이 있는 사람은 예수님의 응답을 기대하며 기도한다.

## 4. 만 달란트의 빚(18:21-35)

형제가 죄를 지을 때 얼마나 용서를 해 주어야 할까? 우리는 끊임없이 그런 질문을 하며, 또한 내 안에 진실로 형제를 용서할 마음이 없음을 보게 된다. 베드로가 예수님께 용서에 관한 질문을 했을 때 예수님께서는 무한한 용서를 말씀하셨다. 일만 달란트 빚진 자에 대한 비유는 하나님의 용서가 얼마나 큰지를 말씀하며 동시에 우리 인간은 하나님 앞에서 얼마나 큰 죄의 빚을 지고 사는 존재들인지 말씀한다. 주인에게 일만 달란트의 빚을 지고 살던 종이 그 빚을 모두 탕감받았음에도 불구하고, 자기에게 일백 데나리온의 빚 진 친구를 무자비하게 대한 일로 인해 주인의 분노를 사게 되었다.

하나님은 그의 아들의 핏 값을 지불하고 우리의 모든 죄를 사해 주셨으므로 우리 또한 그리스도의 마음을 품고 중심으로 형제를 용서하는 삶을 살아야 한다고 말씀하신다. 우리 안에 용서하는 마음이 없으므로 매 순간 그리스도의 용서를 기억하자. 예수 그리스도의 용서를 생각할 때 우리가 형제를 용서할 힘을 얻게 된다. 지금 용서하지 못하고 미워하고 있는 형제가 있지는 않는가? 빌려간

돈 갚지 않는다고, 인격적인 모독을 받았다고, 마음 상해하고 있지는 않는가? 오늘 하나님의 은혜로 사는 것에 대해서 감사하고, 하나님을 바라봄으로 형제의 빚을 전부 탕감해줄 마음은 없는가? 그런 마음 주시도록 아버지께 구하자.

# 10월 12일 :: 마태복음 19-21장

## 1. 이혼에 관하여(19:1-12)

바리새인들이 예수님께 와서 이혼의 문제를 가지고 시험했다. 그들은 어떤 이유로든지 사람이 이혼하는 것이 옳은 일인지 예수님께 물었다. 그들은 모세의 율법에도 이혼에 대한 말씀이 있는 것을 익히 알고 있었다. 예수님께서는 단호하게 이혼을 금지하셨다. 모세가 이혼을 허락한 이유는 그들의 완악함 때문이지 하나님께서 가정을 창조하신 의도가 아니라고 하셨다. 한 남자와 여자가 만나 한 몸을 이루는 결혼은 하나님께서 제정하신 신성한 언약이다. 예수님은 하나님께서 짝지어주신 것을 사람이 임의로 나눌 수 없다고 말씀하셨다. 음행 한 연고 없이 이혼하는 것은 곧 간음이라고 하셨다.

오늘날 이혼은 너무나 흔한 현상 중 하나가 되었다. 다양한 이혼의 사유가 있다. 사소한 성격의 차이 때문에 이혼하는 경우도 있다. 그러나 이혼을 하기 전에 먼저 생각해야 할 것이 있다. 하나님께서 남편과 아내로 짝지어주셨다는 믿음, 즉 결혼의 주체가 하나님이시라는 믿음이다. 그러한 믿음이 없이 결혼을 나의 결정에 따라 한 것이라고 생각하는 곳에는 언제든지 이혼의 문이 열려 있다. 하나님께서 가정을 주신 것은 그것을 통해 교회를 생각하게 하기 위함이다. 예수님이 우리의 신랑이고 우리가 그의 신부이다. 나의 영원한 신랑은 내 모습이 어떠하든지 결코 나를 버리지 않으신다. 내가 연약하기 때문에 더욱 더 나를 사랑하신다. 이혼을 신중하게 생각해야 한다. 쉽고 가벼운 일로 여기면 안된다.

## 2. 부자와 천국(19:23-30)

부자가 천국에 들어가는 것보다 약대가 바늘귀로 들어가는 것이 더 쉽다고 주님께서 말씀하신다. 그만큼 부자가 하나님의 나라를 소유하는 것이 어렵다는 말씀이다. 우리는 부자를 세상에서 많은 재물을 얻은 자라고만 생각하기 쉽다. 그러나 여기 예수님께서 말씀하신 부자는 그 마음에 하나님이 없고 세상의 것으로 가득 차 있는 사람이다. 오직 땅의 것만 생각하는 사람은 하늘의 것에 관심을 가지지 않는다. 그런 사람이 영생을 얻는 것이 쉽지 않다.

영생은 사람의 힘으로 얻을 수 있는 것이 아니다. 영생은 하늘의 가치를 땅의 가치보다 소중하게 여기는 사람에게 주시는 하나님의 선물이다. 주님의 이름을 위해서 집이나 형제나 자매나 부모나 자식이나 전토를 버린 자가 영생을 소유하게 된다고 말씀하신다. 세상의 어떤 가치보다 주님을 최고의 가치에 두는 사람이 영생을 소유하게 된다. 오늘 나는 주님을 위해서 기꺼이 포기하고 있는 무엇이 있는가? 내가 소중하게 여기는 그것 때문에 하나님께 나아가는데 방해가 되고 있다면 기꺼이 버리도록 하자. 주님은 우리가 이 땅에서 두 주인을 섬길 수 없다고 말씀하셨다. (눅16:13)

### 3. 포도원의 품꾼들(20:1-16)

예수님께서 포도원 품꾼의 비유를 들어 천국을 설명하셨다. 포도원 주인이 자기의 포도원을 위하여 품꾼들을 모집했다. 각각 다른 시간에 품꾼들이 포도원에 들어와 일했다. 어떤 사람은 하루 종일 일했고, 또 어떤 사람은 한 시간만 일했다. 그러나 그들은 동일한 품삯을 받았다. 포도원 주인이 자기의 마음대로 품삯을 주었던 것이다. 아침 일찍부터 와서 일한 사람은 그것이 불공평하다고 불평했다. 아무리 품삯을 약속하고 들어와 일했다고 하더라도 한 시간 일한 사람을 자신과 동일시하는 것에 대해서는 불평할만 하다고 여겨진다. 그러나 예수님은 하나님의 구원이 바로 이와 같은 것이라고 말씀하셨다. 사람들은 끊임없이 구원을 우리가 무엇을 해야만 얻을 수 있는 것이라고 생각한다. 다른 사람과 비교해서 더 나은 것이 있어야만 한다고 생각한다. 그러나 구원은 우리의 행위와 상관이 없다. 비록 우리가 그렇게 인정하고 싶지 않더라도 말이다. 구원은 전적으로 하나님께서 주시는 은혜이다. 하나님께서 기뻐하시는 사람에게 값없이 선물로 주시는 것이 구원이다. 천국은 나의 가치를 인정받는 곳이 아니다. 오직 하나님의 은혜만 남는 곳이 천국이다. 조금이라도 나의 가치가 인정되는 곳에서는 하나님의 은혜가 정당하게 평가받지 못하게 된다. 우리는 모두 다 제 십일시에 포도원에 들어온 사람들일 뿐이다.

### 4. 마른 무화과나무(21:18-22)

예수님께서 이른 아침에 다시 성 안으로 들어오셨다. 들어오실 때에 길가에 있는 한 무화과나무를 보시고 그 곳에 가셔서 열매를 얻기 원하셨다. 그러나 무화과나무는 잎만 무성했지 열매는 아무것도 없었다. 그러므로 주님께서 그 무화과나무를 향하여 "이제부터 영원토록 네게 열매가 맺히지 못하리라"고 저주하셨다. 예수님의 저주가 있자 그 무화과나무가 곧 말라버렸다. 제자들이 그 모습을 보고 매우 놀라서 무화과나무가 마른 이유를 예수님께 물었다. 예수님께서는 그들에게 하나님께서 역사하실 만한 참 믿음을 가지라고 말씀하셨다.

예수님께서 무화과나무를 저주하여 말리신 것은 상징적인 사건이었다. 무화과나무를 심을 때는 당연히 열매를 기대한다. 그런데 열매를 맺지 못할 때 그 무화과 나무는 더 이상 쓸모가 없게 된다. 하나님께서 이스라엘을 택하시고 그들을 당신의 백성으로 삼아 그들에게서 하나님께서 기대하시는 열매를 찾으셨다. 그러나 이스라엘은 하나님의 기대에 부응하지 못했다. 이 사건을 통해 예수님께서는 저주받은 무화과나무처럼 그들도 그렇게 될 수 있음을 경고하셨다. 하나님께서 저주받은 무화과나무처럼 저주받아 죽었던 나를 예수 그리스도 안에서 살려주셨다. 예수님께서 나 대신 저주를 받으시고 내게 생명을 주셨다. 하나님은 이제 나에게서 생명의 열매를 기대하신다. 참 믿음을 가지고 하나님을 섬기기 원하신다. 나는 하나님께서 찾으실 때 어떤 열매를 드릴 수 있겠는가? 믿음이 없이는 하나님을 기쁘시게 하지 못한다.

## 10월 13일 :: 마태복음22-24장

### 1. 혼인잔치(22:1-14)

어떤 임금이 아들을 위해서 혼인잔치를 베풀고 종들을 보내서 사람들을 혼인잔치에 오게 했다. 그러나 사람들이 혼인잔치에 오기를 싫어하여 각자 자기 밭으로, 자기 상업차로 가고, 남은 자들은 임금이 보낸 종들을 모욕하고 죽였다. 그러므로 화가 난 임금이 군대를 보내 그 살인한 자들을 진멸하고 그 마을을 불살라 버렸다. 그리고 다시 종들을 보내 사거리 길에서 사람을 만나는 대로 혼인잔치에 청하여 오게 했다. 이렇게 해서 혼인잔치에는 여러 부류의 사람들이 모이게 되었다. 그러나 그 중 어떤 사람이 예복을 입지 않고 참여한 것을 본 왕이 사환을 시켜 그 사람을 결박하고 어두운 감옥에 가두어 버렸다. 예수님께서 이 비유를 대제사장들과 바리새인들 앞에서 베풀었을 때 그들은 그것이 자신들을 향한 비유인줄 알고 예수님을 책잡아 곤경에 빠뜨리고자 했다.

하나님께서는 지금도 계속해서 당신이 베푼 천국잔치에 죄인들을 초대하고 계신다. 누구나 이 잔치에 참여할 수 있게 하신다. 악한 사람도 올 수 있고 선한 사람도 올 수 있다. 하나님의 부르심은 우리의 선악이나 인간적인 기준에 따라 좌우되지 않는다. 인간의 조건에 관계없이 모두 하나님의 초대에 응할 수 있다. 단 한가지 조건이 있다면 예수 그리스도를 나의 구주로 고백하는 믿음의 예복을 입어야만 한다. 예수 그리스도의 이름을 부르는 자는 누구든지 하나님이 예비하신 구원을 누리게 된다. 나의 인간적인 조건이 구원을 결정하지 않는다. 세리도 창기도 하나님의 사랑에서 제외되지 않는다. 회개하고 예수 이름을 믿는 사람은 누구나 천국을 소유하게 된다.

### 2. 화 있을찐저(23:13-39)

예수님께서 외식하는 서기관들과 바리새인들을 향하여 화를 선언하셨다. 그들의 외식으로 인해 그들의 집이 버린바 되고 예루살렘이 멸망 받게 될 것이라고 예수님께서 말씀하셨다. 백성들을 바르게 지도해야 할 막중한 책무를 가진 자들이 오히려 사람들을 더 멸망의 자식으로 만들고, 천국문을 가로막고, 탐욕에 눈이 멀어 백성들을 현혹하며, 박하와 회향과 근채의 십일조를 드리면서도 율법의 가장 중요한 정신인 공의와 자비와 믿음은 헌신짝처럼 버렸다. 이런 자들에게 하늘의 화가 임하는 것은 당연한 것이었다. 그들의 행위는 사람들의 눈에 보기에 아무 흠이 없는 것처럼 보였다. 율법의 모든 신령한 의무를 성실하게 준수하고 있는 것처럼 보였다. 그러나 그 속은 온갖 더러움으로 가득 차 있었다. 그들은 선지자들의 무덤을 쌓고 의인들의 비석을 꾸미면서 말하기를 만약에 자신들이 그들의 조상의 때에 살았더라면 선지자의 피를 흘리는 데 참여하지 않았을 것이라고 했다. 예수님께서 그들의 중심을 꿰뚫어보시고 한탄하셨다. 그러므로 그들에게 그 조상들의 양을 채우라고 하셨다. 무서운 경고의 말씀이다.

예수님께서는 이 땅에 오셔서 마치 암탉이 그 새끼를 날개 아래 품듯이 당신의 백성들을 사랑하시고 그들을 보호해 주시기를 원하셨다. 그럼에도 불구하고 그들은 많은 선지자들을 돌로 치고 그들을 거부했다. 이제 하나님의 아들까지 십자가에 못박을 참이었다. 어떤 죄인도 진실로 하나님의 은혜를 받지 못하면 가장 추악한 인간의 본성을 드러내고야 만다. 우리 안에 예수 그리스도의 은혜가 머물게 해야 하겠다.

## 3. 사랑이 식어지는 때(24:1-14)

제자들이 성전의 아름다움에 감탄하고 있을 때에 예수님께서는 그 성전의 파괴를 예언하셨다. 돌 하나도 돌 위에 남지 않고 다 무너뜨리우게 될 것이라고 하셨다. 성전의 완전한 파괴를 예언하신 것이다. 제자들은 그 끔찍한 일이 일어나게 될 때가 언제인지 궁금했다. 그 일은 말세를 알리는 징조와 같은 일이었기 때문이다. 예수님께서는 그들의 질문에 대해 사람들의 미혹을 받는 것을 주의하라고 하셨다. 말세가 되면 전쟁이 격해지고, 지진과 기근이 성행하게 되고, 무엇보다도 많은 사람들이 일어나 자칭 선지자 노릇하며 사람들을 미혹하며 불법을 행하게 된다고 하셨다. 그 말세의 가장 두드러진 특징은 사람들에게서 사랑이 식어지는 것이다. 사랑은 하나님의 속성인데 사람들에게서 하나님의 마음을 찾아볼 수 없게 되는 것이다. 모든 것들이 진실하지 못하고 형식적이 되고, 마음이 식어버려 하나님을 위해 살려고 하는 의욕을 잃어버리게 되고, 점점 믿음에서 떠나게 되는 것이다. 그러므로 주님께서는 끝까지 견디는 자가 구원을 얻게 된다고 말씀하셨다.

세상의 끝은 천재지변으로 오는 것이 아니고, 거짓 선지자들이 많이 나타났다고 오는 것도 아니다. 그런 것들은 재난의 시작일 뿐이다. 하나님은 온 세상이 하나님의 말씀을 듣고 회개하기를 원하신다. 그 복음이 온 세상에 전파되게 될 때 그제야 끝이 오게 되는 것이다. 하나님의 교회는 항상 깨어 있어야 하고, 복음을 전하기 위한 모든 노력을 아끼지 말아야 한다. 허무한 것들에 속지 말고 하나님과 이웃을 향한 나의 사랑을 확인하고, 주 예수의 복음을 굳게 붙잡아야 한다.

## 4. 재림 준비(24:32-39)

예수님께서 반드시 임할 종말과 재림을 어떻게 준비하며 살아야 하는지 비유를 들어서 말씀하신다. 먼저 무화과나무의 비유를 배우라고 하신다. 무화과나무의 잎이 무성하면 여름이 온 줄을 알듯이 여러가지 징조들이 나타나는 것을 볼 때에 주님께서 재림하실 때가 가까이 왔음을 깨달으라는 것이다. 예수님의 재림의 날과 시간은 아무도 모른다. 그러나 주님께서는 환란의 징조들을 통해 당신께서 임하실 날을 그 자녀들에게 알리신다. 그러므로 깨어 있어서 그 때를 잘 분별해야 한다. 우리 주변에서 일어나는 일들, 또는 내 삶에서 일어나는 일들을 종말론적인 시각을 가지고 바라볼 수 있어야 한다.

또한 예수님께서는 재림의 날이 노아의 때와 같을 것이라고 말씀하신다. 노아처럼 마지막 때를 근신하고 경계하며 살라는 말씀이다. 노아의 때에 사람들이 노아의 경고에도 불구하고 종말이 오지 않을 것이라고 생각하여 먹고 마시고 시집가고 장가가는 일에 바빴다. 하나님께 무관심하고 오직 육신의 일에만 몰두하며 살았다. 그러나 노아의 경고대로 홍수 심판의 날이 임하게 되었고, 결국 노아의 가족 외에 그 심판에서 살아남은 사람들이 없었다. 마찬가지로 우리가 주님의 재림이 없다고 생각하면서 마음대로 먹고 마시며 방탕하게 살아서는 안 된다는 것이다. 하나님은 여러가지 모습으로 우리에게 경고하신다. 돌이켜 열심을 품고 주님을 섬기자. 모든 인생에게 종말이 있듯이 예수님께서 재림하시는 인류 전체의 종말의 때가 반드시 있다. 지혜로운 성도는 그 날이 있을 것을 알고 늘 준비하며 산다.

## 10월 14일 :: 마태복음 25-28장

### 1. 열 처녀의 비유(25:1-13)

천국은 등불을 들고 신랑을 맞으러 나간 열 처녀와 같다고 말씀한다. 그들 가운데 다섯 처녀는 신랑을 맞이하기 위해 등과 기름을 준비하고 있었다. 다른 다섯 처녀는 등은 준비하고 있었지만 기름을 준비하지 않았다. 그들은 모두 신랑이 오기를 기다리고 있었다. 그러나 신랑은 그들의 기대만큼 빨리 오지 않았으므로 모두들 지쳐서 졸았다. 그 사이에 기름을 준비하지 않고 기다리던 다섯 처녀의 등불은 점점 꺼져가고 있었다. 그런데 그 시간에 신랑이 온다는 소식이 들렸다. 기름을 준비하지 않았던 처녀들은 다른 처녀들에게 기름을 나누어 달라고 했지만 그 기름은 자기들의 쓰기에만 족한 것이었으므로 나누어 줄 수 없었다. 기름이 떨어진 다섯 처녀들은 기름을 사러 갔다. 그러나 그 시간에 신랑이 도착하여 기름을 준비했던 다섯 처녀만 신랑과 함께 혼인 잔치에 들어갈 수 있게 되었다. 나중에 기름을 채워 돌아온 다섯 처녀는 그 잔치에 참여할 수 없게 되었다.

주님께서 이 비유를 말씀하시고 그리스도의 재림의 날과 시는 알 수 없으므로 깨어 있으라고 하셨다. 기름을 준비하고 깨어 있는 사람만 어린양의 혼인잔치에 들어갈 수 있는 특권을 누릴 수 있다고 하신다. 예수님께서는 등과 기름을 준비한 처녀들을 지혜롭다고 하시고, 등만 준비한 처녀들을 미련하다고 하셨다. 어느 날 천사들의 나팔과 함께 신랑이 오신다는 소식이 들리게 될 것이다. 그 날에 오시는 신랑을 맞이하기 위해 깨어 있어야 한다. 주님 맞을 준비하고 있어야 한다. 등불이 꺼지지 않게 우리 심령이 성령으로 충만해져 있어야 한다.

### 2. 향유를 부은 여인(26:1-16)

예수님께서 재림에 관한 모든 비유를 마치시고 이제 유월절을 준비하시게 되었다. 그 유월절에 십자가에 못박히셔야만 했다. 이미 대제사장들과 백성의 장로들은 예수님을 죽일 방책을 의논했다. 예수님께서 베다니 문둥이 시몬의 집에서 식사하셨다. 우리 주님은 마지막까지 연약한 자들의 친구가 되셨다. 그 때에 한 여자가 매우 귀한 향유 한 옥합을 가지고 나아와 식사하고 계신 예수님의 머리에 부었다. 제자들은 그 모습을 보고 화를 냈다. 매우 비싼 향유였으므로 그것을 팔아서 가난한 자들에게 주면 좋았을 것이라고 했다. 그러나 예수님은 그렇게 생각하지 않으셨다. 여인의 행동은 당신의 죽으심을 준비하는 것이라고 하셨다. 그러므로 복음이 전파되는 곳마다 이 여자가 행한 일도 말하여 저를 기념하라고 하셨다. 예수님의 십자가의 죽으심은 세상에 전파되어야 할 가장 중요한 소식이다. 여자는 자신의 옥합을 깨뜨려 예수님의 머리에 부음으로써 예수님의 장사를 준비했다. 그 여자는 예수님의 죽으심을 자신의 생명처럼 소중하게 여겼다. 예수님의 십자가가 내게는 얼마나 소중한가? 나의 가장 귀한 것을 드려서 그것을 자랑할 수 있겠는가?

한 여인이 향유를 예수님의 머리에 부은 일이 있은 후, 가룟 유다는 예수님을 팔기 위해 대제사 장들에게 갔다. 그는 제사장들로부터 은 삼십을 받은 후 예수님을 넘겨줄 기회를 찾고 있었다. 그는 마지막까지 돈을 좇았다. 향유를 깨뜨린 것에 대해 분을 품은 사람도 가룟 유다였다.(요12:4) 향유를 부은 여인과 가룟 유다는 완전히 다른 선택을 했다. 지금 나는 어느 편에 서 있는가? 예수님의 십자가를 생각할 때마다 내 마음에 감동이 있는가?

## 3. 은 삼십, 핏값(27:1-10)

예수님께서는 대제사장들과 장로들에게 붙잡혀 사형선고를 받으셨다. 그들은 예수님을 빌라도에게 넘겨주었다. 사람을 죽일 권세가 그들에게 없었기 때문이었다. 이렇게 예수님이 이방인의 손에 넘긴 바 됨으로써 유대인과 이방은 모두가 죄 아래 있음이 증거되었다. 한편 은 삼십을 받고 예수님을 팔았던 유다는 스스로 마음에 정죄를 받고 그 돈을 다시 대제사장들과 장로들에게 갖다 주었다. 그들 앞에서 '내가 무죄한 피를 팔고 죄를 범했다'고 했다. 그는 예수님의 무죄함과 자신이 죄악된 일을 행하였음을 인정했다. 그러나 그는 자기의 죄의 문제를 전혀 해결해 줄 수 없는 죄인들에게 나아감으로써, 하나님 앞에서 회개하고 용서받을 수 있는 마지막 기회를 잃어버렸다. 그는 은을 성소에 던져놓고 물러가 목매어 죽었다. 대제사장들과 장로들은 유다와 함께 모의하여 예수님을 사형에 넘겨주었으면서도 그 일이 자기들과 아무 상관이 없다고 변명했다. 이세벨로 인해 죄 없는 나봇이 죽었는데 아합이 무죄하다는 것이 말이 되지 않듯이(왕상21:19), 죄는 변명한다고 없어지는 것이 아니며 책임이 면제되는 것도 아니다. 그들은 유다가 던져버린 그 은 삼십을 주워다가 토기장이의 밭을 사서 나그네의 묘지를 삼았다. 하나님의 아들이 죄인들에 의해 노예취급을 당하셨다.(출21:32) 세상에 의인은 아무도 없다. 모든 죄인에게는 오직 하나님의 은혜가 필요하다.

## 4. 예수님과 두 강도(27: 38-44)

예수님이 십자가에 못박히실 때에 강도 두 사람이 예수님의 좌 우편에서 함께 못박혔다. 그들은 자기들의 죄를 지고 십자가에 못박혔고, 죄 없으신 예수님은 세상의 죄를 지고 십자가에 못박히셨다. 그러나 지나가던 자들은 예수님을 향하여 머리를 흔들며 '성전을 헐고 사흘에 짓는 자여 네가 만일 하나님의 아들이어든 자기를 구원하고 십자가에서 내려오라'며 모욕했다. 자기들의 죄 때문에 십자가를 지고 대신하여 못박히셨는데 깨닫지 못하고 조롱했다. 대제사장들과 서기관들과 장로들도 동일한 말로 예수님을 모욕했다. 이제 자기들의 명성을 위협하던 예수가 십자가에 못박힌 것을 보고 승리의 함성을 외쳤다. '남은 구원했으면서 자기는 구원할 수 없다'고 비웃었다. 십자가에 달린 강도들조차 예수님을 욕했다. 그러나 한편 강도는 자기의 죄를 깨닫고 회개했다.(눅23:39-42) 한편 강도가 예수님께 낙원을 허락받은 것은 하나님의 은혜이다. 흉악한 죄인이라도 예수님께 자비와 긍휼을 구할 때 하나님께서 그를 받아주신다. 예수님이 하나님의 아들이신 것을 마음으로 믿고 입으로 시인하면 어떤 사람이라도 구원을 받는다. 죽음의 순간에도 구원의 길은 열려있다.

## 5. 제자의 사명(28:16-20)

부활하신 예수님께서 갈릴리에서 열 한 제자를 다시 만나셨다. 제자들 중에는 예수님의 부활을 의심하는 자도 있었다. 예수님께서는 십자가에 달려 죽으시고 무덤에서 부활하심으로써 아버지께서 맡기신 사명을 온전하게 수행했다. 예수 그리스도께서 십자가에서 세상죄를 지고 죽으시고 부활하심으로써 세상의 구주가 되셨다. 이제 부활하신 예수님께서 그의 제자들을 다시 만나시고, 그들에게 온 세상에 나아가 하나님 나라의 복음을 전파하라고 부탁하셨다. 이 구원의 복음은 온 세상에 전파되어야 한다. 주님께서는 세상 끝 날까지 그 일을 하는 자와 함께 하시겠다고 임마누엘을 약속하셨다. 지금 예수의 영이 나와 함께 계시고 나와 더불어 세상에 당신의 영원한 생명을 나누어 주고 싶어 하신다. 나는 예수님의 십자가와 부활을 믿는 예수님의 참 제자인가? 참 제자는 복음에 합당한 삶을 살고 복음을 증거하는 삶을 살도록 부름받은 사람이다. 예수 그리스도의 십자가와 부활은 우리 믿음의 내용이고, 우리가 증거할 복음이다. 교회는 예수 그리스도의 십자가와 부활을 굳게 믿고, 십자가와 부활의 복음을 증거해야 한다. 나는 어떻게 예수님의 십자가와 부활의 증인으로 살 수 있을까?

## 10월 15일 :: 마가복음 1-3장

### 1. 왕의 길을 예비하라(1:1-13)

마가는 로마 천하가 된 세상에 참된 왕으로 오신 예수 그리스도를 전파하기 위하여 마가복음을 기록하였다. 그 왕은 권력으로 다스리는 왕이 아니라 은혜로 통치하는 왕이었다. 당시에 로마인들은 그들의 황제를 구세주처럼 받들고 있었다. 그러나 어떤 왕도 세상을 구원할 수는 없었다. 왕을 비롯하여 모든 사람들이 죄와 사탄의 권세 아래 놓여 있기 때문이다. 이러한 때에 세례 요한은 광야에서 참된 왕이 오시는 길을 준비하고 있었다. 왕이 올때에는 언제나 그 왕의 도착을 알리는 메신저가 있었다. 그는 그리스도의 길을 예비하는 사자로서의 사명을 감당하고 있었다. 그의 사역은 이미 구약성경에 예언되어 있었다. 오실 왕은 영적인 왕이었다. 백성들은 왕을 받아들이기 위해 먼저 마음의 준비를 해야만 했다.

요한은 백성들에게 죄를 버리고 깨끗한 마음으로 왕을 맞을 준비를 하기 위해 세례를 받으라고 했다. 세례는 옛사람을 버리고 새사람을 입는 것을 의미했다. 요한의 사역은 요단강 근처의 유대 광야에서 이루어졌다. 그는 약대 털옷을 입고 허리에 가죽 띠를 띠고 메뚜기와 석청을 먹으며 살았다. 광야와 그가 입었던 옷과 먹었던 음식은 죄 아래 있는 인간의 모습의 비참을 보여주기에 충분했다. 죄를 지은 인간은 하나님이 허락하신 풍성함을 누리며 살 수 없다. 은혜의 왕이 오셔야만 회복될 수 있다. 요한은 모든 것을 회복할 왕이 오시는 길을 준비했다. 나는 어떤가? 왕이 오시는 길을 지금 예비하고 있는가?

### 2. 가까운 마을들로 가자(1:35-45)

병자를 고치시고 귀신들을 쫓아내는 예수님의 사역은 쉽지 않았다. 예수님은 날마다 새로운 힘을 공급받기 위해 새벽에 일어나 한적한 곳으로 가서 하나님께 기도하셨다. 예수님은 기도 가운데서 사단에게 매여 있는 인생들이 겪고 있는 죄의 비참함을 보셨고, 그 영혼들을 불쌍하게 여기셨다. 예수님은 끊임없는 영적 전쟁을 통해 사단의 권세를 깨뜨리시고 죄인들에게 진정한 자유를 주셨다. 예수님은 계속해서 당신이 이 세상에 오신 목적을 붙잡고 계셨다. 제자들은 예수님께 와서 "모든 사람들이 주님을 찾고 있다"고 전했다. 그러나 예수님은 다시 가버나움으로 가지 않으시고 다른 가까운 마을들로 가자고 하셨다. 그 곳에 있는 영혼들을 구하고 싶으셨기 때문이다.

예수님의 목적은 사람의 병을 낫게 하는데 있는 것이 아니라 죄에 매여 있는 사람을 찾아 그들에게 자유를 주는 것이었다.

길을 가실 때에 예수님이 한 문둥병자를 만나서 그의 병을 고쳐주셨다. 그 사람이 병고침을 받게 되었을 때 자기의 병 나은 일을 동네 사람들에게 전파했다. 얼마나 그 마음이 기뻤으면 이 사람이 온 동네에 자신의 병 낫게 된 것을 전파했을까? 복음의 능력을 경험한 사람은 가만히 있을 수 없다. 구원의 은혜를 경험한 사람은 증인의 삶을 산다. 나는 만나는 사람들에게 예수님을 자랑하고 있는가?

## 3. 죄 사함의 증거(2:1-12)

서기관들이 중풍 병자의 죄를 용서하시는 예수님의 선언을 듣고 분노했다. 하나님 한 분 외에 죄를 사할 수 있는 권세를 가진 자가 없다고 믿고 있었기 때문에 예수님의 말씀을 듣고 그들은 분노했다. 예수님이 어떤 분이신지 그들이 몰랐기 때문이다. 예수님께서 그들의 중심을 아시고 자신을 증거하셨다. 중풍 병자에게 그의 상을 들고 걸어가라고 말하는 것은 정말 어려운 일이었다. 실제로 증거가 나타나야 하는 일이었기 때문이다. 그러나 예수님은 중풍 병자에게 가장 절실하게 필요한 것은 몸이 건강하게 되는 것이 아니라 죄가 용서받는 것임을 아셨기에 그에게 먼저 죄사함을 선언하셨다. 예수님이 이 땅에서 죄를 사하는 권세가 있는 분이심을 알게 하기 위해서 일부러 그렇게 하셨다. 그리고 다시 "일어나 네 상을 가지고 집으로 가라"고 말씀하심으로 그의 육신의 질병을 고쳐주셨다. 예수님은 서기관들이 보는 앞에서 사람이 할 수 없는, 하나님만 하실 수 있는 일을 행하셨다.

중풍 병자의 죄를 사하시고 그의 몸을 온전하게 하신 일은 그 곳에 모인 사람들에게 큰 놀라움이 되었다. 그들은 영광을 하나님께 돌렸다. 사람들은 육신의 질병이 고침받는 것은 굉장히 중요한 일로 생각하지만 죄 용서를 경험하는 일에는 별로 관심을 기울이려고 하지 않는다. 아무리 놀라운 이적을 경험할지라도 죄사함의 은혜를 입는 것보다 놀라운 일은 없다. 내 죄가 사함받았다는 증거는 무엇인가?

## 4. 안식일을 주신 목적(3:1-6)

예수님께서 안식일에 회당에 들어가셨을 때 그 곳에 한편 손 마른 사람이 있었다. 사람들은 예수님을 송사하기 위해서 예수님께서 그 사람을 고치시는가 엿보고 있었다. 그 때 예수님께서는 그 손 마른 사람을 모든 사람들 앞에 세우고 안식일에 할 일에 대해서 말씀하셨다. 안식일에 선을 행하는 것과 악을 행하는 것, 생명을 구하는 것과 죽이는 것, 어느 것이 옳으냐고 물으시고 손 마른 자의 손을 회복시켜 주셨다. 바리새인들은 그 일로 마음에 시기심을 품고 예수님을 죽일 방도를 찾게 되었다. 그들은 병을 고치는 일도 노동이라 생각하고 있었기 때문에 안식일에는 그런 노동을 해서는 안

된다고 여겼다. 그러나 예수님께서는 바리새인들의 마음의 완악함을 근심하시고 노하셨다. 하나님께서 안식일을 주신 진정한 목적은 일을 하지 않게 하는데 있는 것이 아니라 생명을 살리는데 있었는데 그들은 하나님의 뜻을 크게 오해하고 있었던 것이다.

예수님께서는 일부러 안식일에 병을 고치심으로써 바리새인들이 가지고 있던 그릇된 율법관을 바로잡고자 하셨다. 하나님의 말씀을 왜곡함으로써 다른 사람을 정죄하지 않도록 해야 하며, 또한 자기 스스로 방종하지 않도록 해야 한다. 하나님께서 우리의 생명을 위하여 하나님의 말씀을 우리에게 주셨다. 진실로 하나님의 은혜를 경험한 사람은 말씀이 주는 자유를 누리며, 온 마음을 다해 하나님의 말씀을 순종하며 살려고 힘쓴다.

## 10월 16일 :: 마가복음 4-6장

### 1. 씨 뿌리는 비유(4:1-20)

예수님께서 바닷가에 모여든 큰 무리들에게 씨뿌리는 자의 비유를 말씀하심으로써 천국을 소개하셨다. 천국은 마치 씨를 뿌리는 자가 나가서 씨를 뿌림과 같다고 했다. 씨가 떨어진 곳은 길가, 흙이 얇은 돌밭, 가시떨기, 좋은 땅이었다. 그 중에서 좋은 땅에 떨어진 씨앗만 30배 60배 100배의 결실을 하게 되었다고 예수님께서 말씀하셨다. 씨앗은 하나님의 말씀을, 밭은 그 말씀을 받아들이는 사람의 마음을 상징한다. 사람의 마음에 하나님의 말씀이 전해질 때에 모든 사람들이 그 말씀을 받아들이고 순종하여 열매를 맺는 것은 아니다. 대부분의 사람들이 복음을 거절하거나, 여러가지 이유로 인해 결실을 맺지 못한다. 천국의 비밀을 깨닫는 것은 하나님의 은혜의 결과이다. 하나님께서 우리의 마음 밭을 옥토로 만드시고 그 밭에 말씀을 주심으로 결실을 맺게 하신다. 그러므로 들을 귀를 가진 것이 복이다.

내가 예수 그리스도를 마음으로 믿고 입으로 시인하게 된 것을 인하여 감사하고, 더 큰 은혜를 갈망하며, 하나님의 말씀이 열매를 맺도록 옥토와 같은 심령 주시기를 사모하자. 심령에 하나님의 말씀이 심겨질 때 그 곳에는 언제나 영적 싸움이 있게 된다. 원수 마귀는 할 수 있는대로 우리의 마음에 올무를 놓고, 말씀이 우리 마음에 뿌리내리지 못하게 한다. 듣고 깨달을 수 있는 귀를 주시도록 기도하자.

### 2. 주님과 동행하는가(4:33-41)

예수님께서 여러가지 비유로 하나님의 나라에 대하여 가르치신 후 날이 저물자 배를 타고 건편으로 가시게 되었다. 피곤하신 주님께서는 배에서 잠이 들었다. 그 때 큰 광풍이 일어나 물결이 배에 부딛히고 배에 물이 가득차게 되어 침몰할 지경이 되었다. 배 안에 있던 제자들은 두려움 가운데서 예수님을 깨우며 그들의 죽게 된 것을 돌아보지 않으신 주님을 원망했다. 그러나 예수님께서 일어나 바람을 꾸짖으셨을 때 바람이 그치고 잔잔하게 되었다. 제자들은 자연조차 예수님께 순종하는 것을 보고 크게 놀랐다. 이에 예수님께서는 제자들의 믿음 없음을 인하여 그들을 꾸짖으셨다. 예수님은 제자들에게 어떤 환경 가운데서도 당신을 온전히 믿는 믿음을 기대하셨다. 그러나 어려움이 닥치자 그들은 예수님께 자신들의 믿음을 보여주지 못했다.

참 믿음은 어려운 시련과 역경을 만났을 때 드러나게 된다. 풍랑이 일고 배에 물이 가득 차 가라앉을 지경이 되었을 때에도 예수님께서는 평안히 잠을 주무시므로써 아버지를 온전히 신뢰하는 믿음을 나타내셨다. 불신앙은 언제나 두려움을 가져다 준다. 아무리 우리의 삶의 환경이 어렵고 힘들더라도 그 속에서 예수님은 우리와 함께 계시며 환경을 주장하신다. 바람과 바다를 잠잠케 하신 예수님이 우리 인생의 풍파 또한 잠잠케 하신다. 잠잠히 신뢰하는 자가 힘을 얻는다.(사30:15) 어떻게 풍랑 속에서 평안을 누릴 수 있겠는가? 내게 관계된 모든 것을 이루시는 예수님을 신뢰하자.

## 3. 달리다굼(5:21-43)

야이로라고 하는 한 회당장에게 소녀 딸이 있었는데 죽었다. 야이로는 예수님이 죽은 자기 딸을 다시 살리실 수 있음을 믿고 예수님께 나아와 딸의 몸에 손을 얹어 살게 해달라고 간청했다. 예수님께서는 그 죽은 소녀를 살리기 위해서 가셨다. 관원의 집에는 어린 딸의 죽음을 애도하는 많은 조문객들이 있었는데, 사람들을 물리치신 예수님께서 죽은 소녀에게로 들어가 그의 손을 잡으시고 '달리다굼' 이라고 말씀하셨다. 그러자 죽은 소녀가 살아났다. 그곳에 있던 사람들이 이 광경을 보고 심히 놀랐다. 죽음은 모두에게 슬픔과 절망을 안겨준다. 모든 사람은 죽음 앞에서 슬퍼하고 체념한다. 그러나 예수님은 그 죽음과 절망의 한 가운데로 들어오셔서 생명의 역사를 일으키심으로 당신이 생명의 주관자가 되심을 보여주셨다.

예수님은 하나님을 떠나 죽은 자였던 우리를 다시 살리시기 위해 세상에 오셨다. 십자가에서 우리의 죽음을 대신 죽어주시고 우리 코에 다시 생기를 불어넣어 주시고, 우리 손을 잡고 일으켜 주셨습니 다. 예수님이 손을 잡으시면 죽음과 슬픔이 생명과 기쁨으로 바뀌게 된다. 어두운 현실 앞에서 좌절하지 말고 야이로처럼 예수님께 나가자. 내미시는 주님의 손에 붙잡힐 때 우리의 삶에 변화가 일어나게 된다. 죽은 것들이 살아나고, 절망이 기쁨으로 변하게 된다. 열 두 해를 혈루증으로 고생하던 여인은 지나가던 예수님의 옷을 만짐으로 그의 혈루 근원이 마르고 병마에서 해방 받았다. 믿음으로 주님께 손을 내밀자. 겨자씨만한 믿음만 있어도 역사는 일어난다.

## 4. 안심하라 두려워 말라(6:45-56)

예수님께서 벳세다 들판에서 떡 다섯개와 물고기 두 마리로 남자만 5천 명을 먹이신 후, 모인 무리들을 집으로 돌아가게 하시고 제자들을 재촉하여 배를 타고 건너편으로 가게 하셨다. 그리고 예수님은 홀로 남아 산에 올라가 기도하셨다. 주님께서는 밤 깊도록 그곳에 계시면서 하나님 아버지와 대화하셨다. 마땅히 사람들로부터 영광을 받으시기에 합당하신 주님이셨지만, 예수님은 사람들을 돌려보낸 후 제자들마저 다음 목적 지로 가게하신 후 기도하기 위하여 산으로 가셨다. 그곳에서 하나님 아버지와 교제하신 것이다. 기도는 예수님의 사역에 있어서 가장 중요한 일과였다. 주님께서는 언제나 아버지와 함께 일하고 아버지께서 하라고 하신 일을 하셨다. 아버지와의 끊임없는 기도의 교제는 예수님께서 이 땅에서 이루신 사역의 원천이었다. 하나님의 자녀 된 우리에게도 기도의 골방이 있어야 한다. 매일 시간을 정해놓고 기도하자. 이 땅에서 하나님의 영광을 드러내는 일은 우리의 힘과 능력으로 되는 것이 아니다. 기도는 성도의 삶의 특징이 되어야 한다.

제자들이 타고 가던 배는 풍랑으로 인해 많은 고난을 당했다. 예수님께서 밤 사경(새벽2시경)에 바다 위를 걸어 제자들에게 오셨다. 제자들이 예수님을 유령으로 알고 두려워할 때에 예수님께서 그들을 안심시키시고 풍랑으로 고통당하던 그들의 배에 오르셨다. 예수님이 배에 오르게 되었을 때 바람이 멈추었다. 제자들은 아직도 예수님께 대한 믿음이 없었다. 삶이 두렵고 힘들 때에 예수님을 모시자. 예수님을 나의 삶에 모시면 두려움이 떠나고 평안함이 있게 된다.

## 10월 17일 :: 마가복음 7-9장

### 1. 청결한 마음(7:1-23)

바리새인과 서기관들이 정결 예식의 문제를 가지고 예루살렘으로부터 예수님께로 왔다. 그들은 예수님의 제자들이 떡을 먹을 때에 장로들의 유전을 따라 손을 씻어야 하는데 그렇지 않는다고 비난했다. 예수님께서는 그들에게 자신들이 스스로 정해놓은 유전으로 하나님의 계명을 범하고 있다고 꾸짖으셨다. 하나님의 말씀의 진의가 무엇인지도 모르면서 자기들의 편의대로 말씀을 해석하며 그것을 적용하는 것에 대하여 주님께서 그들을 엄하게 책망하셨다. 하나님은 입술로 섬기는 것이 아니라 마음에서 우러나오는 경외심으로 섬기는 것이어야 함을 깨우쳐 주셨다. 예수님께서는 다시 무리들을 불러서 주님께서 하신 말씀의 뜻을 깨달으라고 하셨다. 무엇이든지 밖에서 사람에게로 들어가는 것은 능히 사람을 더럽게 하지 못하며 사람 안에서 나오는 것이 사람을 더럽게 함을 말씀하심으로 항상 사람의 마음이 문제라고 하셨다. 제자들도 예수님의 말씀에 대한 이해가 부족했다. 그러므로 예수님께서 그들에게 마음의 중요성에 대해서 말씀하셨다.

사람들은 언제나 겉으로 드러난 것을 가지고 판단하고 문제를 삼지만, 겉보다 속이 중요하고, 행위보다 중요한 것은 그 행위의 원인이 되는 마음이다. 하나님 앞에서 참된 정결은 외적인 깨끗함이 아니라 마음의 생각의 깨끗함이다. 입으로 들어가는 식물보다 입에서 나오는 말, 즉 마음의 생각이 바로 되어야 한다. 언제나 사람을 더럽게 하는 것은 마음이다. 하나님의 율법은 우리로 하여금 우리 마음을 들여다보게 한다. 마음에 성령을 모신 사람은 성령의 생각과 말을 한다.

### 2. 사천명을 먹이심(8:1-10)

예수님께서 두로와 시돈 지방을 지나 데가볼리 지역의 갈릴리 호숫가에 있는 한 산에 올라가 앉으셨을 때 큰 무리가 많은 병자들을 데리고 예수님께 나아왔다. 절뚝발이, 불구자, 소경, 벙어리, 기타 여러 병자들을 예수님께서 고쳐주셨다. 벙어리가 말을 하고, 절뚝발이가 걷고, 소경이 보게 되었다. 그 날 예수님께서는 그 곳 광야에서 떡 일곱개와 작은 생선 두어 마리로 4,000 명을 먹이는 이적을 행하셨다. 모두가 배불리 먹고, 남은 조각을 일곱 광주리나 거두었다. 예수님께서 이런 이적을 베푸셔서 무능한 백성들에게 능력이 되시는 자신을 보여주심으로 세상이 할 수 없는 일들을 행하시고, 주님 자신이 친히 생명의 떡으로 이 세상에 오신 것을 증거하셨다.

어떤 문제를 만났든지 그 문제를 가지고 예수님께로 나가자. 질병이 있을 때, 일용할 양식이 필요할 때, 영혼이 곤고할 때, 주저하지 말고 예수 그리스도 앞으로 나아가 주의 이름을 부르고 은혜를 간구하자. 주님은 십자가에서 나의 질고를 지시고 나의 슬픔을 당하셨다. 나의 모든 죄와 허물을 십자가에서 도말하심으로 내게 온전한 치유와 영원한 생명을 선물로 주셨다. 예수님은 당신의 십자가를 믿고 의지하는 자들에게 오늘도 능력으로 역사하신다.

## 3. 변화산 사건(9:2-8)

예수님께서 베드로와 야고보와 요한을 데리시고 따로 높은 산에 올라가셨다. 그 때에 저희들 앞에서 예수님의 형체가 변화되었다. 얼굴이 해처럼 빛나고 그 옷은 빛과 같이 희어졌다. 모세와 엘리야가 나타나 예수님과 말씀하셨다. 베드로가 그 모습을 보고 그 곳에 예수님과 모세와 엘리야를 위하여 초막 세 개를 짓고 함께 머물자고 했다. 그 때에 하늘에서 하나님의 음성이 들려오기를 "이는 내 사랑하는 아들이요 내 기뻐하는 자니 너희는 저의 말을 들으라"고 하셨다. 하나님의 음성을 들은 제자들이 땅에 엎드러졌다. 예수님께서는 두려워하던 그들을 위로하셨다. 그리고 그 곳에는 오직 예수님만 계셨다. 예수님의 말씀대로 그들은 그 날 왕권을 가지고 오신 예수님을 보게 되었다. 그 날 모세와 엘리야가 예수님과 나눈 대화는 예수님의 십자가 죽으심에 관한 것이었다.(눅9:31) 예수님의 십자가에 죽으심은 모세와 엘리야가 그들의 시대에 보기를 소망했던 것이었다.

언제나 예수님의 십자가의 죽으심은 가장 영광스러운 대화의 주제이다. 예수님의 십자가가 아니었다면 이 세상은 여전히 비참함 가운데 처해 있어야만 했다. 우리의 믿음 생활에 있어서 중심적인 주제도 십자가에 관한 것이 되어야 한다. 어떻게 하면 낮아지고, 포기하고, 희생하고, 헌신하고 겸손하게 십자가를 지는 삶을 살수 있을 것인지를 나누어야 한다.

## 10월 18일 :: 마가복음 10-12장

### 1. 부자와 천국(10:23-31)

가진 것을 다 팔아 가난한 자들에게 주면 하늘에서 보화가 있을 것이라는 예수님의 말씀을 들은 청년이 슬픈 기색을 띠고 근심하며 가버렸을 때, 예수님께서는 제자들에게 부자가 천국에 들어가는 것보다 약대가 바늘귀로 들어가는 것이 더 쉽다고 말씀하셨다. 그만큼 부자가 하나님의 나라를 소유하는 것이 어렵다는 말씀이다. 우리는 부자를 세상에서 많은 재물을 얻은 자라고만 생각한다. 그러나 여기 예수님께서 말씀하신 부자는 그 마음에 하나님이 없고 세상의 것으로 가득 차 있는 사람을 지칭한다. 오직 땅의 것만 생각하는 사람은 하늘의 것에 관심을 두지 않는다. 그런 사람이 영생을 얻는 것이 쉬운 일이 아니다. 영생은 사람의 힘으로 얻을 수 있는 것이 아니다. 하나님의 율법을 지킨다고 얻을 수 있는 것도 아니다. 영생은 하늘의 가치를 땅의 가치보다 소중하게 여기는 사람에게 주시는 하나님의 선물이다.

예수님께서는 주님의 이름을 위해서 집이나 형제나 자매나 부모나 자식이나 전토를 버린 자가 영생을 소유하게 된다고 말씀하셨다. 세상의 모든 것은 일시적이다. 영원히 존재하는 것이 없다. 세상의 어떤 가치보다 주님을 최고의 가치에 두는 사람이 영생을 소유하게 된다. 끊임없이 자기를 부인하지 않고는 하나님의 선물인 영생을 소유할 수 없다. 주님은 사람이 재물과 하나님을 겸하여 섬길 수 없다고 하셨다. 내가 추구하는 세상의 가치가 주님께로 나아가는데 장애물이 되지 않게 하자. 주님을 위해서 나의 유익을 기꺼이 포기할 수 있겠는가?

### 2. 소경들의 외침(10:46-52)

예수님께서 예루살렘으로 올라가시기 위하여 여리고를 떠나게 되었다. 십자가를 앞에 둔 마지막 여정이었다. 그 때에 큰 무리가 예수님을 좇았다. 소경 두 사람이 길가에 앉아있다가 예수님께서 지나가신다는 말을 듣고 "주여 우리를 불쌍히 여기소서 다윗의 자손이여"라며 소리를 질렀다. 무리들은 소경을 꾸짖었지만 그들은 더욱 더 소리를 질러 자기들을 불쌍히 여겨달라고 예수님께 자비와 긍휼을 구했다. 예수님께서 그들의 간청을 외면하지 않으셨다. 십자가에 죽으시기 위해서 가시는 무거운 발걸음이었지만, 바로 그 소경들과 같이 진실로 보아야 할 것을 보지 못하는 영적 소경들의 눈을 뜨게 하기 위해서 오신 주님께서, 기꺼이 그들의 간청에 귀를 기울이셨다. 예수님께서 그 소경들에게 "너희에게 무엇을 하여주기를 원하느냐?"고 물으셨다. 그들의 필요가 무엇인지 몰라서 물으신 것이 아니다. 진실로 그들이 자신들의 필요를 바로 인식하게 하기 위한 질문이었다. 예수님께서, 보기를 원하는 그들의 눈을 만져, 보게 하셨다. 예수님께서는 눈을 뜨고 싶다는 소경들의 간절한 소망을 거절하지 않으셨다. 보지 못한 것을 볼 수 있게 해 주셨다. 주님께서는 오늘도 여전히 그 소경들에게 하셨던 동일한 질문을 우리에게 하신다. '내가 너희에게 무엇을 하여주기를 원하느냐?'

영혼의 눈이 감겨 살아가면서도 답답함과 고통스러움을 느끼지 못하는 것이 비극이다. 사람들이 눈에 보이는 것들은 열심히 추구하면서 눈에 보이지 않는 하나님을 보고자 하는 일에는 열심이 없다. 나는 지금 소경의 심정으로 주님의 이름을 부르고 있는가? 눈을 열어서 주님을 볼 수 있게 해 달라고 구하자.

## 3. 성전을 청결케 하심(11:15-19)

예루살렘에 입성하신 예수님께서 성전으로 가셔서 그곳에서 매매하고 있는 자들을 보시고 모든 자들을 다 내어 좇으시고 돈 바꾸는 자들의 상과 비둘기 파는 자들의 의자를 둘러 엎어버리셨다. 아버지의 집 곧 주님 자신의 집인 성전은 만민이 기도하는 집인데, 그 곳을 강도의 소굴로 삼고 인간의 추악한 욕심을 채우고 있던 자들을 용납할 수 없으셨던 것이다. 하나님을 만나야 할 성전이 사기꾼들의 시장터로 사용되고 있었다. 제사장들과 서기관들이 예수님이 하시는 일을 보고 화를 냈다. 예수님께서 성전안에서 행하신 일을 못마땅하게 여길뿐만 아니라, 어린 아이들이 성전에서 소리질러 호산나 다윗의 자손을 찬송하고 있는 것을 참을 수 없어했다. 그들은 장사꾼들과 결탁하여 종교의 이름으로 자기의 배를 불리고 있던 자들이었다. 자기의 탐욕을 채우는 일이라면 어떤 것이라도 용납할 수 있는 사람들이었다. 마땅히 찬송을 받아야 할 분에게 찬송을 드리는 어린아이들보다 못한 불쌍한 사람들이었다. 찬송을 드려야 할 아버지의 집을 장사치의 소굴로 만든 책임이 있었음에도 불구하고 그들은 자신들의 잘못을 깨닫지 못했다. 하나님은 당신의 백성들이 하나님의 이름을 높이지 않을 때 어린아이와 젖먹이의 입을 열어서 찬미하게 하시는 분이시다.

아버지의 집은 기도하는 집이다. 그 곳에서 아버지를 만나고 아버지와 교통하며 아버지 앞에서 자신의 모습을 보고, 아버지가 어떤 분이신지를 배운다. 내가 바로 그 성전이다. 예수님이 나를 성전 삼으시고, 나의 찬송과 기도를 기쁘게 흠향하신다. 주님의 성전답게 쓰임받기를 소망하자.

## 4. 포도원 농부의 비유(12:1-12)

예수님께서 대제사장들과 바리새인들에게 포도원의 비유를 말씀하심으로 하나님 앞에서 그들의 불의한 행위를 책망하셨다. 한 집 주인이 포도원을 만들고 포도를 재배하여 수확할 수 있는 모든 준비들을 갖춘 후 그것을 농부들에게 세로 주고 멀리 떠났다. 그리고 포도를 수확할 때가 되어 그 실과를 받으려고 자기의 종들을 보냈지만 포도원 농부들은 그 종들을 모욕하고 그들에게 심각한 피해를 입혔다. 포도원 주인은 자기 아들을 보내면 그들이 공경하게 될 것이라 여겨 아들을 보냈다. 그러나 농부들은 주인의 상속자인 그 아들을 때려 죽이고 자기들이 그 포도원을 차지하려고 했다. 포도원 주인은 하나님이시고, 포도원은 교회이고, 농부는 포도원을 맡은 지도자들이다. 포도원 주인의 아들이신 예수님이 하나님의 백성들 가운데 오셨는데 지도자들은 그 예수님을 환영하지 않았다. 오히려 그 아들을 잡아 죽이는데 내어주고 말았다.

하나님의 진노는 무섭다. 오래 참고 기다리시지만 끝까지 돌이키지 않고 자기 욕심을 따라 살아갈 때 심판을 내리시고, 하나님의 마음에 합당한 자들을 세우셔서 그들에게 하늘의 권세를 위임해 주시고 하나님을 섬기게 하신다. 교회는 버림받은 모퉁이돌이신 예수 그리스도를 기초삼아 세워져 나가는 건물이다. 은혜가 항상 머물고 기회가 항상 주어지는 것이 아니다. 하나님께서 결산하실 때가 있다. 충성된 마음으로 하나님의 포도원인 주님의 몸된 교회를 세워 나가되 예수 그리스도를 머릿돌 삼아 그 터 위에 건축해 나가야 하겠다.

## 10월 19일 :: 마가복음 13-16장

### 1. 재난의 징조들(13:1-13)

제자들이 성전의 아름다움에 감탄하고 있을 때에 예수님께서 그 성전의 파괴를 예언하셨다. 돌 하나도 돌 위에 남지 않고 다 무너뜨리우게 될 것이라고 하셨다. 성전의 완전한 파괴를 예언하신 것이다. 제자들은 그 끔찍한 일이 일어나게 될 때가 언제인지 궁금했다. 그 일은 말세를 알리는 징조와 같은 일이었기 때문이다. 예수님께서는 그들의 질문에 대해 사람들의 미혹을 받는 것을 주의하라고 하셨다. 말세가 되면 전쟁이 격해지고, 지진과 기근이 성행하게 되고, 무엇보다도 많은 사람들이 일어나 자칭 선지자 노릇하며 사람들을 미혹하며 불법을 행하게 된다고 하셨다. 그 말세의 가장 두드러진 특징은 사람들에게서 사랑이 식어지는 것이다. 사람들에게서 하나님의 마음을 찾아볼 수 없게 되는 것이다. 모든 것들이 진실하지 못하고 형식적이 되고, 마음이 식어버려 하나님을 위해 살려고 하는 의욕을 잃어버리게 되고, 점점 믿음에서 떠나게 되는 것이다. 주님께서는 끝까지 견디는 자가 구원을 얻게 된다고 말씀하셨다.

세상의 끝은 천재지변으로 오는 것도 아니고, 거짓 선지자들이 많이 나타났다고 오는 것도 아니다. 그런 것들은 재난의 시작일 뿐, 중요한 것은 하나님의 복음이 온 세상에 전파되어야만 한다. 하나님은 온 세상이 하나님의 말씀을 듣고 회개하기를 원하신다. 그 복음이 온 세상에 전파되게 될 때 그제야 끝이 오게 된다. 하나님의 교회는 항상 깨어있어야 하고, 복음을 전하기 위한 노력을 아끼지 않아야 한다. 허무한 것들에 속지 말고 계속해서 하나님을 사랑하고 이웃을 사랑하며, 예수 그리스도를 생명의 주님으로 굳게 붙들자.

### 2. 겟세마네 기도(14:27-42)

예수님께서 제자들과 더불어 유월절 만찬을 잡수신 후 찬미하며 감람산으로 가셨다. 감람산으로 가는 길에 제자들에게 스가랴서의 예언을 인용하여 '너희들이 오늘 밤에 다 나를 버릴 것이라'고 하셨다. 베드로는 모든 사람이 다 주를 버릴지라도 자신은 절대 주님을 버리지 않겠다고 했다. 그러나 주님은 베드로가 그날 밤 닭이 울기 전에 세 번이나 주님을 부인할 것이라고 말씀하셨다. 베드로와 제자들을 절대로 주님을 버리지 않겠다고 했다. 그러나 우리는 스스로 주님을 따를 수 없는 죄인들이다. 주님을 따르는 것이 내 힘으로 되는 것이 아니다. 주님께서 붙들어주지 않으면 모두 넘어질 수 밖에 없다.

예수님께서 겟세마네라 하는 곳에 이르렀을 때에 고민과 슬픔을 안고, 하나님께 기도하기를 원하셔서 베드로와 야고보와 요한을 데리고 가셨다. '나와 함께 깨어 있으라'고 하셨다. 십자가를 지는 일은 너무나 고통스러운 일이었다. 예수님은 할 수만 있으면 그 고난의 잔을 물리쳐 달라고 아버지께 간구했다. 세 번이나 간절하게 기도했다. 그렇지만 주님은 아버지의 뜻에 순종하겠다고 하셨다. 예수님께서 기도하시는 동안 제자들은 아무도 예수님의 기도에 동참하지 못했다. 그들은 모두 자고 있었다. 깨어 있는 것도 주님의 은혜로 되는 일이다. 성령께서 도와주지 않으시면 우리는 기도조차 할 수 없는 연약한 자들이다. 무엇을 할 수 있다고 자랑하지 말고 오직 예수 그리스도를 의지하자.

## 3. 십자가의 증인들(15:33-41)

예수님께서 오전9시에 십자가에 못박히셔서(막15:25) 오후 3시에 돌아가셨다. 그 시간에 온 땅에 어두움이 임하게 되어 세시간 동안이나 계속되었다. 인류 역사상 가장 어두운 시간이었다. 인간이 철저하게 죄인임을 드러낸 시간이었다. 빛이신 예수님이 어둠이 되신 시간이었다. 예수 그리스도가 그 마음에 없는 사람은 모두 다 어둠이고 어둠 가운데서 살다 간다.

예수님은 아버지께 철저하게 버림을 당하셨다. 주님은 처절하게 십자가 위에서 '나의 하나님 나의 하나님 어찌하여 나를 버리셨나이까'라고 탄식하며 아버지의 이름을 불렀다. 그러나 아버지 하나님은 그 시간 아들을 외면하시고 숨어버리셨다. 죄에 대한 하나님의 증오는 무서웠다. 사람들은 예수님의 탄식의 의미를 깨닫지 못하고 예수님이 엘리야를 부르고 있다고 했다.

마침내 예수님께서 십자가 위에서 인류의 모든 죄를 담당하시고 죽으셨다. 그 때 성소의 휘장이 찢어졌다. 예수님의 죽으심으로 굳게 닫혔던 하나님께 나아가는 지성소의 문이 활짝 열렸다. 십자가는 하나님을 만나는 곳, 내가 다시 사는 곳이다. 예수님께서 십자가에 못박혀 돌아가실 때에 그 현장에 많은 사람들이 있었다. 예수님을 향하여 섰던 백부장은 예수님이 진실로 하나님의 아들이었다고 고백했다. 하나님의 아들이신 예수님이 나 때문에 나무에 달려 저주를 받으셨다. 예수를 섬기며 갈릴리로부터 좇아온 많은 여자들도 예수님의 죽으심을 목격했다. 그 중에 여러 마리아들이 있었다. 그들은 예수님의 사랑을 많이 받았던 자들로서, 사랑으로 예수님을 섬겼던 자들이었다.(눅8:2,3) , 12 제자들은 다 흩어졌지만 그들은 끝까지 예수님 곁을 지켰다. 말로만 하는 사랑이 아니라 행함으로써 본을 보였다.

## 4. 다시 사신 예수님(16:1-13)

안식 후 첫 날, 주님께서 다시 살아나실 것이라고 말씀하셨던 그 날에 예수님의 시체 둔 곳을 보았던 막달라 마리아와 다른 마리아가 향품을 준비하여 무덤으로 왔다. 그들은 그곳에서 천사를 만났다. 천사가 무덤을 막았던 돌을 굴려냈다. 천사는 놀란 그들에게 빈 무덤을 보여주었다. 말씀하신 대로 예수님께서 부활하신 것이다. 대적들은 군사들을 동원하여 무덤을 지켰지만, 예수님의 부활을 사람의 힘으로 막을 수 없었다. 여자들은 두려운 마음을 가지고 천사들이 그들에게 한 말을 전하기 위해 동네로 달려가다가 부활하신 예수님을 만났다. 그리고 그들은 예수님의 부활을 증거한 첫 번째 부활의 증인이 되었다.

예수님의 제자 중 두 사람은 시골로 가다가 부활하신 주님을 만났다. 그들은 예수님의 죽으심으로 인해 많이 슬퍼했다. 그 때 부활하신 주님께서 그들에게 하나님의 말씀을 풀어서 주님 자신의 죽으심과 부활을 설명해 주셨다. 그들은 부활하신 예수님의 말씀을 듣고 마음이 뜨거워졌다. 그들의 슬픔이 변하여 기쁨이 되었다. 하나님의 말씀이 내 심령에 들려오면 가슴이 뜨거워진다. 성령께서 말씀을 조명해 주실 때에 우리가 하나님의 말씀을 온전하게 깨닫게 된다. 부활하신 주님께서는 제자들을 처음 만났던 갈릴리에서 그들과 다시 만나고 싶어하셨다. 주님은 여전히 이방의 갈릴리의 빛이 되기 원하셨고, 제자들과의 첫사랑을 회복하고 싶으셨다. 한없이 연약한 그들을 버리지 않으신 주님이시다. 가장 낙심될 때 주님과의 첫사랑을 기억하자. 주님의 사랑은 우리가 처음 믿었을 때나 지금이나 변함이 없다.

# 10월 20일 :: 누가복음 1-4장

## 1. 누가복음에 대하여

누가는 사도 바울이 전도여행을 하는 동안 그의 주치의가 되어 바울과 함께 복음을 전했던 이방이었다. 누가는 누가복음과 사도행전을 기록하여 데오빌로에게 바쳤는데, 데오빌로는 로마의 고위 관리였다. 누가는 자신이 복음서를 기록한 목적을 '데오빌로 각하로 그 배운 바의 확실함을 알게 하려 함이라'고 했다. 누가복음은 누가가 사도행전에서 진술한대로 '예수의 행하시며 가르치시기를 시작하심부터 그의 택하신 사도들에게 성령으로 명하시고 승천하신 날까지의 일'(행1:1-2) 에 대한 기록이다. 누가는 예수님의 삶에 초점을 맞추어 복음서를 기록했다. 이 복음을 글로 정리하여 데오빌로 뿐만아니라 하나님의 사랑을 입은 모든 사람들에게 보냈다. 누가는 예수님의 행적을 자세하게 살피고, 데오빌로가 꼭 알아야만 할 복음의 내용을 정리하여 기록했다.

## 2. 복 있는 여자(1:39-56)

천사의 방문이 있은 후 마리아가 급히 그의 친척 엘리사벳의 집으로 갔을 때에 엘리사벳은 마리아가 하나님의 아들을 잉태하게 된 것을 알았다. 그 날 마리아를 맞아들인 엘리사벳과, 태중에 있던 요한은 모두 성령 충만하여 주의 모친을 자기 집에 맞이함을 인해 기뻐했다. 엘리사벳은 마리아를 보고 '믿은 여자에게 복이 있다'고 했다. 마리아는 믿을 수 없을 만큼 두려운 천사의 말을 들었을 때, '주의 계집종이오니 말씀대로 내게 이루어지이다'라고 고백했다. 주님께서 자신을 통해 어떤 일을 하시든지 주의 계집종으로써 주인의 뜻을 따를 것을 결심했던 마리아였다. 당시 사회에서 처녀가 아이를 가지는 것은 용납될 수 없는 일이었다. 그러나 마리아는 자기의 생명보다 하나님의 말씀을 더 중요하게 여겼다. 믿음은 언제나 우리를 복된 길로 인도한다.

마리아는 성령의 충만함을 입어 그 영혼이 하나님께 기쁨의 찬양을 드렸다. 교만한 자를 낮추시고 비천한 인생을 돌아보시는 높으신 하나님을 찬양했다. 죄의 가리움을 받고 하나님께 긍휼히 여김을 받는 사람은 복이 있다. 비천한 한 여인의 순종으로 인해 세상을 구원할 구주가 탄생할 수 있게 되었다. 하나님의 뜻에 순종하는 일이 때로는 우리의 상식을 초월하는 일이 될 수도 있다. 때로는 믿음의 순종이 무모하고 비상식적으로 보일 때도 있다. 우리의 생각을 내려놓고 하나님의 말씀의 인도를 받기로 결단할 때 하나님께서 우리를 가장 좋은 길, 생명의 길로 인도하신다. 마리아는 엘리사벳의 집에서 석 달이나 머물렀다. 그는 참으로 복 있는 여자였다.

## 3. 표적이신 예수님(2:8-20)

주의 사자가 하늘의 소식을 가지고 밤에 밖에서 양을 지키고 있던 목자들을 찾아왔다. 주의 사자의 방문에 목자들이 놀라 무서워했다. 천사는 목자들에게 '온 백성에게 미칠 큰 기쁨의 좋은 소식'을 전해주었다. 다윗의 동네에 구주이신 '그리스도 주'께서 나셨다고 했다. 강보에 싸여 구유에 누워 있는 아기가 그들에게 표적이 될 것이라고 했다. 목자들은 가장 낮은 자리에서 하늘의 영광을 보게 될 것이었다. 천군과 천사들은 하나님을 찬송했다. '지극히 높은 곳에서는 하나님께 영광이요 땅에서는 기뻐하 심을 입은 사람들 중에 평화'라고 했다. 죄인들을 구원하시기 위해 하나님께서 하나님의 때에 당신의 아들을 세상에 보내셨다. 그렇게 하심으로써 하나님께서는 당신의 영광을 드러내셨다. 하나님의 영광이 머무는 곳에 참된 평화가 있게 된다.

천사가 떠나간 후 목자들은 급히 베들레헴으로 갔다. 그 곳에서 요셉과 마리아와 구유에 누인 아기를 찾았다. 그들은 천사가 전해준 말을 사람들에게 전했다. 사람들은 이상하게 생각했지만 마리아는 그들의 말을 마음 깊이 간직했다. 목자들은 되어진 모든 일들이 사실대로 이루어진 것을 보고 하나님께 영광을 돌리고 찬송하며 돌아갔다. 한 밤에 양들을 지키던 목자들은 예수님의 탄생 소식을 듣고 눈으로 예수님을 본 최초의 목격자들이 되었다. 예수님을 만날 때, 그곳이 어느 곳이든지 하나님을 찬송하는 자리가 된다. 오늘도 구유에 오셨던 예수님이 나에게 표적이 되고 있는가? 예수님을 표적으로 가진 사람은 낮아짐의 진정한 의미를 깨닫게 된다. 나는 지금 어느 자리에 서 있는가?

## 4. 주의 길을 예비하는 자(3:1-20)

로마의 권세가 하늘을 찌를듯 하던 시대에 하나님의 말씀이 황량한 빈 들에서 생활하던 세례 요한에게 임했다. 세례 요한이 유대 광야에서 회개와 천국의 도래에 대해서 외침으로써 예수 그리스도의 오시는 길을 예비하는 자의 역할을 감당했다. 요한은 회개하고 나아온 자들에게 요단강에서 세례를 베풀었다. 천국은 회개하는 자에게 임하게 된다. 회개는 자기가 죄인임을 고백하고 하나님 앞에 사죄의 은혜를 구하는 것이다. 세례는 회개함으로 죄 사함을 받았다는 상징적 의식이다. 회개하지 않는 자에게는 하나님의 임박한 진노가 있게 된다. 요한은 광야에 살면서 오직 이 메시야의 길을 예비하는 자가 되었다. 우리의 모든 삶도 메시야의 오심을 예비하는 삶이 되어야 한다. 오직 예수 그리스도를 드러내는 삶을 살아야 한다. 예수님을 마음에 모시게 되면 모든 굽었던 것들이 펴지게 되고, 골짜기가 메워지고 높은 산들이 낮아지고, 모든 사람이 하나님의 구원을 경험하게 된다.

예수님은 성령과 불로 세례를 주시는 분이시다. 죄인의 마음 속에 성령의 인을 쳐주셔서 자신이 죄인임을 고백하게 하시고 임박한 심판에서 건져주신다. 예수님의 오심은 두 가지 목적이 있다. 회개하고 믿는 자에게는 구원을 베푸시고, 끝까지 회개하지 않는 자에게는 심판을 베푸신다. 그리스도의 오심을 기다리는 백성의 심정을 가지고 우리의 마음 속에 예수님께서 오시게 해야 하겠다. 복음을 전하는 삶은 주의 길을 예비하는 삶이다.

## 5. 시험을 이기는 길(4:1-15)

예수님께서 세례를 받으신 후 성령 충만한 가운데 광야에서 40일 동안 성령에게 이끌리시며 마귀에게 시험을 받으셨다. 사십 일 동안의 시험이 끝난 후 주리실 때에 마귀가 예수님께 다가와 '만약 하나님의 아들이라면 돌들에게 명하여 떡덩이가 되게 하라'고 했다. 선악과를 가지고 아담과 하와를 유혹했던 마귀가 먹을 것을 가지고 예수님을 유혹했다. 예수님께서는 시험을 받았을 때 하나님의 말씀을 가지고 물리치셨다. 육적인 것보다 더 중요한 영적인 가치를 붙잡았다. 마귀는 두 번째로 예수님을 시험하여 높은 곳으로 올라가서 순식간에 온 세상의 왕국을 보여주면서 자기에게 절하면 천하 만국을 주겠다고 시험했다. 그러나 예수님께서, 경배 받으셔야 할 분은 하나님 한 분 밖에 없다고 말씀하심으로, 마귀의 시험을 물리치셨다.

세 번째로 마귀는 예수님을 성전 꼭대기에 세우고 뛰어내리라고 시험함으로써, 예수님이 하나님의 아들인 것을 증거하라고 했다. 하나님께서 천사들을 보내어 그를 상하지 않게 할 것이라고 했다. 그러나 예수님께서는 '하나님을 시험치 말라'는 말씀을 굳게 붙들었다. 마귀는 세상에 구세주로 오신 예수님께 다가와 하나님께서 맡겨주신 구원 사역을 이루지 못하도록 온갖 방해를 했지만, 예수님께서는 말씀으로 모든 시험을 물리치고 승리하셨다. 오늘도 사탄은 끊임없이 믿는 자들을 넘어뜨리기 위해 시험한다. 말씀으로 무장하는 것보다 더 확실하게 마귀를 물리칠 수 있는 것이 없다.

## 10월 21일 :: 누가복음 5-8장

### 1. 죄를 사하는 권세(5:17-26)

예수님의 명성이 온 갈릴리에 자자했다. 병자들을 고쳐주셨을 뿐만 아니라 서기관들과는 전혀 다른 권세 있는 하늘의 말씀을 전하셨기 때문이다. 많은 사람들이 예수님의 말씀을 듣고 싶어 예수님이 계신 가버나움의 한 집에 모여들었다. 예수님께서 그들에게 하늘의 진리를 전파하셨다. 그 때 마침 네 사람이 한 중풍병자를 메고 예수님께 왔다. 그러나 너무 많은 사람들로 인해 예수님께 접근할 수 없었으므로 그들은 자기의 친구를 메고 지붕으로 올라가 지붕을 뜯어내고 그 병자를 예수님 계신 곳으로 달아내렸다. 예수님께서 그 모습을 보시고 크게 감동하셨다. 하나님 아버지께서 그들의 마음 속에 당신을 믿는 역사하는 믿음을 주신 것을 예수님께서 크게 기뻐하셨다.

예수님은 그 중풍병자에게 당신이 어떤 분이신지 계시하시기를 기뻐하셨다. 그래서 "소자야 네 죄 사함을 받았느니라"고 선언하셨다. 예수님께서 죄를 사하는 권세가 자신에게 있음을 증거하시고 그 앞에서 무서워 떨고 있는 중풍병자의 죄를 용서해 주셨다. (마9:2) 예수님의 선언은 그 곳에 모인 모든 사람들에게 큰 충격이었다. 하나님 외에 죄를 사할 수 있는 분이 없다고 믿고 있었던 그들 앞에서 주님 자신이 죄를 사하는 권세가 있음을 계시하신 것이다. 예수님은 그들에게 자신을 하나님으로 계시하셨다. 예수님은 죄를 사하는 권세를 가지신 하나님이시다. 죄인들을 사랑하시고 그들의 죄를 사하기 위해서 이 땅에 오신 주님이시다. 예수님이 죄를 사하는 권세를 가지신 분이심을 믿는 사람은 누구나 예수님께 갈 수 있고, 죄 사람의 은혜를 누릴 수 있다.

### 2. 예수님 닮는 연습(6:27-38)

원수를 사랑하고 그들을 선대하고 축복하고 위하여 기도하라고 예수님은 말씀하신다. 악한자를 대적치 말고, 오른 뺨을 치거든 왼편 뺨을 돌려댐으로써 손해를 감수하고, 속옷을 빼앗으려고 하는 자에게는 겉옷까지도 주고, 억지로 오리를 동행하자고 하거든 십리를 동행하며, 꾸고자 하는 자에게는 언제나 거절하지 말라고 하신다. 예수님의 이 말씀은 분명히 우리가 실천해야 할 삶의 내용들이다. 그렇지만 주님께서는 단지 우리가 행해야 할 윤리규범을 말씀하지 않으셨다. 우리는 그 규범을 온전하게 따를 수도 없다. 중요한 것은 우리가 무슨 일을 만나든지 자신을 부인하는 삶을 살아야 한다는 것이다. 그 때에 주님의 말씀이 내 안에서 이루어지게 된다.

사람과의 관계에 있어서 사람들은, 이웃을 사랑하고 원수를 미워하라고 가르친다. 그러나 예수님은, 원수를 사랑하고 핍박하는 자를 위하여 기도하라고 하신다. 그런 사람은 하나님의 아들의 자격이 있다고 하신다. 하나님은 그 해를 악인과 선인에게, 의로운 자와 불의한 자에게 골고루 비추시는 분이시다. 우리가 사랑하는 사람만 사랑하면 칭찬받을 일이 없다고 하신다. 그런 일은 하나님과 상관없는 사람들도 하는 일이기 때문이다. 대가를 기대하고 행하는 일은 하나님 앞에서 의미가 없다. 보통의 상식으로 할 수 없는 그 일을 하나님의 자녀들이 해야 한다고 말씀하신다. 그런 일들을 통해 우리는 끊임없이 우리의 한계를 보고, 우리에게 선함이 없음을 깨닫고, 그리스도 앞에 나아와 그분의 마음을 달라고 간구하게 된다. 하나님의 자녀는 계속해서 주님 닮은 사람으로 변화되어 가기를 사모해야 한다.

### 3. 원수를 사랑하라( 6:27-38)

원수를 사랑하고 핍박하는 자를 위하여 기도하라고 예수님께서 말씀하신다. 나를 미워하고 나를 핍박하는 자를 사랑하며 그를 위해서 기도하는 것이 쉽지 않다. 그러나 주님께서는 그렇게 하라고 하신다. 우리가 사랑하는 사람만 사랑하면 그런 일은 죄인들도 하는 것이라고 하셨다. 원수를 사랑하고 선대하되 아무 대가를 바라지 않고 할 때에 하늘의 상급이 클 것이라고 하신다. 주님께서는 우리가 형제에게만 문안하면 남보다 더하는 것이 무엇이냐고 물으신다. 하늘에 계신 아버지의 자비하심 같이 우리도 자비라하고 하신다. 우리가 어떻게 주님께서 명하신 삶을 살 수 있겠는가? 오히려 우리는 주님 앞에 나아가 내가 그런 삶을 살수 없다고 고백하는 것이 맞다. 내 안에 선한 것이 없는데 어떻게 그런 선을 행할 수 있겠는가? 그러므로 우리는 우리의 연약함을 고백하고 예수님의 능력을 덧입기를 사모해야 한다. 그래서 우리 주님의 마음을 배워갈 수 있게 해달라고 기도해야 한다.

비판을 받지 아니하려거든 비판하지 말라고 하신다. 오히려 용서하라고 하신다. 형제를 판단하고 정죄하기보다는 내게 있는 것을 내어 줌으로써 형제 사랑을 실천해야 함을 말씀하신다. 형제는 판단의 대상이 아니라 사랑의 대상이다. 그러나 주님의 요구를 따라 살기는 너무나 벅차다. 나는 날마다 내 속에 그런 선을 행할 능력이 없음을 확인한다.

주님께서는 단지 우리에게 무엇은 하고 무엇은 하지 말아야 하는 것인지를 알려주심으로써 선한 것과 악한 것이 무엇인지 구별해 주시는 그런 분이 아니시다. 오히려 우리에게는 선악을 분별할 수 있는 능력이 없고, 우리에게는 어떤 의도 없음을 깨닫게 함으로써 진실로 거룩하고 참된 보화가 되시는 예수 그리스도를 소망하게 하신다. 주님께서 내 안에서 일하시도록 성령의 충만함을 간구하자.

### 4. 청년아 일어나라(7:11-17)

예수님께서 많은 무리들과 함께 나인이라는 성으로 가셨다. 그 성에 한 과부가 살고 있었는데 그의 아들이 죽어서 장사 지내게 되었다. 마침 사람들이 죽은 자를 메고 성문 밖으로 나오고 있었다. 예수님께서 그 모습을 보시고 불쌍히 여기셨다. 울고있는 여인에게 울지 말라고 하셨다. 그 죽은 아이는 과부의 독자였다. 아들에게 인생의 소망을 걸고 살아가는 과부에게 아들의 죽음은 그녀에게 있어서는 모든 소망을 빼앗긴 것과 같은 절대 절망이었을 것이다. 그러므로 과부를 불쌍히 여기시고 울지 말라고 주님께서 위로하셨다. 우리 가운데 위로가 필요한 사람들이 참 많다. 사연도 다양하다. 우리가 할 수 있는 대로 그런 사람들을 위로하자. 위로는 절망가운데 있는 사람에게 큰 힘이 된다.

예수님께서 관을 멘 사람들의 발걸음을 멈추게 하시고 그 관에 손을 대신 후 "청년아 내가 네게 말하노니 일어나라"고 하셨다. 예수님께서 죽음에게 명령하시자 죽은 청년이 살아나게 됨으로 예수님의 말씀 앞에서 죽음이 정복당하게 되었다. 슬퍼하던 어미는 다시 아들을 그 품에 품을 수 있게 되었다. 예수님께서 죽은 자를 살리신 사건은 온 유대와 사방에 두루 전파되게 되었다. 우리는 해결할 수 없는 문제들 앞에서 낙심한다. 죽음의 문제를 극복할 수 없다. 그러나 주님께서 우리에게 생명을 주시기 위해서 오셨다. 십자가를 통해 우리의 죽음을 몰아내시고 하나님 앞에서 영원한 생명을 누리는 자가 되게 하셨다. 예수님을 만나면 생명의 은혜를 누리게 된다.

## 5. 빛을 밝히는 삶(8:16-18)

사람이 등불을 가져오는 이유는 어두움을 밝히기 위함이라고 말씀하신다. 그 등불을 등경 위에 두어야지 말 아래에나 평상 아래 두어서는 안된다고 하신다. 예수님께서는 우리가 그 등불이라고 말씀하신다. 자신 안에 그리스도의 빛을 받게 된 그리스도인은 죄로 인해 어두워진 세상에 진리의 빛을 밝히는 자로 살아야 할 자들이다. 빛으로 사는 삶은 빛을 드러내어 비추며 사는 삶이다. 그러나 많은 경우에 자신이 그리스도인이라는 것을 드러내는 것을 부끄러워한다. 빛 된 삶을 살고 있지 못하기 때문이 아니겠는가? 빛을 받은 자가 그것을 드러내려고 하지 않을 때, 그 빛을 주신 주님께서 다시 거두신다고 말씀하신다. 우리가 무엇을 하든지 주님께서는 그것으로 우리의 빛 됨의 여부를 판단하시고, 빛을 비추인 자 안에서 그 빛이 점점 자라가게 하심으로써 이 땅에 하나님의 나라를 세워가신다.

예수님의 진리의 빛이 믿는 자의 심령에 들어왔는데 믿는 자가 어떻게 그 빛을 드러내며 살 수 있을까? 빛은 비추기 위해서 존재한다. 만일 그 빛이 비추어지지 않는다면 그것은 존재할 가치가 없지 않겠는가? 그리스도인은 빛이신 그리스도를 드러내는 자로 부름 받았다. 우리는 우리의 삶을 통해 그리스도를 증거해야 한다. 우리는 사람들에게 그리스도의 빛을 증거하는 빛 된 삶을 살아가고 있는지 우리 자신을 시험해보자. 마땅히 드러내야 함에도 불구하고 감추고 있는 삶이 있는가? 우리의 마음을 열고 진리의 빛을 받아들이고, 그 진리에 순종하는 삶 살기를 소망하자.

## 10월 22일 :: 누가복음 9-11장

### 1. 예수를 따르려면(9:18-27)

예수님께서 기도하시다가 제자들에게 사람들이 자신에 대해서 어떻게 생각 하고 있는지 물어보셨다. 사람들은 예수님을 세례 요한이나 엘리야, 또는 예레미야나 위대한 선지자 중 한 분이라고 믿고 있었다. 예수님께서는 당신의 제자들은 어떤 믿음을 가지고 있는지 확인하셨다. 베드로는 예수님 앞에서 "하나님의 그리스도 시니이다."라고 신앙을 고백했다. 예수님에 대한 사람들의 평가가 다양하지만 중요한 것은 내가 예수님을 어떤 분으로 믿는가 이다. 예수님을 믿는 신앙고백의 여부에 따라 내 인생이 달라진다. 많은 사람들이 예수님을 후하게 평가하지만 그 어떤 평가도 예수님이 그리스도이시고 살아계신 하나님의 아들이시라는 믿음보다 가치 있는 것은 없다. 이런 믿음은 사람에게서 나오지 않는다. 하나님의 선물이다.

예수님께서는 베드로의 신앙고백을 받고나서 당신의 고난과 죽으심과 부활에 대한 말씀을 제자들에 하셨다. 또한 그들에게 십자가를 지는 삶을 살아야 할 것을 말씀하셨다. 죽음으로써 삶을 얻으라고 하셨다. 진실로 예수님을 믿고 따를 준비를 하고 있다면 그 사람은 반드시 자기를 부인해야 하고 자기 십자가를 지고 예수님을 따라야 한다고 하셨다. 하늘의 생명, 영원한 생명은 예수님을 위하여 잃는 사람만이 누리게 되며, 하늘의 생명과 바꿀 만큼 가치 있는 것은 이 땅에 아무것도 없다. 자기를 부인하고 철저하게 예수님께 모든 소망을 걸지 않고는 하늘의 생명을 누릴 수 없다. 예수를 믿으면 이 땅에서 모든 것을 얻고 누리게 될 것이라고 생각하는 사람들이 많다. 그러나 예수님은 십자가를 져야 하고, 고난당해야 하고, 잃어버리고 빼앗겨야 비로소 영원한 것을 얻게 된다고 말씀하신다. 하늘의 것을 사모하는 사람은 이 땅의 것에 지나치게 가치를 두지 않으며 기꺼이 그리스도의 영광을 위해 땅의 것을 포기하며 산다.

### 2. 진실로 큰 자는(9:43-48)

예수님께서 제자들에게 당신의 죽으심과 부활에 대해서 말씀하실 때에 제자들이 그 말을 듣고 무슨 뜻인지 묻기를 두려워했다. 예수님께서 기회 있을 때마다 제자들에게 그것을 말씀하셨지만 그들은 아직도 주님께서 왜 죽으셔야 하고 부활하셔야 하는지에 대해서 알지 못했다. 예수님의 죽으심과 부활은 죄인들을 대속하는 중요한 사건이었다. 예수님께서는 그 일을 하시기 위해서 이 세상에 오셨다. 제자들은 예수님의 죽으심과 부활이 무엇을 의미하는지 알아야만 했다. 예수 그리스도의 죽으심과 부활을 믿는 사람은 하나님의 구원을 누리게 된다.

제자들이 길을 가면서 천국에서 누가 큰지에 대한 논쟁을 벌였다. 예수님께서 가버나움에서 그 일에 대해서 말씀하셨다. 누구든지 첫째가 되고자 하면 끝이 되어야 하고 뭇 사람을 섬기는 자가 되어야 한다고 하셨다. 그리고 어린 아이 하나를 불러 저희 가운데 세우시고 어떤 사람이 천국에서 크다 일컬음을 받을 수 있는지에 대해서 말씀해 주셨다. 예수님의 이름으로 어린아이 하나를 영접하면 그것이 곧 주님을 영접하는 것이 되고, 주님을 영접하는 것은 주님을 보내신 아버지를 영접하는 것과 같다고 하셨다. 사람은 누구나 으뜸이 되고자 하는 욕망을 가지고 있다. 높아져야만 위대하게 된다고 생각한다. 예수님께서는 제자들의 생각을 완전히 뒤집으셨다. 참된 위대함은 낮은 자리에서 발견하게 된다고 말씀하셨다. 낮은 자리는 자기의 가치를 인정하지 않는 사람만이 설 수 있는 자리이다. 천국은 하나님 앞에서 자신의 무가치함을 깨닫고 하나님만 의지하는 사람의 것이다.

## 3. 70인 전도대(10:1-20)

예수님께서 70인을 세워 둘씩 짝을 지어 전도하게 하셨다. "추수할 것은 많되 일군은 적으니 그러므로 추수하는 주인에게 청하여 추수할 일군들을 보내어 주소서 하라"고 말씀하심으로 전도의 시급성을 역설하셨다. 제자들에게 전도의 방법도 자세하게 알려주셨다. 모든 염려는 주께 맡기고 복음 전하는 일에만 전념하게 하셨다. 일꾼이 그 삯을 얻는 것은 마땅한 일이라고 하시며 사람의 대접을 받게 될 때 당연하게 받으라고 하셨다. 어느 곳에 가든지 하나님의 인도하심을 따라 병자들을 고치고 하나님의 나라를 선포하라고 하셨다. 예수님께서 이 세상에 오신 목적은 잃어버린 자를 찾아 구원하기 위함이었다. 교회는 그 일을 하도록 부름받았다. 우리도 주님께서 가지셨던 영혼 구원에 대한 긴급한 마음을 가지고 세상으로 나아가야 한다.

예수님께서 고라신과 벳새다와 가버나움을 책망하셨다. 그들은 하나님 나라에 대한 복음을 들었지만 믿기를 거절했다. 차라리 이방인들에게 복음을 전했더라면 그들은 벌써 믿고 재 가운데서 회개했을 것이라며 안타까워하셨다. 하나님의 은혜의 복음에 대하여 마음의 문을 닫으면 구원 얻을 기회를 영원히 놓치게 될지도 모른다. 지금이 은혜 받을 때이고 지금이 구원받을 기회이다.

제자들이 전도를 통해 하나님의 능력을 체험했다. 귀신들이 그들에게 항복하는 것을 경험했다. 예수님께서도 그들의 전도를 격려하셨다. 그러나 무엇보다 그들의 이름이 하늘에 기록된 것이 더 큰 기쁨이 되어야 한다고 하셨다. 우리가 하나님의 나라를 전하는 일에 쓰임 받을 수 있다면 이보다 귀한 복이 없다.

## 4. 참으로 구할 것은(11:1-13)

예수님의 제자들이 예수님께 어떻게 기도하는지 물었다. 요한이 그의 제자들에게 기도를 가르쳤듯이 자기들에게도 기도를 가르쳐달라고 했다. 예수님께서 그들에게 어떻게 기도할 것인지 말씀하셨다. 기도는 하나님 아버지께 하는데 아버지의 이름이 거룩히 여김 받고 아버지의 나라가 임하도록, 일용할 양식을 위하여, 죄의 용서와 시험에 들지 않는 삶을 위해 기도하라고 하셨다. 또한 하나님 아버지는 자녀가 포기하지 않고 기도할 때 그 기도를 물리치지 않으시고 들으시며, 구하는 것을 반드시 주신다고 하셨다. 그러므로 계속해서 구하고 찾고 두드리라고 하셨다.

우리는 하나님께 기도드릴 때 하나님의 이름이 높임을 받는 것보다 우리의 필요를 구하는데 더 관심이 많다. 기도의 목적은 우리의 기도제목을 가지고 하나님께 기도함으로써 그 필요를 채움 받는 것이기도 하지만, 무엇보다 기도를 통하여 우리의 관심을 하나님께 두는 것이다. 하나님은 우리의 아버지이시므로 우리가 구하기 전에 우리에게 있어야 할 것을 아시며, 또한 우리에게 좋을 것을 주시기를 기뻐하신다. 우리가 진실로 하나님께 구해야 할 것이 있다면 성령의 충만함을 위한 기도이다. 성령의 충만함을 위해 구하고 찾고 두드릴 때 하나님 아버지께서 우리에게 성령을 주셔서 하나님의 뜻을 깨닫게 하고 아버지의 자녀로써 아버지를 기쁘게 하는 삶을 살 수 있게 하신다. 이렇게 예수님께서는 제자들에게 기도의 가장 중요한 목적을 말씀해 주셨다. 우리는 계속해서 하나님께 기도드려야 한다. 아버지께 드리는 나의 기도의 내용은 어떤가? 하나님의 영광을 위해, 성령의 충만함을 위하여 기도하고 있는가?

# 10월 23일 :: 누가복음 12-14장

## 1. 진실로 추구할 것은(12:1-12)

예수님께서 제자들에게 바리새인들의 누룩 곧 외식을 주의하라고 말씀하셨다. 항상 사람이 아닌 하나님을 두려워하라고 하셨다. 하나님 보다 사람을 의식하게 되면 그 사람에게 잘 보이기 위해서 외식하게 된다. 하나님은 우리가 어디에서 어떤 생각을 가지고 무슨 말을 하든지 다 아신다. 하나님을 두려워하는 사람은 가장 위기의 순간에 하나님의 도우심을 받게 된다. 하나님께서는 당신을 사랑하는 사람을 세밀하게 간섭하시고 인도하신다. 참 하나님의 자녀는 어떤 일을 만나든지 예수 그리스도를 시인하고 그분을 의지한다. 하나님께서 그 사람의 마음 속에 성령을 부어주시고 성령의 인도를 따라 살게 하신다.

한 사람이 유산을 분할하는 문제를 가지고 예수님께 나아와 호소했다. 그 때에 예수님께서는 탐심을 물리치라고 충고하시며 사람의 생명이 소유의 넉넉함에 있지 않다고 말씀하셨다. 우리가 이 세상을 살아갈 때 어떤 자세를 가지고 사는가 하는 것이 중요하다. 대부분의 사람들이 재물을 얻기 위해서 동분서주하지만 정작 그 재물은 육신의 생명을 유지하는데 필요한 수단에 불과하다. 우리는 항상 우리의 주인이 누구인지를 생각해야 한다. 하나님은 우리의 생명의 참된 주인이시다. 우리가 이 땅에서 재물을 얻고 육신의 생명을 누리며 살아갈 때에, 더욱 더 풍성한 은혜와 영원한 생명을 사모하는 자리로 나아가자. 생명을 재물보다 소중한 가치로 여기는 사람은 항상 하나님 앞에서 풍성한 삶을 살게 된다. 우리는 항상 우리의 생명이 되시는 예수 그리스도를 사랑하자.

## 2. 회개하지 아니하면(13:1-9)

두어 사람이 예수님께 와서 빌라도가 어떤 갈릴리 사람들의 피를 저희의 제물에 섞었다고 말했다. 총독을 대적한 죄로 인해 죄값을 받게 되었다는 것이었다. 예수님께서 그 사람의 말을 듣고 다른 갈릴리 사람들의 죄도 죽은 자들의 죄와 다름이 없고, 예루살렘 백성들의 죄가 실로암에서 망대가 무너져 죽은 여덟 사람의 죄와 다르지 않다고 하시면서, 회개하지 않으면 그와 같이 다 망하게 될 것이라고 경고하셨다. 사람은 겉으로 드러난 죄와 그 징벌을 두려워하고 또 그것이 죄의 삯이라고 생각하지만, 더욱 심각한 죄는 하나님을 대적하는 죄이다. 예수님께서는 하나님의 성령을 거역하는 자는 결코 사하심을 받지 못한다고 말씀하셨다. (마12:32)

또한 예수님께서 열매 맺지 못하는 무화과나무 비유를 말씀하심으로써 하나님의 택한 백성들에게 하나님께서 기대하시는 열매가 있어야 한다고 하셨다. 하나님께서 열매를 기대하시면서 참으시지만 계속해서 열매를 맺히지 못할 때에는 그 나무를 찍어버린다고 말씀하신다. 하나님께서 죄인들에게 기대하시는 것은 회개의 열매이다. 예수님께서 오셔서 3년 동안이나 사람들이 회개하고 하나님께 돌아올 수 있는 기회를 주었지만 사람들은 예수님을 배척했다. 그들은 3년 동안이나 열매 맺지 못하는 무화과나무와 같은 자들이었다. 회개하고 예수 그리스도를 영접하는 사람은 영생의 열매를 맺는다. 회개할 기회는 계속해서 주어지는 것이 아니다. 지금이 은혜 받고 구원받을 수 있는 마지막 기회일지도 모른다. 하나님께서 인내를 거두실 때까지 회개를 미루지 않아야 한다.

### 3. 참 율법 지킴(14:1-6)

예수님과 바리새인들 사이에 일어난 세 번째 안식일 논쟁이다.(6:1-11;13:10-17) 안식일에 예수님께서 바리새인의 두령의 집에서 떡을 먹었다. 그 때 예수님 앞에 고창 병 든 한 사람이 있었는데, 바리새인들은 일부러 그런 상황을 만들어 놓고 어떻게 해서든지 예수님에게서 책 잡을거리를 찾아 고소하고자 했다. 십계명 가운데 네 번째 계명이었던 안식일 준수의 문제는 유대인들에게 매우 중요한 신학적인 논쟁거리였다. 유대인들은 이 계명 지키는 것을 생명처럼 소중하게 여겼다. 그러나 예수님께서는 번번히 안식일에 일을 함으로써 안식일 논쟁을 일으키셨다. 그렇게 함으로써 그들에게 안식일의 참된 의미와 더 나아가 율법의 진정한 의미가 무엇인지를 가르쳐주시기 위해 일부러 그렇게 하셨다.

하나님께서는 당신의 백성들에게 지키라고 율법을 주셨다. 그러므로 하나님의 백성 된 자들은 마땅히 성실하게 율법을 지켜야만 했다. 그러나 율법을 지키는 것보다 더 중요한 것은 그 율법을 주신 하나님의 뜻을 바르게 이해하는 것이다. 하나님의 뜻이 무엇인지 모르고 문자적인 지킴에 집착한다고 해서 그것을 온전하게 지켰다고 말할 수는 없다. 율법 지킴 이전에 온전한 율법 지킴을 행할 수 있기 위해 율법의 정신이 무엇인지를 알아야 한다. 율법의 정신은 사랑이다. 하나님을 사랑하고 이웃을 사랑하는 마음이 있을 때에 마땅히 그 앞에서 어떻게 행할지 알게 된다. 사랑하는 마음 그것이 하나님의 말씀을 순종하는 첫 단추이다.

### 4. 제자가 되는 길(14:25-35)

예수님의 말씀을 듣고 많은 사람들이 예수님을 따라다녔다. 그러나 예수님께서는 그들에게 당신의 제자가 되기 위해 치러야 할 댓가가 있음을 말씀하셨다. 부모와 처자와 형제와 자매와 및 자기 목숨까지 미워해야 하고, 자기의 십자가를 지고 예수님을 따를 수 있는 자가 능히 제자의 자격이 있다고 하셨다. 그러므로 계산을 잘 해보라고 말씀하셨다. 망대를 세우려고 할 때에도 먼저 예산을 세우고, 전쟁을 하려고 할 때에도 승산이 있을지를 먼저 헤아려 본 후에 하듯이, 이기지 못할 싸움을 하는 것은 무모한 일이라는 것이다. 주님께서는 이렇게 제자됨의 기준을 엄격하게 제시하셨다. 나는 예수님을 따르는 일을 너무 쉽게 생각하고 있지 않는가? 예수님을 따르면서 자신의 것을 포기하고 희생하기보다 제자됨을 통하여 오히려 많은 것을 얻고자 하지는 않는가? 예수님께서 이렇게 말씀하시는데도 예수님을 따르겠다고 말 할 수 있겠는가? 예수님께서는 자신의 생명의 값을 지불하시고 우리를 사랑하셨다. 우리는 값없이 구원을 얻었지만 예수님은 그 구원을 이루기 위해 모든 것을 미워했다. 믿음은 눈에 보이는 것을 얻기 위해 좇아가는 것이 아니라 버리는 것이고, 세상에서 맛 있는 자가 되기 스스로 녹아지는 것이다. 믿음은 우리에게 대가의 지불을 요구한다. 오늘 내가 주님 편에 서기 위해 치러야 할 댓가를 계산해보자.

## 10월 24일 :: 누가복음15-17장

### 1. 하늘의 기쁨(15:1-10)

세리와 죄인들이 말씀을 들으려고 예수님께 나아왔을 때 바리새인과 서기관들이 예수님을 향해 죄인을 영접하고 그들과 같이 음식을 먹는다며 원망했다. 예수님께서 그들에게 세 가지의 비유 - 되찾은 양, 되 찾은 드라크마, 되 찾은 아들 -를 통해 한 생명의 소중함을 말씀해 주셨다. 일백 마리의 양을 가진 어떤 사람이 그 중에서 한 마리를 잃어버렸을 때 그 잃어버린 한 마리를 찾기 위해 아흔 아홉 마리를 들에 두고 찾으러 나가 찾으면 그것을 어깨에 메고 집으로 돌아와 친구와 이웃을 불러 그 즐거움을 함께 나누듯이, 하늘에서도 죄인 하나가 회개하면 회개할 것 없는 아흔 아홉을 인한 기쁨보다 더한 기쁨이 있다고 하셨다. 어떤 여자가 열 드라크마 가운데 하나를 잃게 되면 그것을 찾기 위해 등불을 켜고 집을 쓸며 찾도록 부지런히 찾는다고 하신다. 그 잃은 드라크마를 찾으면 친구와 이웃을 불러모으고 함께 즐거움을 나눈다고 하셨다. 드라크마는 값어치로 따지면 하찮은 것이다. 그러나 그것을 지참한 여자에게 있어서 그 가치는 인생 전부를 걸 만한 가치가 있는 것이었다. 그러므로 찾을 때까지 찾아야만 했다.

이처럼 하나님께서는 세상에서 잃어진 한 생명을 사랑하시고 그 생명을 되찾을 때까지 모든 노력을 다한다고 하셨다. 교회가 진심으로 관심을 가져야 하는 것은 잃어버린 영혼이다. 잃어버린 영혼은 찾는 진지한 노력이 있어야 하겠다. 영혼을 얻을 때 우리는 하나님과 함께 기쁨을 누리게 된다.

### 2. 마음을 아시는 하나님(16:14-31)

불의한 청지기의 비유를 들은 바리새인들이 예수님을 비웃었다. 그들은 돈을 좋아하는 사람들이었기 때문이다. 거룩한 율법을 지키고 그것을 백성들에게 가르치는 자들이었지만 율법에 새겨진 하나님의 마음을 바리새인들은 알지 못했다. 그러므로 그 율법을 가지고 자기들의 이름을 내고, 자기들의 상황을 합리화하는데 도구로 사용하고 있었다. 예수님께서는 율법사들의 위선한 불의를 책망하셨다. 하나님께서 율법을 주신 목적은 그것을 통해 생명의 길을 걷게 하기 위함이었다.

예수님께서 바리새인들에게 부자와 거지의 비유를 베푸셨다. 한 부자가 자색 옷과 고운 베옷을 입고 날마다 호화로이 연락하는데, 나사로라고 이름한 한 거지는 병을 앓으며 그 부자의 대문에 누워 부자의 상에서 떨어진 부스러기 음식을 먹으며 살았다. 그런데 이 두 사람이 마침내 죽어 완전히 다른 인생의 결과를 맞이하게 되었다. 나사로는 아버지 아브라함의 품에 안기고 부자는 음부에 내려가 불꽃 가운데서 고통을 당하게 되었다. 그 곳에서 자신의 세상에서의 삶이 잘못되었음을 깨달은 부자는 나사로를 아버지의 집으로 보내 남아있는 형제들이 자신과 같이 고통받는 곳에 오지 않게 해달라고 했다. 그러나 아브라함은 그렇게 할 필요가 없다고 했다. 이미 세상에 하나님의 말씀을 전하는 선지자들이 많이 있으므로 그들의 말씀을 순종하면 된다고 했다. 그렇지 않으면 어떤 이적을 통해 권해도 권함을 받지 않을 것이라고 했다. 하나님께서 이 땅에서 천국을 연습하도록 우리를 보내셨다. 나는 마음을 아시는 하나님 앞에서 내 인생을 결산할 날을 맞이할 때, 아브라함의 품에 안길 수 있겠는가?

## 3. 용서와 믿음(17:1-10)

사람을 유혹하여 실족하게 하는 자에게 화가 있다고 말씀한다. 다른 사람이 죄를 범하도록 유도할바에야 차라리 연자 맷돌을 자기의 목에 매고 바다에 빠지는 것이 더 낫다고 한다. 하나님의 자녀들은 이 세상에서 사람들이 죄를 짓도록 유혹해서는 안된다. 자신이 거룩한 삶을 살 뿐만 아니라 사람들이 죄를 범하고 자신에게 해를 끼칠 때에도 그들을 용서하는 자리에 서기를 힘써야 한다. 어떤 형제가 죄를 범한 것이 확실할지라도 그 형제를 정죄하지 않아야 한다. 우리도 동일한 연약함을 가지고 있는 존재들이기 때문이다. 예수님께서는 어떤 형제가 하루에 일곱 번이나 나에게 죄를 지을지라도 내게 돌아와서 회개하면 그 사람을 용서하라고 말씀하신다. 우리가 그렇게 하는 것은 어려운 일이다. 어려운 정도가 아니고 아예 불가능한 일 일수도 있다. 그러나 예수님께서는 용서가 믿음의 시금석이라고 하셨다.

겨자씨 한 알 만한 믿음만 있어도 불가능한 것을 가능하게 할 수 있다고 하신다. 진정한 용서를 하는데는 믿음이 요구된다. 용서는 믿음으로만 할 수 있다. 예수님께서는 우리의 죄를 완전히 용서해 주셨다. 타인의 죄를 용서해주기 위해 우리는 먼저 우리가 어떻게 하나님의 은혜를 받고 예수 그리스도 안에 있는 구원을 누리는 자가 되었는지 깊이 생각해야 한다. 그것을 아는 사람은 자신이 타인을 향해서도 어떻게 해야 하는지를 깨닫게 된다. 하나님의 백성은 주인 되시는 하나님께 순종하고 주님의 뜻을 따른다. 그런 후에도 우리가 자랑할 수 없는 것은 그것이 마땅히 해야만 할 일이기 때문이다. 언제나 겸손한 마음을 가지고 살자. 항상 십자가를 붙들자. 오늘 나의 용서가 필요한 사람이 있으면 지체하지 말고 손을 내밀자.

# 10월 25일 :: 누가복음 18-20장

## 1. 부자와 영생(18:18-30)

한 관원이 예수님께 나아와 무엇을 해야 영생을 얻을 수 있는지 물었다. 예수님께서는 율법을 지키라고 하셨다. 예수님의 말씀을 들은 관원은 어려서부터 율법을 잘 지켜왔다고 대답했다. 율법 지킴에 충실했던 사람 이었는것 같다. 관원의 말을 들으신 예수님께서 그에게 한 가지 부족한 것이 있다고 하시면서 재물을 다 팔아 가난한 사람들에게 나누어 주고난 후 와서 주님을 따르라고 하셨다. 그러나 이 관원은 큰 부자였으므로 예수님의 말씀이 그의 마음에 걸림이 되었다. 근심하는 부자를 향해 예수님께서 재물이 있는 사람이 하나님의 나라에 들어가는 것은 낙타가 바늘귀로 들어가는 것보다 어렵다고 하셨다.

예수님의 말씀은 부자 관원뿐만 아니라 모든 사람들에게 걸림이 되었다. 예수님의 말씀대로라면 구원받을 사람이 없겠다고 했다. 사람들은 무엇을 함으로써 구원을 얻을 수 있을 것이라고 생각한다. 그러나 구원은 사람의 일이 아닌 하나님의 일이다. 하늘의 보화는 아무나 얻을 수 있는 것이 아니다. 진실로 그 가치를 알고 찾는 사람만이 그것을 얻을 수 있다. 세상의 보화를 하늘의 보화보다 더 소중하게 여기는 사람은 하나님의 나라에 들어갈 수 없다. 땅의 가치를 완전히 포기한 사람만이 하늘의 보화를 얻을 수 있다. 영생은 이 세상에서 자신의 무가치함을 철저하게 인식하는 사람에게 주어지는 하늘의 복이다. 재물로 대표되는 땅의 가치는 하늘의 가치와 비교될 수 있는 대상이 아니다. 영생은 오직 하나님의 은혜로 주어지는 것이므로 나는 그것을 얻기에 합당하지 않는 자임을 고백하고 오직 예수 그리스도의 십자가의 의만 믿고 의지해야 한다. 부자 - 그 마음에 하나님이 없고 세상의 것으로 가득차 있는 사람 - 는 하나님의 나라를 유업으로 받지 못한다.

## 2. 예수님의 눈물(19:28-42)

예수님께서 제자들을 맞은편 마을로 보내서 나귀를 끌어오라고 하셨다. 예루살렘으로 입성하실 때 사용하기 위해서였다. 마침내 스가랴 선지자가 예언했던 바 그 예언이 이루어지는 순간이었다. 예수님은 평화의 왕 이셨다. 예수님께서는 단 한 번 자신을 '주'라고 칭하셨다. 하늘과 땅의 모든 권세를 가지고 계셨지만 그 권세를 과시하지 않으셨다. 평화의 왕으로 오셔서 죄인들의 마음 속에서 일어나고 있는 모든 전쟁을 쉬게 하고 그 심령에 하늘의 평화를 주시기 원하셨다.

무리들은 예루살렘에 입성하신 예수님을 환호했다. 온 성이 예수님의 오심 때문에 소동했다. 그러러나 그들은 예수님이 나귀를 타고 입성하신 의미가 무엇인지 깨닫지 못했다. 정치적인 해방자가 오셨다고 들떠 있었다. 예수님은 정치적인 해방자가 아니라 하나님을 떠난 죄인들에게 참된 구원과 평화를 가져다주는 겸손하신 왕, '평강의 왕'이시다. 그들은 왕이 입성하시는 길에 자기들의 겉옷을 펴며 종려나무 가지를 베어 길에 폈다. 그리고 왕의 오심을 소리 높여 찬송했다. 그러나 그들은 예수님께서 세상에 오신 참된 의미를 깨닫지 못했다.

예수님께서 예루살렘 성을 보시고 우셨다. 백성들은 평화의 소식을 가지고 오신 예수님을 알아보지 못했다. 하나님께서 많은 선지자들을 보내 평화의 왕의 오심을 준비하게 하셨지만 그들이 예수님을 배척했다. 우리의 믿음이 허상을 붙잡는 믿음이어서는 안된다. 끊임없이 예수님을 바라보아야 한다. 예수님이 어떤 분이신지를 바로 알아야 한다. 진리를 보는 눈을 열어주시도록 기도하자.

## 3. 권세에 순복하기(20:1-18)

예수님이 성전을 정화하시고 성전에서 가르치시는 것을 본 대제사장들과 백성의 장로들이 예수님께 나아와 항의했다. '당신이 무슨 권세로 이런 일을 하며, 누구에게서 그 권세를 받았느냐'는 것이었다. 그 권세를 하나님께서 주셨다고 하면 신성모독죄로 고발할 참이었다. 그러나 예수님께서는 요한의 세례가 하늘로서 왔는지 아니면 사람에게서 왔는지 그들에게 되물으심으로써 그들이 가지고 있는 권세의 출처 보다는 하나님께서 허락하신 그 권세에 참으로 순종하고 있는지에 더 깊은 관심을 가지셨다. 종교지도자들은 예수님의 질문에 대답하지 못했다. 하나님께로부터 온 권세인 줄 알고 있었음에도 불구하고 하나님을 두려워하지 않고 오히려 사람들을 두려워함으로 하나님의 권세를 무시하고 있었기 때문이다.

그러므로 예수님께서 한 비유를 말씀하셨다. 한 사람이 포도원을 만들고 포도를 재배하여 수확할 수 있는 모든 준비들을 갖춘 후 그것을 농부들에게 세로 주고 멀리 떠났다. 그리고 포도를 수확할 때가 되어 그 실과를 받으려고 자기의 종들을 보냈지만 포도원 농부들은 그 종들을 모욕하고 그들에게 심각한 피해를 입혔다. 포도원 주인은 자기 아들을 보내면 공경하게 될 것이라고 여기고 아들을 보냈다. 그러나 농부들은 주인의 상속자인 그 아들을 때려 죽이고 자기들이 그 포도원을 차지하려고 했다. 포도원 주인의 아들이신 예수님께서 하나님의 백성들 가운데 오셨는데 백성의 지도자들은 그 예수님을 환영하지 않았다. 오히려 그를 붙잡아 죽이는데 내어주고 말았다. 하나님께서 부여하신 권세를 무시하는 자들에게 임하는 하나님의 심판은 엄중하다. 하나님 아버지께서 그 아들에게 하늘의 권세를 주셨다. 예수님의 권세에 순종하는 사람이 하나님의 사랑을 받는다.

## 10월 26일 :: 누가복음 21-22장

### 1. 큰 환란의 날(21:20-28)

예수님께서 예루살렘의 멸망을 예언하셨다. 예루살렘이 군대들에게 에워쌓일 날이 올 것이라고 하셨다. 예루살렘의 멸망은 인류 종말의 징표로써 마지막 때에 나타나게 될 적그리스도의 출현과 더불어 이 땅에 임하게 될 환란에 대한 예언이다. 마지막 환란의 때에 하나님의 백성들에게 큰 시련이 있게 될 것인데, 예수님께서 그 환란의 임박성에 대해서 말씀하셨다. 그 때가 되면 '유대에 있는 자들은 산으로 도망하고, 성내에 있는 자들은 나가고, 촌에 있는 자들은 그 곳 성으로 들어가지 말라'고 하셨습니다. 화려하고 아름답게 보였던 성전이 전부 무너질 것이기 때문이었다. 마지막 종말의 때는 우리가 우리의 삶의 문제에 관심을 기울일만큼 그렇게 한가롭지 않다. 예수님께서는 그 종말의 임박성에 대해서 말씀하시면서 '그 날에는 아이 밴 자들과 젖먹이는 자들에게 화가 있을 것인데 이는 땅에 큰 환란과 백성들에게 진노가 있을 것이기 때문이라'고 말씀하셨다. 마지막 환란의 날에는 일월성신에 징조가 있게 되고, 사람들은 당할 환란으로 인해 기절하게 되고, 하늘의 권능들은 흔들리게 될 것이라고 하셨다.

이렇게 세상의 마지막 날이 오게 되면 예수님께서 재림하시게 된다. 큰 능력과 영광으로 오시게 된다. 예수님께서 다시 오시면 성도들이 영원한 구원을 누리게 된다. 그러므로 성도는 매일 매일의 삶을 종말론적 의식을 가지고 살아가야 한다. 종말은 세상의 끝에만 임하는 것이 아니다. 오늘도 적그리스도는 성도의 믿음의 삶을 위협하고 있다. 우리가 깨어 있지 않으면 그 때를 분별할 수 없다.

### 2. 기도하며 깨어 있기(21:29-38)

예수님께서 반드시 임할 종말과 재림을 어떻게 준비하며 살아야 하는지 비유를 들어서 말씀하신다. 먼저 무화과나무의 비유를 배우라고 하신다. 무화과나무의 잎이 무성하면 여름이 온 줄을 알듯이 여러 가지 환란의 징조들이 나타나는 것을 볼 때에 주님께서 재림하실 때가 가까이 왔음을 깨달으라는 것이다. 예수님의 말씀은 확실하다. 천지는 없어지지만 예수님의 말씀은 영원하다. 예수님의 재림의 날과 시간을 아는 사람은 아무도 없다. 그러나 주님께서는 환란의 징조들을 통해 당신께서 임하실 날을 그 자녀들에게 알리신다. 그러므로 깨어 있어서 그 때를 잘 분별해야 한다. 우리 주변에서 일어나는 일들, 또는 내 삶에서 일어나는 일들을 종말론적인 시각을 가지고 바라볼 수 있어야 한다. 종말이 있음을 알고 그 날을 맞이할 준비를 하며 사는 성도는 날마다 스스로 조심하고 깨어 있어야 한다. 그렇지 않으면 세상의 연락에 취하게 되고 생활의 염려에 마음이 사로잡히게 된다. 주님의 날은 뜻밖에 임한다. 세상 모든 사람들에게 동시에 임한다. 그 날을 피할 사람이 아무도 없다. 사람들은 현실의 일에만 관심을 기울이지만 지혜로운 사람은 내일을 대비하고 준비한다. 예수님께서 당신의 자녀들에게 깨어 있어서 기도하며 재림을 맞이할 준비를 하고 있으라고 하신다. 오늘 세상이 어떤 삶을 살든지 성도는 세상의 연락에 취하여 살지 말고 깨어 기도하며 주님의 재림을 기다리며 살아가야 한다. 우리가 마지막 날에 인자 앞에 서야 한다. 나는 어떤가? 주님 만나는 것을 나의 최고의 소망으로 삼고 있는가?

## 3. 유월절을 기대함(22:1-13)

예수님께서 재림에 관한 모든 비유를 마치시고 이제 유월절을 준비하시게 되었다. 그 유월절에 십자가에 못박히셔야만 했다. 이미 대제사장들과 백성의 장로들은 예수님을 죽일 방책을 의논했다. 가룟인 유다는 예수님을 팔기 위해 대제사장들과 군관들에게 갔다. 성경은 사단이 그의 마음에 들어갔다고 증거한다. 그는 계속해서 예수님을 팔 기회를 찾고 있었다. 그러한 때에 예수님은 잡히시기 전날 밤에 제자들과 더불어 유월절 만찬을 드시기 원하셨다. 이름을 알 수 없는 한 사람이 유월절을 준비했다. 유월절은 이스라엘 백성들이 애굽에서 구원받던 날 양을 잡아 그 피를 문설주에 바르고 양고기와 더불어 누룩 없는 떡을 먹었던 것을 기념하는 절기이다. 그 유월절은 예수 그리스도의 죽으심을 예표하는 절기였다. 죽음의 사자가 애굽 전국을 휩쓸고 있을 때에 문에 피를 바른 이스라엘 백성들은 안전하게 보호되었듯이, 심령에 예수 그리스도의 피가 발려진 사람은 죄와 사망에서 해방되고 구원받게 된다. 베드로와 요한은 예수님의 말씀대로 유월절을 예비했다. 예수님께서는 이 날이 오기를 기대하셨다. 그러나 가룟 유다는 예수님의 제자가 되어 3년 반 동안 예수님과 함께했지만 진정으로 제자의 길을 가지 않았다. 자기의 유익에 눈이 멀어 스승을 죽일 방도만 찾고 있었다. 참으로 불행한 일이 아닐 수 없다. 은혜는 아무에게나 주어지지 않다. 죽기까지 우리를 사랑하신 주님의 마음을 아는 것이 은혜이고 복이다.

## 4. 어리석은 다툼(22:24-38)

유월절 만찬이 있은 후 예수님께서는 제자들과 더불어 감람산으로 가셨다. 그 사이에 제자들 가운데서는 자기들 중에 누가 크냐 하는 다툼이 일어났다. 이제 몇 시간 후면 주님께서 대적들에게 잡히시게 될 것인데 그들은 서로 큰 자리를 차지하겠다고 다툼을 벌임으로써 자신들의 죄 된 본성을 적나라하게 폭로하고 말았다. 예수님께서는 누가 진정으로 큰 자인지 말씀해주셨다. 주님은 자신이 큰 자가 아닌, 섬김을 받는 자가 아닌, 섬기는 자로 그들 가운데 있다고 말씀하셨다. 예수님께서 당신의 제자들에게 아버지의 나라를 맡겨 다스리게 하실 것이라고 하셨다. 제자들의 열심이 아닌 예수님 자신의 열심이 그 일을 이룰 것이라고 하셨다. 그러나 베드로는 자기의 열심을 자랑했다. 죽음의 자리까지 주님과 함께 하겠다고 했다. 잠시 후에 자신이 예수님을 부인하는 자리에 서 있을 것을 전혀 알지 못했다. 하나님의 나라를 유업으로 누리는 것은 우리의 열심으로 되는 것이 아니다. 아무리 훈련을 받아도 여전히 변화되지 않는 것이 탐욕적인 사람의 마음이다. 하나님께서 하늘의 것을 주시지 않으면 아무도 그것을 얻을 수 없다. 아버지의 나라에서 왕 노릇 하는 권세는 하나님의 은혜를 받고 사랑을 받은 자들만이 누리게 되는 특권이다. 내 열심으로 신앙생활 하면 필경은 넘어진다. 우리는 우리 자신 조차도 온전하게 세울 수 없고 스스로 주님을 따를 수 없는 그렇게 연약한 자들이다. 이만하면 됐다고 생각할 그 때가 가장 넘어지기 쉬운 때이다. 어리석은 다툼을 버리고 오직 하나님의 은혜를 사모하는 자리로 나아가자.

## 10월 27일 :: 누가복음 23-24장

### 1. 어두움의 행위들(23:1-25)

대제사장들과 장로들이 예수님을 끌고 빌라도에게 갔다. 그들은 빌라도 앞에서 예수님을 고소했다. 그들이 예수님을 빌라도에게 넘겨준 이유는 자기들에게 사람을 죽일 권세가 없었기 때문이었다. 이렇게 예수님이 이방인의 손에 넘긴 바 됨으로써 유대인과 이방인은 모두가 죄 아래 있음이 증거되었다. '네가 유대인의 왕이냐'는 빌라도의 물음에 예수님께서는 그 말이 옳다고 확증해 주셨다. 예수님은 유대인의 왕으로 오신 분이셨지만 유대인들은 예수님을 왕으로 인정하지 않고 오히려 왕을 죽이려고 했다. 빌라도는 예수를 갈릴리 지역의 분봉왕이었던 헤롯에게 넘겨 재판을 받게 했다. 헤롯은 예수를 업신여기며 희롱하고 빛난 옷을 입혀 다시 빌라도에게 보냈다. 예수님을 죽이기 위해 그들이 함께 모의를 꾸몄다. 이렇게 예수님은 세상으로부터 철저하게 외면당했다. 자기 땅에 왕으로 오셨지만 백성들이 예수님을 왕으로 인정하지 않았다. 오히려 죄인으로 누명을 씌워 죽이고자 했다. 빛이 그들에게 임했지만 그들은 예수님을 알아보지 못하고, 빛 대신에 어두움을 택했다.

우리가 예수님을 생명의 주로 믿고 우리의 마음에 영접하게 된 것은 하나님의 놀라운 은혜이다. 영접하는 자에게는 하나님의 자녀가 되는 권세를 주신다고 했다. 어두운 세상에 빛을 비출 수 있는 분은 빛 되신 주님 자신이시다. 빛은 항상 어두움에게 고난당하는 모습으로 나타난다. 그러나 어두움이 빛을 이기지 못한다. 어두움의 일에 참여하지 말고 빛 되신 주님을 순종하자.

### 2. 낙원으로의 초대(23:26-43)

빌라도는 예수님께 아무 죄가 없는 것을 알았음에도 불구하고 소요를 두려워한 나머지 불의한 백성들의 말을 들어주고 말았다. 이렇게 해서 예수님은 십자가를 지는 자리로 나아가게 되었다. 가시면서 예수님께서는 가슴을 치며 슬피 우는 여인들을 위로하시고 자녀들을 위해서 울라고 하셨다. 구레네 사람 시몬은 주님이 십자가를 지고 죽으러 가는 현장에 왔다가 예수님이 맨 십자가를 대신 지고 가게 되었다. 마침내 예수님은 해골이라는 곳에 이르러 십자가에 못박히게 되셨다. 예수님의 좌우편에는 다른 행악자가 달리게 되었다. 그 십자가의 현장에서 백성들은 구경하고 관원들은 비웃고 군병들은 희롱했다. 자기의 죄가 무엇이고 지금 무슨 일을 하고 있는지 깨닫는 자가 아무도 없었다. 예수님께서 달리신 십자가에는 '유대인의 왕' 이라는 죄패가 붙여졌다. 당시에 죄인들을 나무에 달아 죽일 때에는 그 나무 위에 그들의 죄목이 적힌 패를 달았다. 이렇게 예수님께서 나무에 달려 저주를 받으심으로써 죄인들이 받아야 할 저주를 친히 담당하셨다. 유대인들은 그들의 왕으로 오신 예수님을 나무에 매달아 죽였다. 그러나 예수님께서는 죽음으로써 그들의 왕이 되심을 증거하셨다. 심지어 십자가에 달린 강도들조차 예수님을 욕했다. 그러나 한편 강도는 자기의 죄를 깨닫고 회개했다. 그 날 그 강도는 예수님에 의해 낙원으로 초대받았다. 마지막 죽음의 순간까지도 죄인을 사랑하시는 예수님의 사랑은 계속되었다. 강도와 같이 죽을 나를 위해 대신 죽어주신 주님의 은혜를 찬양하자.

## 3. 예수님을 만나면(24:23-35)

예수님의 부활을 믿지 못한 사람들 중에 두 사람이 예루살렘에서 엠마오로 가면서 그날 일어난 일에 대해서 함께 이야기했다. 그 때 부활하신 예수님께서 그들 가운데 동행하시면서 그들이 주고받는 이야기에 대해서 물으셨다. 그들은 예루살렘에서 일어났던 예수님의 수난과 십자가의 죽으심의 사건에 대해서, 또한 여자들이 증거한 예수님의 부활 소식에 대해서 예수님께 이야기했다. 그들은 예수님의 부활 소식을 이상하게 여겼다. 예수님께서는 그들의 믿음 없음을 한탄하셨다. 그러므로 모세와 모든 선지자의 글에 기록된 주님 자신에 관한 말씀들을 그들에게 자세하게 풀어서 설명해 주셨다. 두 사람과 함께 머물면서 식사를 할 때에 그들 가운데 부활하신 자신을 예수님께서 친히 드러내셨다. 그제서야 그들은 예수님께서 성경을 풀어주실 때에 그들의 마음이 뜨거웠던 것을 기억했다. 그들은 곧 바로 예루살렘으로 돌아갔다. 예루살렘에 있던 열한 제자들과 다른 사람들이 예수님의 부활에 관하여 이야기하고 있었다. 두 사람도 그들이 가던 길에서 된 일과 예수님께서 떡을 떼실 때에 자기들에게 알려지신 것을 그들에게 이야기했다. 이렇게 해서 마침내 예수님의 부활에 관한 소식이 제자들의 이야기의 중심 주제가 되었다. 부활을 믿지 못하던 자들이 부활에 대해 관심을 가지게 되었다. 부활을 믿지 못하는 믿음은 헛된 믿음이다. 그런 믿음은 우리를 여전히 죄 가운데 있게 만든다. 부활하신 주님을 믿는 믿음이 우리에게 영원한 생명을 준다.

## 1. 참 빛이신 예수님(1:1-13)

요한복음은 예수님의 신성, 즉 예수님의 하나님 되심에 강조점을 두어 기록한 복음서이다. 육신을 입고 이 세상에 오신 예수님, 하나님의 이들에 관한 기록이다. 요한복음은 주로 예수님의 설교와 대화들로 루어져 있고, 공생애 기간 동안에 예수님께서 자신의 신성을 증거하는 7개의 중요한 표적들(물로 포도주를 만드심, 왕의 신하의 아들의 병을 고쳐주심, 오병이어의 이적 행하심, 물 위를 걸으심, 나면서 소경된 사람 고쳐주심, 죽은 나사로를 살리심)을 행하셨는데 그것들을 비중 있게 다루고 있다.

예수님은 태초부터 계신 말씀이신 하나님이셨다. 예수님은 빛을 창조하신 창조주이실 뿐만 아니라 세상의 모든 만물이 예수님을 통해서 창조되었다. 예수님은 말씀이신 하나님이셨는데 육신을 입고 이 세상에 오신 하나님이 되셨다. 로고스 이신 하나님께서 우리 인간 수준으로 내려오셔서 죄인과 동일한 한 몸을 입으시고 죄인들 가운데 사시면서 죄인들과 교통하시고 그들에게 생명의 길을 회복하는 길이 무엇인지를 가르쳐 주신 것이다. 사람들이 어두움 가운데서 살고 있기 때문에 하나님을 알지 못하고 있어서 하나님께서 선지자 요한을 보내셔서 그 빛이신 예수 그리스도를 백성들에게 소개하게 하셨다. 빛이 없으면 어떤 것도 그 생명을 유지할 수 없다. 세상의 모든 생물들이 빛에 의지해서 산다. 빛이 있어서 그 빛을 받아 생명을 키워가게 된다. 사람도 예외가 아니다. 빛이 없으면 죽는다. 그래서 성경은 그것을 어두움, 사망이라고 한다. 예수님은 어두움을 몰아내는 빛이시고, 사망을 이기신 생명이다.

## 2. 참 이스라엘 사람(1:43-51)

예수님께서 빌립을 만나서 나를 좇으라고 하셨을 때 빌립이 예수님을 따르게 되었다. 빌립은 나다나엘을 찾아가 자기가 만난 예수님을 소개했다. 예수님은 모세가 율법에 기록하였고 여러 선지자가 기록한 바로 그 분이라고 했다. 나다나엘은 빌립의 말을 믿으려고 하지 않았다. 나사렛에서 무슨 선한 것이 나겠느냐고 했다. 그러나 빌립은 한번 와서 보라고 했다. 예수님께서 나다나엘을 보시고 "보라 이는 참 이스라엘 사람이라 그 속에 간사한 것이 없도다" 라고 말씀하셨다. 나다나엘은 예수님께서 자기를 알아보신 것을 보고 깜짝 놀랐다. 그리고 곧 바로 예수님을 '하나님의 아들, 이스라엘의 임금'으로 고백했다. 나다나엘은 이스라엘에게 임할 하나님의 은혜를 기다리는 사람이었다. 그는 무화과나무 아래서 이스라엘의 회복을 꿈꾸고 있었다. 인간의 열심이 아닌 하나님의 은혜로 회복될 것을 믿고 있었다. 예수님께서 그 나다나엘을 알아보시고 그는 참 이스라엘 사람이라고 했다. 참 이스라엘 사람은 은혜를 사모하는 사람이다. 그 은혜로 힘을 얻기를 갈망한다. 내 힘으로 사는 것이 아니라 모든 것이 하나님의 은혜로 되어짐을 믿는 믿음을 가진 사람이 참 이스라엘이다. 교회는 참 이스라엘이다. 예수님께서는 그 참 이스라엘이 십자가의 은혜를 깨닫게 되고 하나님을 만나게 된다고 말씀한다. 야곱이 환도뼈가 부러지는 경험을 통해 이스라엘이 되었다. 하나님께 온전히 굴복하는 자가 하나님의 복을 누리게 된다.

## 3. 가나의 혼인 잔치(2:1-11)

갈릴리 가나의 혼인 잔칫집에서 물로 포도주를 만드신 사건은 예수님께서 행하신 첫번째 표적이었다. 표적이라는 말은 어떤 것을 증명하는 '증거' 또는 '표'를 일컫는다. 짐승을 희생제물로 바칠 때 그것이 희생제물의 짐승임을 보증해주는 표시였다. 요한복음은 예수님께서 7번에 걸쳐서 행하신 표적을 기록하고 있는데 - 물로 포도주를 만드심(2장), 왕의 신하의 아들의 병을 고치심(요4), 38년 된 병자를 고치심(요5), 오병이어의 이적(요6), 물 위를 걸으심(요6), 소경을 고치심(요9), 죽은 나사로를 살리심(요11) - 이 표적들은 모두 예수님의 십자가와 관련이 있는 것들이었다. 표적을 통해 당신의 십자가의 죽으심과 부활을 예표하시고 그 표적을 통해서 당신이 어떤 분이신지, 그리고 이 세상을 위해 무슨 일을 하실 것인지를 보여주셨다. (마12:38-39)

예수님은 무슨 일을 하시든지 '때'에 관심을 가지셨다. 예수님의 때는 아버지께서 하라고 정해주신 일을 하는 때를 의미한다. 주님께서는 언제나 당신을 이 세상에 보내신 아버지의 뜻을 이루어드리기 위해서 사셨고, 그 때를 위해서 사셨다. 그러므로 때가 이르렀을 때에 십자가 위에 달리심으로 아버지의 뜻을 온전하게 순종하셨다. 잔칫집에 포도주는 기쁨을 위해서 있다. 그런데 그 포도주가 떨어졌다. 그 때 예수님께서 물로 된 포도주를 공급함으로써 그 곳에 기쁨을 더하게 했다. 언제나 사람의 기쁨은 한계가 있지만 예수님이 포도주를 주실 때 기쁨이 풍성하게 된다. 예수님의 십자가의 피는 모든 사람에게 참된 구원의 기쁨을 준다. 예수님이 계신 교회에는 혼인 잔치집의 기쁨이 있다.

## 4. 예수님과 니고데모(2:23-3:15)

바리새인이고, 율법학자이고, 산헤드린 공회의 회원이었던 니고데모가 밤에 예수님께 왔다. 그는 예수님께서 행하신 표적들에 관심을 가지고 있었다. 그러나 니고데모는 율법에 대해서 해박한 지식을 가지고 있고, 백성들의 스승이고, 유대인들의 관원이었지만 정작 예수님이 어떤 분이신지는 몰랐다. 예수님께서는 율법 선생인 니고데모에게 율법을 많이 안다고 하나님의 나라를 이해할 수 있는 것이 아니라 거듭나야만 하나님의 나를 볼 수 있다고 말씀하셨다. '거듭난다'는 말은 '처음부터, 다시, 위로부터 난다'는 뜻이다. 그것은 물과 성령으로 나는 것이다. 하나님의 나라에 들어가는 것은 사람의 노력으로 되는 것이 아니라 하나님의 은혜로 즉, 성령의 역사로 된다. 성령께서 죄인의 마음에 역사하실 때에 그가 진실로 회개하게 되고, 예수 그리스도가 생명의 주님이신 것을 믿게 되고, 그 사람이 하나님의 나라에 들어갈 수 있게 된다. 구원은 사람의 노력으로 얻을 수 있는 것이 아니다. 성경을 많이 알아야, 세례를 받아야, 교회를 열심히 다녀야 구원받는 것이 아니다. 성령께서 내 마음에 찾아오셔서 나를 거듭나게 하실 때에 내가 예수님을 생명의 주님으로 고백하게 된다. 니고데모는 율법 선생이었지만 그것을 몰랐다. 교회는 도덕과 윤리를 가르치는 곳이 아니다. 예수 그리스도의 복음을 가르쳐야 한다. 교회가 엉뚱한 것 가르치면 안된다. 도덕과 윤리로는 구원받을 수 없다. 그것으로는 하나님을 만날 수 없다. 예수님이 우리에게 영원한 생명을 주신다. 그 생명 주시기 위해 친히 저주의 십자가를 지시고 죽으셨다. 그러므로 우리가 예수 그리스도의 십자가 앞으로 나아와야 한다.

## 5. 흥함과 쇠함(3:22-36)

요한의 제자가 다른 한 유대인과 더불어 결례(깨끗하게 하는) 문제에 대해서 변론하고 있는 것을 보고 신앙생활에 있어서 무엇이 중요한 것인지, 어떻게 믿음생활을 해야 하는지를 가르쳐 주었다. 요한의 제자들은 스승에 대한 존경심이 있었다. 그런데 어떤 사람이 나타나서 자기 스승처럼 사람들에게 세례를 주고 있는 것을 보고 못마땅하게 여겼다. 그러나 요한은 제자들에게 세례를 베푸는 그 분은 하늘로부터 권세를 위임받은 분이시고 자신은 그분을 증거하라고 그분 앞서서 하나님으로부터 보내심 받은 자라고 했다. 신부를 취하는 자는 신랑인데 자신은 그 신부를 취하는 신랑을 보면서 기뻐하는 친구와 같은 사람이라고 했다. 요한은 불평하는 제자들에게 자신은 신랑이 아니라 신랑이신 예수님의 친구로써 그 신랑 곁에 서서 신랑의 음성을 듣고 크게 기뻐하는 자라고 말함으로써, 신랑이신 예수님이 자기 신부와 결혼식을 올리기 위해 이 세상에 오셨는데 자신은 그 혼인 예식을 위해 헌신적으로 돕고 있는 자로서 기쁨이 충만하다고 했다.

예수 그리스도가 어떤 분이신지 아는 사람은 자신이 어떤 존재인지를 알게 된다. 예수님 앞에서 보잘것없는 죄인인 것을 깨닫게 된다. 그런 사람은 자신을 자랑하거나 자기 영광을 구하지 않는다. 교회도 이렇게 되어야 한다. 오직 예수 그리스도의 이름만 높여야 한다. 주님을 위해 해야 할 일만 해야 한다. 주님의 신부인 교회는 오직 신랑이신 예수 그리스도만 자랑해야 한다. 그래서 예수님만 홍해야 하고 나는 쇠해져야 한다. 예수님이 반드시 높아져야 하고 교회는 철저하게 낮아져야 한다.

## 10월 29일 :: 요한복음 4-6장

### 1. 물을 좀 달라(4:1-18)

예수님이 사마리아의 한 우물가에서 한 여인을 만났다. 그의 제자들은 먹을 것을 구하기 위해서 동네로 들어가고 예수님만 홀로 계셨다. 그 시간에 마침 사마리아 여자 하나가 물을 길으러 왔는데 예수님께서 그 여자에게 '물 좀 달라'고 하셨다. 예수님은 이 여자를 만나기 위해 일부러 사마리아로 가셨다. 많이 피곤하셨지만 이 여자를 만나 하나님의 은혜를 전달해 주어야 했기 때문이었다. 하나님을 잃어버린 세상에서 하나님의 은혜가 필요하지 않는 사람이 아무도 없다. 부자나 가난한 자나 죄가 있는 자나 없는 자나 모두가 하나님을 만나야만 한다. 우리 주님께서는 이렇게 잃어버린 자를 찾기 위해서 오셨다. 여인은 남편을 다섯이나 만났지만 만족이 없을 만큼 늘 사랑에 목말라 하는 삶을 살고 있었다. 사람들은 그 여인을 싫어했다. 예수님께서 그런 여인을 찾아오셔서 만나주셨다. 사람들은 외면했을지 몰라도 우리 주님께서는 한 순간도 이 여인을 놓치지 않으셨다.

세상의 모든 사람들은 자신의 욕구를 만족시켜 줄 어떤 것들을 찾아 헤메이고 있다. 마음 깊은 곳에 있는 갈증을 해갈하기 위해 무엇엔가 열심을 내고, 무엇엔가 미쳐서 살아가고 있다. 그것을 얻기 위해 자기의 가진 것을 낭비한다. 어떤 것은 드러내놓고 하기 부끄러워 남 몰래 한다. 그러나 그 속에서 참된 만족을 찾지 못한다. 오늘 내가 숨기고 있는 것, 나만 알고 있는 비밀, 우리 주님이 속속들이 알고 계신다. 그래서 우리 속에 들어오셔서 말씀하시고 지적하시고 돌이키게 하시고 포기하게 하신다. 끝없는 열심을 품고 내게 찾아오시는 주님 앞에 겸손한 마음으로 나아가 엎드리고 하나님의 선물인 영원한 생명을 누리는 은혜가 있어야 하겠다.

### 2. 참 예배(4:19-26)

예수님께 자신의 정체를 들켜버린 사마리아 여자가 예수님이 단지 그들과 담을 쌓고 서로 대면하기를 꺼려했던 유대인이 아니라 선지자인 것을 깨닫게 되었다. 그리고 유대인과 사마리아인이 공히 중요하게 여기는 예배의 문제를 가지고 예수님과 말씀을 나누게 되었다. 그는 나름대로 사마리아 사람으로써 세겜 땅 그리심 산에서 예배를 드리는 것에 대해서 자부심을 가지고 있었던 것 같다. 그래서 " 우리 조상들은 이 산에서 예배하였는데 당신들의 말은 예배할 곳이 예루살렘에 있다 하더이다" 고 물었다. 역사적으로 유대인과 사마리아 사람은 예배의 문제를 가지고 끊임없이 논쟁을 벌여왔다. 왕국이 분열되기 전에 그들은 모두 예루살렘에서 예배를 드렸다. 그러나 나라가 분열되게 되었을 때 이스라엘의 초대 왕이었던 여로보암은 나름대로 나라의 정통성을 세운답시고 예배의 문제를 깊이 고민하게 되었고 결국 벧엘과 단에 두 금송아지를 만들고 이스라엘 백성들로 하여금 그곳에서 제사를 드리게 했다. 그 후에 사마리아인들은 세겜을 그들의 예배의 장소로 여기게 되었다. 자신들이 진짜 예배를 드리고 있다고 믿고 있었던 사마리아 여인에게 예수님께서 예배란 무엇이고 어떻게 드리는 예배가 참된 예배인지 가르쳐 주셨다. 중요한 것은 예배의 장소가 아니라 예배의 내용이라고 하셨다. 신령과 진정으로라는 말씀은 '성령과 진리로'라는 말씀이다. 진리이신 예수님을 의지하여 하나님 앞에 나아갈 때 성령께서 우리의 예배에 함께 하시고, 감동하시고 역사하시고, 하나님의 은혜 가운데로 우리들을 인도해 주신다. 예수님께서는 그리스도를 고대하고 있던 사마리아 여자에게 자신이 그리스도, 즉 예배의 실체, 예배의 참 대상이심을 드러내셨다.

### 3. 낫고자 하느냐?(5:1-9)

예수님께서 38년 동안 걷지 못하는 병을 앓고 있는 환자를 만나기 위해서 명절에 예루살렘으로 올라가셔서 양 문 곁 베데스다 연못가로 가셨다. 베데스다란 말은 '은혜의 집'이라는 뜻이다. 구원을 상징하는 양 문과 은혜의 집인 베데스다 못 가에 많은 사람들이 모여들었는데 주로 병자들이 그곳에 모여들었다. 예수님께서 38년 된 병자가 거기에 누워있는 것을 보시고 "네가 낫고자 하느냐?"고 물으시고 그 병자에게 "일어나 네 자리를 들고 걸어가라"고 하셨다. 그러자 그 사람이 곧 나아서 자리를 들고 걸어가는 기적이 일어나게 되었다. 이 사람은 자기 힘으로는 아무것도 할 수 없는 사람이었다. 그럼에도 불구하고 그는 38년동안 그 자리를 지키고 있었다. 이 38년 된 병자의 모습은 하나님의 은혜를 거부하고 자기 힘으로 병을 고쳐보겠다고 몸부림치는 모든 인간들의 모습이다. 하나님을 떠난 인생들이 하나님께로 돌아오려고는 하지 않고 무엇인가 자기 힘으로 영혼의 질병을 고침 받고, 인생의 행복을 찾으려고 한다.

비참한 현실 속에서 하루하루 살아가고 있던 이 병자에게 예수님께서 찾아가셔서 만나주셨다. 예수님의 말씀에 순종했을 때 38년 된 병자의 다리에 힘이 생겨 걸을 수 있게 되었다. 모든 절망과 한숨과 탄식이 한 순간에 해결되었다. 예수 그리스도께서 우리 안에 들어오실 때 우리의 삶에 이런 변화가 있게 된다. 우리 인생이 완전히 새롭게 된다. 우리가 하나님의 은혜를 누리기 위해서 할 수 있는 것은 아무것도 없다. 무엇을 해서 구원을 얻는 것이 아니다. 열심히 수고하고 헌신해서 보상을 받는 것이 아니다. 구원은 전적인 하나님의 은혜이다. 하나님이 그의 심령 속에 찾아오셔서 만나 주실 때에만 은혜를 누릴 수 있게 된다.

## 4. 인생의 풍랑(6:16-21)

예수님은 산으로 기도하러 가시고 제자들은 배를 타고 목적지로 가게 되었다. 제자들이 배를 타고 노를 저어갔던 바다와, 그 바다위에서 만난 풍랑과, 그 풍랑 속으로 걸어오신 예수님은 우리 인생이 어떠하며 그 인생을 사는 동안에 우리가 어떤 일들을 겪게 되며, 그 속에서 믿음을 발휘하는 것이 왜 중요한지를 보여준다. 제자들이 오병이어의 이적을 경험한 후 배를 타고 가버나움으로 가다가 만난 풍랑은 주님께서 허락하신 환경이었다. 우리가 여러가지 어렵고 힘든 일들을 만날때 전능하신 우리 주님께서 우리의 모든 형편과 사정을 알고 계신다. 우리에게 그러한 환경을 허락하시는 주님이시다. 그 환경 속에서 주님을 의지하기를 원하시고 믿음으로 이기며 나아가기를 원하신다.

성도에게 허락된 환경은 어떤 것도 쓸모 없는 것이 없다. 예수님께서는 우리가 믿으면 아무 문제가 생기지 않을 것이라고 말씀하지 않으셨다. 오히려 너희들에게 환란이 있을 것이라고 말씀하셨다. 제자들이 파도와 싸우며 노를 젓느라고 고생하고 있을 때, 밤 사경에 예수님이 그 바다위로 걸어서 제자들에게 오셔서 풍랑을 잠잠케 하지 않으시고 먼저 그들에게서 믿음을 찾으셨다. 하나님께서 나에게 고난과 역경을 허락하셨다면 그것은 나의 믿음을 훈련하기 위함이다. 믿음을 훈련하기 위해서 풍랑을 주시는데 평탄한 삶만 추구하면 안된다. 모든 것이 평탄하면 좋을 것 같지만 그 평안함 때문에 우리 주님을 바라보지 않게 된다. 어떤 상황에서든지 우리가 주님을 바라보아야 한다. 하나님안에서 의미 없는 삶은 아무것도 없다. 하나님께서 기뻐하시는 삶은 우리의 능력을 믿고 사는 삶이 아니라 우리의 한계를 인정할 줄 아는 믿음이다.

## 5. 생명의 떡 예수(6:30-36)

벳세다 들판에서 행하셨던 오병이어의 이적을 통해 크게 재미를 보았던 사람들에게 예수님께서 "썩는 양식을 위해서 일하지 말고 영생하도록 있는 양식을 위해서 일하라"고 하셨을 때, 그들과 주고받은 대화의 내용이다. 모든 사람들이 이 땅에서 양식을 얻기 위해서 일한다. 예수님께서는 그것을 위해서 일하지 말라고 말씀하지 않으셨다. 썩는 양식이란 하나님과 상관없이 오직 자신의 육신의 배만 채우기 위해서 수고하는 모든 노력들을 의미한다. 성도는 이 땅에서 하나님의 일을 하도록 즉, 썩지 않은 양식을 위해 살도록 부름받은 사람들이다. 예수님께서는 "하나님의 보내신 자를 믿는 것이 하나님의 일이니라"고 말씀하셨다. 예수 믿는 것이 하나님의 일이다. 진실로 예수님을 믿는 사람은 모두 하나님의 일을 하는 사람들이다.

예수님은 믿는 자에게 육신의 번영을 보장하지 않았다. 오히려 땅의 것이 아닌 하늘의 것, 육신의 생명이 아닌 영원한 생명에 관해서 말씀하셨다. 무엇을 얻는가가 아니라 무엇을 드리고, 어떻게 희생해야 하는가에 대해서 말씀하셨다. 성도는 하나님의 일을 해야 하는 존재들이다. 하나님의 일은 하나님의 보내신 자 예수 그리스도를 믿는 것이다. 예수님이 우리에게 신령한 음료가 되고, 신령한 양식이 되게 해야 한다. 그래서 우리의 삶이 예수 그리스도를 갈망하고, 예수 그리스도로 채움 받고, 예수님의 생명을 세상에 나누어주는 자로 살아가야 한다. 오늘 나의 삶의 형편과 처지에 상관없이 생명의 떡이 되신 예수 그리스도께로 나아가 주님을 내 인생의 주인으로 모시고, 주님 때문에 만족하고, 행복하고, 부요한 삶을 살아내는 은혜가 있어야 하겠다.

## 10월 30일 :: 요한복음 7-9장

### 1. 하나님의 뜻 행하기(7:1-24)

유대인의 명절인 초막절이 되었을 때 예수님은 형제들에게서 미움을 받았다. 형제들은 자신을 드러내고 싶으면 숨어서 지내지 말고 예루살렘으로 올라가 만인 앞에 자신을 보이라고 예수님께 말했다. 가장 가까이 있던 형제들이 가장 노골적으로 불신앙을 드러냈다. 어려서부터 함께 생활했으므로 믿지 못하는 것이 당연한지도 모른다. 이때에 유대인들은 예수님을 죽이기 위해 비밀리에 계획하고 있었다. 예수님께서 자신을 드러내지 않으신 이유는 하나님의 보내신 때를 알고 있었기 때문이었다. 일을 준비할 때가 있고, 준비한 일을 행할 때가 있는데, 예수님은 지금 일을 준비하고 있었다. 예수님은 세상을 위한 유월절 어린양으로 죽으셔야만 하셨다. 그러므로 그 때를 준비하고 계셨던 것이다. 예수님은 자기 마음대로 모든 일들을 하지 않았다. 늘 아버지의 뜻을 묻고, 아버지의 때를 기다렸다. 우리가 때를 분별하고 때에 맞는 수고와 헌신을 할 수 있다면 이보다 더 좋은 일이 없을 것이다.

유대인들은 예수님이 어디 있는지 찾았고, 사람들이 모이는 곳마다 이야기의 중심은 언제나 예수님이었다. 예수님께 대한 사람들의 평가는 늘 둘로 나누어졌다. 그들은 예수님을 좋은 사람, 아니면 무리를 미혹케 하는 사람이라고 했다. 그렇지만 예수님은 사람들의 평가와 상관없이 오직 자신의 때에 아버지의 뜻을 증거했다. 오직 하나님의 뜻을 따르고자 하는 마음을 가져야 하겠다.

### 2. 독선의 위험(7:45-52)

예수님을 잡아오라고 산헤드린으로부터 보냄을 받았던 하속들이 빈손으로 돌아왔을 때 대제사장과 바리새인들이 그들을 추궁했다. 그 때 하속들은 '지금까지 그 사람처럼 말한 사람은 보지 못했다'고 대답했다. 하속들이 예수님의 말씀에 크게 감동을 받았다. 예수님을 체포해서는 안 될 분으로 생각하게 되었다. 그러나 바리새인들은 하속들이 그에게 미혹되었다고 책망했다. 그들은 자신들에게 신앙의 최고의 권위가 있다고 생각하고 있었다. 그들은 자칭 성경을 많이 알고 있다고 착각하고 있었다. '율법을 알지 못하는 자들은 저주받은 자'라고 단정했다. 그러나 사실 그들은 하나님의 말씀보다 마귀의 말에 더 미혹되어 있었던 자들이었다. (요8:44) 그들은 성경에 대해 많은 지식을 가지고 있었지만 그 말씀의 참된 의미를 깨닫지 못하고 있었다.

우리는 독선을 경계해야 한다. 내가 모든 것을 알고, 나의 지식이 가장 올바르다고 하는 독선이

다른 사람들을 판단하게 만든다. 중요한 것은 말씀을 많이 아는 것이 아니라 삶을 통하여 실천하는 것이다. 말씀의 지식이 삶을 통해 증거되지 않으면 진리의 빛을 가리는 죄를 짓는 것이다. 예수님은 서기관들과 바리새인들을 꾸짖으면서 "무엇이든지 저희의 말하는 바는 행하고 지키되 저희의 하는 행위는 본받지 말라"(마23:3) 고 했다. 지도자의 위치에 있는 사람은 더욱더 귀를 열고 겸손한 마음으로 다른 사람들의 말을 청종해야 한다.

## 3. 하나님께 속한 자(8:37-47)

누가 자유자이고 누가 종인가에 대하여 예수님과 바리새인들 사이에 논쟁이 있었다. 유대인들은 자신들이 아브라함의 아들이기 때문에 종 된 적이 없다고 했다. 예수님께서도 그것을 인정하셨지만 영적으로는 아니라고 하셨다. 예수를 믿고 선을 행하면 하나님의 자녀가 되지만 죄를 지으면 죄의 종이 된다고 했다. 예수님은 바리새인들의 악함을 보시고 그들을 죄의 종, 마귀의 자식이라고 규정하셨다. 유대인들은 훌륭한 믿음의 사람이었던 아브라함의 후손들이었다. 모세, 다윗, 다니엘과 같은 많은 신앙의 영웅들이 그들의 조상들이었다. 그들은 훌륭한 신앙의 전통과 공로를 지니고 있었다. 그럼에도 불구하고 그들은 영원한 하나님의 자녀가 되는 길을 거부했다. 그들의 조상들이 그렇게 고대했던 그리스도와 그 말씀을 불순종하고 오히려 그리스도를 죽이려고 했다. 이유는 그들이 지나치게 율법에 얽매였고, 그리스도를 믿지 못하게 하는 사탄의 교묘한 전략에 속고 있었기 때문이다. 과거의 화려한 신앙 전통에 얽매여 오늘 말씀에 불순종하는 삶을 산다면 그리스도와 점점 거리가 멀어질 수밖에 없다.

신앙생활은 과거가 아니라 현재이다. 아무리 훌륭한 믿음의 조상을 두고, 또 화려한 신앙의 경력이 있다고 하더라도 지금 하나님의 뜻에 불순종하면 하나님께 미움을 받게 된다. 나는 지금 어떤 신앙고백을 하며 살고 있는가? 마귀는 진리가 아닌 것을 진리인 것처럼 여기고 주장하게 한다. 예수님을 믿는 사람이 하나님께 속한 사람이다.

## 4. 영적 소경( 9:35-41)

소경 되었다가 고침받은 사람은 출교의 위협에도 불구하고, 자신을 고쳐준 분은 하나님께로부터 온 사람이라는 믿음을 고수했다. 이 일로 인해 그는 공동체에서 출교당하는 시련을 겪어야만 했다. 예수님께서는 그를 찾아가 마음의 상처를 싸매 주시고 하나님의 아들을 믿느냐고 물어보셨다. 예수님은 그에게 육신의 눈을 뜨게 하셨을 뿐 아니라 그가 영원한 하나님의 나라를 보게 되기를 원하셨다. 상한 갈대를 꺾지 않고 꺼져가는 등불을 끄지 않으시는 주님이시다. 고침 받은 사람은 하나님의 아들을 믿고 싶어했다. 주님께서는 그 사람에게 자신을 하나님의 아들로 소개했다. 예수님의 말씀을 들은 이 사람은 즉시 예수님을 하나님의 아들로 믿고 받아들였다. 이제 이 사람은 육신의 눈만 아니라 영적인 눈까지 밝게 떠 보게 되었다. 주님 앞에 사모하는 마음을 가질 때에 주님께서는 동행하시고 그 심령에 희망을 주신다. 우리에게 예수님을 '그리스도' 라고 고백할 수 있는 은혜를 주신 하나님께 감사하자.

주님은 세상을 심판하러 오셨다. 보지 못하는 자들은 보게 하고, 본다고 주장하는 교만한 자들의 눈은 어둡게 하신다. 예수님의 경고에 대해 바리새인들은 '우리도 소경인가' 하고 반문했다. 영적 진리를 아는 지식을 가지고 있다고 자부하는 사람들이었지만 그들에게는 율법에서 증거한 그리스도를 알아보는 눈이 없었다. 진리는 스스로 알 수 있는 것이 아니라 깨닫게 하실 때에 비로소 알게 되는 것이다. 깨닫지 못하는 것이 심판이다. 우리가 늘 겸손하고 사모하는 마음으로 주님을 의뢰하자.

## 10월 31일 :: 요한복음 10-12장

### 1. 참 목자(10:1-21)

전에 소경이었다가 다시 보게 된 사람을 그들의 공동체에서 쫓아낸 바리새인들을 만난 예수님께서 그들의 영적 실상을 말씀하시고 오직 당신만이 참 목자가 되심을 선언하셨다. 백성들을 사랑하고 그들의 필요를 채우는 일에 관심을 기울여야 할 사람들이 오히려 백성들에게 더 많은 고통을 안겨주고 그들을 영적 소경이 되는 길로 인도하고 있는 현실을 보시고 주님께서 안타까워하셨다. 신앙의 목자가 해야 할 일은 양의 생명을 보호하고 양의 생명을 위협하는 것들로부터 그들을 안전하게 지키는 것이다. 예수님께서는 하나님이 주신 권세를 가지고 백성들의 어깨에 감당하기 어려운 짐을 지우고, 해를 끼치며, 자신의 의무를 게을리하는 목자를 향해 강도나 도적과 같다고 말씀하셨다.

예수님께서 '나는 선한 목자'라고 선언하셨다. 선한 목자는 양들의 생명에 관심을 기울이고 양들을 보호하며 그들에게 위협이 닥쳤을 때 목숨 걸고 싸운다고 하셨다. 예수님께서 이 세상에 오신 목적은 사람들을 하나님 앞으로 인도하고 그들에게 영원한 생명과 풍성한 삶을 주시기 위함이었다. 예수님께서는 죄에게 매여 종노릇 하고 있는 인생들을 사단의 권세에서 해방시키고 영원한 생명을 주시기 위해 친히 십자가에서 고난을 당하시고 자기 생명을 버리셨다. 예수님은 우리 인생들을 위해 희생하신 참된 목자가 되신다. 세상에서 목자와 지도자의 자리에 있는 사람은 헌신과 희생을 통해 지도력을 발휘해야 한다. 하나님은 다른 사람을 위해 자신을 희생하는 사람을 사랑하신다.

### 2. 네가 믿으면( 11:36-44)

나사로의 무덤 앞에서 눈물을 흘리시는 예수님을 보고 어떤 사람들은 주님의 사랑을 느꼈다. 그러나 어떤 사람들은 "소경의 눈을 뜨게 한 이 사람이 그 사람은 죽지 않게 할 수 없었더냐"고 비난함으로써 가장 슬퍼해야 할 죽음의 현장에서 예수님께 대한 그들의 불신앙을 드러냈다. 예수님은 자신을 믿지 못하는 자들을 향해 통분히 여기셨다. 예수님의 능력을 의심하는 불신앙은 참으로 무서운 죄가 된다.

예수님께서 죽은 나사로를 살리기 위해 무덤 입구를 막고 있던 돌을 옮겨 놓으라고 말씀하셨다. 마르다와 마리아의 믿음을 시험해보신 것이다. 예수님의 말씀에 마르다는 "주여 죽은지가 나흘이 되었으매 벌써 냄새가 나나이다"라고 말함으로 죽은 자를 살리시는 예수님의 능력을 믿지 못하는 불신앙을 드러냈다. 주님은 우리에게 돌을 옮기는 믿음을 보고 싶어 하시는데, 우리가 믿는다고 말하면서 우리의 말과 행동으로 불신앙을 드러내는 경우가 많다. 예수님께서는 "내 말이 네가 믿으면 하나님의 영광을 보리라 하지 아니하였느냐"는 말씀으로 마르다의 불신앙을 책망하셨다. 돌이 옮겨졌을 때 예수님은 아버지께 감사하고 죽은 나사로를 불러 내셨다. 예수님의 말씀 앞에서 사망의 권세가 물러가고 죽은 나사로가 다시 살게 되었다. 우리는 하나님이 영광을 보여주면 믿겠다고 말하지만 주님은 우리가 믿어야 하나님의 영광을 보게 된다고 말씀하신다. 하나님은 우리의 믿음을 통해 역사하시고, 믿는 자를 통해 영광을 받으신다.

## 3. 마리아의 헌신( 12:1-11)

유월절 엿새 전에 예수님께서 마리아의 집에 가셨다. 예수님께서는 그 곳에서 자신의 죽음을 준비하셨다. 이제 온 세상의 죄를 대신 지고 십자가에 죽으실 일을 생각하셨다. 당신의 사랑하시는 제자의 집에서 죽음을 준비하신 일은 큰 의미가 있다. 마르다와 마리아는 주님을 자기의 집에 초대하고 잔치를 베풀었다. 주를 위해 섬기고 최선을 다했던 봉사가 마지막 섬김과 봉사의 자리가 될 줄은 알지 못했다. 예수님께서는 그들의 사랑과 정성을 귀하게 여기시고 기꺼이 그 초대에 응하셨다. 그 곳에서 마리아는 자신이 소중하게 간직해 두었던 귀한 나드 향유 한 근을 가지고 나와 예수님의 발에 붓고 자기의 머리털로 그 발을 씻었다. 향유 냄새는 온 방에 진동했다. 예수님을 사랑했던 그녀의 마음이 그렇게 향기로웠다. 가룟 유다는 그것을 못마땅하게 여기고 마리아를 책망했지만 예수님께서는 마리아의 행위를 변호해 주셨다. 마리아가 자신의 장사를 위해 향유를 부었다고 말씀하셨다. 마리아는 예수님께서 십자가를 지기 위해 가시는 마지막 길에 그가 간직하고 있던 값비싼 향유를 발에 부음으로 예수님의 장사를 준비했다. 자신의 최고의 헌신을 예수님께 드린 그 일이 예수님의 죽음을 준비하는 일이 되었던 것이다. 우리가 주님을 사랑함으로 섬기고 헌신할 때 복된 일이 되고, 우리의 작은 헌신을 큰 영광으로 바꾸어주시는 주님이시다. 주님을 사랑하는 사람은 주님의 마음을 알고 주를 위해 산다.

## 4. 영생의 말씀(12:37-50)

죽음을 눈앞에 두신 예수님께서 마지막으로 군중들을 향하여 말씀하셨다. '나를 믿는 사람은 아버지를 믿는 것이고, 나를 보는 사람은 나를 보내신 이를 보는 것이다'라고 하셨다. 빛과 어두움, 심판과 구원과 영생을 말씀하셨다. 죄인이 들어야 할 가장 중요한 말씀을 들려주셨다. 예수님께서는 이 말씀을 자의로 하시지 않고 자신을 보내신 아버지께서 말씀하신대로 말씀하셨다고 하셨다. 처음부터 마지막까지 예수님은 오직 아버지의 뜻만 순종하셨다. 예수님은 빛으로 이 세상에 오셔서 세상 어두움의 주관자인 마귀를 멸하셨다. 우리가 빛이신 예수님을 믿을 때에 어두움에 다니지 않게 되고 세상의 빛으로 살아가게 된다. 사람들은 세상에서 빛 된 인생이 되고 싶어한다. 화려함을 추구하고 관심을 받고 영광을 얻기 원한다. 그러나 주님 안에 있지 않는 모든 것들은 일시적이고 스러질 영광에 불과하다. 진정으로 빛 되신 주님을 마음에 모신 사람이 빛 된 삶을 살게 된다.

예수님은 세상을 구원하기 위해서 오셨다. 하나님은 세상을 사랑하셔서 당신의 아들을 보내주셨다. 세상에 복을 주는 것이 하나님의 마음이고 주님의 마음이다.(요3:16) 우리가 빛 가운데 거하고 빛 되신 주님을 믿을 때에 영생을 누리게 된다. 깨닫고 믿는 것이 하나님의 은혜이다. 하나님은 겸손한 마음을 가지고 주님께 나아오는 사람에게 영생을 선물로 주신다. 구원의 길로 초청하시는 주님의 말씀에 귀를 기울이자.

# 11월

요한복음
사도행전
로마서
고린도전서
고린도후서
갈라디아서
에베소서
야고보서

## 11월 1일 :: 요한복음 13-15장

### 1. 끝까지 사랑하기(13:1-20)

유월절 전에 예수님께서 제자들과 더불어 만찬을 잡수셨다. 이제 예수님께서 세상을 떠나 아버지께로 가실 때가 다가오고 있었다. 예수님의 마음속에는 제자들을 사랑하는 마음이 가득했다. 예수님께서는 저녁 잡수시던 자리에게 일어나 대야에 물을 떠서 제자들의 발을 한 사람 한 사람 씻기시고 그들의 발을 수건으로 닦아주셨다. 당시에 발을 씻기는 일은 일반적으로 종들이 주인에게 하는 일이었다. 그런데 예수님께서 친히 제자들의 발을 씻기심으로 그들의 종이 되셨다. 베드로는 예수님의 행위를 달가워하지 않았다. 그러므로 예수님께서 자기의 발을 씻어주는 것을 허락하지 않으려고 했다. 예수님은 베드로를 향해 '내가 너를 씻어주지 않으면 네가 나와 상관이 없다'고 하셨다. 예수님은 제자들이 자신과 한 몸이라고 생각하셨다. 그러므로 제자들의 발을 씻기는 것은 마치 자신의 발을 씻는 것과 같은 것이었다. 제자들의 발을 씻기심으로써 예수님은 참된 사랑과 겸손이 무엇인지 보여주시고, 제자들도 서로를 높이는 삶을 살아야 한다고 가르치셨다.

사랑은 섬김을 받기 보다는 섬기고, 높아지기 보다는 낮아지는 것이다. 다른 사람을 진실로 사랑하는 사람은 자신을 높이려고 하지 않고, 인정받고 대접받으려고 하지 않는다. 오히려 자신을 낮추고 겸손함으로 섬기려고 한다. 언제나 다른 사람을 나보다 더 낫게 여기는 곳에 사랑이 있다. 내가 누군가를 섬기고 있다면 나는 지금 주님을 섬기고 있는 것이다. 사랑하면 섬긴다.

### 2. 길, 진리, 생명(14:1-15)

세상을 떠나 아버지께로 가실 때가 가까워 오고 있는 예수님의 마음에 많은 생각들이 있으셨다. 그의 제자들에게 참된 진리를 가르치시고 그들이 믿기를 기대하셨다. 마음에 근심하지 말고 하나님을 믿듯이 주님 자신을 믿으라고 말씀하셨다. 예수님은 제자들과 함께 영원히 있게 하기 위하여 처소를 예비하러 간다고 하셨다. 주님께서 처소를 예비하시면 다시 와서 그들을 그 곳으로 인도하시겠다고 하신다.

예수님의 말씀을 제자들은 이해하지 못했다. 도마는 주님께서 가시는 길이 어디인지 몰랐다. 그 길을 알고 싶다고 했다. 예수님께서 "내가 곧 길이요 진리요 생명이니 나로 말미암지 않고는 아버지께로 올 자가 없다"고 하셨다. 주님을 따라다닌다고 주님의 길을 아는 것이 아니다. 진실로 주님 안에 있지 않으면 우리가 주님을 알 수 없고, 그 길을 이해할 수 없다. 우리가 마음으로 주님을 믿고 마음이 주님과 하나 될 때 온전히 이해할 수 있게 된다. 빌립은 아버지를 보여 달라고 했다. 그러나 예수님께서는 자신을 본 자는 이미 아버지를 보았다고 말씀하셨다. 주님이 아버지 안에 있고 아버지 또한 주님 안에 있었기 때문이다. 주님은 늘 아버지와 동행하시고 아버지의 능력으로 일하셨다. 우리는 주님 안에서 하나님을 아버지를 보게 된다. 주님을 아는 것만큼 아버지를 알게 되고 주님을 믿는 것만큼 아버지가 기뻐하시는 일을 할 수 있다. 우리가 주님의 마음을 품을 때 주님이 우리 안에 계셔서 우리로 하여금 당신의 일들을 하게 하신다.

## 3.큰 사랑(15:1-15)

예수님께서 포도나무와 가지의 비유를 통해 계속해서 관계의 중요성을 말씀하셨다. 가지가 포도나무에 붙어 있을 때에만 생명을 유지하고 또 농부가 기대하는 열매를 맺을 수 있는 것처럼, 우리가 주님 안에 있을 때에만 하나님께서 기뻐하시는 삶을 살 수 있다고 하신다. 주님 안에 있다는 것은 주님의 계명을 지킨다는 말씀이다. 그러므로 주님을 떠나 우리가 하나님을 기쁘시게 할 수 있는 것이 없다. 주님 안에 있지 않는 것은 결국 시들게 되고 쓸모 없게 된다. 하나님이 기뻐하시는 삶의 열매를 맺기 위해 더욱 더 주님의 마음 알기를 힘쓰자. 우리의 삶이 주님 안에 있을 때에만 의미가 있고 하나님께 영광이 된다. 우리가 주님의 계명을 지키는 길은 서로 사랑하는데 있다. 모든 일에 사랑이 없으면 그것은 하나님이 기뻐하시는 삶이 아니다. 서로 사랑하는 그곳에 하나님이 함께 하시고 그 삶이 주님의 기쁨이 되고 하나님께 영광이 되는 것이다. 우리가 서로 사랑하기 전에는 결코 주님의 마음을 아는 것이 아니다. 우리가 이 삶을 살 수 있도록 주님께서 우리를 택하셔서 당신의 친구로 삼으셨다. 친구를 위해 할 수 있는 최고의 사랑은 그를 위해 자신의 목숨을 주는 것까지 아까워하지 않는 것이라고 했다. 주님은 친구인 우리를 위해 자신의 생명을 희생하셨는데 우리가 거기까지 나아갈 수 있겠는가?

## 11월 2일 :: 요한복음 16-18장

### 1. 주의 영광을 위해(16:1-15)

예수님께서 장차 제자들에게 임할 환란에 대하여 말씀하셨다. 제자들은 그 말씀이 무슨 뜻인지 이해하지 못했고 마음으로 많이 근심했다. 하나님의 나라를 기대하고 있던 제자들을 향해 그들이 오히려 핍박을 당하게 될 것이라는 주님의 말씀은 그들을 실망시키기에 충분했다. 그들은 영광을 얻기 위해 예수님을 따라다녔지만 예수님께서는 그들이 환난을 당하게 될 때에 실족하지 않게 하시기 위해 이 말씀을 하신다고 하셨다. 제자들은 자신들이 주님을 따름으로 인해 환란이 있게 될 것을 생각하고 있어야만 했다. 예수님께서는 두려움에 빠진 제자들에게 자신이 아버지께로 가게 됨으로써 그들에게 어떤 유익이 있게 될 것인지를 설명하시면서 근심에 쌓인 제자들을 위로하셨다. 예수님께서 보혜사 성령을 보내 주셔서 그들을 진리 가운데로 이끌게 하시겠다고 약속하셨다. 성령은 예수의 영으로써 예수님의 것을 믿는 자들에게 알리는 일을 하신다고 했다. 그러므로 성령의 강림을 통해 제자들은 계속해서 예수님과 함께 있을 수 있게 될 것이었다.

예수님과 제자들의 생각에는 많은 간격이 있었다. 그들이 예수님을 통해 기대했던 것은 영광이었다. 그러나 예수님께서는 영광보다는 고난이 있게 될 것이라고 말씀하셨다. 그들은 항상 주님과 함께 있게 될 것을 기대했지만 주님께서는 아버지께로 가신다고 하셨다. 우리의 신앙생활에 있어서 중요한 것은 내 생각 내 뜻이 아니라 우리 주님의 뜻이다. 주님의 뜻이 무엇인지 이해하고 주님의 뜻을 따를 마음의 준비가 되어 있어야 한다.

### 2. 신령한 연합(17:6-19)

예수님께서 제자들을 위하여 기도하셨다. 예수님께서는 아버지께서 주신 제자들에게 아버지의 말씀을 전하고 그것을 지키게 하셨다. 그리고 하나님을 아버지를 알게 하셨다. 제자들은 주님의 말씀을 듣고 그 말씀에 순종하고 온전한 신앙의 고백을 드렸다. 이러한 일들을 통해 주님께서 영광을 받으셨다. 예수님과 아버지가 하나이셨듯이 제자들은 주님 안에서 하나님을 경험했다. 우리는 모두 하나님의 것이고 하나님이 우리 인생의 주인이시다. 이제 주님께서는 세상을 떠나 아버지께로 가실 것이었다. 그러므로 주님의 관심은 제자들이 사랑으로 하나 되는 것에 있었다. 주님께서는 아버지께서 자신에게 주신 제자들을 세상 가운데서 진리로 보존하고 그들과 하나 되셨다. 아버지와 주님 자신이 하나이셨듯이 이제는 제자들이 서로 하나 되게 해달라고 간구하셨다. 우리가 세상에 살지만 세상에 속하지 않고 아버지께 속하고, 주 안에서 서로 하나 되는 것이 주님의 관심사이다. 하나 됨을 통해 우리가 더욱 주님을 알아가고 주 안에 있는 기쁨을 누리기를 원하신다.

주님은 또한 제자들을 진리로 거룩하게 해달라고 기도했다. 하나님의 말씀이 진리이다. 진리는 우리에게 참된 자유를 누리게 하고(롬8:32) 우리를 거룩함 가운데로 인도한다. 주님께서는 우리를 거룩하게 하시려고 친히 거룩에 헌신하셨다. 오직 아버지의 말씀이 세상과 죄로부터 당신의 백성들을 보호하고 진리 안에서 성결하게 한다. 하나님의 진리의 말씀을 사모하고 그 말씀을 순종하는 일에 우리 자신을 헌신하자.

예수님께서 제자들을 위해 기도하셨을 뿐 아니라 그들을 통해 믿게 될 사람들을 위해서도 기도했다. 기도의 내용은 하나되게 해달라는 것이었다. 아버지와 아들이 하나이듯이 믿는 자들도 주님과 하나되고, 또 믿는 사람들이 서로 주 안에서 하나되기를 기도했다. 그렇게 함으로 세상에 그리스도가 증거될 수 있게 해 달라고 하셨다. 세상을 위해 십자가를 지시고 죽으실 시간이 다가오고 있을 때 주님의 관심은 오직 '하나됨'에 있었다. 창세전부터 예수님은 아버지와 하나이셨다. 아버지가 아들 안에 있었고 아들이 아버지 안에 있었다. 아버지의 생각이 곧 아들의 생각이고 아들의 생각이 또한 아버지의 생각이었다. 예수님은 믿는 자 안에 있기를 원하신다. 믿는 자와 하나되기를 원하시고, 또한 믿는 자들이 서로 하나되기를 원하신다. 그렇게 함으로 세상으로 하여금 하나님께서 세상을 얼마나 사랑하고 계신가를 알게 하고 싶어하셨다.

아버지께 드린 예수님의 기도처럼 우리가 예수 안에서 신령한 연합을 이루어 나가야 하겠다. 그럴 때 우리가 세상 끝 날에 아버지와 아들과 영원히 하나되는 은혜를 누릴 수 있게 된다. 하나됨이 제자들을 향한 예수님의 갈망이었듯이 교회의 본질은 하나됨에 있다. 우리가 그리스도 안에서 하나됨을 추구해 나가야 한다. 나누어진 것들이 있을 때 하나됨을 위해서 기도해야 한다. 마음이 하나되어야 한다. 모두가 나를 내려놓고 그리스도의 마음을 품어야 한다. 그럴 때 주님이 우리 안에 있고 우리가 주님 안에 있고, 그 안에서 진정으로 신령한 연합을 이루게 된다.

### 3. 제자가 아니다?(18:12-24)

밤에 예수님께서 잡히셨다. 군대와 천부장과 유대인의 하속들이 예수를 잡아 결박하여 안나스에게 끌고 갔다. 안나스는 대제사장으로써 종교적인 재판권이 그에게 있었다. 그들은 그 일을 한 밤중에 행했고, 대제사장도 밤중에 그 일을 진행했다. 곧 안식일과 유대인의 명절인 유월절이 다가오고 있었기 때문에 그 전까지 이 문제를 신속하게 해결하고자 하는 조바심이 그들에게 있었다. 종교지도자들은 하나님의 뜻을 분별하고 그것으로 백성들을 가르쳐야 할 책임이 있는 사람이다. 그러나 그들은 정치적으로 결탁하여 그들의 직무를 개인의 권력으로 삼아 세상을 기쁘게 하는 일을 했다. 진실로 메시아를 대망했다면 예수님께서 평소에 회당과 성전에서 하신 말씀과 또 사람들에게 행한 일들을 주의 깊게 살피고 그분의 메시야 되심을 인정해야만 했다. 탐욕은 사람의 눈을 멀게 하고 진리에서 멀어지게 한다.

그날 밤 시몬 베드로와 다른 제자 하나가 예수님이 심문 받으려고 끌려간 가야바의 집까지 왔다. 다른 제자는 뜰 안으로 들어갔지만 베드로는 문 밖에 서 있었다. 문 지키던 여종이 베드로를 보고 예수님의 제자 중 하나가 아니냐고 묻자, '나는 아니라'고 부인했다. 베드로는 그 계집종 앞에서 자신의 양심을 속이고 거짓말을 했다. 자신의 신변에 문제가 생길 것을 염려하여, 예수님을 생명의 주님으로 고백하고 3년 반 동안이나 좇았던 제자가, 자신은 아니라고 부인해버렸다. 사람이 이렇게 연약하다. 하나님께서 은혜를 주시지 않고, 성령의 감동이 없이는 예수님의 제자가 될 수 없다. 우리는 끊임없이 제자의 삶을 연습해야 한다.

## 4. 진리가 무엇이냐?(18:25-40)

예수님이 심문을 받던 곳에서 그의 수제자였던 베드로는 하속들 틈에 끼어 불을 쬐면서 추위를 녹였다. 그곳에서 베드로는 다시 사람들로부터 예수님의 제자라는 의심을 받았다. 그러나 베드로는 계속해서 자신은 예수님의 제자가 아니라며 부인했다. 그 때에 베드로의 귀에는 닭 울음소리가 쟁쟁하게 들려왔다. 그 순간 "네가 나를 위하여 목숨을 버리겠느냐 내가 진실로 진실로 네게 이르노니 닭 울기 전에 네가 세 번 나를 부인하리라"(요13:38)는 주님의 말씀이 그의 가슴을 파고들었다. 이 일은 베드로의 운명을 바꾸는 사건이 되었다. 그는 "내가 주님을 위하여 내 목숨을 버리겠다"고 고백했었지만 주님을 모른다고 부인하고 있는 자신의 모습을 보고 심한 통곡과 눈물로 회개했다. 주를 위해 사는 것이 자신의 마음먹은 대로 되는 것이 아니다. 우리 안에는 선한 것이 없다. 주님께서 은혜를 주셔야 우리가 이기는 자로 살 수 있다.

사람들이 예수님을 죽이기 위해 빌라도에게 끌고 갔다. 그러나 그의 집에는 들어가지 않았다. 이방인의 집에 들어가면 부정하게 되고 그렇게 되면 유월절을 지킬 수 없었기 때문이었다. 그러나 그들은 정작 지금 자신들이 무슨 일을 하고 있는지는 깨닫지 못했다. 빌라도는 진리에 대하여 증거하신 예수님께 진리가 무엇이냐고 물었다. 일종의 비아냥거림이었다. 그에게 있어서 진리란 그저 상대적인 것이었다. 자신의 권력을 유지하고 정치적인 목적을 달성하는데 유익한 것이 진리이고, 백성 대다수의 뜻이 곧 진리였다. 하나님의 말씀이 진리이고 예수님이 진리이다.

# 11월 3일 :: 요한복음 19-21장

## 1. 빌라도의 판결(19:1-16)

예수님께서 총독 빌라도에게 고난을 받았다. 가시 면류관을 쓰고 침 뱉음을 당하며 얻어맞았다. 그러나 빌라도의 마음에는 두려움이 있었다. 아무리 보아도 그에게서 죄를 찾을 수 없고 그가 죄인이 아님이 분명했기 때문이다. 그러나 성난 군중들의 폭동이 두려워, 할 수 없이 죄악된 백성들의 편에 서야만 했다. 그는 예수님에게서 어떤 죄도 찾지 못하겠다는 말을 세 번이나 반복했다. 그러나 종교지도자들은 그의 말에 귀를 막았다. 오직 예수님을 죽여야만 한다는 생각이 그들을 지배하고 있었다. 빌라도는 백성들의 요구 때문에 죄 없으신 예수님을 죽여야만 하는 매우 난처한 상황에 직면했다. 그들이 주장한 예수님의 죄목은, 주님께서 스스로를 하나님의 아들이라고 하는 신성모독죄였다. 이런 죄를 지은 사람은 마땅히 죽어야 한다고 그들은 생각했다. 그러나 그들에게 사람을 죽일 권세가 없었으므로 세상의 권력을 빌어 그 일을 행하고자 했다. 그래서 오직 가이사가 그들의 왕이라고 했다. 죄 없으신 예수님을 죽이기 위해 그들의 신앙을 세상에 팔아넘긴 것이다.

예수님은 그들의 결정에 대하여 아무 말도 하지 않으셨다. 조용히 하나님의 뜻만 순종하고 계셨다. 자신을 죽일 권세가 빌라도에게 있는 것이 아니라 하나님께서 그 권세를 빌라도에게 주셨다고 했다. 그러나 예수님을 십자가에 죽도록 넘겨준 빌라도와 종교지도자들의 죄는 결코 가벼운 것이 아니었다. 우리는 매 순간 진리 편에 서기 위해 선택해야 한다. 세상과 세상에 있는 것을 사랑하면 아버지의 사랑이 그 안에 있지 않다고 했다.

## 2. 이루어진 말씀(19:28-37)

예수님께서 십자가에 달리셔서 일곱 마디의 말씀을 하셨다. 그 가운데 세 말씀이 요한복음에 기록되어 있다. "여자여 보소서 아들이니이다", "내가 목마르다", "다 이루었다" 이다. 고통과 절망의 십자가 위에서 예수님은 자신이 이 세상에 오신 목적이 무엇이었는지 압축적으로 분명하게 말씀하셨다. 예수님은 마지막까지 자기의 사랑하는 사람에게 관심이 있었다. 그들을 위해 죽으려고 오셨다.

예수님께서 십자가 위에서 "내가 목마르다"고 외치셨다. 많은 피를 흘리셨으므로 당연히 목마를 수밖에 없었다. 그러나 주님의 고백은 단지 육신의 갈증에 대한 호소가 아니었다. 육신의 갈증보다 죄인들을 사랑하고 그들의 영혼을 구원하고자 하는 갈증이 더 크셨다. 그 일을 위해 오신 주님이셨다. 주님께서 그 일을 십자가에서 다 이루셨다. 그러므로 "내가 다 이루었다"고 말씀하시고 숨을 거두셨다. 예수님께서 십자가에서 나의 모든 죄 값을 치르셨다!

예수님의 시체는 유월절이 시작되는 큰 안식일 이전에 치워져야만 했다. 그러므로 그날 예수님의 시체를 십자가에서 내렸다. 군병들은 그날 함께 십자가에 달렸던 두 강도의 다리를 꺾으므로 그들의 죽음을 확인했다. 그러나 예수님께 이르러는 이미 죽은 줄 알았으므로 그 다리를 꺾지 아니하고 창으로 예수님의 옆구리를 찔렀다. 예수님의 옆구리에서 물과 피가 나왔다. 유월절 양은 뼈를 꺾지 않았는데(출12:46), 예수님께서 유월절 어린양이 되어 죽으시고 뼈가 꺾이지 아니하심으로 하나님께서 당신의 말씀을 완전하게 성취하셨다. 말씀은 성취된다.

## 3. 보지 못하고 믿는 자(20:19-31)

예수님께서 유대인들을 두려워하여 모여 있는 제자들에게 찾아오셔서 평강을 선포하셨다. 제자들은 자신들의 눈을 의심했다. 예수님께서는 자신의 몸에 난 상처를 제자들에게 보여주셨다. 제자들은 그 상처를 확인한 후에야 예수님의 부활을 믿고 기뻐했다. 기뻐하는 제자들에게 예수님께서 부활을 증거하는 증인의 사명을 부여하셨다. 그들 스스로는 아무것도 할 수 없었으므로 주님께서 성령을 받으라고 하셨다. 제자들 가운데 한 사람인 도마는 부활하신 예수님께서 제자들에게 오셨을 때 함께 있지 않았으므로 부활하신 주님을 만나지 못했다. 제자들은 그에게 자신들이 부활하신 주님을 만났다고 말했지만 그는 직접 자신이 예수님의 손과 옆구리를 만져보지 않고는 믿을 수 없다고 했다. 예수님께서는 이러한 도마에게 친히 나타나셔서 자신의 몸을 보여주시고 그 몸을 만지게 하심으로 믿음 없는 자가 되지 말고 믿는 자가 되라고 하셨다.

예수님의 부활은 역사적인 사실이다. 수많은 사람들이 친히 그들의 눈으로 목격하고, 그들의 손으로 상처 난 손과 옆구리를 만졌다. 우리 가운데 예수님의 부활을 직접 목격한 사람은 아무도 없지만, 우리는 예수님께서 우리의 죄와 허물 때문에 십자가 지시고, 죽으시고, 3일 만에 죽음에서 부활하셨음을 믿는다. 예수님께서는 '보고 믿는 것보다 보지 못하고 믿는 자가 복이 있다'고 하셨다. 우리가 믿을 때에 그 믿음의 실상을 보게 되고 예수님을 믿을 때 우리가 영원한 생명을 누리게 된다.

## 4. 와서 조반을 먹으라(21:1-14)

부활하신 예수님께서 제자들을 만난 후 여러 날이 지났을 때 베드로를 포함한 몇몇 제자들이 물고기를 잡으려고 디베랴 바다로 나갔다. 밤새도록 고기잡이를 했지만 그들은 아무것도 잡지 못했다. 날이 새어갈 때에 예수님께서 바닷가에 서서 그들을 기다리고 계셨다. 예수님께서 밤새도록 헛고생을 하고 돌아오는 제자들을 향해 그물을 배 오른편에 던지라고 하셨다. 제자들이 예수님의 말씀에 순종하여 그물을 던졌을 때 153마리나 되는 큰 고기가 잡혀 그물이 거의 찢어질 정도가 되었다.

제자들이 배를 육지에 대고 올라왔을 때 그곳에는 숯불이 있었고 그 위에 생선과 떡이 놓여있었다. 예수님께서 제자들을 위해 마련해 놓으신 해변의 식탁이었다. 예수님께서는 그물을 손질하고 있는 제자들에게 '와서 조반을 먹으라'고 부르셨다. 그날 아침 제자들과 예수님은 디베랴 바닷가에서 행복한 아침 식사를 했다. 디베랴 바다는 예수님과 제자들의 추억이 깃든 곳이었다. 제자들이 예수님을 처음 만났을 때에도 밤새도록 수고했지만 고기를 잡지 못했을 때였었다. 예수님께서는 늘 수고했지만 고기를 잡지 못했던 제자들에게 많은 고기를 잡도록 말씀으로 그들을 인도하셨다. 제자들이 예수님의 말씀을 좇아 그물을 내렸을 때에 배가 잠길 정도의 고기를 잡고, 그물이 찢어질 정도가 되었다. 예수님은 우리의 필요를 채우시는 분이시다. 혼자 수고하고 애쓴다고 모든 것이 다 잘 되는 것이 아니다. 무슨 일이든지 예수님과 함께 할 때 풍성함을 누릴 수 있다.

## 5. 너는 나를 따르라(21:18-25)

예수님께서 베드로의 미래를 말씀하셨다. 젊어서는 스스로 모든 일들을 하고 원하는 곳으로 다녔지만 늙어서는 자신의 의지와 상관없이 다른 사람에 의해 원치 않는 곳으로 가게 될 것이라고 하셨다. 베드로의 순교를 암시하는 것이었다. 베드로는 자신의 죽음을 통하여 하나님께 영광을 돌리게 될 것이었다. 베드로는 주님을 따르고 있는 다른 제자를 가리키며 그는 어떻게 될 것인지 예수님께 물었다. 그러자 예수님께서는 그 사람의 미래를 상관하지 말고 '너는 나를 따르라'고 하셨다. 우리가 다른 사람의 믿음에 대하여 관심이 많지만 중요한 것은 나의 믿음이다. 내가 어떻게 주님을 고백하고 주님께 헌신하는가 그것이 중요하다. 내가 예수님을 생명의 주님이라고 고백한다면 기꺼이 주님을 따라가는 삶이 있어야 한다. 신앙생활은 주님을 따라가는 삶이다. 주님과 함께 가는 것이다. 날마다 나 자신을 돌아보고 주님 앞에서 합당한 삶을 살고 있는지 살펴보자. 예수님은 지금도 '너는 나를 따르라'고 나에게 말씀하신다.

예수님께서 하늘 영광을 버리시고 이 세상에 육신을 입고 오셔서 아버지께 순종하여 하늘의 뜻을 보여주시고 하늘의 길을 가셨다. 우리를 사랑하시되 끝까지 사랑하시고 우리를 위해 자신의 몸을 십자가에 내어주셨다. 우리는 모두 주님의 마음을 알고 주님의 길을 따라가는 자로 부름받았다. 우리 인생의 주권이 주님에게 있다. 주님 의지하여 살아감으로 하나님께 영광을 돌리는 인생이 되자.

## 11월 4일 :: 사도행전 1-3장

### 1. 하나님 나라의 일(1:1-5)

사도행전은 누가가 데오빌로에게 보낸 개인적인 서신이지만 기독교 신앙에 있어서 가장 중요한 복음의 전파와 확장, 그리고 성령 하나님의 역사와 그 역사에 쓰임받은 사람들의 믿음과 헌신에 대한 중요한 하나님의 말씀으로써, 교회가 하나님의 나라를 어떻게 확장해 나갈 수 있는지 보여주는 귀중한 서신이다. 누가는 바울의 주치의(主治醫)로써 예수 그리스도의 복음을 전하는 선교사로 일했던 바울과 동행하면서 성령께서 하신 일들을 목격한 산 증인이었다. 사도행전은 예수님께서 죽으시고 부활하신 후 제자들에게 하나님 나라의 일에 대하여 말씀하신 것과 예수님이 승천하신 후 보내신 성령께서 어떻게 하나님 나라의 일을 계속하고 계신지에 대하여 말씀한다. 사도행전은 사도들의 행전이지만 본질적으로는 성령께서 사도들을 통하여 일하신 '성령의 행전'이다. 하나님 나라의 일을 전하도록 위임받은 제자들은 성령이 그들에게 임하실 때까지 예루살렘에서 기다려야만 했다.

예수님의 관심은 언제나 하나님 나라의 일에 있었다. 예수님께서 부활하신 후 40일 동안 제자들에게 천국에 대하여 말씀하시고 하늘로 올라가셨다. 이제 제자들이 하나님 나라를 전파해야만 했다. 하나님이 통치하시는 하나님 나라는 사람들의 심령 속에 임하는 나라로서 하나님의 주권과 통치가 이루어지는 나라이다. 그 나라는 마귀의 나라를 대적하며 마지막 날에 완전히 승리할 나라이다. 교회가 관심을 가져야 할 일도 하나님 나라의 일이다.

### 2. 성령이 임하시면(1:6-14)

예수님과 제자들의 마지막 대화의 주제는 '나라의 회복'에 관한 것이었다. 그렇지만 제자들이 생각하고 있었던 나라는 이 땅의 이스라엘 나라의 회복이었고, 예수님께서 생각하신 나라는 아담과 하와가 사단에 속아 잃어버렸던 하나님의 나라의 회복이었다. 사람의 관심과 하나님의 아들의 관심이 서로 달랐다. 사람들은 언제나 현실의 문제에 많은 관심을 가진다. 그러나 예수님은 우리가 가져야 할 더 큰 관심이 있다고 말씀하신다. 예수님의 관심은 제자들이 예수 그리스도의 증인이 되는 것이었다. 위로부터 성령이 임할 때 제자들이 하나님 나라의 일을 성취할 수 있는 능력을 받게 되고 그 능력으로 하나님 나라를 증거할 수 있게 될 것이라고 하셨다. 하나님 나라의 일은 성령의 능력을 받아야 감당할 수 있다. 예루살렘에서부터 시작되어 온 세상에 전파될 하나님 나라의 일은 하늘의 능력을 받아야만 가능한 일이었다. 예수님은 그 성령을 보내기 위하여 승천하셨다. 예수님이 승천하신 후 집으로 돌아온 제자들은 그들이 자주 모이던 다락방으로 올라가 그곳에 모인 사람들과 더불어 아버지께서 보내실 성령을 기다리면서 한 마음으로 간절히 기도했다. 교회가 하나님 나라의 일을 하기 위해 먼저 성령의 능력을 힘입어야 한다. 성령의 충만함을 받을 때 능력 있는 그리스도의 증인이 될 수 있다. 그러므로 우리가 성령의 임재를 사모하고, 증인된 삶을 살 수 있도록 간구하자.

## 3. 교회의 탄생(2:1-13)

오순절 날이 되었을 때 많은 사람들이 그 절기를 지키기 위해 각국으로부터 왔다. 그런데 그 때에 갑자기 급하고 강한 바람 같은 큰 소리가 하늘부터 임하고 제자들이 모인 온 집에 가득하게 되었다. 그 때부터 제자들에게 하늘의 능력이 임하고 그들이 성령의 충만함을 받아 방언을 하기 시작했다. 그 곳에는 열 다섯 나라에서 온 사람들이 있었는데 사도들이 방언으로 말할 때에 각 나라에서 온 사람들이 각국의 언어로 하나님의 큰 일 말하는 것을 듣게 되었다. 성령이 임하자 제일 먼저 제자들의 혀가 열렸다. 그들의 입에서 하나님의 능력이 나오고, 하나님의 큰 일을 말하게 되었다. 모여든 사람들은 다 놀라며 당황했다. 지금까지 한 번도 경험해보지 못했던 놀라운 일이 일어났다. 모든 나라의 사람이 자기들의 언어로 하나님의 나라의 일을 말하는 소리를 듣게 된 것이다. 하나님께서 인간들이 바벨탑을 쌓을 때 그들의 언어를 혼잡케 하셔서 지면에 흩어버렸었는데 이제는 다시 하나님 중심으로 모이도록 그들에게 성령의 언어를 주셨다.

초대교회는 오순절 날에 임한 성령 강림과 더불어 시작되었다. 성령께서 당신의 교회를 세우기 위해 마침내 일하기 시작하셨다. 오순절 날에 성령이 임하신 것은 놀라운 일이었다. 오순절은 하나님의 풍성하심을 찬양하고 감사하는 절기이다. 우리의 삶에 성령이 임할 때 신령한 열매를 맺게 된다. 성령이 역사할 때 하나님의 교회가 아름답게 세워진다.

## 4. 예수 그리스도의 이름(3:1-26)

날 때부터 한 번도 걸어보지 못한 한 사람이 있었다. 그는 40년 동안을 그런 모습으로 살았다. 성전은 날마다 제사 드리는 사람들로 붐비는 곳이었으므로 사람들은 그를 메어다가 성전 문 앞에 두고 지나가는 사람들에게 불쌍히 여김을 받게 하여 그들이 베푸는 동정으로 일용할 양식을 얻게 해주었다. 기도하는 시간이 되어 베드로와 요한이 기도하러 성전으로 올라가다 성전 문 앞에서 구걸하고 있는 그 병자를 만났다. 그는 동일하게 사도들에게 동정을 구했다.

베드로와 요한은 자신들에게 구걸하는 병자를 뚫어지게 쳐다보았다. 그리고 그 병자에게 '너에게 줄 은과 금은 없지만 내 안에 있는 나사렛 예수 그리스도의 이름을 네게 주노니 일어나라'고 하면서 그의 오른손을 잡아 일으켰다. 그 때 놀라운 기적이 일어났다. 그의 발과 발목이 즉시 힘을 얻고 일어서서 걷고 뛸 수 있게 되었다. 그는 기쁨으로 충만하여 성전으로 들어가면서 하나님을 찬양했다. 이 기적은 그곳에 있던 모든 사람들에게 큰 놀람과 두려움이 되었다.

베드로와 요한이 병자에게 소개했던 나사렛 예수 그리스도는 우리를 완전하게 하기 위하여 친히 십자가 위에서 우리의 모든 질고를 대신 지시고 죽으셨다. 그리고 부활하셨다. 그 이름은 오늘도 여전히 능력이 되신다. 예수님은 세상이 줄 수 없는 완전한 회복을 믿는 자에게 주신다. 예수님을 믿으면 인생이 새롭게 된다.

나면서부터 걷지 못하게 된 사람이 예수 그리스도의 이름을 믿음으로 말미암아 완전하게 회복된 사건은 모든 사람들에게 큰 충격을 주었다. 그 기적을 목격한 많은 사람들이 병 나은 사람도 보고 또 베드로와 요한을 보기 위하여 솔로몬 행각으로 모였다. 사람들은 이 병자가 온전하게 된 기적이 베드로와 요한의 능력에 의해서 된 것이라고 생각했다. 베드로는 모인 사람들 앞에서 그 사건의 진실이 무엇인지를 알렸다. 그리고 그 일을 하나님의 말씀을 전하는 기회로 활용했다. 베드로는 예수님의 죽으심과 부활, 재림에 관하여 증거하고, 그들이 하나님의 뜻을 알지 못하고 예수님께 행했던 죄를 회개하고 돌이키면 하나님께서 모든 죄를 용서하시고 또 주님께서 마음에 해방을 주실 것이라고 했다. 베드로는 모인 무리들에게 모세와 선지자들의 말씀을 상기시키고 모든 말씀이 그리스도 안에서 이루어 졌다고 증거했다. 하나님이 복을 주시기 위해 그리스도를 보내셨기 때문에 악을 버리고 돌이키라고 촉구했다.

사람의 마음이 어두워지면 진리를 헤아릴 수 없고 불의한 일들을 행하게 된다. 그러나 진리의 빛이 죄인의 마음에 비추일 때 예수 그리스도를 온전히 믿게 되고 그 믿음이 놀라운 회복을 역사를 경험하게 한다. 성령께서는 믿는 자에게 하나님의 말씀의 참된 의미를 깨닫도록 그 마음을 열어 주신다. 하나님의 진리를 믿고 깨달을 수 있도록 성령의 임재와 충만케 하심을 구하자. 예수의 이름이 능력이다.

## 11월 5일 :: 사도행전4-6장

### 1. 오직 예수(4:1-12)

사도들의 가르침에 가장 민감하게 반응한 무리들은 예수님을 십자가에 못 박아 죽이는 일에 앞장섰던 제사장들과 성전의 일을 하는 자들, 그리고 사두개인들 이었다. 그들은 사도들이 예수님의 죽으심과 부활에 대하여 증거하는 것을 몹시 싫어했다. 그러므로 사도들을 잡아 가두고 이튿날 대제사장 앞에 끌어내어 '무슨 권세와 뉘 이름으로 그런 일을 행했느냐'고 심문했다. 성령 충만한 베드로는 그들의 위협 앞에서 당당하게 예수 그리스도의 십자가와 부활을 다시 증거했다. 종교 지도자들은 복음을 전하지 못하도록 방해하고 위협했지만 사도들의 설교를 듣고 믿는 사람들이 남자만 오천 명이나 되었다. 어떤 물리적인 힘도 마음속에서 역사하는 성령의 능력을 이길 수 없다. 권세는 사람에게서 나오지 않고 하나님에게서 나온다. 사단은 가장 중요한 위치에 있는 사람들의 눈을 가려 복음의 진리를 깨닫지 못하게 한다. 그러므로 마땅히 하나님께 영광을 돌려야만 했던 제사장의 무리들이 복음을 방해하는 일에 이용당했다. 하나님께서 인생들에게 주신 유일한 구원의 길은 예수 그리스도이다. 예수님이 인생들의 죄의 문제 해결하시려고 십자가에서 죽으시고 부활하심으로, 믿는 자에게 영생을 주셨다. 그것을 믿는 사람은 어떤 일이 있어도 뒤로 물러서지 않고 담대함을 가지게 된다. 우리의 삶에 예수보다 귀한 것은 없다. 예수 그리스도는 나의 유일한 구원자가 되신다고 믿고 고백하는 사람은 하나님의 생명을 누리게 된다.

### 2. 나눔이 있는 교회( 4:32-37)

초대교회 성도들의 삶이 어떠했는지 보여준다. 하나님의 백성들이 성령의 충만함을 입고 성령의 지배를 받게 되었을 때, 그들은 마음과 뜻이 하나가 되어 자신들이 가지고 있는 물건들을 함께 사용하면서 자기의 재물을 자기의 것이라고 여기는 사람들이 없었다. 그러므로 모든 사람들이 함께 풍성함을 누리고 재물을 함께 사용하기 위해 자기의 소유를 팔아서 사도들에게 가지고 왔다. 그 재물은 사람들의 필요에 따라 공급되었다. 하나님의 교회에 믿음이 있을 때에 유무상통하는 역사가 있게 되었다. 교회는 믿음의 공동체이다. 믿음이 있을 때 성령이 역사하고, 교회가 하나되게 된다. 교회가 하나됨의 축복을 누릴 때 하나님이 주시는 힘을 얻게 되고, 하나님이 기뻐하시는 일을 하게 된다. 이기적인 생각들이 물러가고, 연약한 형제를 향한 사랑과 관심이 생겨나게 된다. 무슨 일을 하든지 억지로 하지 않고 자발적으로 하게 된다. 그런 교회에는 기쁨이 충만하다.

사람들은 재물에 관심이 많고 재물을 의지한다. 재물을 모으기 위해 인생을 소진한다. 그러나 진실로 우리의 마음 속에 재물보다 소중한 하나님의 성령이 충만하게 되면, 더 이상 재물을 모으는 것 자체를 인생의 목적으로 삼지 않는다. 그것을 선하게 사용하는 청지기적 사명에 보다 깊은 관심을 기울이게 된다. 모든 것이 하나님을 기쁘시게 하는 것이 되어야 한다는 거룩한 부담을 느끼게 된다.

## 3. 아나니아와 삽비라( 5:1-11)

아나니아와 삽비라의 죽음은 교회에 새로운 영적인 질서를 가져다주었다. 성령은 사람들의 마음 속에 하나님을 두려워하는 마음을 심어주고, 교회가 어떻게 해야 하나님의 복을 받을 수 있는 지 깨닫게 해 주었다. 큰 시험을 통과한 후 교회는 더욱 더 하나 되어 모이기를 힘쓰고 사람들로부터 칭찬을 받았다. 하나님께서 사도들에게 권능을 주어서 백성들 가운데서 하나님의 표적과 기사들을 행하게 하고 병든 자들의 병을 고치게 했다. 교회가 성결하여 한 마음으로 하나님을 섬기고 성령의 충만함을 받을 때, 하나님께서 교회를 통하여 역사하시고 당신의 영광을 드러내신다. 교회에 하나님의 성령의 역사가 있을 때에 세상이 교회를 향하여 두려운 마음을 갖게 되고 대적하지 못할 뿐만 아니라, 교회를 인정하고 칭찬하게 되며 믿고 주께로 돌아오게 된다. 진실로 세상에서 영향력 있는 교회가 되는 길은 하나님께 있다. 하나님께서는 거룩한 교회를 통해 당신의 역사를 이루어 가신다. 하나님께서 예루살렘뿐만 아니라 그 근처의 성읍들에서도 허다한 무리들이 하나님께로 돌아오게 하셨다. 귀신들려 고통당하던 많은 사람들이 하나님의 교회를 통해 고침을 받는 역사가 일어났다. 하나님께서 사람이 이룰 수 없는 놀라운 부흥을 교회에 부어주셨다. 부흥은 사람의 노력으로 되지 않고 하나님의 능력으로 된다. 그러므로 교회가 하나님 앞에서 거룩함을 추구하고, 하나님의 능력을 사모해야 한다. 구원받을 사람을 붙여주시도록 하나님께 기도하자.

## 4. 예수님 때문에( 5:27-42)

사도들이 성전에서 하나님의 말씀을 전하다가 붙잡혀 공회 앞에 서게 되었다. 대제사장은 그들을 심문하기를, 예수 이름으로 사람들을 가르치지 말라고 했는데 예수교를 예루살렘에 가득하게 함으로 예수의 피를 자신들에게 돌리려고 한다고 위협했다. 공회는 유대인의 최고 법정이었다. 예수님도 산헤드린 공회 앞에 세워졌고 공회는 죽일 죄목을 찾기에 혈안이 되기도 했었는데 이제는 사도들이 그 법정에서 심문을 받게 되었다. 공회 앞에 서서 심문을 받는 사도들의 모습은 당당했다. 오히려 사람보다 하나님을 순종하는 것이 마땅하다고 변론하며 종교 지도자들이 죽게 한 예수 그리스도를 하나님께서 다시 살리셔서 온 이스라엘로 회개하고 죄 사함을 얻게 하시려고 예수님을 임금과 구주로 삼으셨다고 증거함으로써 그들의 신앙을 분명하게 나타내 보였다. 하나님께서는 위기의 순간에 바리새인 가말리엘을 사도들의 중재자로 세우셔서 그들을 공회의 위협으로부터 벗어나게 하셨다. 채찍질 당한 후 놓임 받은 사도들은 자신들이 예수의 이름을 위하여 능욕 받는 일에 합당한 자로 여기심을 기뻐하면서 공회 앞을 떠났다. 생명이 위협받는 위기를 만났지만 그들은 오직 하나님을 믿고 예수의 이름을 높였습니다. 위기가 그들의 신앙의 색깔을 보다 분명하게 드러내 보이게 했다. 하나님께서는 사도들의 믿음을 귀하게 여기시고 그들을 위기 가운데서 건져주셨다. 우리가 무슨 일을 만나든지 하나님을 높이면 하나님이 우리를 높여주니다.

## 5. 문제 극복하기 (6:1-7)

초대교회가 성장하고 부흥하여 사람들의 수가 많아졌다. 그러나 과부들을 구제하는 일로 인해 교회 안에 문제가 생겼다. 헬라파 유대인들이 자기의 과부들이 구제대상에서 누락되고 히브리파 과부들만 혜택을 누린다는 것이었다. 불공평한 구제 문제로 교회가 분열의 위기를 맞게 된 것이다. 성령이 역사하고 왕성하게 부흥하고 성장하는 교회였음에도 불구하고 여전히 문제는 존재했다. 이것이 지상 교회의 모습이다. 이 세상에 완전한 교회는 없다.

문제를 해결하기 위해 교회 회의가 소집되었다. 사도들은 말씀을 전하는 본연의 일을 제쳐놓고 자신들이 공궤하는 일에 신경을 쓰게 되었을 때 교회가 예기치 않는 문제에 봉착하게 된 것을 깨닫고, 제자들 가운데서 성령과 지혜가 충만하여 칭찬 듣는 사람 일곱을 택하게 하고 그들에게 공궤하는 일을 전담시켰다. 그리고 그들은 본분에 전념하게 되었다. 그러므로 교회가 더욱더 든든하게 세움을 받게 되었다. 초대 교회는 교회 안에 발생한 문제를 지혜롭게 처리함으로써 교회가 하나님의 말씀 안에서 더욱더 든든히 서가는 은혜를 누리게 되었다. 문제는 언제든지 있을 수 있다. 문제가 있는 것이 나쁜 것도 아니다. 하나님 앞에서 깨어 있으면 오히려 문제를 통해 더 건강한 교회로 거듭날 수 있다. 문제를 문제로 여기지 말고 그 안에서 하나님의 뜻을 발견하고 하나님께 순종하자.

## 6. 천사의 얼굴(6:8-15)

구제하는 일을 위해 선택된 일곱 사람 중에서 스데반은 특별히 은혜와 권능이 충만한 사람이었다. 그는 구제의 일을 할 뿐만 아니라 백성들 사이에서 큰 기사와 표적을 행하고 또 흩어져 살고 있는 유대인들의 회당에서 복음을 변론하는 일도 감당했다. 그의 지혜는 아무도 당할 수 없었고 성령의 인도하심을 받고 하는 그의 말에는 큰 권세가 있었다. 그러므로 사람들이 스데반을 치기 위해 사람들을 동원하여 거짓 증인을 세움으로 모함을 꾸몄다. 신성을 모독하는 말을 하는 자라고 누명을 씌우고 또 하나님의 율법의 권위에 도전한다고 거짓 증거를 서게 함으로써 그를 공회 앞에 세워 심문을 받게 하려고 했다. 스데반은 모함을 받고 공회 앞으로 끌려왔지만 사람들은 믿음과 성령과 은혜와 권능이 충만했던 스데반의 모습 속에서 천사의 모습을 보았다. 스데반의 내면의 모습을 그의 얼굴을 통하여 보게 된 것이다. 내 안에 무엇이 있든지 그것이 밖으로 나타나게 되어 있다. 그는 평범한 사람이었지만 초대 교회에 큰 영향을 끼친 모범적인 신앙인이었다. 하나님께서 그에게 놀라운 지혜와 성령의 충만함을 허락하시고 하나님의 복음을 여러 지역의 사람들에게 전하는 귀한 도구로 사용하셨다. 하나님의 인도를 받는 신자는 사람들 앞에서 영향력 있는 사람이 된다.

# 11월 6일 :: 사도행전 7-9장

## 1. 확장된 복음(8:1-8)

경건하고 성령 충만했던 스데반의 죽음은 교회에 크나큰 손실이었고 교회는 그의 죽음을 많이 슬퍼했다. 스데반의 일로 인하여 초대 예루살렘 교회는 크나큰 핍박을 경험하게 되었고 사도들을 제외한 모든 제자들은 유대와 사마리아 지역들로 흩어졌다. 스데반을 죽였던 무리들 가운데 사울이라는 청년은 교회를 핍박하는데 앞장섰다. 그는 각 가정에 들어가 믿는 사람들을 잡아다가 옥에 집어넣었다. 나중에 그는 예수 그리스도의 위대한 사도가 되었지만 그 때에는 스데반의 죽음을 당연하게 여긴 핍박자였다.

흩어진 사람들은 각 지역으로 다니면서 복음을 전했다. 그들은 자신들에게 닥친 환란 때문에 두려워하거나 낙심하지 않았다. 오히려 더 열심히 복음을 전하는 일을 감당했다. 그들 가운데 대표적인 사람이 빌립이었다. 빌립의 전도로 인해 사마리아 성에 하나님의 복음이 전해지고 많은 사람들에게 복음의 능력이 나타났다. 귀신이 쫓겨나고 병자가 고침을 받게 되었다. 빌립 한 사람으로 인해 사마리아 성이 회복되었다. 이렇게 하나님께서는 교회에 일어난 핍박을 하나님의 복음을 확장시키는 도구로 사용하셨다. 사단은 교회를 파괴하려고 악한 수단과 방법을 동원했지만 하나님은 그것을 선한 일을 이루는 기회로 삼으셨다. 하나님께서는 스데반의 죽음을 헛되게 하지 않으셨다. 환란과 핍박이 하나님 안에서는 생명을 살리는 역사를 만들어낸다. 하나님은 고난과 핍박을 통해 교회를 더욱 더 확장하신다.

## 2. 성령의 인도를 따라( 8:26-40)

사마리아 성에 복음을 전하고 큰 구원의 열매를 거두게 되었을 때 주의 사자가 빌립을 광야로 인도했다. 광야는 사람이 거의 살지 않는 곳이다. 그러나 성령께서는 빌립을 그 길로 인도했다. 빌립이 성령의 인도하심에 순종하여 광야로 갔을 때에 마침 예루살렘에 예배하러 왔다가 돌아가는 에티오피아 여왕의 재무담당인 내시를 만나게 되었다. 빌립은 성령의 지시하심을 따라 그 내시의 병거 곁으로 갔는데 내시가 마침 하나님의 말씀을 읽고 있었다. 빌립은 내시가 읽은 말씀의 뜻을 잘 설명해 주고 그 말씀을 통해 예수 그리스도의 복음을 전했다. 빌립의 전도를 받은 내시는 그날 예수 믿고 세례를 받았다. 성령께서는 곧바로 빌립을 다른 여러 성들로 가게 하여 그곳에서 복음을 전하게 하시고 그의 복음 전도의 영역을 가이사랴까지 넓히게 하셨다. 하나님의 성령께서는 빌립이 쉴 틈이 없이 복음을 전하도록 그를 사용하셨다. 복음을 들어야 할 사람이 많았으므로 빌립을 긴급하게 복음전파의 도구로 사용하신 것이다.

성령의 인도하심을 따라 살기 위해서는 영적인 필요에 민감해야 한다. 우리의 생각대로 살지 않고 성령께 우리의 삶을 맡기면 성령의 인도를 받게 된다. 때로는 이해할 수 없는 일들도 하나님의 뜻을 이루는 일이 될 수 있다. 교회는 항상 복음 전파에 대하여 긴급한 마음을 가지고 깨어 있어야 한다. 안주하고 나태하게 되면 하나님의 음성을 들을 수 없다.

### 3. 사울아 사울아(9:1-9)

사울은 하나님의 교회를 핍박하는 일에 가장 앞장섰다. 그는 다메섹에 있는 그리스도인들을 잡아올 수 있는 체포영장을 발부받으려고 대제사장에게로 갔다. 그의 마음은 제자들을 향한 위협과 살기로 가득했다. 사울이 다메섹으로 가는데 갑자기 하늘로부터 빛이 그를 둘러 비추었다. 그는 그 자리에 쓰러져 하늘로부터 들리는 소리를 듣게 되었다. '왜 나를 핍박하느냐? '는 예수 그리스도의 음성이었다. 예수 믿는 자를 잡으러 가다가 사울은 그의 인생에서 충격적인 일을 경험했다. 부활하신 예수님의 음성을 들은 것이다. 하나님을 위해 특별한 열심을 가지고 일했는데 하나님을 대적하는 일을 하고 있는 자신을 보게 되었다. 예수님께서는 이렇게 당신을 핍박하는 사울을 만나주셨다. 사울은 사흘 동안 식음을 전폐하고 하나님께 기도했다. 하나님께서 그의 눈을 멀게 하시고 오직 하나님만 바라보게 하셨다.

진리에 대한 그릇된 확신과 열심은 많은 사람들을 혼란에 빠뜨리고 고통스럽게 만든다. 신령한 영적인 지식은 배움만으로 얻을 수 있는 것이 아니다. 성령 하나님의 조명이 있어야 한다. 하나님께서 역사하실 때 선입견이 깨지고, 참된 진리를 깨닫게 된다.

### 4. 사울과 바나바(9:19-31)

교회를 핍박하기 위해 대제사장에게 공문을 받아서 다메섹으로 갔던 사울이 그곳 회당에서 그리스도의 복음을 전하는 자가 되었다. 사람들이 사울의 복음 전도를 듣고 그들의 눈과 귀를 의심할 정도가 되었다. 놀라운 하나님의 역사이다. 우리가 우리의 인생의 앞날을 알 수 없다. 내가 계획한다고 모든 것이 내 뜻대로 되는 것이 아니다. 하나님께서 하시고자 하시면 얼마든지 바꾸실 수 있다. 유대인들은 자기들의 교를 버리고 예수를 전하는 사울을 죽이기 위해 한 마음이 되었다. 그러나 제자들이 그를 성 밖으로 안전하게 피신할 수 있도록 도와주었다. 사울은 그 길로 예루살렘으로 가서 예루살렘 교회와 합류하려고 했지만 예루살렘 교회는 그 일을 이상하게 여겼다. 사울이 어떤 사람이었는지 알고 있었기 때문이다. 이 때 신실한 믿음의 사람 바나바가 사울과 교인들을 화해시켰다. 그러므로 사울이 예루살렘에서도 담대하게 예수 그리스도의 이름을 전할 수 있게 되었다. 예루살렘 교회는 참으로 복 있는 교회였다. 하나님께서 바나바라는 훌륭한 믿음의 사람을 그 교회에 허락하셨다. 바나바는 '권위자'라는 뜻이다. 그는 형제들을 권면하고 위로하는 일에 탁월한 사람이었다. 바나바의 중재로 인해 예루살렘 교회는 사울을 품을 수 있게 되었고, 바나바는 사울의 중요한 동역자가 되었다. 그들로 인해 유대와 갈릴리와 사마리아 모든 교회가 힘을 얻었다. 나의 위로와 권면이 사람을 살리고 사람을 세울 수 있다.

## 11월 7일 :: 사도행전 10-12장

### 1. 백부장 고넬료(10:1-33)

고넬료는 로마 군대의 백부장이었다. 그는 이방인이었지만 하나님을 경외하고 백성들을 사랑했던 사람이었다. 하나님이 고넬료의 기도와 구제를 인정하시고 그의 사자를 고넬료에게 보내셨다. 하나님께서 그에게 베드로를 붙여주셔서 그리스도 예수의 복음을 듣고 구원을 얻게 하시기를 기뻐하셨다. 그러므로 욥바에 머물고 있는 베드로에게 사람을 보내 그를 불러오도록 하셨다. 그 일 후에 하나님께서 베드로가 기도하는 중에 환상을 통하여 속된 짐승들을 보여주시고 그것을 잡아먹으라고 하셨다. 베드로가 그렇게 할 수 없다고 거절했지만 하나님께서 깨끗하게 하셨으므로 속되다고 말하지 말라고 하셨다. 복음을 전하는데 있어서 편견은 복음전파에 방해가 된다. 예수 그리스도의 복음은 모든 나누어진 것을 하나 되게 하는 능력이다. 하나님은 하나님을 사랑했던 이방인 고넬료를 베드로에게 붙여주심으로 그를 통하여 이방인을 구원하기를 기뻐하셨다. 하나님께서 하나님의 복음이 이방인에게 전해지는 길을 친히 여셨다. '온 족속으로 제자를 삼으라'는 예수 그리스도의 말씀이 이루어지게 하신 것이다. 우리가 성령의 인도하심에 순종할 때 하나님은 우리를 당신의 뜻을 이루는 도구로 사용하신다. 하나님은 우리가 편견 없이 복음 전하기를 바라시고, 모든 사람이 구원받기를 기뻐하신다. 우리가 이 일에 쓰임 받아야 하겠다.

베드로와 고넬료는 모두 기도하는 중에 하나님의 음성을 들었다. 그리고 자신의 편견을 내려놓고 그 음성에 순종했다. 고넬료는 베드로를 만나기 위해 자신 뿐만 아니라 그의 일가와 가까운 친구들까지 다 준비시켰다. 성령의 인도하심을 따르는 일은 믿음을 요구한다. 하나님께 기도할 때 하나님께서 사람의 마음을 감동하시고 꼭 필요한 사람을 붙여주신다. 성령께서 말씀하실 때에 순종하면 하나님의 역사를 경험하게 된다.

### 2. 오해와 편견의 치유(11:1-18)

이방인에게 세례를 준 후 베드로와 그 일행이 예루살렘으로 올라갔다가 유대인 신자들로부터 이방인과 교제하고 먹었다며 책망을 받았다. 베드로는 그들이 하나님 앞에서 가지고 있는 오해와 편견을 제거하기 위해 고넬료를 만나게 된 경위에 대하여 자세하게 설명했다. 이 사건은 하나님의 복음이 전파되는데 있어서 매우 중요한 사건이었다. 하나님께서는 편견과 오해가 복음의 진보를 가로막는다는 것을 잘 알고 계셨으므로 다시 한 번 그것을 바로잡으셔야만 하셨다. 유대인과 이방인 사이에 놓인 모든 장벽을 예수님께서 십자가의 죽음을 통하여 다 허무셨지만, 그 일을 진실로 믿고 인정하는 일은 쉬운 일이 아니었다. 유대인 신자들은 베드로의 말을 듣고 하나님께서 사도를 통하여 하신 일에 대하여 더 이상 대꾸하지 않았다. 하나님의 일을 막을 자는 아무도 없는 것이다. 이제 그들은 이방인에게 구원을 허락하신 하나님께 영광을 돌리므로, 성령 안에서 성숙한 그리스도인의 모습을 보여주었다. 오해와 편견 때문에 교회가 하나 되지 못하고 분열의 아픔을 겪는 일들이 종종 있다. 사람의 생각이 앞서면 중요하지 않는 일에 매달리다가 하나님의 일을 가로막게 된다. 하나님은 오해와 편견을 없애기 위해 충분히 설명하고 설득하기를 원하신다. 우리가 무슨 일이든지 자기편에서 바라보지 않고 하나님의 뜻을 찾고 하나님께 순종하면 하나님께서 그 일을 복되게 하신다.

### 3. 신속한 기도응답(12:1-25)

하나님의 교회를 향한 핍박이 국가 권력으로 확대되고 있음을 보여주고 있다. 유대지역을 다스리고 있던 헤롯왕이 유대인들의 환심을 사기 위해 예수 믿는 사람들을 핍박하기 시작했다. 그는 요한의 형제였던 사도 야고보를 잡아 칼로 죽였다. 이어서 베드로도 죽이기 위해 잡아 옥에 가두었다. 유월절 명절이 끝나면 끌어내어 백성들이 보는 앞에서 죽이려고 작정하고 있었다. 교회의 핵심 멤버였던 사도들을 없이함으로써 교회를 무력화시키려고 했다. 사탄의 간교한 전략이었다. 위기에 처한 교회는 옥에 갇힌 베드로를 위해 간절히 기도했다. 많은 사람들이 마가 요한의 집에 모여 기도했다. 그 때에 주의 사자가 옥에 갇혀 두 군사 틈에서 쇠사슬에 매인 채 잠을 자고 있던 베드로를 흔들어 깨우고 쇠사슬을 풀어, 옥에서 벗어나게 해 주었다. 정신을 차린 베드로는 주의 사자께서 자기를 도와주신 것을 깨닫고 기도하고 있던 형제들에게로 갔다. 문을 두드리는 베드로를 영접하러 나온 한 여자 아이는 깜짝 놀라 집으로 달려들어가 기도하던 사람들에게 베드로가 왔다고 소리쳤다. 사람들은 믿기지 않는 일에 적지 않게 놀랐다. 그들의 기도가 이렇게 신속하게 응답될 것이라 믿지 못했던 것이다. 간절히 기도하면 하나님께서 주의 사자를 보내시고 당신의 사랑하는 자녀들의 필요에 응답하신다. 우리가 늘 기도해야 하지만 고난의 때에는 더욱더 간절한 기도가 필요하다. 어떤 어려운 일을 만나든지 낙심하지 말고 기도하자. 교만한 헤롯을 하나님께서 벌레를 보내 죽게 하셨다.

# 11월 8일 :: 사도행전 13-15장

## 1. 선교하는 교회(13:1-12)

안디옥 교회는 하나님 앞에 신실한 이방인 교회였다. 바나바와 사울은 그 교회의 지도자들이었다. 교회가 선교의 열정을 품고 기도할 때에 성령께서는 바나바와 사울을 선교사로 보내기를 기뻐하셨다. 그러므로 교회는 성령의 뜻에 순종하여 두 사람을 따로 세우고 그들에게 안수하여 파송했다. 교회가 하나님의 복음전파에 대한 구체적인 전략을 세우고 성령의 뜻에 순종하여 세상을 향하여 본격적으로 선교의 문을 열었다. 교회가 기도하고 두 사람을 파송했지만 그들은 동시에 성령의 보내심을 받은 선교사들이었다. 하나님께서 이 두 사람이 총독을 만나게 하시고 그들에게 하나님의 말씀을 전하게 하셨다. 그러나 총독과 가까이 지내던 한 유대인 무당이 복음을 방해했다. 바울이 성령의 충만함을 받고 그 무당을 꾸짖어 책망함으로 그가 소경이 되어버렸다. 이 일은 총독이 믿음을 갖는 계기가 되었다. 복음의 능력이 어둠의 권세를 이긴다. 안디옥 교회에는 훌륭한 믿음의 사람들이 많이 있었고, 선교의 비전을 가진 성령 충만한 교회였다. 안디옥 교회가 세계 선교의 전진기지로 쓰임 받은 것은 우연이 아니었다. 교회가 성령의 충만을 받아 기도하며 사명에 충실하고 하나님의 성령의 인도하심에 순종하려고 할 때에 하나님께서 그 교회를 귀하게 사용하신 것이다. 우리 교회가 성령의 충만함을 받고 성령께 순종해서 하나님 나라위해 쓰임 받는 교회가 되기를 소망하자.

## 2. 열린 길을 찾으라(14:1-7)

비시디아 안디옥 회당에서 유대인들에게 핍박을 받고 이고니온으로 온 바울과 바나바는 또 다시 그곳에 있는 회당을 찾았다. 성난 유대인들에 대한 두려움도 있었겠지만, 회당은 하나님께서 예비하신 사람들을 만날 수 있는 가장 적절한 장소였다. 바울 일행이 그곳에 모인 사람들에게 말했을 때, 그 말을 듣고 많은 유대인들과 헬라인들이 믿게 되었다. 사람들을 진실로 사랑하는 마음에서 나오는 그들의 말에 하나님께서 권세를 덧입혀주시고, 또한 듣는 사람들의 마음을 열어주셨다. 복음에 순종하지 않은 유대인들은 이방인들의 마음을 선동하여 악한 감정을 일으켰지만 바울과 바나바는 위축되지 않고 오히려 주님을 의지하여 더 담대하게 말씀을 전했고, 주께서는 그들이 표적과 기사들을 행할 수 있게 하심으로써 은혜의 말씀을 증거하게 하셨다. 이 일로 인하여 이고니온 성 사람들은 둘로 나뉘게 되었다. 반대하는 사람들이 돌로 치려고 했으므로 두 사도는 다른 지역으로 도망갔다. 하나님의 일을 할 때에 언제나 방해하는 일도 뒤따르게 된다. 그러므로 늘 깨어 있어야 실족하지 않게 된다. 바울 일행은 그들의 생명을 위협하는 대적들이 있었음에도 불구하고 도망간 곳에서 계속하여 복음을 전했다. 중요한 일일수록 반대와 핍박이 많다. 하나님의 뜻을 행하는 사람은 길이 막힌 곳에서도 하나님의 음성을 듣다. 막혔다고 낙심하지 말고 열린 길이 있는지 찾아보자.

## 3. 본질을 붙잡으라(15:1-21)

유대로부터 내려온 어떤 사람들이 할례를 받아야 구원을 받는다고 가르쳤다. 이 일은 교회에 적잖은 소란을 일으켰다. 유대인들이 지금까지는 복음 전하는 것 자체를 방해했는데 이제는 복음의 가장 본질적인 문제를 가지고 시비를 걸어왔다. 이 문제는 간단한 문제가 아니었다. 많은 사람들이 그들의 주장에 동요되었다. 그러므로 안디옥 교회는 바울과 바나바를 예루살렘으로 보내 이 문제에 대한 대답을 듣기로 했다.

바울과 바나바는 예루살렘에 도착하여 사도들과 장로들에게 영접을 받고 하나님께서 자신들과 더불어 이방인 가운데 행하신 일들에 대해 보고했다. 그 때 바리새파에 속한 신자들이 이방인에게 할례를 행하고 모세의 율법을 지키게 해야 한다고 주장했다. 예루살렘에서도 동일한 문제가 생긴 것이다. 하나님께서는 이 문제가 분명하게 정리되기를 원하셨다. 이 문제에 대하여 베드로는 오직 주 예수의 은혜로만 구원을 받는다고 확인했다. 그 때에 바울과 바나바가 일어나 하나님께서 자신들과 함께 함으로 이방인들이 믿고 하나님께로 돌아온 일들을 보고했다. 그들의 말을 다 들은 후 야고보는 베드로의 말과 선지자의 예언이 일치함을 성경으로 증거함으로써 이방인을 향한 하나님의 목적과 경륜을 밝히고, 유대인들과 이방인들을 만족시킬 중재안을 내 놓았다. 가장 중요한 것을 붙잡으면서 동시에 중요하지 않는 것을 양보하는 지혜가 필요하다.

## 11월 9일 :: 사도행전 16-18장

### 1. 열매를 기대하며(16:1-5)

안디옥 교회의 전송을 받고 2차 선교를 떠난 바울과 실라가 더베와 루스드라에 갔다. 그 곳은 전에 그가 복음을 전하고 많은 사람들을 얻었던 곳이었다. 바울은 그 곳에서 디모데라는 제자를 만났다. 그는 유대인 어머니와 헬라인 아버지 사이에서 태어난 사람이었고, 신실한 믿음을 가진 루스드라 교회의 일꾼이었다. 칭찬받는 믿음을 갖는 것이 쉽지 않은데, 그의 신앙은 루스드라와 이고니온 지역에 있는 형제들로부터 칭찬을 받을 만큼 명성이 있었다. 바울은 자신의 전도여행에 디모데를 데리고 가기 위하여 그에게 할례를 행했다. 복음 전하는 일에 있어서 유대인들로부터 쓸데없는 방해를 받지 않기 위해서 일부러 행한 일이었다. 바울과 실라와 디모데는 여러 성들을 돌면서 예루살렘 교회의 결정들을 준수하도록 교회들을 격려했다. 그러므로 각 교회들은 계속해서 믿음이 견고해지고 믿는 사람들의 수가 늘어갔다.

바울이 루스드라에서 디모데를 만난 일은 큰 축복이었다. 디모데는 바울의 전도 사역에 훌륭한 조력자가 되었고, 바울이 가장 아끼고 사랑하는 믿음의 동역자가 되었다. 신실한 믿음의 동역자를 만나는 일은 축복이다. 바울이 첫 전도여행을 통해 복음을 전했을 때 이런 신실한 동역자를 만나리라고는 생각하지 못했을 것이다. 성령께서는 복음에 능력이 있음을 보여주시고 바울의 전도 사역에 큰 힘이 되었다. 신실한 믿음의 사람을 붙여주시도록 기도하자.

### 2. 건너와서 도우라(16장)

바울의 1차 선교여행은 당시의 소아시아로 알려진 터키의 남부지역이었다. 2차 선교여행 목적지도 그 지역을 중심으로 한 아시아 지역이었다. 처음에 전도하여 세웠던 교회들에 들러 형제들을 격려한 후 다른 아시아 지역에서 전도하고 싶어 했다. 그런데 성령께서 그 일을 기뻐하지 않으셨다. 복음 전도의 영역이 확장되기를 바라셨다. 그러므로 바울이 아시아에서 전도하려고 애썼음에도 불구하고 성령께서 계속해서 전도의 문을 막으셨다. 바울이 복음전하고 싶어 했던 비두니아는 소아시의 북쪽 끝이었다. 그러나 하나님은 다른 세계를 예비해 놓고 계셨다. 그가 드로아로 내려갔을 때 환상을 보았는데, 마게도냐 사람 하나가 손짓을 하면서 건너와 자기들을 도와달라는 것이었다. 바울은 그 환상을 하나님의 싸인으로 알고 즉시 마게도냐로 떠날 준비를 했다. 마게도냐는 또 다른 세계였다. 하나님께서 그의 시야를 넓혀주셨다. 우리가 무슨 일을 하다 막히는 일을 경험할 때가 종종 있다.

최선을 다하는데도 안 될 때가 있다. 그 때에는 하던 일을 멈추고 하나님의 뜻이 어디에 있는지 돌아보는 시간을 가지는 것이 필요하다. 그리고 성령의 도우심을 구해야 한다. 어느 곳으로 문이 열리는지 주의 깊게 살펴보고 방향을 바꿀 필요가 있다. 바울은 성령의 인도하심에 순종하여 아시아 전도를 포기했다. 성령의 인도하심에 자신을 맡긴 것이다. 성령의 인도하심에 순종함을 통해 바울은 유럽에서 많은 어려움을 겪었지만 동시에 많은 전도의 열매를 거두었다.

### 3. 아테네에서(17:16-34)

아테네에 먼저 도착한 바울은 실라와 디모데가 오기를 기다리고 있다가 그 성에 우상이 가득한 것을 보고 마음에 분하여 회당에서뿐만 아니라 누구를 만나든지 그들과 복음에 대하여 변론했다. 아테네는 철학의 도시였다. 그 곳에서는 늘 새로운 철학이 생겨났다. 예수님의 부활을 전하는 바울의 말이 새롭다고 느낀 철학자들은 그가 무슨 말을 하려고 하는지 알고 싶어 바울을 데리고 아레오바고 언덕으로 올라갔다. 아레오바고 회의장에서 바울은 그 곳에 모인 사람들에게 우주와 만물을 지으시고 사람들에게 생명과 호흡을 주시는 하나님을 전했다. 많은 신전들과 우상들로 가득한 도시에서, 손으로 지은 전에 계시지 않으시고 천지와 우주에 충만하신 하나님을 증거하고 또한 예수 그리스도의 죽으심과 부활을 증거했다. 바울의 말을 들은 사람들 가운데는 조롱하는 사람들도 있었고 소수의 믿는 사람들도 있었다. 최고의 지성을 가진 사람들이 모여 있는 아테네였지만 하나님의 복음에 대해서는 무지했다. 복음은 논쟁으로 이해되지 않는다. 그 날 바울은 몇 몇 믿는 사람을 얻게 되었는데 그 중에는 아레오바고의 재판관 디오누시오가 있었다. 하나님은 세상의 지혜로 알 수 있는 분이 아니다. 호기심이 많다고 믿을 수 있는 것이 아니다. 믿음은 하나님의 선물이다. 하나님이 그 마음을 열어 주실 때에만 믿을 수 있게 된다. 당대 최고의 인간 지성이 살아가는 그 곳에 우상만 가득했다.

### 4. 내 백성이 많다(18:1-11)

바울이 아덴을 떠나 고린도로 갔을 때 그 곳에서 아굴라라고 하는 한 유대인을 만났다. 그의 아내는 브리스길라였다. 이 사람들은 바울과 같은 천막을 만드는 직업을 가지고 있었다. 바울은 그들과 함께 살면서 일을 하고 안식일에는 회당에 가서 성경을 강론하여 유대인과 헬라인을 권면했다. 이 때 실라와 디모데가 마게도냐로부터 와서 바울과 합류했다. 바울이 하나님의 말씀에 붙잡혀 유대인들에게 예수님이 그리스도가 되심을 증거했다. 유대인들은 그의 말을 비방하고 대적했지만 다른 많은 사람들이 바울의 말을 듣고 믿으며 세례를 받았다. 회당장이었던 그리스도보도 개종하여 온 집이 예수를 믿게 되었다. 유대인들의 반대로 인해 바울은 마음에 두려움이 있었다. 그러나 그 때 주님께서 환상 가운데 나타나서서 담대하게 복음을 전하라고 격려하셨다. '이 성중에 내 백성이 많다'는 주님의 음성을 들은 바울은 그 곳에서 1년 6개월을 머물며 복음을 전했다. 그는 주님의 말씀을 통해 담대함을 얻었다. 고린도는 번창한 상업 도시였고 동시에 도덕적으로 매우 무질서한 곳이었다. 그렇지만 주님께서는 그곳에도 자기 백성이 많다고 하셨다. 도무지 믿을만한 사람이 없을 것이라고 여겨지는 곳에도 하나님은 구원받을 백성을 남겨 놓으신다. 우리의 생각이 환경의 지배를 받지 않고 주님의 말씀에 순종하게 될 때 하나님의 일을 하게 된다.

## 11월 10일 :: 사도행전 19-21장

### 1. 두란노 서원에서(19:1-10)

윗 지방을 순회하고 에베소로 돌아온 바울이 어떤 제자들을 만나 '믿을 때 성령을 받았는지' 물어보았다. 그러나 그 곳의 제자들은 성령에 대해서 듣지 못했다. 바울은 요한의 회개의 세례만 받은 제자들에게 요한이 소개했던 메시아에 대해 설명해주고, 예수의 이름으로 세례를 베풀고 안수했다. 그러자 성령이 그들에게 임하게 되어 그들이 방언을 하고 예언도 하게 되었다. 바울은 에베소 회당에 들어가 3개월 동안 열심히 하나님의 나라에 대하여 강론했다. 그렇지만 그들 중 어떤 사람들은 바울의 가르침을 거부하고 그 도에 순종하지 않았을 뿐만 아니라 복음의 도를 비방했다. 복음이 전파될 때 두 가지 반응이 따라온다. 양심에 찔림을 받고 회개하는 사람이 있고, 양심에 찔려 마음을 닫아버리는 사람이 있다. 양쪽 모두 복음의 능력이다. 사람들이 복음을 거부하자 바울은 두란노의 한 학교를 거점으로 제자들을 가르치는 사역을 시작하여, 그 곳에서 2년 동안 열심히 하나님의 도(道)를 강론했다. 그러므로 아시아에 사는 사람들이 거의 대부분 주님의 말씀을 듣게 되었다. 두란노 서원은 초대 교회의 신학교와 같은 곳이었다. 바울 일행이 하나님의 복음을 효과적으로 전파할 수 있는 새로운 대안을 찾은 것이다. 바울은 그 곳에서 많은 제자들이 효과적으로 복음을 전할 수 있는 기초를 다지게 되었다. 우리가 주님 안에서 깨어 있을 때 문제는 새로운 대안을 만들어 내는 출발점이 된다.

### 2. 우리의 피난처(19:21-41)

디모데와 에라스도를 먼저 마케도니아로 보낸 바울은 에베소에 남아 계속하여 복음을 전했다. 그러나 그 곳에서 우상을 만들어 장사하여 많은 이득을 남기던 사람들로부터 심한 반대에 부딪히게 되었다. 바울이 '사람의 손으로 만든 것들은 신이 아니라'고 했으므로, 데메드리오라는 은장색은 바울 때문에 자신의 직업이 천하게 되고 돈벌이 하는데 방해가 되자 동료들을 선동하여 바울 일행을 그곳에서 몰아내고자 했다. 그들은 분이 가득하여 미친 듯이 아데미 신을 찬양했다. 뿐만 아니라 바울의 일행인 가이오와 아리스다고를 붙잡고 그들을 재판관에게 넘겼다. 그들의 선동으로 인해 에베소 성은 두 시간 동안이나 큰 소동이 일어났다. 그러나 그 성의 서기장이 무리들의 혼란을 진정시키고 그들이 붙잡아온 두 사람이 잘못한 일이 없다고 판결하고 그 모임을 흩어지게 함으로써 개인적인 욕망을 채우기 위해 소란을 일으켰던 자들의 소란을 잠잠케 했다. 바울은 이때의 사건을 회상

하면서 '힘에 지나도록 심한 고생을 받아 살 소망까지 끊어졌다'(고후1:8)고 회고했다. 우상을 팔아 장사하던 사람들은 거창한 이유를 들어 복음 전하는 자들을 핍박했지만 그들의 관심은 오직 자신들의 경제적인 유익에 있었다. 그러나 사람의 마음을 움직이시고 섭리하시는 하나님께서 복음을 위해서 헌신한 바울 일행을 위해 서기장의 마음을 움직이시고 위기에서 피할 길을 주셨다. 하나님은 우리의 피난처가 되신다.

## 3. 나의 달려갈 길( 20:17-27)

밀레도에 도착한 바울은 사람을 에베소로 보내 교회의 장로들을 청하도록 했다. 비록 직접 에베소에 들르지는 않았지만 그는 한 시도 에베소 교회를 잊지 않았다. 많은 고난과 역경이 있었음에도 불구하고 해산하는 수고를 통해 얻은 교회였기 때문이었다. 장로들은 교회의 감독자들이었다. 오늘날처럼 목사와 장로의 직분이 분명하게 구분되어있지 않던 시대에 목사와 장로의 역할을 함께 수행했던 교회의 지도자들이었다. 장로들을 만난 바울은 에베소에서 자신이 어떻게 사역하였었는지 지난날의 그의 사역을 회상했다. 그는 겸손과 눈물과 인내로써 주님을 섬기고, 복음에 합당한 것들에 대해서는 모든 사람 앞에서 거리낌 없이 전하고 유대인과 헬라인 모두에게 하나님께 대한 회개와 주 예수 그리스도께 대한 믿음을 증거했다고 한다. 바울은 복음 사역자들에게 훌륭한 모델과 같은 사람이었다. 바울은 환란과 결박이 기다리고 있는 예루살렘으로 자신이 가야하는 이유와 복음 전파에 대한 자신의 결심을 장로들에게 말함으로써 에베소 교회의 장로들이 어떤 마음으로 교회를 섬기는 것이 하나님 앞에서 바른 것인지를 보여주고자 했다. 환란과 결박이 하나님의 뜻인 이상, 그 메임을 두려워하지 않고 오직 자신의 사명에만 모든 초점을 맞추고 복음을 위해 자신의 생명을 아끼지 않겠다고 그는 말했다. 이런 사명을 가지고 주님의 교회를 섬기는 목자를 둔 교회는 복 있는 교회임이 틀림없다.

## 4. 영혼을 얻기 위하여( 21:1-26)

밀레도에서 장로들을 작별한 후 바울 일행은 여행을 계속했다. 그들은 뱃길로 이동했다. 가다가 구브로를 지나게 되었다. 구브로는 바나바의 고향이었고 바나바가 그곳에서 사역하고 있었다. 두로에서 제자들을 만나 일주일 머물렀는데 그 곳의 제자들이 바울더러 예루살렘으로 가지 말라고 설득했다. 성령께서 바울이 당한 고난을 보여주셨기 때문이다. 그러나 바울을 목적지를 향해 계속 행선하기로 마음먹었다. 그러므로 제자들은 바닷가까지 나와 전송하고 그곳에서 함께 무릎을 꿇고 기도한 후 바울 일행과 작별했다. 얼마 후 가이사랴에 도착한 바울 일행은 그곳에서 전도자 빌립을 만났다. 그곳에 빌립의 집이 있었다. 그곳에서도 아가보 선지자가 유대로부터 내려와서 바울이 예루살렘에서 결박과 고난을 당할 것이라고 예언했으므로 바울 일행과 더불어 그곳에 모인 모든 사람들이 울면서 예루살렘에 올라가지 말라고 권유했다. 그렇지만 바울은 그들의 말을 듣지 않았다. 어떤 고난이 있다고 할지라도 복음을 위해 고난당하는 것이 하나님의 뜻이라고 여겼기 때문이다. 성령의 음성을 들은 사람들은 바울에게 예루살렘으로 가지 말라고 했지만, 동일한 성령께서는 여러 증거들을 통해 바울의 마음을 준비시키시고 더욱더 주님을 의지하게 했다. 아마 바울은 주님께서 고난 받으시기 위해 예루살렘으로 들어가셨던 일을 마음에 새기며 일사각오의 정신으로 나아갔을 것이다.

마침내 바울 일행은 예루살렘으로 올라가게 되었다. 예루살렘에서 많은 고난이 있을 것이라는 성령의 음성이 있었지만 가이사랴의 몇몇 제자들은 바울이 받을 고난에 동참하고자 동행하게 되었다. 또한 일행 중에는 오랜 제자 구브로 사람 나손도 있었다. 그는 예루살렘 근처에 집을 소유하고 있던 사람이었다. 그러므로 올라가는 중에 그의 집에서 쉴 수 있었다. 예루살렘에서 바울 일행은 형제들로부터 영접을 받고 환영을 받았다. 그는 자신의 봉사를 통해 하나님께서 행하신 일들을 형제들에게 보고하고 그의 말을 들은 모든 사람들은 하나님께 영광을 돌려드렸다. 예루살렘에 있는 교인들은 바울의 신변의 안전 문제를 많이 걱정했다. 많은 유대인들은 바울이 모세의 율법에 반하는 새로운 교리를 전파하고 있다고 생각하고 있었으므로 그를 만나면 책임을 물으려고 기다리고 있었기 때문이다. 바울은 예루살렘 교회의 장로들의 권유를 따라 서원한 네 사람에게 유대의 전통을 따라 결례를 행함으로써 그가 결코 하나님의 율법에 반대되는 일을 하지 않는 사람이라는 것을 보여주고자 했다. 굳이 그렇게 해야 할 이유가 없었지만 바울은 그 곳에서도 가능한대로 유대인들을 얻기 위해 유대인처럼 행동했다. (고전9:20) 나는 영혼을 얻기 위해 어떻게 하고 있는가?

## 11월 11일 :: 사도행전 22-24장

### 1. 무엇을 하리이까(22:1-11)

히브리말로 백성들을 진정시킨 바울은 자신이 왜 복음을 전하는 자가 되었는지 거기 모인 백성들에게 설명하기 시작했다. 그는 원래 유대인으로서 율법의 엄한 교훈을 가르쳤던 가말리엘의 문하생이었고 모든 유대인들이 그렇듯이 그 또한 하나님께 대한 열심과 대단한 헌신의 사람이었다고 소개한다. 그런 열정이 그로 하여금 예수 믿는 자들을 핍박하고 죽이고 옥에 넘겨주는 일을 하는데 앞장서게 했고, 장로들과 대제사장이 그 일의 증인이라고 제시했다. 그러나 예수 믿는 사람들을 잡아 옥에 가두기 위해 다메섹으로 가다가 바울은 하늘로부터 임한 강력한 빛과 더불어 그 속에서 말씀하시는 부활하신 예수 그리스도를 체험하게 되었다. 자신의 귀를 의심할만한 분명한 음성으로 "사울아, 사울아 네가 왜 나를 핍박하느냐... 나는 네가 핍박하는 나사렛 예수라."는 주님의 음성을 들었다. 그는 예수님의 음성을 듣고 그 자리에서 거꾸러졌다. 바울은 그 날 그 곳에서 "내가 무엇을 하리이까?" 라고 주님께 여쭈었다. 그리고 그는 주님으로부터 사명을 받았다. 유대인으로서 흠잡을 데 없는 혈통과 열심을 가지고 있었던 바울이 한 때는 목숨을 걸고 복음을 반대하는 핍박자였지만 다메섹 도상에서 부활하신 예수님을 체험한 후 그의 삶의 방향은 완전하게 바뀌었다. 이제는 복음을 전하는데 목숨을 거는 사람이 된 것이다.

우리 하나님은 인생의 진로와 방향을 바꾸시는 분이시다. 하나님은 때때로 이렇게 한 사람을 극적으로 변화시켜 당신의 일을 하게 하시지만, 또한 하나님은 평범한 삶을 살아가는 사람을 부르시고 그를 복음전하는 사람으로 세우시기도 하신다. 하나님의 부르심을 받고 하나님 나라를 위해 쓰임받는 것보다 영광스러운 일이 어디 있겠는가!

### 2. 담대하라(23:1-11)

담대한 용기와 선한 양심의 소유자였던 바울은 공회 앞에서 자신의 죄 없음에 대하여 항변했다. 복음 안에서 담대함과 선한 양심을 가지고 사는 것이 쉽지 않다. 반드시 해야 될 일이기 때문에 하고, 꼭 책임져야 할 일이기 때문에 회피하지 않는 용기는 하나님 편에 선 사람의 특징이다. 비록 복음에 대하여 오해하고 있었을 때에도 바울은 자신의 양심을 따라 하나님을 기쁘시게 하기 위해 열심 있는 삶을 살았던 사람이었다. 바울의 말을 듣던 대제사장이 사람을 시켜 바울의 입을 치라고 하자 바울은 그를 향하여 '회칠한 담이여 하나님이 너를 치시리로다' 라며 담대하게 대제사장을 탄핵

했다. 사람이 마음의 문을 닫으면 올바른 소리에 귀를 기울이려고 하지 않게 된다. 그렇게 되면 판단을 그르치게 되기 쉽다. 공회는 바울이 자신들 앞에 서 있다는 것 자체가 기분 나쁜 일이었을 것이다. 바울은 공회 앞에서 자신이 바리새인이고 바리새인의 아들이라고 했다. 그 말로 인해 공회는 바리새파와 사두개파 의원들로 나뉘게 되었고 바리새파 의원들은 바울을 지지하는 자로 돌아섰다. 그러므로 천부장은 바울의 신변 안전을 위해 그를 호송하여 성문 안으로 들여보냈다. 계속된 위기를 만난 바울은 두려웠다. 그러나 그 날 밤 주님께서 바울 곁에 서시고 '담대하라'고 격려해 주셨다. 하나님은 우리가 가장 힘들고 어려워할 때 우리 곁에 계셔서 우리를 응원하시는 분이시다.

## 3. 돌보시는 하나님(24:1-23)

대제사장 아나니아는 바울을 고소하기 위해 장로 몇 사람과 로마인 변사 더둘로를 데리고 총독에게로 왔다. 바울에 대하여 송사하기를 '이 사람은 염병이라 천하에 퍼진 유대인을 다 소요케 하는 자요 나사렛 이단의 괴수라'고 했다. 바울에 대한 그의 송사 내용은 터무니없는 거짓으로 가득 찬 것이었다. 그들은 더 나아가 바울이 성전을 더럽게 한다고 비방했다. 동원된 유대인들은 그의 변론이 참이라고 거들었다. 전도자 바울을 해치기 위해 치밀하게 준비했던 것이다. 바울의 변론 차례가 되었을 때, 바울은 저들의 송사에 대하여 비방하지 않았다. 단지 그가 평화롭게 예배드리기 위해 예루살렘에 왔었음과, 예루살렘에 거한 날 수는 불과 12일에 불과했고 그리고 예루살렘에서 조용하고 평화롭게 행동했기 때문에 그들의 고소는 이치에 합당하지 않다며 조목조목 반박했다. 또한 자신은 그들이 이단이라고 여기는 자임을 인정했다. 그렇지만 그들과 마찬가지로 정당하게 하나님을 섬기고 예배하고 있다고 했다. 양측의 송사와 변론을 들은 총독은 일단 천부장이 증인으로 올 때까지 재판을 연기하고, 백부장에게 바울을 지키되 자유를 주고 친구들과 자유롭게 교제할 수 있게 했다. 하나님께서 바울에게 때에 맞는 말을 할 수 있는 지혜를 주셨고, 그에게 자유롭게 지낼 수 있는 은혜를 베푸셨다. 어렵고 힘든 상황 속에서도 하나님께서 바울을 세밀하게 간섭하셨다. 하나님은 모든 환경 속에서 우리를 돌보신다.

11월 12일 :: 사도행전 25-28장

## 1. 아그립바와 바울(25:13-27)

아그립바 왕이 새롭게 총독으로 부임한 베스도에게 문안을 왔다. 그 때에 베스도는 바울의 사건에 대한 어떤 정보라도 얻기 위해 아그립바 왕에게 최근에 바울의 일로 일어나 소요와 재판 사건에 대하여 이야기하였다. 베스도는 스스로 판단하기를 바울에게는 전혀 죄가 없으며 단지 자기들의 종교와 예수의 죽었다가 살아났다는 바울의 주장에 관한 문제로 인해 일어난 소요라고 여기고 있었다. 그러므로 예루살렘에서 재판을 받는 것이 어떨까 생각하여 바울에게 물어보았을 때 바울이 이를 거절하고 황제에게 직접 호소하겠다고 함으로 가이사의 법정으로 보내기로 했다는 것이었다. 최고법정에 서기위해서는 분명한 죄목이 있어야 했다. 그러므로 죄목도 없는 죄수를 보낼 수는 없어서 바울을 상소할 재료를 얻기 위해 아그립바에게 심문받도록 했다. 아그립바는 베스도의 제안을 기뻐하고 그것을 자기를 드러낼 기회로 활용했다. 그러므로 재판을 열게 하고 그 날 휘황한 옷을 입고 재판석에 앉았다.

초라한 죄수의 몸으로 서 있는 바울과는 비교할 수 없는 찬란함이 그에게 있었다. 그러나 진정한 광채는 화려한 외모에서 발휘되는 것이 아니다. 비록 죄수의 몸이었지만 오직 예수 그리스도와 그의 죽으심과 부활에 대한 담대한 증인으로 서 있는 바울과, 겉만 화려한 부도덕한 세상의 왕과는 비교할 수 없는 차이가 있었다. 베스도는 여전히 바울의 무죄를 인정하고 있었지만 그 역시 세상의 눈치를 살피는 범인(凡人)에 불과했다.

## 2. 바울의 변론(26:1-23)

바울은 아그립바 왕 앞에서 자신을 변론할 기회를 얻었다. 그는 유대인으로 자신이 어떻게 살아왔는지 그리고 그가 예수 그리스도를 핍박하는데 얼마나 앞장서서 일했었는지, 다메섹 도상에서 부활하신 예수 그리스도를 만난 후 어떻게 변화되어 온 세상에 복음이 증인이 되었는지, 부활의 도를 전함으로 인해 동족 유대인들에게 어떤 핍박을 받고 있는지 등에 대하여 질서정연하게 변론했다. 그 날 그 곳에 모인 사람들은 바울의 신앙 간증을 들었다. 하나님께서 그들에게도 복음의 소식을 들을 수 있는 기회를 주신 것이다. 다메섹 도상에서 부활하신 주님을 만난 사건은 바울의 생애에 극적인 전환점을 가져다주었다. 그 사건이 있은 후로 바울은 주께 받은 사명을 이루기 위해 자신의 모든 삶의 에너지를 오직 주를 위해 바쳤다. 죄수의 몸이 된 것도 오직 복음 전파를 위한 열심 때문이었다.

아그립바 왕 앞에 선 바울은 하나님께서 하늘에서 보이신 것을 거스르지 않고 온 세상에 회개를 선포했다고 증거한다. 인생의 여정에서 경험한 영적 사건을 평생 마음에 간직하고 그것을 위해 자신의 삶을 불태우고 있는 바울의 모습은 다시 한 번 우리의 삶을 돌아보게 한다. 진정으로 예수 그리스도는 우리가 이 세상에서 살아가야만 하는 가장 소중한 이유가 되고 있는지, 내 가슴 속에 바울과 같이 그리스도에 대한 감격과 열정이 불타오르고 있는지, 나는 어떤 자세로 하나님 앞에서 살아야 하는지 생각하게 한다. 주님께서 주신 사명을 위해 사는 삶이 진정한 가치가 있다.

### 3. 한 배에 탄 사람들(27:1-11)

마침내 바울은 로마로 가게 되었다. 주께서 그에게 나타나셔서 하신 말씀이 이루어지게 되었다. 하나님께서는 바울의 항해를 위해 모든 것을 준비시키셨다. 바울의 호송을 책임진 사람은 율리오라는 백부장이었다. 하나님께서 바울을 위해 친절한 백부장을 붙여주셨다. 하나님은 바울을 로마로 데려가셔서 하실 일이 있으셨다. 바울이 승선한 배에는 여러 부류의 사람들이 타고 있었다. 바울 일행과 함께했던 사람들은 몇몇의 죄수와, 백부장, 군인들, 사공들, 바울의 제자 아리스다고 등 276명이나 되었다. 특히 아리스다고는 회심한 후 바울의 전도여행에 늘 동행했다. 그는 바울과 함께 전도하다가 체포되기도 하고 감옥에 갇히기도 했다.(행20:4,6;골4:10) 그는 바울이 죄수의 몸으로 로마로 갈 때에도 동행했다. 바울과 생사고락을 같이한 신실한 믿음의 사람이었던 것이다. 로마로 가는 길은 쉽지 않았다. 바다는 늘 변화무쌍하다. 언제 무슨 일을 만날지 알 수 없다. 바울은 이번 여행에 많은 어려움이 있고 생명에도 타격과 손해가 있을 것이라고 백부장에게 충고했다. 안전조치를 취해야 할 것을 충고한 것이다. 그러나 백부장은 바울의 말보다는 선장의 말을 더 믿었다. 이제 그들은 모두 한 배를 탄 운명공동체가 되었다. 그러한 상황에서 영적인 지도자의 역할은 어느때보다 중요하다.

### 4. 마침내 로마로!(28:1-15)

바울 일행이 탄 배가 파선당하고 그들이 가까스로 구원을 얻어 상륙한 곳은 멜리데라는 섬이었다. 그 섬에 276명 전원이 아무 상함을 입지 않고 상륙하게 되었다. 그 곳에 살고 있던 원주민들은 바울 일행에게 특별한 호의를 베풀어 비오고 차가운 날씨에 바다에서 사투를 벌인 그들을 맞이하고 그들의 몸을 녹이도록 불을 피웠다. 바울이 나무 한 뭇을 불에 넣었는데 뜨거운 열기로 인해 그 속에 있던 독사가 나와 바울의 손을 물었다. 원주민들은 바울의 손에 독사가 물린 것을 보고 그를 살인자라고 단정하게 되었다. 그러므로 그가 곧 죽게 될 것이라고 생각했다. 바울은 자기 손을 물고 있던 독사를 불에 떨어버렸다. 그는 아무렇지도 않았다. 이 모습을 보던 원주민들은 이제 생각을 바꾸어 바울을 신이라고 생각하게 되었다. 바울은 친절하게 그들을 대우해준 보블리오의 아버지의 열병과 이질을 기도와 안수로 낫게 해주었다. 그 섬의 많은 사람들이 고침을 받았다. 멜리데에서 석 달을 머문 후 다시 배를 타고 떠난 바울 일행은 보디올 항구까지 갔다. 그런데 그 곳에는 그리스도인 형제들이 있었다. 그 곳에서 일주일 머문 후 걸어서 로마로 들어가게 되었다. 바울은 로마에서 그리스도인 형제들로부터 따뜻한 영접을 받고 마음에 크게 담력을 얻어 하나님께 감사했다. 하나님께서 그 곳에서 바울의 마음을 위로해 주신 것이다. 바울은 비록 죄수의 몸이었지만, 꿈에 그리던 로마에 오게 되었다. 복음을 전하기 위해서 말이다.

## 11월 13일 :: 로마서 1-3장

### 1. 복음은 하나님의 능력(1:1-17)

로마서는 바울이 기록했다. 그는 원래 예수 믿는 자들을 핍박하던 사람이었다. 예수 믿는 자들을 잡아 옥에 가두려고 다메섹으로 가다가 부활하신 예수 그리스도를 만난 후 변화되어 열심히 복음을 전하는 사람이 되었다. 그는 자신을 일컬어 예수님을 위해 절대 충성하는 '예수 그리스도의 종'이라고 고백한다. 그리스도의 종이 되어 그리스도의 복음을 전하기 위해 세상 가운데로 보내심을 받은 사도라고 증거한다. 바울의 마음을 사로잡고 있었던 두 가지 관심은 성도들과 세상이었다. 하나님을 믿고 예수 그리스도의 사람이 된 성도들을 사랑하고, 믿음 안에서 그들을 하나님의 말씀으로 격려하며 세워주기를 소망하였다. 바울은 로마서를 기록할 당시까지 로마에 간 적이 없었지만 로마에 세워진 하나님의 교회를 마음에 품고 기도했다. 교회를 향한 사랑 때문이었다. 진실로 누군가를 마음에 품고 사랑하는 사람은 그 사람을 위해서 기도하는 일을 쉬지 않는다. 바울은 하나님을 알지 못하는 세상을 향하여는 복음에 빚진 자라는 의식을 가지고 있었다. 복음을 알지 못하면 영원한 형벌과 심판을 받을 수밖에 없는 사람들에게 누구든지 믿으면 구원을 주시는 하나님의 능력인 복음을 반드시 전해야만 한다는 막중한 채무자 의식이 그의 마음 속에 있었다. 그는 그렇게 세상을 사랑했다. 내게도 세상을 향한 사랑하는 마음이 있는가? 예수 그리스도를 전해주고 싶은 전도의 대상이 있는가? 그 사람을 향해 빚진자의 심정을 가지자.

### 2. 판단하지 않기(2:1-16)

사람들이 가지고 있는 공통적인 습성은 남의 말하기를 좋아하고 남을 판단하기를 좋아하는 것이다. 특히 다른 사람의 잘못에 대해 겉으로 드러난 현상 자체만 가지고 판단하고 정죄하려는 경향이 있다. 그렇지만 사람의 판단이 온전하지도 정당하지도 않는 이유는, 겉으로 나타나지는 않았지만 그 속에 얼마든지 판단받을 만한 일들이 많기 때문이다. 오직 참된 판단은 하나님만 하신다. 하나님은 진리대로 판단하신다. 밖으로 드러난 것으로 판단하지 않고 속에 숨어있는 의도를 보시고 판단하신다. 사람의 깊은 속을 알고 계시는 하나님께서 불의한 일들을 판단하고 정죄하기 보다는 참고 용납함으로 기다리시는 것은, 회개하고 돌이킬 기회를 주기 위함이다. 의로우신 하나님께서 판단하실 때 그 앞에서 온전한 사람은 아무도 없다. 하나님의 백성들이 늘 조심해야 하는 것은, 자신이 불신자들보다 훨씬 더 정직하며 의롭다고 생각하지 않아야 한다는 것이다. 우리가 비록 겉으로 우상숭배를 하지 않는다고 마음 속에 탐욕을 품지 않는 것은 아니다. 마음 속에 범죄의 욕구가 있으면서도 얼마든지 범죄하지 않을 수 있다. 마음에는 형제를 미워하는 마음이 가득하면서도 얼마든지 욕하지 않을 수 있다. 하나님은 우리의 마음을 살피신다. 그러므로 나의 의를 자랑하지 말고 예수 그리스도의 완전하심을 의지하며, 형제의 연약함을 판단하지 말고 용납하고 용서하고 기다리자.

## 3. 의인은 없다(3:1-18)

하나님의 거룩하심과 의로우심을 경험한 사람이 가지고 있는 인생에 대한 결론이 하나 있다. 그것은 '모든 사람은 다 죄 아래 있다'는 것이다. 위대한 선지자였던 이사야는 스스로 죄인임을 고백했고, 의로운 왕이었던 다윗은 세상에 의인이 한 사람도 없다고 선언했다. 더구나 율법적으로 흠 없는 사람이라고 자타가 공인했던 사도 바울도 사람에게서는 어떠한 의도 찾을 수 없다고 고백했다. 세상에는 도덕적이고 윤리적이고 종교적인 사람이 많이 있다. 사람들의 보기에 흠이 없어보이고, 선을 행하고 거룩한 삶을 추구하는 사람을 볼 때마다 '저 사람은 법 없이도 살 수 있는 사람'이라고 말하곤 한다. 사람의 품성과 행위를 의의 기준으로 평가하기 때문이다. 사람들에게 의인으로 평가받는 그들이 의로우신 하나님의 저울에 달리게 되면 그의 의가 얼마나 더러운 것인지 곧바로 드러난다. 진실로 세상에는 의인도 없고 선인도 없다. 모두가 죄인일 뿐이다. 죄인의 가장 두드러진 특징은 그들이 마음으로 하나님을 두려워하지 않고 그 마음의 생각이 항상 교만하다는 것이다. 성경은 그런 사람을 어리석은 자라고 평가한다.(시14:1) 예수 믿는 하나님의 백성들도 스스로 의롭지 못하다. 그렇기 때문에 흠 없으신 주님의 의가 우리에게 필요하다. 진실로 이 땅에 의인은 한 사람도 없다. 다만 의롭다함을 받은 죄인만이 있을 뿐이다. 하나님께서 예수 그리스도 안에서 의롭다고 인정해주시는 그 사람이 의로운 사람이다. 내가 의인 된 것이 하나님의 은혜이다. 의인의 삶에는 항상 겸손함이 있다.

11월 14일 :: 로마서 4-6장

## 1. 아브라함의 의(4:1-13)

죄인이 예수 그리스도를 믿음으로 의롭게 된다는 복음은 율법의 준수를 통해 의롭게 된다는 유대인들에게 큰 걸림돌이 되었다. '의롭게 되려면 의로운 행위를 있어야지 어떻게 믿는다고 의인이 될 수 있느냐? 그렇다면 하나님께서 우리에게 주신 율법은 더 이상 의의 표준이 되지 못하는 것이 아닌가?' 하고 생각했다. 그러나 바울은, 믿음은 율법을 폐하지 않고 도리어 율법을 굳게 세운다고 증거했다. 그리고 구체적으로 어떻게 사람이 하나님 앞에서 의롭다함을 받았는지 역사적인 증거를 통해 증명했다. 우리는 아브라함을 믿음의 조상이라고 이야기한다. 아브라함은 오늘날 신자들에게뿐만 아니라 유대인들에게 있어서도 하나님 앞에 의롭다함을 받은 대표적인 사람으로 인식되고 있다. 그러므로 바울은 아브라함이 하나님 앞에 의롭다함을 받은 것은 율법을 행함으로 받은 것이 아니라 믿음으로 의롭다함을 받았다고 말한다. 할례는 율법을 행하는 대표적인 행위였는데, 아브라함은 할례를 행하기 전에 이미 하나님으로부터 의롭다함을 받았기 때문이다. 하나님께서 하나님의 약속을 믿은 아브라함의 믿음을 의로 여기셨던 것이다. 할례는 의롭다함을 받은 표로 주어진 것이었다. 아브라함이 무엇을 행하기도 전에 하나님께서 그의 믿음을 의로 여기신 것은 오늘 우리에게도 동일하게 적용된다. 우리는 예수 그리스도의 십자가를 믿는 믿음을 통하여 하나님 앞에 의롭다함을 받고, 믿는 자에게 주시는 하나님의 모든 복을 받게 된다.

## 2. 하나님과 화목하기(5:1-11)

예수 그리스도를 생명의 주님으로 믿는 믿음이 우리에게 주는 유익은 헤아릴 수 없이 많다. 죄 가운데 살면서 하나님의 진노의 대상이었던 죄인이 하나님의 자녀가 되는 특권을 누리게 되고, 그 죄와 죄의 결과인 사망에서 구원받고 영원한 하나님의 나라를 선물로 받게 된다. 복음은 오늘 우리가 이 땅에서 사는 동안 우리의 삶의 모든 영역에 놀라운 유익을 준다. 예수 그리스도의 피를 믿음으로 구원받은 자는 하나님의 진노에서 완전히 자유하게 되고 하나님과 화목한 관계를 이루게 된다. 더 이상 죄의식 가운데서 살 필요가 없게 되었다. 두려움 가운데서 살 필요가 없다. 하나님과 교통하며 살아가게 된다. 예수 그리스도 안에서 하나님께서 주실 완전한 구원을 기대하며 산다. 지금 내가 살고 있는 삶을 통하여 하나님 안에 있는 구원의 즐거움을 누리며 산다. 그 일을 위해서 하나님께서 당신의 아들의 피 값으로 우리를 사셨다. 비록 삶에 고난이 있고 어려움이 있더라도 그 삶 속에 나를 사랑하시는 하나님의 비밀한 계획이 있음을 믿고, 인내로써 주님을 바라보고, 날마다 믿는 자의 마음 속에 성령께서 부어주시는 하나님의 사랑을 누리며 사는 것은 하나님을 믿는 자들에게만 주어진 은혜이고 특권이다. 하나님과 화목되었음을 믿고 화목된 관계를 누리자. 예수 그리스도 안에서 우리의 삶의 모든 것들이 새로운 의미로 다가오게 된다.

## 3. 은혜 아래 살기(6:1-14)

죄는 우리의 삶에서 끊임없이 역사하는 우리의 대적이다. 죄의 달콤한 유혹에 속아 넘어가는 일이 얼마나 많은지 모른다. 어떤 사람은 죄를 지어놓고도 전혀 죄의식을 느끼지 못한 경우도 있다. 오히려 하나님께서 나의 모든 죄를 용서해 주셨기 때문에 죄의식을 느낄 필요가 없다고 말하기도 한다. 그러나 죄에 대한 이러한 태도는 자유가 아니라 방종이다. 하나님은 자유를 주시려고 그리스도 예수 안에서 우리를 부르셨다. 예수님께서는 결코 헛되게 죽으시지 않았다. 더 이상 우리가 죄에게 왕 노릇 하지 못하게 하시려고 자기 몸을 십자가에 내어놓으시고, 또한 우리에게 승리하는 삶을 살게 하시려고 다시 살아나셨다. 계속하여 죄를 짓고 죄와 더불어 살아가는 것은 장사지낸바 된 무덤의 시체를 다시 파는 것과 같다. 우리가 은혜 아래 있는 이상 죄는 더 이상 우리를 주관할 수 없으므로, 죄에게 속지 않도록 하자. 날마다 그리스도와 함께 죽었다는 의식이 없으면 우리가 결코 죄를 이길 수 없다. 그러므로 더 이상 죄가 우리 몸에 왕 노릇 하지 못하게 하자. 죄를 이기는 길은 우리 자신을 하나님께 드림에 있다. 날마다 나는 죄에 대하여 죽은 자라고 선언하고, 또한 예수 그리스도 안에서 하나님을 대하여 산 자라고 선언하자. 그래서 우리 몸의 사욕을 순종하지 말고, 우리의 지체를 불의한 일에 드리지 말고, 하나님께 드리기를 힘쓰자. 그럴 때 죄가 우리를 이기지 못하게 된다.

# 11월 15일 :: 로마서 7-9장

## 1. 영의 새로운 것(7:1-13)

예수 그리스도를 믿기 전의 삶과 믿은 후의 삶을 한 여인의 남편을 잃기 전의 삶과 잃은 후의 삶을 비유로 말씀하고 있다. 남편이 있는 여인은 그가 살아 있는 동안에는 그 남편의 법에 지배를 받고 살지만 남편이 죽은 후에는 남편의 법에서 벗어나 다른 남자와 더불어 사는 것이 문제가 되지 않듯이, 그리스도인도 예수 그리스도의 십자가로 말미암아 율법의 메임에서 벗어나 자유를 얻게 되었으므로 더 이상 율법에 메이지 않고 그리스도의 법을 따라 사는 것이 당연하다. 예수 그리스도의 십자가를 통해 우리가 율법에 대하여 죽임을 당하게 되었고, 그의 사심을 통하여 우리가 하나님을 위하여 사는 자로 부름 받게 되었다. 그러므로 율법은 더 이상 그리스도인의 삶을 주관하지 못한다. 율법은 언제나 그 법에 매여 사는 사람에게서 완전한 행위를 요구한다. 그러나 죄인은 아무도 율법의 요구를 만족시킬 수 없기 때문에 언제나 율법의 정죄아래 놓여있게 된다.

예수님께서 오셔서 율법의 정죄아래 놓여있는 죄인들을 구해주셨다. 우리에게 새로운 법을 주셨다. 하나님의 자녀는 그리스도께서 주신 생명의 법, 성령의 법을 따라 사는 사람들이다. 그렇다고 율법이 전혀 필요 없는 것은 아니다. 율법은 여전히 거룩하여 우리에게 죄가 무엇인지 알게 하고 하나님이 기뻐하시는 삶을 추구하게 만든다. 문제는 율법이 아니라 우리의 죄이다. 죄가 사람에게 사망을 가져다주는 것이다. 그러므로 늘 우리 자신을 살펴 그리스도의 법에 복종하기를 힘써야 한다.

## 2. 생명의 삶(8:1-17)

우리가 연약하여 실수하고 넘어졌을 때 율법은 우리의 양심에 죄의식을 불어넣는다. 우리가 죄의식의 포로가 되면 우리의 믿음이 헛된 것처럼 보이고, 하나님에게서 버림받은 느낌을 가지게 된다. 그러나 속지 말아야 할 것이 있다. 비록 죄의식이 우리 속에 있을지라도 더 이상 율법은 우리를 정죄할 수 있는 능력이 없다. 진정으로 그리스도 예수 안에 있는 사람에게는 정죄함이 없다. 왜냐하면 예수 그리스도 안에 있는 성령의 법이 이미 죄와 사망의 법에서 우리를 해방시켰기 때문이다. 율법은 자꾸 무엇을 해야 하나님 앞에서 우리가 의롭게 된다고 속삭인다. 그러나 우리는 이미 예수 그리스도 안에서 의인이다. 하나님께서는 죄 문제를 해결하기 위해 당신의 아들을 우리에게 보내주시고 십자가에서 죽게 하셨다.

그러므로 속지 말아야 한다. 매 순간 우리가 붙들어야 하는 것은 예수 그리스도이다. 예수님께서는 십자가를 통해 우리를 모든 죄와 정죄로부터 완전한 자유를 주셨다. 중요한 것은 우리가 매 순간 육신을 좇지 말고 영을 좇아 행해야 한다. 넘어졌더라도 다시 일어나 주님을 바라보아야 한다. 육신에게 져서는 안 된다. 영으로써 몸의 행실을 죽여야 한다. 하나님의 성령께서는 끊임없이 우리가 하나님의 자녀라고 증거해 주신다. 우리가 성령의 음성에 귀를 기울여야 한다. 지금 실패한 자리에 있는가? 누구든지 넘어질 수 있다. 그리스도의 완전하신 구원을 의지하고 다시 일어서자.

### 3. 긍휼의 그릇(9:19-33)

이스라엘은 하나님의 구원 계획에 대하여 의문을 가질 수밖에 없었다. 그들의 열심을 가지고 하나님을 기쁘시게 할 줄 알았는데 하나님께서는 하나님께 열심 있는 자기들은 버리시고 하나님과 전혀 상관없었던 자들에게 하나님의 사랑과 긍휼을 나타내신 것은 부당하다고 여겼다. 그러나 바울은 토기장이와 진흙의 비유를 통해 그릇을 만드는 권세가 토기장이에게 있지 진흙에게 있지 않다고 그들의 주장을 반박했다. 누구도 스스로 가치 있는 사람은 아무도 없다. 오직 하나님께서 모든 것을 판단하시고 주관하신다. 하나님이 부르시면 어떤 사람이라도 하나님의 사랑을 입고 하나님의 백성이 될 수 있다. 하나님께서 자기 백성이 아닌 자를 자기 백성이라고 하시고, 사랑하지 않는 자를 사랑한 자라 부르신다. 아무리 많은 사람이 있어도 하나님은 마음에 드는 몇 사람만 구원하신다. 하나님의 주권이다. 오직 하나님의 주권적인 측면에서 이해할 때 하나님의 구원을 제대로 이해할 수 있게 된다.

나의 구원도 마찬가지이다. 하나님께서 나를 일방적으로 사랑하셨다. 중요한 것은 행위가 아니라 믿음이다. 오직 믿음으로만 구원을 얻는다. 우리의 열심과 선한 행위는 구원을 베푸신 하나님께 대한 감사의 표현일 뿐이다. 이스라엘은 하나님께 영광을 돌리고자 하는 좋은 목표를 가지고 있었다. 그러나 그것이 하나님의 백성으로 받아들여지는 길이라고 생각한 것은 큰 오해였다. 하나님은 믿음으로 의롭게 되는 길을 그들에게 알려 주셨지만, 그들은 하나님의 말씀에 주의를 기울지 않았다. 내가 하나님의 긍휼의 그릇이 된 것을 감사하자.

## 11월 16일 :: 로마서 10-12장

### 1. 구령의 열정(10:1-15)

바울의 마음은 이스라엘의 구원에 대한 열망으로 가득했다. 하나님께 대하여 열심 있는 백성들의 모습을 보면서 더욱 안타까웠던 것은 그들이 열심을 내면 낼수록 하나님의 구원과 더 멀어져갔기 때문이다. 바울이 그토록 이스라엘에 대하여 안타까운 마음을 가졌던 것은 하나님께서 오직 예수 그리스도 외에는 구원을 위한 다른 길을 마련해 놓지 않으셨음을 알았기 때문이다. 하나님의 의를 무시하고 자기의 의를 좇는 사람은 결코 구원을 얻을 수 없다. 사람들은 종종 이런 말을 한다. '유대인들이 믿는 하나님이나 우리가 믿는 하나님이 같은 한 하나님인데 모두다 구원을 받게 되는 것이 아닌가' 라고. 정말 그렇다면 바울이 무엇 때문에 그렇게 열심히 복음을 전하고, 이스라엘의 구원을 위하여 애썼겠는가? 한 하나님을 믿는 것이 맞지만 그러나 하나님을 아는 참된 지식은 오직 예수 그리스도를 믿는 믿음을 통해서만 온다. 우리가 예수 그리스도를 떠나서는 하나님을 온전히 알 수 없고, 하나님께서는 오직 예수 그리스도 안에서 구원의 길을 예비해 놓으셨다. 누구든지 주의 이름을 부르는 자가 구원을 얻는다. 굉장히 쉬운 길인 것 같지만 그러나 그것이 하나님의 지혜이다. 우리의 입술을 열어 이 복음을 전해야 하겠다. 한 사람이 구원을 받기 위해 누군가는 복음을 전해야 한다. 믿음은 들음에서 나고 들음은 그리스도의 말씀으로 말미암기 때문이다. 좋은 소식을 전하는 발이 되어야 하겠다.

### 2. 은혜로 택함 받은 자(11:1-12)

하나님께서 이스라엘을 자기 백성으로 선택하신 이유는 그들을 통해 세상의 다른 민족을 구원하기 위함이었다. 이스라엘은 세상의 빛이 되어야 했지만 하나님을 섬기지 않고 넘어지고 실패했을 때, 하나님께서 그들을 버리시고 이방인에게 구원의 길을 열어주셨다. 하나님 앞에 신실하지 못하면 아무리 택한 백성이라도 하나님께 버림을 당한다. 우리는 이스라엘과 아무 상관이 없지만 예수 그리스도를 믿는 믿음 안에서 하나님의 구원을 누리게 되었다. 이스라엘이 버림당한 이유는 하나님 앞에 신실하지 못했기 때문이었지만 모든 사람이 다 버림당하지는 않았다. 하나님께서는 그들 가운데 참 하나님의 백성들을 남겨두셨다. 엘리야의 시대에 모든 백성들이 하나님을 버리고 죄악된 길로 갔지만, 하나님께서 그 중에서 바알에게 무릎 꿇지 않는 사람 7천 명을 남겨두셨다. 하나님의 전적인 은혜였다. 하나님께서 은혜를 주셨기 때문에 믿음을 버리지 않을 수 있었고, 바알에게 무릎 꿇지 않을 수 있었던 것이다. 세상을 구원하고자 하시는 하나님의 계획은 변함이 없다. 한 민족을 택하여 하나님의 구원을 만방에 선포하게 하셨지만 그들이 하나님 앞에 신실하지 못할 때 하나님은 다른 사람을 통해 하나님의 구원계획을 이루어 가셨다. 우리에게 하나님의 은혜를 따라 살 수 있는 기회가 있을 때 겸손한 마음으로 하나님을 섬겨야 한다. 믿음을 선물로 주신 하나님을 높이자.

## 3. 열심을 품고(12:3-13)

하나님께서 성도들 한 사람 한 사람에게 믿음의 분량을 따라 각양 은사들을 주셨다. 마치 우리 몸의 각 지체가 서로 다르듯이 성도마다 받은 은사가 다르다. 은사를 받은 사람은 하나님 앞에서 겸손해야 한다. 사람들은 어떤 특정한 은사를 다른 은사보다 더 크고 귀한 것으로 여기는 경향이 있다. 그러나 하나님께서는 필요에 따라 은사들을 주시며 그러한 은사들을 통해 주님의 몸 된 교회를 섬기게 하신다. 어떤 경우에도 우리가 교만한 마음을 품지 말아야 한다. 모든 은사는 하나님 앞에서 유익한 것이므로 자신에게 있는 것으로 최선을 다해 주님의 몸 된 교회를 섬기는데 사용해야 한다. 모든 성도는 그리스도 안에서 한 몸을 이룬 지체들이다. 그러므로 서로를 귀하게 여기고 존중해야 하듯이 그 받은 은사 또한 성도를 섬기는 일에 귀하게 사용되어져야 한다. 하나님이 주신 은사는 자신의 유익을 위한 것이 아니다. 하나님의 은혜와 사랑을 받은 사람은 형제들에게 관심을 기울이게 된다. 언제나 자기보다 남을 더 낫게 여기며 형제를 위해 헌신한다. 사랑하는 마음이 있는 사람은 하나님이 주신 은사들을 서로를 위해 선하게 사용되게 된다. 특히 어려움 가운데 있는 형제들을 돌아보는 일은 성도가 마땅히 해야 할 일이다. 무슨 일이든지 열심을 품고 하는 것이 중요하다. 열심을 품고 하나님을 사랑하며 또한 형제를 사랑하자.

11월 17일 :: 로마서 13-16장

## 1. 하나님이 주신 권세(13:1-7)

세상 권세에 대한 그리스도인의 자세를 말씀하고 있다. 모든 사람들은 위에 있는 권세들에게 복종하라고 한다. 왜냐하면 그 권세가 사람에게서 난 것이 아니라 하나님으로부터 나왔기 때문이다. 그러므로 권세를 대적하는 것은 그것을 주신 하나님을 대적하는 일이 된다. 하나님께서 권세를 주심으로 이 땅에서 하나님의 선이 시행되게 하신다. 권세자들은 그 일에 부름 받은 사람들이다. 그래서 그들을 하나님의 사자라고 했다. 우리가 세상의 권세에 복종할 때, 그것이 두렵기 때문에 하는 것이 아니라 권세를 주신 하나님께 복종하는 마음으로 해야 한다. 그렇게 함으로 우리가 양심에 거리낌 없이 세상을 살아갈 수 있다. 우리는 권세자들을 볼 때 우리 자신을 돌아보고 하나님 앞에서 선을 행하기 위해 힘써야 한다. 권세자들에게 허락하신 권세는 이 땅에 선을 세우기 위해 주신 것이므로, 양심에 거리낌이 없이 행할 때 그들은 두려움의 대상이 아니라 우리의 선한 이웃이 된다. 권세자들에게 허락된 칼은 하나님이 주신 것이므로 권세가 정당하게 시행될 때 세상에 질서와 평화를 가져오게 되고, 그것으로 인해 사람들이 안전하게 하나님의 선을 추구하며 살 수 있다. 권세를 속이며 법을 피하여 살아가는 것을 지혜롭게 여기는 세상 속에서 하나님의 백성들은 정직하게 살아야 한다. 하나님의 자녀 된 우리가 먼저 이 세상에서 마땅히 감당해야 할 의무를 성실하게 감당함으로 세상에 공의가 실행되도록 힘써야 하겠다. 언제나 정직이 최선이다.

## 2. 판단하지 않기(14:1-12)

믿음이 연약한 자를 비판하지 말라고 한다. 우리는 자주 나와 다른 사람을 만날 때 판단하고 비판하려는 경향이 있다. 특히 먼저 믿은 사람이 믿음이 연약한 사람을 볼 때 '저 사람은 왜 저럴까' '저렇게 하면 안되는데' '믿는 사람이 저럴 수 있어?'라고 판단하기 쉽다. 신앙에는 단계가 있다. 어떤 사람은 모든 것을 믿음 안에서 소화시킬 능력이 있지만, 어떤 사람은 믿기는 하지만 아직 믿음의 도리가 무엇인지 제대로 깨닫지 못하고 또 신앙의 훈련을 통해 성숙해져야 할 필요가 있다. 나처럼 생각하지 않고 행동하지 않는다고 쉽게 정죄하지 않는 것이 진실로 성숙한 신앙인의 자세이다. 연약한 신앙인은 먹는 문제나 날들을 지키는 문제에 있어 분명한 신앙의 기준을 가지고 있지 못한 경우가 많다. 그러므로 그러한 것들로 인해 걸려 넘어지지 않도록 해야 하겠다. 하나님께서 은혜를 주실 때 참된 의미들을 깨닫게 되고, 더 성숙한 자리로 나아가게 되는 것이다. 연약한 형제를 볼 때 자라도록 도와주고, 또 자랄 때까지 기다려야 한다. 그리스도인은 삶의 목적이 바뀐 사람이다. 더 이상 자신을 위해 살지 않고 예수 그리스도를 위하여 산다. 그리스도 예수 안에서 우리는 더 이상 주장하는 자세를 가지고 살 수 없다. 예수님께서 십자가에서 희생하심으로써 우리를 사셨으므로 우리는 주님의 것이 되었고 주님을 위해 사는 자들이 되었다. 주님 안에서 우리의 믿음이 계속해서 자라가도록 힘쓰자.

### 3. 선교하는 교회(15:14-21)

바울은 로마 교인들의 신앙을 인정해 주었다. 그들에게 선함이 가득하고 지식이 충만하며 서로 권하는 자들이라고 칭찬해 주고 있다. 그러므로 편지를 보낸 목적이 무엇을 가르치려는데 있지 않고 오히려 지금까지 잘 하고 있는 것들을 더 생각나게 하기 위함이라고 했다. 로마 교회는 바울이 세운 교회는 아니었지만 바울은 이방인의 사도였으므로 이방인 교회였던 로마 교회에 남다른 관심을 가지고 있었다. 이방인 선교에 힘썼던 바울에게 한가지 선교의 원칙이 있었음을 말씀한다. 그것은 이미 복음이 전파된 곳에 가서 다시 복음을 전하지 않는다는 것이었다. 그는 복음을 듣지 못한 사람들이 복음을 듣고 하나님께로 돌아오는 것을 보기 원했다. 그의 관심은 온통 복음 전파에 있었다. 교회가 존재하는 가장 중요한 이유가 있다면 세상에 그리스도의 복음을 전하는 것이다. 이 일을 위해 교회가 있고 교회 안에 여러 기관들이 있다. 바울은 열심히 복음을 전했지만 그것이 자신의 능력으로 된 것이 아니었다고 한다. 그를 통해 하나님께서 말씀하게 하시고, 일하게 하시고, 표적과 기사가 나타나게 하시고, 성령의 능력이 임하게 하셨다고 한다. 우리가 복음을 전할 때 하나님을 의지하고 하나님의 인도를 받으며 하나님의 역사를 경험하게 된다. 복음을 전하는 일에 열심을 품는 교회가 되어야 하겠다.

### 4. 너희는 문안하라(16:3-16)

바울은 로마 교회 안에 있는 성도들 가운데 특별히 몇몇 사람들에게 문안하라고 권면한다. 그들은 하나같이 교회 안에서 탁월한 믿음을 가지고 복음을 위해 헌신했던 사람들이었다. 브리스길라와 아굴라는 바울과 같은 직업을 가지고 신실하게 믿음을 지킨 사람들이었는데 바울을 위해 자기의 목숨을 내놓기를 주저하지 않을 만큼 복음을 위해 헌신했던 믿음이 충만한 부부였다. 이들 부부는 자기의 가정을 개방함으로써 교회로 모일 수 있도록 했다. 에베네도, 마리아, 안드로니고, 유니아, 암블리아, 우르바노, 스다구, 아벨레, 아리스도불로의 권속, 헤로디온, 주 안에 있는 나깃수의 권속, 드루배나, 드루보사, 버시, 루포와 그의 어머니, 아순그리도, 블레곤, 허메, 바드로바, 허마와 그의 형제들, 빌롤로고, 율리아, 네레오와 그 자매, 올름바와 그의 교회에게 문안하라고 한다. 그들은 각자 다양한 은사들을 가지고 주를 섬기고 믿음 안에서 살았던 사람들이었다. 그들의 이름을 하나 하나 부를 때마다 바울의 마음이 기쁨으로 가득했을 것이다. 이 사람들 외에도 수많은 그리스도인들이 있었지만 위에 열거된 사람들은 로마에 살면서 누구보다 탁월한 믿음을 가지고 살았던 사람들이었을 것이다. 우리가 복음을 위해 삶으로써 사람들에게 인정받는 것은 복된 일이다. 또한 교회는 거룩하게 입맞춤으로 서로 문안하라고 한다. 성도는 복음 안에서 교제를 누려야 한다. 복음 안에서 서로 격려하고 세워줄 때 건강한 믿음을 유지할 수 있다. 우리가 세상에서 믿음의 선한 증거들을 남기며 살아감으로써 모든 믿는 자들의 본이 되어야 하겠다.

## 11월 18일 :: 고린도전서 1-3장

### 1. 은혜와 평강(1:1-9)

고린도전서는 사도 바울이 제3차 전도 여행 중 에베소에 머물고 있을 때에, 자신이 세웠던 고린도 교회에서 들려오는 여러 가지 좋지 못한 소문들과 관련하여 고린도 교인들이 질문한 것들에 대해 답변하고 성숙한 그리스도인으로 살아가도록 권면한 서신서이다. 바울은 2차 전도 여행 때 이곳에 와서 자신과 동일하게 천막제조업을 업으로 삼아 일하고 있던 아굴라, 브리스길라 부부의 집에 유숙하면서 전도하여 교회를 세웠다.(행18:1-8) 바울 당시의 고린도는 상업적으로 활발한 도시였지만 도덕적으로 퇴폐한 곳이었다. 교회는 유대교의 침투로 인해 끊임없는 분쟁이 있었고 고린도의 악한 풍습이 교회를 위협하고 있었다. 바울은 이교 사회에 세워진 하나님의 교회를 여러 가지 복잡한 문제들로부터 보호하고 거룩하게 유지하기 위해 많은 애를 썼다. 고린도 교회는 바울이 세운 교회 중에서 가장 큰 교회였다. 바울은 고린도에 있는 하나님의 교회를 '그리스도 예수 안에서 거룩하여지고 성도라 부르심을 받은 자들'이라고 했다. 하나님의 교회는 예수 그리스도의 희생을 통하여 세워지고, 모든 죄인들이 예수 안에서 거룩한 자들로 인정받아 성도라는 영광스러운 명예를 얻게 된다. 하나님은 예수 그리스도 안에서 우리를 부르시고 우리와 교제하시며 우리를 마지막 날에 책망할 것이 없는 자로 설 수 있도록 우리를 붙드시며 은혜와 평강을 주신다. 은혜와 평강은 하나님이 당신의 사랑하는 자녀들에게 주시는 가장 큰 복이다. 그리스도 예수 안에서 은혜와 평강을 누리자.

### 2. 십자가의 도(1:18-25)

바울은 복음과 그리스도의 십자가의 도를 전하기 위해 그리스도께로부터 보내심을 받았다고 말한다. 교회는 오직 예수 그리스도의 십자가의 도를 자랑해야 하고, 그것을 세상에 전하기 위해서 존재한다. 십자가의 도가 하나님의 능력이 되기 때문이다. 교회가 십자가의 도를 멀리하게 되면 결국 사람을 의지하고, 파당을 만들어 분란을 일으키게 된다. 십자가의 도는 사람들에게 별로 매력이 없었다. 유대인들에게는 자신들의 종교를 유지하는데 크나큰 장애물이었으며, 이방인들에게는 어리석은 것으로 간주되었다. 그러나 어떤 사람이든지 하나님의 교회로 부르심을 받은 사람에게 예수 그리스도는 하나님의 능력이고 하나님의 지혜가 된다. 하나님께서 사람을 위하여 다른 길을 준비해놓지 않았다. 오직 예수 그리스도를 통해서만 하나님께로 나아올 수 있게 하셨다. 십자가는 인간의 지혜를 초월한다. 하나님께서 지혜 있는 자들의 지혜를 멸하고 총명한 자들의 총명을 십자가로 폐하셨다. 세상의 어떤 지식도 어떤 능력도 사람을 하나님께로 인도하지 못하지만 오직 예수 그리스도의 십자가가 죄인들을 구원한다. 다른 것을 자랑하지 말고 오직 예수 그리스도의 십자가를 자랑해야 하겠다. 그것이 교회가 세상 가운데서 능력을 얻고 하나님께 인정받는 유일한 길이다. 십자가를 의지하는 사람은 늘 겸손하고 사람의 능력을 자랑하지 않는다. 십자가를 의지하고 그것을 자랑하는 사람이 하나님께 인정받는다. 하나님이 인정하시고 하나님께서 세우신 것만 온전히 남는다.

### 3. 하나님의 지혜(2:6-13)

세상에서 사람들이 지혜 있다고 말하지만 참된 지혜는 오직 하나님께서 당신의 사랑하는 자녀들에게만 주신다. 하나님께서 주신 지혜, 즉 하나님의 지혜는 세상의 지혜와는 전혀 다른 것이다. 이 지혜는 예수 그리스도이다. 하나님께서 만세 전부터 있었던 이 지혜를 자기 백성들에게 주셨다. 때가 되었을 때 하나님께서 예수 그리스도를 우리를 위해 보내주심으로 그를 믿는 모든 자가 하나님의 지혜를 소유할 수 있게 하셨다. 이 지혜는 세상의 가르침을 통하여 얻을 수 없는 지혜이다. 오직 성령께서 이 지혜를 우리에게 알리시고 성령께서 우리의 마음 눈을 열어 예수 그리스도를 보고 믿게 하신다. 믿는 사람은 세상의 영을 받지 않고 하나님께로부터 온 영을 받은 사람들이다. 그러므로 성령은 하나님께서 우리에게 은혜로 주신 구원이 얼마나 놀라운 것인지 깨닫게 하신다.

육에 속한 사람은 이 성령의 일을 받지 못하고 또 깨닫지도 못한다. 이런 사람에게는 그리스도 안에서 일어난 모든 일들이 어리석게만 보인다. 영적인 일은 영적으로만 분별할 수 있기 때문이다. 그러므로 세상의 어떤 지혜도 우리를 그리스도께로 인도하지 못한다. 그러한 지혜는 결국 쇠하고 없어질 지혜인 것이다. 하나님의 지혜를 소유할 때 세상의 이치를 깨닫게 된다. 우리가 하나님의 지혜를 말하고 기뻐할 수 있는 것은 전적으로 하나님의 은혜이다. 예수 그리스도 안에는 하나님의 지혜와 지식의 모든 보화가 감추어져 있으므로 더욱더 그리스도를 알기를 힘쓰자.

### 4. 다른 터는 없다(3:8-15)

교회는 하나님의 집이고, 성도들은 하나님의 밭이고, 사역자들은 하나님의 동역자들이다. 하나님께서 당신의 사역자들을 통하여 하나님의 밭을 일구시고 하나님의 집인 교회를 세워나가신다. 하나님께서는 하나님의 교회에서 하나님의 일을 하시도록 자기 백성을 부르셨다. 내가 하나님의 부르심을 받고 일할 수 있다면 이보다 큰 영광이 없다. 그러므로 최선을 다해 심고 물주는 일을 해야 한다. 하나님께서는 그렇게 일한 사람에게 그들이 받을 상급이 있다고 하신다. 하나님의 교회의 기초는 오직 예수 그리스도가 되어야 한다. 기초가 견고하지 않은 집은 바람이 불고 창수가 나면 무너지듯이, 예수 그리스도가 아닌 어떤 것도 결국은 하나님께서 시험하실 때에 견디지 못하고 무너지게 된다.

우리가 하나님의 교회를 세워나가되 지혜로운 건축자가 되어야 하겠다. 예수님은 교회의 기둥과 터이고, 또한 교회의 머리가 되신다. 교회는 오직 그리스도를 중심에 모시고 그리스도만 높여야 한다. 하나님께서 사람의 공적을 평가하실 때가 있다. 우리는 모두 하나님 앞에 설 때가 있고, 그 때에 하나님께서 우리의 삶을 평가하시고 공적에 따라 상을 주실 것이다. 그 때에 우리에게 오직 예수 그리스도만 남아야 한다. 내 것을 가지고 하나님 앞에 인정받을 수 있는 것이 아무것도 없다. 그리스도를 자랑하고 그리스도를 높이지 않으면 그 공적은 불에 타 해를 받게 된다. 우리의 구원이 불 가운데서 얻는 구원이 되어서는 안되겠다.

## 11월 19일 :: 고린도전서 4-6장

### 1. 그리스도의 일꾼(4:1-7)

바울은 여러 파로 나뉘어 분쟁을 일삼고 있는 고린도 교회의 성도들에게 영적 지도자들을 중심으로 파벌을 만들지 말고, 그들 모두를 그리스도의 일꾼, 하나님의 비밀을 맡은 자로 여기라고 한다. 일꾼은 오직 일만 하는 사람이다. 이 사람은 자신의 유익이나 명예에는 관심이 없다. 다만 일 맡긴 자를 위해서 마땅히 해야 할 일을 하는 것뿐이다. 그리스도의 일꾼은 하나님의 비밀을 맡은 자들이다. 그러므로 하나님을 위하여 일하되 맡은 자들로써 충성을 다하는 것이다. 우리가 하나님 앞에서 충성된 일꾼이 되도록 하자. 바울은 사람들의 분파적인 행동들에 대해서 개의치 않는다고 말한다. 그런 일들은 지극히 사소하고 무가치한 일이라고 한다. 그는 그리스도의 일꾼으로서 충성되게 사역을 하고 있었기 때문에 자신이 생각할 때 그러한 일로 인해 자책할 아무것도 발견할 수 없었지만 그것 때문에 또한 하나님 앞에서 의롭다함을 받는 것도 아니라고 한다. 우리가 무엇을 잘했기 때문에 의롭다고 인정받는 것이 아니라 그리스도께서 우리를 위해서 하신 일 때문에 의로운 자로 인정을 받는다. 판단하는 것을 좋아하는 사람은 어떻게 해서든지 자신의 의로움을 주장하려고 하고 다른 사람의 허물을 지적하려고 한다. 우리가 사람을 판단할 수 있지만 그 판단이 언제나 옳은 것은 아니다. 공정하게 판단하시는 분은 하나님 밖에 없다. 사람은 얼마든지 자신을 위장하고 다른 사람을 속일 수 있다. 그러나 하나님이 나의 마음을 아신다. 그리스도의 일꾼은 하나님 앞에서 진실해야 한다.

### 2. 누룩을 제하라(5:1-8)

고린도교회의 또 하나의 문제는 성적인 탈선이었다. 당시 고린도는 아프로디테 신전의 사제들에 의해 행해지는 부도덕한 성적인 탈선이 심했던 도시였는데 그곳에 살고 있던 사람들에게 그러한 일들은 자연스러운 것으로 받아들여졌다. 이런 문화와 환경 속에 살던 사람들이 그리스도의 복음을 받고 하나님의 몸된 교회의 지체들이 되었으므로 성적 부도덕의 문제는 교회 안에서도 자유롭지 못한 문제가 되어졌다. 바울은 영적 질서를 문란케 하는 고린도교회의 성적 타락의 문제를 매우 심각한 문제로 취급했다. 바울은 고린도 교회가 이러한 문제를 취급하는데 있어 '그것을 통한히 여기지 않고 그 일 행한 자를 쫓아내지 않는 것'에 대해 책망한다. 고린도 교회는 성적 범죄를 저지른 사람들을 철저한 징계를 통해 교회 공동체 밖으로 내보내야만 했다. 그렇게 함으로써 죄를 범한 당사자

뿐 아니라 하나님의 교회를 타락으로부터 보호하고 거룩하게 유지할 수 있기 때문이다. 교회가 적절한 징계를 시행해야만 하는 이유가 여기에 있다. 권징의 중요한 목적은 교회의 거룩을 유지하고, 죄 가운데 있는 한 영혼을 구원으로 인도하는데 있다.

누룩이 작은 것이지만 그것을 방치하면 곧 전체로 퍼지듯이 죄는 비록 사소한 것일지라도 심각하게 여기고 그것이 더 퍼지기 전에 깨끗하게 해야 한다. 이러한 노력이 있을 때, 교회는 지체를 잃는 아픔을 겪을 수도 있지만 거룩을 위한 노력을 통해 더 든든하게 세워진다. 예수님께서는 우리의 죄 때문에 유월절 희생양이 되심으로 우리를 순결하게 하셨다.

## 3. 문제가 생겼을 때(6:1-8)

고린도 교회 안에는 몇 가지 일로 인해 성도들 간에 소송 사건이 있었다. 그들은 서로 자신의 이기심을 따라 성도들을 송사하고 세상의 법정에 세움으로써 세상 사람들과 조금도 다름이 없는 모습을 보여주고 있었다. 바울은 이러한 교회의 일들을 엄하게 꾸짖고 그렇게 하지 말라고 책망한다. 하나님의 백성들이 어떤 문제를 바라볼 때 세상적인 기준이 아닌 하나님께서 주신 새로운 영적인 기준을 가지고 판단해야만 그러한 일들을 통해 하나님의 뜻을 드러낼 수 있다고 한다. 하나님의 백성들이 어떠한 일로 인해 세상의 법정에 서서 판단을 받을 수 있다. 그러나 교회 내의 일들을 세상 법정으로 가지고 가서 시비를 가리는 것은 스스로 자신들의 미약함과 불신앙을 드러내는 일이 될 수 있다. 성숙한 교회는 교회 안에서 성도들 사이에 발생한 문제들에 대해서 지혜로운 방법으로 풀 수 있도록 노력해야 한다. 스스로 주장하지 말고 하나님의 뜻이 어디에 있는지를 더 깊이 생각해야 한다. 하나님의 자녀들이 서로 간에 발생한 문제를 푸는 원리는 어떤 일을 주장하고 이기기 위함 보다는 오히려 낮아지고 손해를 봄으로써 해결해 나가는 것이다.

하나님의 자녀는 하나님 앞에서 산 제물로 살도록 부르심을 받았다. 임의로 형제들을 속이고 그들에게 불의를 행하는 것은 하나님께서 기뻐하시는 것이 아니다. 하나님은 우리가 예수 그리스도의 마음을 품고 자신을 낮추고 손해를 감수함으로 하나님의 의를 이루는 것을 더 기뻐하신다.

# 11월 20일 :: 고린도전서 7-9장

## 1. 결혼과 부부생활(7:1-5)

고린도 교회 안에 결혼과 부부생활에 대한 건전하지 못한 생각들이 있었다. 당시 사회가 방탕하고 도덕적 타락과 관련된 우상숭배가 성행하던 시대였으므로 교회 안에도 결혼문제, 더 나아가서는 부부생활에 대한 극단적인 생각들이 만연했다. 그래서 고린도 교회는 이 문제를 사도 바울에게 문의했고 바울은 그들의 질문에 대하여 답변한다. 바울이 '남자가 여자를 가까이 아니함이 좋다'고 한 말은 당시의 시대적인 현상들에 비추어 성도들의 절제가 요구됨을 강조하기 위해서 한 말이었다. 그러나 바울은 정상적인 부부생활을 강조한다. 부부는 성적인 연합을 통해 하나됨을 확인하게 되고, 서로가 서로에게 의무를 다함으로 사탄에게 틈을 주지 않아야 한다고 한다. 여러 가지 유혹이 많던 사회에서 절제하며 사는 것이 결코 쉬운 일이 아니었으며, 또한 지나친 방종에 대한 반작용으로 극단적인 절제가 마치 경건에 이르는 첩경이라고 생각하기도 했다. 그러나 바울은 남편과 아내가 서로에게 책임 있는 부부생활을 해야 한다고 했다. 남편과 아내가 분방해야 할 때가 있는데, 그것은 하나님 앞에 특별하게 기도해야 할 필요가 있을 때에 한해서 당분간 서로 떨어져 있을 수 있다고 했다. 그러나 그것도 정한 기간 동안의 기도의 시간이 끝나면 다시 합해야 한다고 한다. 절제하지 못함으로 사단에게 시험거리를 주지 않기 위해서이다. 사단은 할 수 있는 대로 건강한 부부생활을 방해함으로써 하나님께서 주신 부부의 연합을 깨뜨려 하나님의 교회에 해를 끼치고자 하기 때문이다.

## 2. 결혼과 이혼(7:10-16)

고린도 교회 안에 결혼에 대하여 그릇된 생각을 하고 있는 사람들이 있었기 때문에 바울은 그러한 사람들의 잘못된 생각들을 바로잡기 위해 노력했다. 교인들 사이에 결혼을 가볍게 여기는 풍조가 있었고, 또 하나님께 더 헌신하고자 하는 목적으로(?) 차라리 이혼하고 사는 것이 더 낫다고 생각하는 사람들도 있었다. 바울은 그런 사람들의 생각은 잘못된 것이라고 단호하게 말한다. 그러므로 결혼한 사람들에게 이혼하지 말라고 강력하게 경고한다. 주님의 명령이라고 했다. 어떠한 환경 가운데서 결혼을 했든지 그 결혼 속에는 하나님의 경륜과 섭리가 있다. 그러므로 함부로 이혼을 생각하는 것은 잘못된 것이다. 결혼했으면 갈릴 생각을 하지 말아야 한다. 갈렸더라도 할 수 있는 대로 다시 합해야 한다. 남편이나 아내가 믿지 않는다는 이유로 갈리는 것은 더욱더 조심해야 한다. 하나님께서 나의 믿음을 통해 남편을 혹은 아내를 구원하려는 계획이 있을 수 있기 때문이다. 중요한 것은 믿지 않는 자가 계속해서 살고자 하는 마음이 있을 때에는 그 사람을 버리지 말아야 한다. 믿는 자는 이혼의 선택권을 사용하지 않아야 하고, 나의 믿음을 통해 한 영혼이 주께로 돌아오게 되는 은혜를 누릴 수 있게 해야 한다. 하나님께서는 남편과 아내를 화평 중에서 부르셨고, 믿는 자에게는 자신의 가정을 거룩하게 만들 책임을 주셨다. 이혼을 쉽게 생각하는 세상 속에서 우리가 하나님의 말씀의 원리를 따라 사는 가정을 만들어 가자.

### 3. 실족치 않게 하기(8:7-13)

당시에 우상의 제물을 먹는 문제는 고린도 사회에서 흔한 일이었다. 새로 그리스도인이 된 형제들도 습관적으로 우상의 제물을 먹어왔으므로 그러한 우상의 제물을 먹는 일을 심각하게 생각하지 않았다. 그러나 그것은 분명히 절제하고 멀리해야 할 일이었다. 그러기 위해서 먼저 믿고 신앙이 성숙한 사람들이 그러한 일에 있어 절제의 본을 보여야만 했다. 그렇게 하지 않고 분별없이 행동하면 이제 막 신앙생활을 시작한 사람들이 그들의 본을 따라 행하게 됨으로써 결국 연약한 자들을 실족하는 자리로 인도하는 결과를 가져오게 되는 것이었다. 하나님께서 우리에게 완전한 자유를 주셨다. 먹든지 마시든지 무엇을 하든지 하나님이 우리에게 깨닫게 하신 진리 안에서 우리가 자유함 가운데 행할 수 있다. 그러나 우리의 자유함이 어떤 때에는 믿음이 연약한 형제들에게 걸림돌이 될 수 있고, 그것으로 인해 한 형제를 실족하게 할 수도 있다. 그러한 때에는 비록 우리에게 자유가 있다고 하더라도 그 형제를 위해 우리의 자유를 사용하는 것을 절제해야 한다. 바울은 식물로 인해 형제를 실족하게 하는 일이 있다면 자신은 영원히 고기를 먹지 않겠다고 했다. 연약한 사람을 배려하는 것이 믿음 있는 사람의 바른 신앙의 모습이다. 다른 사람의 연약함과 실수를 책망하지 말고, 저 형제는 왜 저렇게 행동하느냐고 판단하지 말고 오히려 그것들을 이해해야 한다. 중요한 것은 우리 안에서 진실로 연약한 자를 용납하고 사랑하는 마음을 가지는 것이다. 참된 그리스도인은 자신을 기쁘게 하지 않는다. 자기의 권리를 주장하지 않는다. 나의 행동이 다른 사람에게 덕이 되고 모범이 되게 하자.

### 4. 포기하는 자유(9:1-18)

고린도 교회 안에 바울을 무시하고 비하하는 사람들이 있었다. 지도자라면 마땅히 권위를 행사해야 하고 종이 아닌 주인의 자리에 있어야 한다고 생각했다. 그러나 바울은 그들의 생각과 달리 언제나 낮은 자리에 있었고 섬기는 자리에 있었다. 뿐만 아니라 그는 교회에게 부담을 주지 않기 위해 자기의 손으로 수고하여 생활을 했다. 복음에 대해서는 확신이 있었고 고린도 교인들이 인정할 만큼 권위를 가진 사도였지만 사람들 앞에서는 한없이 부드럽고 약했다. 그는 자신의 권위를 교회를 위해 스스로 제한하고 포기했다. 바울은 자신에게 세 가지 권리-먹고 마실 권리, 다른 형제들처럼 아내를 데리고 다닐 권리, 일반 직장에서 일을 하지 않을 권리-가 있다고 했다. 그는 많은 고생 가운데 친히 고린도 교회를 세웠고, 고린도 교회는 바울의 책임하에 있었다. 바울은 그들에게 마땅히 권리를 주장할 수 있었지만 그렇게 하지 않았다. 형제들의 유익을 위해 마땅히 먹고 마실 권리를 내려놓았고, 복음을 위해 가정을 세울 권리를 포기했고, 그의 손으로 수고하여 일을 했다. 마땅히 주장하고 누릴 수 있는 권리들이었지만 교회를 위해 그 권리를 사용하지 않았던 것이다. 그리스도인은 하나님의 몸 된 교회를 위해 기꺼이 자신의 권리를 제한하고 포기할 수 있어야 한다. 특히 지도자 된 사람은 이런 일에 모범이 되어야 한다. 내가 이런 위치에 있기 때문에 이런 대접을 받을 권리가 있다고 주장하기 보다는 주님과 주님의 몸 된 교회를 위해 기꺼이 그 권리를 포기함으로써 자유를 누릴 수 있어야 한다. 권위를 주님께서 세워주시고, 삶을 주님께서 보장해 주신다.

바울은 계속해서 자신이 권리를 누릴 수 있지만 누리지 않는 이유에 대해 말한다. 우선 세상 일의 이치를 들어 자신이 마땅히 권리를 누릴 수 있는 정당성을 언급한다. 병정, 농부, 목자의 예를 들었다. 군인은 자비량을 하지 않으며 포도를 심은 농부는 그 실과를 먹을 권리가 있고, 또 양떼를 기르는 주인은 그 양떼의 젖을 먹을 권리가 있듯이 자신이 복음 사역자로써 마땅히 교회로부터 사역에 합당한 보수를 받을 수 있다고 말한다. 그러나 그는 오히려 자기 손으로 수고하여 생활을 했다. 이런 일에 대해 고린도 교인들은 쓸데없이 오해하고 그의 권위를 무시했다.

열심히 일한 사람은 마땅히 그들의 수고에 대한 보상을 기대하는 것이 당연하다. 성경은 이러한 일들에 대하여 분명하게 말씀하고 있다. "곡식을 밟아떠는 소의 입에 망을 씌우지 말라"(신25:24)고 했듯이 하나님께서는 수고하는 사람이 받아야 할 보상을 약속해 놓으셨다. 성전에서 일하는 레위인들은 백성들의 십일조로 생활하도록 했다.(민18:21) 또한 주님께서도 "너희가 거저 받았으니 거저 주어라. 너희 전대에 금이나 은이나 동이나 가지지 말고 여행을 위하여 주머니나 두 벌 옷이나 신이나 지팡이를 가지지 말라. 이는 일꾼이 저 먹을 것을 받는 것이 마땅함이니라."(마10:8-10)고 말씀하셨다. 그러나 바울은 이러한 권리를 다 쓰지 아니했다. 이유는 그가 복음을 전하기 때문에 무엇을 주장할 수 있는 것이 아니라, 오히려 주님 앞에서 당연히 해야 할 일을 하고 있다고 생각했기 때문이다. 무엇보다 "그리스도의 복음에 장애가 없게 하는 것"이 그의 가장 큰 관심사였다. 그는 참된 종의 자세를 가지고 있었다. 우리에게 이런 자세가 필요하다. 무슨 일을 하든지 대접받고자 하는 마음을 내려놓아야 한다. 하나님의 사역자들은 종의 자세를 가져야 한다.(눅17:7-10)

# 11월 21일 :: 고린도전서 10-12장

## 1. 영적 교만과 타협을 경계함(10:1-13)

그리스도인이 영적 자긍심을 가지고 살아야 하지만 언제나 영적 교만을 조심해야 한다. 바울은 고린도 교회가 영적으로 교만하여 하나님의 진리에서 벗어나 있음에 대하여 경고했다. 사람이 무엇을 어설프게 알면 주제넘게 행동하기 쉽듯이 하나님의 복음의 진리를 어설프게 알게 되면 복음의 참된 뜻을 왜곡하게 되고 심각한 영적 교만에 빠질 수 있게 된다. 하나님께서는 예수 그리스도 안에 있는 신령한 복을 당신의 사랑하는 백성들에게 주셨다. 여러가지 영적인 특권들이 그리스도인들에게 주어졌다. 그러나 그것에 집착한 나머지 그것을 주신 하나님을 망각하게 되면 복을 복되게 사용하지 못하는 결과를 가져오게 된다. 언제나 교만은 위험하다. 나만 하나님께 신령한 복을 받고, 신령한 은혜를 누리는 것이 아니다. 하나님께서 당신의 사랑하는 백성들 모두에게 그런 은혜를 주셨다. 그러므로 겸손한 마음을 가지고 그것을 사용하고 감사함으로 누릴 수 있어야 한다. 구약의 이스라엘 백성들이 출애굽과 홍해의 기적을 경험하고, 광야에서 반석으로부터 나온 물을 마시고, 만나와 메추라기를 먹었지만 그들이 하나님을 배반하여 우상을 섬기고 주제넘은 행동을 함으로써 하나님께 미움을 받아 모두 광야에서 죽고 말았다. 그들은 자신에게 주어진 자유를 남용했다. 바울은 그러한 일이 우리에게 거울이 되고, 말세를 만난 우리를 경계하기 위해서 기록되었다고 말씀한다. 우리의 교만을 염두에 두시고 기록한 말씀이다. “선 줄로 생각하는 자는 넘어질까 조심하라”고 했다. 교만하면 넘어지고 망하게 된다. 하나님은 모세의 교만도 용납하지 않으셨다. 하나님의 은혜를 사모하는 사람은 늘 겸손한 마음을 가지고 하나님 앞에 나아간다.

## 2. 성찬과 애찬(11:17-34)

성찬 예식은 교회에서 행해지는 신령한 예식 가운데 하나이다. 성찬은 그리스도 죽으심을 기념하는 예식으로 교회가 그리스도의 몸을 상징하는 떡과, 피를 상징하는 포도주를 함께 나눔으로써 그리스도의 희생을 기념하고 주님의 다시 오심을 소망하며, 성찬을 통해 교회의 지체들이 그리스도 안에서 하나 되었음을 고백하는 신성한 의식이다. 그러나 당시 고린도 교회 안에는 이러한 성찬이 크게 잘못 사용되고 있었다. 사람들이 서로 편을 나누고 다른 형제들을 무시하고 자기들끼리만 성찬을 나눔으로 그리스도의 희생과 하나되게 하신 정신을 업신여기고 있었다. 바울은 이런 사람들을 크게 책망하며 그들이 행한 성찬은 주님의 성찬이 아니라 오히려 주님의 몸과 피를 범하는 죄를 짓는 행위라고 했다.

또한 주님의 만찬과 더불어 애찬을 나눌 때에도 부유한 자들이 가난한 자들을 무시하고 자기들끼리만 배부르게 먹으므로 어떤 사람은 시장하게 되고, 어떤 사람은 너무 많이 먹어 취하게 되곤 했다. 거기에는 주님의 권위가 없었고 그런 행위들은 주님의 희생과 너무나 거리가 멀었다. 그들은 단지 목마름과 굶주림을 해소하기 위해 모인 사람들처럼 행동했던 것이다. 그렇게 함으로 주 안에서 하나되어야 할 교인들이 오히려 분열을 조장하고 그리스도의 이름을 욕되게 했다. 성찬이든 애찬이든 합당치 않게 먹고 마시는 사람은 곧 자기의 죄를 먹고 마시는 것이 되어, 그 일로 인해 병들고 죽는 일도 있게 되었다고 한다. 교회의 중요한 정신은 하나됨에 있다. 우리는 성찬과 애찬을 통해 그리스도 안에서 형제의 하나됨을 확인해야 하고, 그 일로 인해 우리 주님께 영광을 돌려야 한다. 주님이 우리에게 주신 귀중한 특권을 남용함으로써 죄를 범하는 일에 사용되지 않게 해야 하겠다. 교회는 그리스도의 몸이다.

## 3. 신령한 은사(12:1-11)

영적인 실재를 경험하는 일들에 대해서 말씀한다. 어떤 종교에서든지 영적인 것들을 체험하는 일은 흔히 있는 현상들이다. 이러한 현상들은 매우 복잡한 형태로 나타나고 있으며, 어떤 것이 진정으로 신령한 것이고, 또 하나님으로부터 주어지는 신령한 은사는 무엇인지를 구분해야 할 필요가 있었다. 고린도 교인들은 그들이 예수를 믿기 전 이방인으로 있을 때에 '말 못하는 우상'의 힘에 이끌려갔던 사람들이 많이 있었다. 이런 사람들이 예수를 믿게 되었는데 그들이 경험했던 신비적인 체험들이 교회 안에서 문제가 되곤 했다. 바울은 이런 사람들에게 하나님의 영, 즉 성령으로 인도함을 받는 사람들에게서 나타나는 중요한 영적인 특징에 대해서 말씀한다. 성령은 무엇보다 예수 그리스도를 높이고 예수님을 주님이라고 고백할 수 있도록 한다. 우리가 어떤 사람의 영성을 판단할 때 그가 받은 은사들을 통해 예수 그리스도를 주님으로 인정하는지 않는지, 그리스도를 영화롭게 하는지 그렇지 않는지 보면 된다. 성령의 은사가 다양한데 그것을 사용하는 사람이 그리스도의 몸 된 교회를 유익하게 할 때, 진실로 하나님의 영에 인도함을 받는 것이다. 우리가 영적인 사람이라고 하면 어떤 신비한 체험을 하고, 뭔가 세상과는 거리를 두고, 어떤 깊은 영적인 세계에 몰입하는 사람으로 인식할 수 있지만, 진실로 영적인 사람은 예수님을 사랑하고 주님의 몸 된 교회의 유익을 위해 자신을 드리며 가장 정상적인 방식으로 교회를 섬기는 사람이다. 교회를 유익하게 하지 않는 은사나 직임은 위험하다. 교회는 성령공동체이다. 성령께서 각 사람의 분량대로 주신 은사를 따라 겸손하게 주님의 몸된 교회를 섬기며 세워가야 한다.

11월 22일 :: 고린도전서 13-14장

### 1. 제일 좋은 길(13:1-13)

하나님의 자녀들은 성령의 은사를 사모한다. 다른 사람에게 없는 독특한 은사 - 예를 들면 병 고치는 은사, 예언의 은사, 방언의 은사 등 -를 사모한다. 그러한 은사들이 항상 매력적으로 보인다. 그러나 하나님께서 우리에게 주시는 제일 좋은 은사가 있다. 바울은 그것을 사랑의 은사라고 말씀한다. 하나님의 백성들이 다른 어떤 은사보다도 사랑의 은사를 사모해야 하는 이유는 우리의 마음이 늘 교만과 이기심과 경쟁심에 이끌려 주님의 몸 된 교회를 유익하게 하기보다는 해롭게 할 수 있기 때문이다. 하나님은 사랑이시다. 사랑은 은사이면서 다른 모든 은사들을 진실로 온전하고 풍성하게 해준다. 하나님의 일은 경쟁심을 가지고 해서도 안되고, 남에게 드러내기 위해 해서도 안된다. 은사를 받은 사람들이 하나님의 사랑으로 충만할 때, 교회는 받은 바 여러가지 은사들을 더욱 풍성하게 한다. 사랑의 은사는 우리에게 하나님의 마음이 어떤 것인지 알게 하고, 주님의 몸 된 교회를 하나님의 마음으로 사랑하게 해준다. 만일 우리가 행하는 일들에 사랑이 없다면 어떻게 되겠는가? 사랑이 없는 은사는 그것이 아무리 위대하게 보일지라도 아무것도 아니고, 교회에 유익을 끼치지 못하고 결국은 소리나는 구리와 울리는 꽹과리가 되고 만다고 한다. 사랑 없는 말은 듣는 이의 감정을 상하게 하고, 사랑 없는 지식은 차가워서 사람의 마음을 감동시키지 못하고, 심지어는 사랑으로 하지 않는 구제와 자기 몸을 드리는 헌신조차도 자신과 교회에 참된 유익을 끼치지 못한다고 한다. 그러한 일들을 행함으로써 사람들로부터 칭찬과 영광을 받을 수는 있겠지만 하나님은 그러한 것들을 가치 없게 여기시며 아무것도 아닌 것으로 간주하신다. 우리는 제일 좋은 길, 사랑의 은사를 더욱 사모하자.

### 2. 방언과 예언(14:1-25)

사랑을 따라 신령한 것을 사모하되 특별히 예언하기를 사모하라고 말씀한다. 고린도 교회 안에는 방언을 하는 사람들이 많이 있었다. 사람들은 이런 현상을 신기하게 여기고 자신들도 방언하기를 원했다. 그러나 방언은 사람이 알아들을 수 없는 영적인 언어이다. 방언을 하는 것은 사람에게 하는 것이 아니라 하나님께 하는 것이므로 자신의 덕을 세우는 일이 되지만, 예언은 사람에게 하는 것이므로 교회에 덕을 세우는 일이 된다. 그러므로 할 수 있는 대로 예언하기를 더 사모하라고 한다. 그럼에도 불구하고 방언은 사람들에게 매력적인 은사였다. 고린도 교인들은 사람이 알아듣지 못하는 이상한 언어로 하나님께 말하는 것을 보고, 저마다 그 은사를 사모했다. 그러나 중요한 것은 그것이 교회의 덕을 세우는가 하는 것이었다. 바울은 교회의 덕을 세우는데는 예언의 은사가 중요하다고 말씀한다. 예언은 하나님의 말씀의 뜻을 잘 분별하여 가르침으로 교인들로 하여금 하나님의 말씀 안에서 믿음이 자라가도록 돕는 역할을 한다. 모든 사람이 예언의 은사를 받을 수 있는 것은 아니지만 그것을 사모하게 함으로써 하나님의 백성이 교회의 덕을 세우기 위해 부름 받았음을 인식하게 했다. 중요한 것은 우리가 방언을 하든지 혹은 예언을 하든지, 그것이 어떤 것이든지 하나님께서 주신 은사들을 교회의 덕을 세우는데 사용해야 한다는 것이다. 성령의 은사를 자신을 드러내거나 교회가 연합하는데 도움이 되지 않은 방향으로 사용해서는 안된다. 우리에게 주신 은사를 사용함에 있어 더욱 더 절제가 필요하다. 언제나 하나님의 말씀은 교회의 지체들에게 유익을 주고 그 말씀을 통해 교회가 든든히 세움 받게 된다. 우리가 은사를 사모한다고 다 받는 것은 아니다. 하나님께서 당신의 기쁘신 뜻대로 그것을 나누어 주신다. 내게 어떤 은사가 있는가? 그 은사를 사용하여 교회에 유익을 끼치고 있는가?

## 11월 23일 :: 고린도전서 15-16장

### 1. 부활의 몸(15:35-49)

부활에 관한 두 가지 질문이 있다. 하나는 죽은 자가 어떻게 다시 살 수 있느냐는 것이고, 다른 하나는 만약 다시 산다면 부활할 때의 사람의 모습은 어떻겠느냐는 것이다. 바울은 부활에 관한 끊임없는 질문에 대하여 이 세상의 이치를 예로 들어 그 부활의 확실성과 영광스러움을 설명했다. 하나님의 자녀는 반드시 부활한다. 예수님께서 부활의 첫 열매가 되심으로써 우리에게 부활의 소망을 주셨다. 그러나 부활의 때에 우리가 어떤 모습으로 부활하게 될 지 우리는 알 수 없다. 그 부활은 너무나 영광스러워서 우리의 이해와 지식과 상상을 훨씬 뛰어넘는 것이 될 것이기 때문이다. 씨앗을 땅에 뿌리면 그것이 죽어 다시 살듯이 육의 몸이 죽은 후에 부활이 있다. 또 씨앗을 뿌렸는데 전혀 다른 형체의 식물들이 나오듯이 부활할 때의 사람의 모습이 우리의 이 육신의 모습과는 전혀 다르다. 이 땅에 있는 모든 것은 일시적이고 반드시 썩어 없어지는 것들이다. 그러나 우리의 썩을 육체가 부활하게 될 때 그것은 더 이상 썩지 아니하는 몸이 된다. 이 땅에서 우리가 가지고 있는 육신의 모습과 부활의 모습은 아담과 예수님 만큼이나 다르다. 아담은 땅에서 나서 땅에 속한 사람이었지만 예수님은 하늘에 속하여 하늘에서 나신 분이시다. 부활의 몸은 세상에 있는 우리의 육체가 좀 더 좋은 모습으로 바뀌는 정도가 아니다. 우리의 이해를 완전히 뛰어넘는 상상할 수 없는 영광스러운 모습으로 다시 나게 될 것이다. 우리가 지금은 아담처럼 흙에 속한 자의 형상을 입고 살아가지만 부활의 날에는 예수님처럼 영광스러운 하늘에 속한 자의 형상을 입게 될 것이다. 그러나 씨앗이 없이 새로운 생명의 탄생이 없듯이 우리의 육의 몸이 있기 때문에 영광스러운 부활의 몸을 입을 수 있게 된다. 우리의 육체가 연약하나 영광스러운 부활을 사모하자.

### 2. 부활의 소망(15:55-58)

죽은 자가 부활하게 되면 더 이상 사망이 왕 노릇하지 못하게 된다. 오직 영원한 생명만이 있게 된다. 육체의 몸을 입고 살아갈 때 죽음으로 인해 겪었던 모든 슬픔과 고통과 아픔이 영원히 사라지게 된다. 사망은 죄의 형벌이다. 죽음으로 인해 인간들에게는 말로 형용할 수 없는 고통이 있게 되었다. 그래서 바울은 사망을 '쏘는 것'으로 말한다. 사망은 벌에 쏘이듯이, 날카로운 것에 찔리듯이 우리에게 아픔과 고통을 안겨준다. 죽음은 그냥 자연적인 현상이 아니다. 하나님을 반역함으로써 하나님께서 내리신 형벌이다. 예수님께서 그 형벌을 제거하시기 위해 육신을 입고 오셔서 십자가에서 죽으시고 다시 살아나셨다. 예수님의 부활은 우리에게 영원한 부활이 있을 것을 증거하고 그 부활을 소망하게 해준다. 우리가 해야 할 일은 이 부활의 소망을 굳게 붙드는 것이다. '견고하며 흔들리지 말며 주의 일에 더욱 힘쓰는 자들이 되라'고 말씀한다. 우리가 무슨 일을 하든지 부활의 소망을 가지고 일해야 한다. 이 땅에서 수고하고 애쓴 모든 것들이 주님 안에서 헛된 것들이 없다. 예수님께서 영원히 살아계시고 우리에게 영원한 생명을 주셔서 우리가 영원히 주님과 함께 있게 될 것이므로, 부활의 소망을 굳게 잡고 주님께서 기뻐하시는 일에 더욱 더 힘쓰는 삶을 살자.

## 3. 마지막 인사(16:13-24)

바울은 고린도 교회에게 깨어 믿음에 굳게 서고, 모든 일을 사랑으로 하라고 권면한다. 교회 안에 끊임없는 당파싸움이 있었고, 교회가 내적으로 무질서하고 교인들의 마음이 분열되어 있었다. 그러므로 깨어 있어서 믿음에 굳게 서야만 했다. 비록 많은 시험거리들이 있었지만 이런 것들을 이길 수 있는 것은 믿음 밖에는 없기 때문이다. 교회가 어려운 일들을 만날 때마다 흔들리지 말고 믿음의 눈을 가지고 모든 것들을 바라보아야 한다. 그래야 여러 가지 위기 가운데서 굳건하게 설 수 있게 되는 것이다. 그리고 무슨 일을 하든지 사랑을 가지고 해야 한다. 사랑으로 행하게 될 때 형제의 허물과 잘못을 용납하게 되고, 사랑 앞에서 모든 대적들은 결국 힘을 잃게 된다.

고린도 교회 안에는 스데바나의 집과 같은, 성도를 섬기는 일에 탁월한 사람들도 있었다. 교회가 이러한 사람들과 더불어서 일해야 한다고 한다. 스데바나, 브드나도, 아가이고 같은 사람들은 문제가 많은 교회 안에서 묵묵하게 교회의 부족한 부분들을 보충하는 일을 했다. 이런 사람들로 인해 교회가 건강을 유지해 갈 수 있게 되었다. 교회는 마땅히 이런 사람들을 알아주고 그들의 사역에 복종하며 또한 그들의 마음을 시원하게 해주어야 한다. 편지를 마무리하면서 바울은 동역자들의 문안을 빠뜨리지 않고 전달한다. 아굴라와 브리스길라는 자신의 집을 교회로 사용하고 있었다. 그들은 고린도 교회에게 간절하게 문안했다. 바울 자신도 문안했다.

참된 신앙은 모든 형제들에게 예절을 지키고 또 책임을 다한다. 우리가 다른 믿음의 형제들에게 하나님의 은혜와 복을 빌어주어야 한다. 마지막으로 바울은 주님의 재림을 사모하면서 그의 사랑하는 마음을 담아 주 예수 그리스도의 은혜가 고린도 교회에 함께 하기를 구한다. 처음부터 마지막까지 우리가 '그리스도 안에' 있도록 하자.

# 11월 24일 :: 고린도후서 1-3장

## 하나님만 의뢰하기(1:1-11)

고린도후서는 고린도전서가 고린도 교회에 도착된 후 교인들이 자신의 죄를 회개하고 돌이키게 된 일을 감사하고, 한편 일부 대적자들이 바울의 사도권과 가르침들을 왜곡함으로써 그리스도의 복음을 헛된 것으로 돌리고 하나님의 은혜를 무시하려고 하는 것에 대해 사도로써 단호한 입장을 전달하여 유대주의를 척결하고, 경제적으로 어려움을 겪는 교회를 위한 고린도 교회의 협력을 이끌어내기 위해 기록되었다. 고린도후서를 통해 하나님 앞에서 겸손한 바울의 인간적인 모습을 보게 된다.

바울은 하나님을 일컬어 "우리 주 예수 그리스도의 하나님시요 자비의 아버지시요 모든 위로의 하나님이시라"고 했다. 고난 가운데서 소망을 가질 수 있는 것은 위로하시는 하나님이 계시기 때문입니다. 위로의 하나님이 나와 함께 하심을 믿을 때 어떤 고난도 견딜 수 있고, 고난 가운데서 오히려 기뻐할 수 있다. 바울을 복음을 전하다가 말로 다할 수 없는 고난을 당했다. 그는 자신이 받은 고난을 이야기하면서 마음에 사형선고를 받고, 살 소망까지 끊어졌었다고 한다. 그만큼 견디기 힘든 고난을 받았다는 말씀이다. 그는 루스드라에서 복음을 전하다가 돌에 맞아 죽을 지경이 되었었고(행14:19), 빌립보에서는 귀신들린 여종을 낫게 해주었다가 주인에게 고소를 받아 심하게 맞고 지하 감옥에 갇히기도 했다.(행16:19-24) 또한 에베소에서는 폭동이 일어나 살 소망이 끊어질 정도로 심한 고난을 당했었다.(행19:23-40) 그러한 고난 중에서도 바울이 소망을 가질 수 있었던 것은 자신을 위로하시는 하나님이 함께 계심을 믿었기 때문이다.

바울이 복음을 전하다가 심한 반대와 핍박과 고난을 겪으면서 깨달은 한 가지 진리는 '오직 하나님만 의뢰해야 한다'는 것이었다. 복음을 위해 헌신할 때 사단의 역사가 강하고, 또 사람은 한없이 약하여 쉽게 낙심하고 좌절할 수 있다. 그러므로 오직 하나님께 소망을 두고, 자신을 의뢰하지 말고 하나님만 신뢰해야 한다. 바울은 큰 사망에서 건지신 하나님께서 앞으로도 건지실 것을 믿고 오직 하나님만 바란다고 했다. 그는 자신이 그런 믿음을 가지고 계속해서 앞으로 나아가도록 기도로 도와달라고 했다. 위로의 하나님께 기도할 때 하나님께서 우리의 기도를 들으시고 위로하시며 고난 가운데서 감사할 수 있는 마음을 주신다.

## 2. 우리의 자랑(1:12-24)

바울이 고린도에 가려고 하다가 가지 못한 일로 인해 고린도 교인들 사이에 오해가 있었다. 그들은 바울을 진실하지 못한 사람으로 여기게 되었다. 이에 대해서 바울은 자신의 진실함을 변호했다. 그는 고린도 교인들이 믿음에 굳게 서게 되었으므로 굳이 그들에게 가서 그들의 믿음을 주관하고 싶어하지 않았다. 오히려 그들의 기쁨을 돕는 자의 위치에 있는 것으로 만족했던 것이다. 주의 일을 하다가 오해를 받을 수 있다. 그러나 우리가 하나님 앞에서 진실된 마음을 가지고 했다면 오해는 풀리게 된다. 사람을 판단하는 일은 늘 조심해야 한다.

바울은 고린도 교인들을 대할 때에 하나님 앞에서 거룩함과 진실함으로 행하고, 무슨 일을 할 때에 육체를 따라 계획하지 않고 하나님의 은혜를 했다고 한다. 거룩함과 진실한 행위는 사람들에게서 인정을 받기 이전에 먼저 자신의 양심의 증거를 받는다. 무슨 일을 할 때에 양심에 거리낌이 없이 행했다면 그 일로 인한 오해가 있을지라도 우리가 하나님을 바라봄으로 담대할 수 있다. 그러나 양심에 찔림이 있다면 그것은 곧 하나님께 판단을 받고 있는 것이므로 하나님 앞에서 자신을 바로 세워야 한다.

바울은 자신의 진실함에 대해 목숨을 걸고 하나님을 그의 증인으로 세웠다. 그만큼 하나님 앞에서 진실한 행위였음을 강조했던 것이다. 하나님 앞에서 진실한 삶을 살았던 표본은 예수 그리스도이시다. 예수님은 미쁘신 하나님께 언제나 "예"로 응답했다. 그러므로 하나님을 기쁘시게 하는 일에 자신의 전부를 드렸다. 하나님께서 우리의 마음에 성령을 주셨으므로 우리가 하나님 안에서 양심에 거리낌 없이 살고, 모든 사람들을 대하여 하나님 앞에서 부끄럽지 않는 삶을 살기를 힘쓰자.

### 3. 그리스도의 향기(2:12-17)

바울은 복음을 위해 빌립보를 떠나 드로아로 갔다가 다시 마게도냐로 갔다. 하나님께서 열어주신 문을 따라 나아갔다. 그는 가는 곳마다 예수 그리스도를 전했다. 예수 그리스도의 복음은 향기가 되어 믿는 사람에게는 생명을 주고, 믿지 않는 사람에게는 사망을 가져다주었다. 많은 반대와 시련과 환란이 있었지만 아무도 그리스도의 복음을 막지 못했다. 가는 곳마다 방해를 받고 공격을 받아 때로는 낙심하고 실패하고 좌절했지만 하나님께서 결국 이기게 해 주셨다고 고백한다.

우리가 이기는 삶을 살기 위해서는 언제나 예수 그리스도 안에 있어야 하고, 무슨 일을 만나든지 하나님 앞에서 감사해야 한다. 하나님을 신뢰할 때에만 이기는 자로 살아갈 수 있다. 예수님께서 이 세상에 계실 때에 많은 시험과 환란을 겪고 마침내 사망의 큰 고통을 겪으셨다. 그러나 하나님께서 다시 살리시고 영광스럽게 해 주셨다. 복음이 결코 쉽게 전해지지 않는다. 반대와 핍박이 있을 것이지만 우리의 시선을 늘 살아 계시고 이기게 하시는 하나님께 두면, 하나님께서 함께 하시고 우리의 수고를 통해 영광을 받으신다.

어떤 사람들은 복음을 혼잡케 하려고 했고, 어떤 사람들은 불순한 동기를 가지고 복음을 전했다.

그러나 바울은 말씀을 전할 때에 오직 하나님 앞에서 그리고 그리스도 안에서만 말했다고 한다. 사사로운 생각을 버리고 오직 영혼을 사랑하는 마음을 가지고 나아가 복음을 전할 때 그것을 받는 자에게 큰 향기가 되어 생명의 길로 나아오게 되지만, 하나님께서는 복음을 거부한 자들을 위해 사망을 예비해 놓으셨다. 우리가 주의 복음을 위해 살아야 하고, 생명에 이르는 향기를 날릴 수 있기를 간구해야 하겠다.

## 4. 마음에 쓴 편지(3:1-11)

고린도 교회 안에 바울의 사도권을 무시하고 반대한 자들이 있었는데 그들은 바울이 공적으로 사역을 할 수 있는 천거서가 없기 때문에 복음의 사도가 될 수 없다고 공격했다. 이에 대해서 바울은 자신의 사도권을 적극적으로 변론하고 그 권위를 사람에게서가 아니라 하나님께로부터 받았다고 했다. 자신은 청빙서를 제시하고 복음을 전해야 할 그런 사람이 아니라고 했다. 그는 자신의 사도권을 인정받을 수 있는 증거는 바로 고린도 교인들이라고 했습니다. 바울은 그들에게 복음을 전했고 고린도 교인들은 바울을 진정한 사도로 인정하고 있었던 것이다.

바울은 편지가 필요하다면 고린도 성도들 자신이 그의 진정한 편지라고 한다. 그 편지는 먹으로 쓴 것이 아니라 그들의 마음속에 쓴 것이므로 모든 사람 들이 다 알고 있다고 한다. 종이에 쓴 것은 언젠가는 지워질 수 있다. 진정으로 중요한 것은 마음과 마음이 서로 하나 되어야 하고, 마음으로 신뢰하고 마음으로 인정받는 것이다. 그것은 오직 그리스도 안에 있는 진실함과 사랑으로만 되어진다. 하나님의 영으로 마음속에 새겨지면 아무도 지울 수 없다. 하나님이 천거하셔야 하고 권위가 하나님께로부터 나와야 한다. 육신의 것을 주장하고 그것을 자랑 삼아서는 안 된다.

복음을 위해 사는 일은 성령의 일이다. 그러므로 무슨 일을 할 때에 하나님의 성령으로 봉사해야 하고 그리스도 예수를 자랑해야 한다. 교회의 참된 만족은 개인의 능력과 열심이 아니라 오직 하나님께로서 나온다. 하나님만이 우리의 참된 의와 구원의 기초가 되신다. 늘 하나님 때문에 만족하고 하나님이 주신 권위를 가지고 살아감으로, 하나님께 영광을 돌리자.

# 11월 25일 :: 고린도후서 4-6장

## 1. 예수 생명(4:8-15)

복음을 전하는데 있어서 바울은 누구보다 인간의 연약함을 깊이 체험한 사람이다. 하나님께서 질그릇과 같이 깨어지고 부서지기 쉬운 몸을 가진 사람에게 보배로운 예수 그리스도를 주시고 그 주님을 전할 수 있게 하시고 고난 가운데서 생명으로 붙들고 계신다고 고백한다. 참으로 우리는 연약한 질그릇과 같다. 강한 것 같지만 약하고, 담대한 것 같지만 두려워하고, 믿음이 있는 것 같지만 늘 불신앙 가운데 빠져 살아간다. 그러나 우리가 바라보아야 할 것은 그렇게 연약한 나 자신이 아니라 내게 승리를 주는 내 속에 있는 복음의 능력이다. 바울은 복음을 위해 살 때 날마다 죽음을 경험한다고 고백한다. 복음이 아니었다면 굳이 방해를 받거나 핍박을 받을 이유가 없고, 답답한 일을 당해야 할 이유가 없었지만, 복음을 위해 날마다 죽음에 가까운 삶을 살아가고 있는 것에 대해 오히려 당당하고 또 그 고난이 오히려 생명을 낳는 역사를 만들어낸다고 고백한다. 고난을 그리스도 안에서 이렇게 아름답게 이해할 수 있는 사람이 몇이나 있을까? 예수 그리스도를 사랑하면 사랑할수록 우리가 주님의 고난에 동참하지 않을 수 없고, 죽음으로써 생명을 얻는 신비한 비밀을 깨달을 수밖에 없게 된다. 바울은 자신의 희생을 통해 예수 그리스도의 생명이 교회 안에 나타나기를 갈망한다. 그는 자신의 고난이 곧 생명의 씨앗을 품는 일임을 알았다. 그러므로 십자가에서 죽으신 아들을 다시 살리신 하나님께서 그를 다시 살리실 것을 믿었다. 그래서 그는 교회를 위해 기꺼이 모든 것을 바쳤다. 이런 삶은 죽음으로써 다시 살게 된다는 믿음이 없었다면 결코 해낼 수 없는 일들이었다. 하나님이 우리와 함께 하시고 또 우리의 수고를 기억하실 것이므로, 예수의 생명이 교회 안에 나타나도록 우리가 헌신과 희생을 아끼지 말아야 하겠다.

## 2. 영원한 집(5:1-7)

바울은 고난을 통하여 주어질 영광을 소망하면서 우리의 육체를 세상의 장막집, 부활하여 주님과 영원히 있게 될 몸을 영원한 집으로 비유하고 있다. 바울은 장막을 만드는 직업을 가지고 있었다. 그는 장막의 한계가 어떤 것인지를 알았는데, 그것은 일시적이고 스러져가고 영원하지 못한 것이었다. 우리의 육체가 마치 이와 같은 것이라고 한다. 우리가 이 땅에서 연약한 육체, 언젠가는 무너질(죽게 될) 몸을 입고 살아간다. 그러나 이 집이 무너질 때 하나님께서 예비하신 영원한 집에 거하게 될 것이다. 바울은 땅에서 탄식하며 영원한 처소를 간절히 사모했다. 그 처소는 더 이상 부끄럽지 않은 처소가 될 것이기 때문이었다. 그러나 그가 고통스러운 세상의 삶을 한탄한 것은 아니었다. 오히려 고난 이후에 있게 될 영광스러운 부활을 소망했던 것이다.

영원한 하나님의 장막이 있는 것을 믿는 사람은 우리의 육체가 썩어진 후 다시 영광스러운 몸을 입게 될 것 또한 믿는다. 그러므로 부활의 소망을 갖진 사람은 이 땅에서 고난의 삶을 살아갈 때에 더욱 더 하나님의 나라를 사모하게 된다. 하나님께서 성령을 우리에게 보내주셔서 우리가 부활의 소망을 가지고 살게 하셨다. 비록 고난 가운데서 이 땅을 통과하지만 늘 담대함과 기쁨과 소망 가운데 살아갈 수 있는 것은 영원하신 하나님이 우리 안에서 우리와 함께 거하시기 때문이다. 우리는 하나님께서 우리에게 주신 믿음을 따라 계속하여 하나님의 나라를 사모하고, 또 우리 몸의 영원한 부활을 소망하자. 믿음은 바라는 것들의 실상이고 보지 못하는 것들의 증거라고 했다. 우리의 장막집이 무너질 것을 두려워하지 말고 더욱 더 영원한 집을 사모하자.

## 3. 하나님의 일꾼(6:1-13)

'하나님의 은혜를 헛되이 받지 말라'고 한다. 하나님의 교회 안에 그릇된 복음을 전하는 자들로 인해 교인들 사이에 복음의 진정한 가치를 무시하려는 풍조가 생겨났다. 복음을 받은 자들은 그들의 삶에서 복음이 역사하도록 해야만 했다. 지금이 은혜 받을 만한 때이고 지금이 구원의 날이라고 한다. 바울은 이 복음을 전하는 자로써 자신의 직책이 훼방을 받지 않도록 하기 위해, 스스로 하나님의 일꾼이라는 인식을 가지고 오직 복음에 합당한 삶을 살았다고 한다. 그래서 많이 견디고 많은 고난을 받고 오직 하나님의 말씀을 붙들고 살며, 무능하고 아무것도 가진 것이 없는 자인 것처럼 살고, 복음에 대한 자부심과 하나님의 일꾼이라는 사명감을 가지고 살았음을 증거한다. 많은 반대와 핍박과 오해가 있었지만 그들을 향하여 마음을 열었다. 그러므로 그들 또한 사도를 향해 마음을 넓히는 것이 맞다고 한다.

우리는 계속해서 하나님의 은혜를 받고 산다. 신앙생활은 과거가 아니라 현재이다. 지금 은혜를 받아야 하고 지금 구원을 받아야 한다. 우리가 과거의 경험만 가지고 살아서는 안된다. 오늘 하나님께서 주시는 은혜와 구원을 사모하며 살아가고 있는가? 그러기 위해서 계속해서 우리의 관심을 하나님의 말씀에 두고 하나님께서 말씀하실 때 순종하는 마음을 가져야 한다. 또한 우리는 하나님의 자녀일 뿐만 아니라 하나님의 일꾼으로 부름받았다. 충성된 일꾼으로 사는 것이 쉽지 않다. 모범적인 일꾼이 되기 위해서는 먼저 내 자신이 하나님의 은혜를 받아야 한다. 하나님과 친밀한 관계를 유지하지 못하면서 다른 사람에게 선한 영향을 미칠 수 없다. 언제나 말하기는 쉬워도 행하기는 어렵다. 다른 사람에게 사랑과 인내와 관용을 강조하는 것만큼 내가 먼저 마음을 넓히고 참고 용서하자.

## 11월 26일 :: 고린도후서 7-9장

### 1. 위로하시는 하나님(7:5-10)

바울이 드로아에 이르렀을 때 하나님께서 그에게 전도의 문을 활짝 열어주셨다. 그는 거기에서 그의 편지를 들고 고린도에 갔던 형제 디도를 만나기로 되어있었는데 만나지 못해서 마음에 큰 근심을 갖게 되었고 안팎으로 다툼과 두려움을 경험하게 되었다. 그래서 그들과 작별하고 마케도니아로 가게 된 적이 있었다(고후2:12-13). 그런데 마침내 디도가 좋은 소식을 가지고 돌아오게 되었다. 그러므로 바울은 비천한 자를 위로하시는 하나님께 감사한 마음을 가지게 되었다. 하나님의 사람도 때로는 자신의 사역에 대해서 두려움을 느끼고 실망과 좌절을 경험하게 된다. 자신의 말로 인해 형제들의 마음이 상하면 어떻게 될까, 반대를 당하지나 않을까 하는 염려들이 늘 있다. 그러나 위로하시는 하나님께서 함께하셔서 늘 위로하심으로 다시 힘을 얻게 되는 것이다. 진실로 우리 하나님은 모든 위로의 아버지가 되신다.

무엇보다 디도가 가지고 온 소식은 바울에게 큰 기쁨과 힘과 용기와 위로를 주었다. 고린도 교회 안에 있었던 여러 가지 문제들에 대해 바울은 편지로써 그들을 엄하게 꾸짖고 또 책망했었다. 그는 내심 너무 지나친 것이 아니었는가 생각하게 되었고 또 그 일로 인해 고린도 교인들이 마음을 돌이키기는 고사하고 오히려 마음을 굳게 하여 자신을 미워하지나 않을까 하는 두려움을 가지고 있었었다. 그러나 돌아온 디도로부터 고린도 교인들이 오히려 바울을 사모하고 또 자신의 잘못을 애통해하고 사도를 위해 열심이 있다는 말을 듣고 마음에 큰 위안을 가지게 된 것이다. 고린도 교인들은 바울의 편지를 하나님의 말씀으로 받고 하나님 앞에서 자신들의 잘못에 대해 진실로 근심하고 돌이키게 되었던 것이다. 우리가 하나님의 뜻을 좇아 근심할 때 피차에 유익과 위로를 얻게 된다.

### 2. 풍성한 헌금(8:1-11)

고린도 교회에 있었던 여러 가지 문제들이 해결되었다는 소식을 듣고 바울은 이제 고린도 교회가 그동안 미루고 있었던 헌금의 문제에 대해서 말씀한다. 바울은 마케도니아 교회들이 행한 풍성한 헌금에 대해서 말하면서 고린도 교인들도 이 은혜에 참여하라고 했다. 마케도니아 교회들은 환란의 많은 시련과 극한 가난 속에서 풍성한 헌금을 했다. 그들에게 넘치는 기쁨이 있었기 때문에 가능한 일이었다. 하나님 앞에서 드리는 헌금은 억지로 할 수 있는 것이 아니고, 많이 있다고 할 수 있는 것도 아니다. 하나님께서 주신 은혜를 깨달을 때 감사함으로 하게 된다. 마케도니아 교회들은 헌금을 하되 힘껏 할 뿐 아니라 힘에 지나도록 자원하여 했다. 그들은 오직 성도를 섬기는 일을 위해 헌금했다. 자원하여 했다는 말은 누가 부탁하거나 강요한 것도 아닌데 자발적으로 했다는 말씀이다. 그들은 헌금을 짐으로 생각하지 않고 하나님의 은혜에 대한 보답으로 생각했다. 그러므로 하나님의 은혜를 나누는 일에 힘껏 참여했던 것이다. 은혜를 받으면 마음이 열리고, 어려운 형제들을 향하여 마음이 끌리고, 불쌍히 여기는 마음이 생기고, 돕고 싶은 마음이 생기는 것이다. 헌금 자체보다 중요한 것은 마음이다. 마케도니아 교회가 자원하여 헌금할 수 있었던 것은 먼저 자신들을 주님께 드리고, 바울의 전도 사역을 돕고자 하는 마음이 그들에게 있었다. 우리에게 헌신된 마음이 있을 때에 도움이 필요한 이웃들이 보이기 시작하고 그들을 돕는 일에 손을 펴게 된다. 하나님께서는 즐거운 마음으로 내는 헌금을 기뻐하시고 그것이 하나님의 거룩한 일에 쓰이게 하신다.

### 3. 은혜로 하는 헌금(8:6-11)

이제 바울은 마케도니아 교회가 헌신적으로 했던 헌금의 모범에 대하여 말씀한 후에 고린도 교회도 디도를 통하여 시작한 헌금을 잘 하라고 한다. 헌금하기로 결심했던 것을 실행하고 마치라는 말씀이다. 우리가 어떤 것을 약속했으면 그것을 지키기 위해 힘써 노력해야 한다. 우리 주변에는 도움이 필요한 어려운 교회와 형제들이 많이 있다. 하나님께서 주신 은혜를 따라 저들을 돕기 위해 우리의 최선을 다해야 한다. 고린도 교회는 여러 가지 것들로 풍성한 교회였다. 바울은 고린도 교회가 헌금에 있어서도 풍성하기를 원했다. 헌금은 우리가 거북하게 여길 일이 아니다. 하나님의 은혜를 받은 자로써 당연히 해야 할 일이다. 예수 그리스도께서는 우리를 위해서 십자가를 지시고 자신의 모든 것을 우리를 위해 내어주셨다. 예수님은 부요하신 분이셨지만 우리를 위해 친히 가난하게 되시고 자신의 생명까지 내어주셨다. 우리가 주 예수 그리스도의 풍성한 은혜를 받았으므로 그리스도께서 사랑하신 형제들을 위해 우리의 사랑을 나누는 것은 당연하다. 형제 사랑을 말로만 해서는 안된다.

바울은 고린도 교인들이 일 년 전에 행하기를 시작하고 또 그렇게 하기를 원했던 그 약속을 이제 시행하라고 한다. 고린도 교인들이 헌금을 하기로 약속하고 난 후 그 약속을 실천하지 못하고 있었던 것이다. 우리가 무슨 일에 헌금하기로 작정했다면 그것을 실천에 옮기도록 하자. 사람에게 한 것이 아니고 하나님 앞에서 한 것이니 말이다. 우리의 힘이 닿는 대로 헌금하되 너무 무리하게 억지로 할 필요는 없다. 하나님은 자원하는 예물을 받으신다. 받은 은혜를 따라 자원함과 감사함으로 하는 헌금이 되어야 하겠다.

### 4. 뿌리고 거두는 것(9:6-15)

바울은 헌금을 '씨를 뿌리는 것'에 비유했다. 적게 심는 자는 적게 거두고 많이 심는 자는 많이 거두는 것이 자연의 이치 이듯이 헌금도 그렇다. 하나님께서 우리의 마음에 자원하는 마음을 주실 때에 우리가 최선을 다해서 헌금해야 한다. 무엇보다 헌금은 그 양의 많고 적음을 따라 헤아릴 수 있는 것이 아니다. 우리 주님께서는 과부의 두 렙돈을 부자의 헌금보다 더 많은 것으로 간주하셨다. 중요한 것은 마음이다. 우리의 마음을 드렸다면 비록 적은 금액의 헌금을 했을지라도 하나님 앞에서는 많이 드린 것이다. 그러므로 헌금을 할 때에 무엇보다 즐거운 마음으로 해야 한다. 우리가 즐거운 마음으로 헌금하기 위해서 필요한 것은, 모든 것이 하나님의 것이고 하나님께로부터 나왔다는 우리의 신앙 고백이다.

다윗이 성전 건축을 준비할 때에 백성들이 수를 헤아릴 수 없을 만큼 많은 헌물을 바쳤었는데, 다윗은 백성들의 헌신에 감격하면서 말하기를 "나와 나의 백성이 무엇이관데 이처럼 즐거운 마음으로 드릴 힘이 있었나이까? 모든 것이 주께로 말미암았사오니 우리가 주의 손에서 받은 것으로 주께 드렸을 뿐이니이다"(대상29:11,14)라고 고백했다. 우리가 하나님의 은혜로 살아가고 있다. 하나님께서 우리의 삶에 복을 주시고 그 복을 누리게 하신다. 가을에 추수할 때가 되면 우리는 우리의 하나님이 얼마나 풍성한 분이신지 깨닫게 된다. 하나님께서 적당한 때에 이른 비와 늦은 비를 내리시고 햇빛과 바람을 주셔서 풍성한 열매를 맺게 하신다. 우리가 하나님 앞에 드리는 헌금은 하나님이 우리에게 베푸신 은혜의 열매들을 드리는 것이고, 헌금을 통해 하나님의 은혜를 증거하게 되는 것이다. 즐겁게 헌금을 드려서 하나님의 은혜에 보답하고, 또 다른 사람들도 이 은혜를 사모할 수 있기를 구하자.

# 고린도후서 10-13장

## 1. 우리의 싸우는 병기(10:1-7)

고린도 교회 안에 바울의 사도권을 무시하고 대적하는 사람들이 있었다. 그들은, 바울의 편지는 힘이 있지만 실제로 그를 대해보면 무능한 자라고 비난했다. 바울의 사도로서의 권위를 인정하려고 하지 않았다. 그들은 자신들만 합법적인 천거서를 가지고 사역을 하고 있다고 주장하고 또한 자신들은 환상을 보고 황홀경에 빠지는 신비한 경험을 했다고 말하면서 언제나 자신들의 주장을 정당화했다. 그러나 바울은 이들보다 더한 환상을 보고 또 하나님의 성령께서 친히 그를 사도로 인치셨고, 건강한 고린도 교인들은 모두 바울을 진정한 사도로 인정하고 있었다. 그럼에도 불구하고 바울은 고린도 교인들을 대할 때마다 늘 겸손했다. 그리스도의 온유함과 친절함을 가지고 그들을 대했다. 육체를 따라 싸우려고 하는 사람들이 있었지만 그들을 대적하지 않았다. 믿음의 싸움은 혈과 육으로 하는 것이 아니고 하나님의 능력으로 하는 것이기 때문이었다. 육체의 일을 가지고 싸우게 되면 결국 사탄의 속임에 넘어가게 되고 하나님의 의를 이룰 수 없게 된다.

예수 그리스도의 복음이 하나님의 능력이고 오직 복음을 전하는 것만이 진정으로 흑암의 권세를 물리치고 영혼을 구원하는 방법이 되는 것이다. 예수 그리스도의 복음 외에 우리에게 자랑할 것이 있어서는 안 된다. 어떤 이론도 복음 앞에서는 아무 힘을 발휘할 수 없다. 복음이 사람들에게 미련하게 보이지만 복음은 하나님의 완전한 능력이다. 하나님은 복음으로 죄인들을 구원하시고 복음으로 사탄의 권세를 깨뜨리셨다. 그러므로 무슨 일을 하느냐 보다 어디에 속했느냐가 더 중요하다. 참된 하나님의 자녀는 복음으로 평가받고 인정받아야 한다.

## 2. 영혼의 중매자(11:1-6)

바울이 고린도 교인들에게 자신을 자랑하면서 "나의 좀 어리석은 것을 용납하라"고 한다. 고린도 교인들이 거짓 복음을 전하는 거짓 교사들의 말에 현혹되어 그들을 받아들인 것에 대해 걱정하면서 교회가 그들에게 베풀었던 그 너그러움을 자신에게도 베풀어서 그의 말을 들어보고 무엇이 참된 복음인지를 분별하라는 것이다. 거짓 교사들은 탁월한 웅변술로 고린도 교인들의 마음을 미혹하여 진리에서 벗어나게 했다. 뱀이 거짓된 말로 하와를 속여 진리에서 떠나게 했듯이 그들의 거짓된 웅변에 현혹됨으로써 고린도 교회가 심각한 영적 위험에 직면해 있었던 것이다. 고린도 교회를 향한 바울의 중심은 마치 정결한 처녀를 남편에게 소개하는 중매인과 같았다. 그는 하나님의 열심을 가지고 고린도 교회를 그리스도께로 인도하려고 노력했다. 진실한 복음의 사역자는 교회가 오직 예수 그리스도만 믿도록 모든 관심을 기울여야 한다. 그리스도에게서 떠나게 하는 것은 복음이 아니다. 우리의 마음이 항상 그리스도를 향해야 한다. 바울은 자신이 지극히 큰 사도들보다 조금도 부족한 것이 없다고 했다. 이 사도들은 자신들을 스스로 크다고 생각하는 거짓 사도들이었다. 그들의 말은 거창하고 그럴듯했지만 실제에 있어서는 복음의 능력에 대해 무지하고 예수 그리스도를 자랑하지 않는 자들이었다. 그러나 바울은 비록 자신이 말에는 졸하지만 하나님 앞에서 참된 영적인 지식이 있으므로 그들과 비교하여 조금도 모자랄 것이 없다고 했다. 교회가 복음 아닌 것에 지나친 관심을 가질 때 영적인 위험에 직면하게 된다. 우리가 하나님의 열심을 가진 영혼의 중매인이 되어야 하겠다.

### 3. 가시를 주신 하나님(12:1-10)

사도는 자신이 본 환상과 계시에 대해서 말씀한다. 그는 하나님에 의해 낙원으로 이끌려 신비한 계시를 받고, 신비한 영적 체험을 했다. 일반적으로 사람들은 다른 사람이 경험하지 못하고 가지지 못한 어떤 신비한 능력을 소유하기를 원한다. 인위적인 방법으로 그런 체험을 하려고 시도하기도 한다. 그러나 바울은 하나님의 주권적인 은혜로 그러한 체험을 하게 되었고, 체험이 있었음에도 불구하고 그는 오히려 자신의 약함을 자랑한다고 했다. 그에게는 육체적인 약점이 있었다. 그의 몸에 어떤 불치의 병이 있었다. 그는 그것을 '육체의 가시 곧 사단의 사자'라고 불렀다. 자신을 한없이 연약하게 만드는 육체의 근심거리였다. 바울은 그 가시를 제거해달라고 하나님께 매달렸다. 그러나 하나님께서는 그의 기도대로 응답하지 않으시고 그의 몸에 여전히 그 가시를 남겨두심으로 교만하지 않게 하셨다. 하나님은 나보다 나를 더 잘 아시는 분이시다. 내게 가시가 있다면 거기에도 하나님의 깊은 뜻이 있다. 가시를 주신 이유를 하나님께서 바울에게 말씀해 주셨다. "내 은혜가 네게 족하도다. 이는 내 능력이 약한데서 온전하여짐이라"고 하셨다. 사람에게는 부패한 본성이 있어서, 받은 은혜가 많고 남에게 없는 능력이 있을 때에 교만해지기 쉽다. 그러나 하나님의 일을 하는 사람에게 있어서 교만은 패망으로 가는 지름길이다. 하나님께서 사랑하는 자녀에게 적당한 은혜를 베푸시고, 늘 겸손한 마음으로 하나님을 섬기게 하신다. 내게 가시가 있을 때 오히려 감사하고 더욱 더 하나님의 은혜를 사모하자.

### 4. 자신을 시험하라(13:5-13)

"너희가 믿음에 있는가 너희 자신을 시험하고 확증하라"고 한다. 우리는 끊임없이 우리 자신이 믿음에 있는지 우리 자신을 시험하고 확증해 보여야 한다. 믿음은 반드시 행함을 동반하게 된다. 예수님을 믿는다고 말하면서 그 믿음에 합당한 삶이 없다면 그것은 마귀들도 믿고 떠는 믿음이 될 수 있다. 우리가 그리스도 예수 안에서 부르심을 받았으므로 주님이 우리 안에 계셔서 하나님의 뜻을 따라 살도록 경건한 열심을 주신다. 그리스도가 그 마음에 없으면 버리운 자라고 했다. 진실한 하나님의 자녀는 악을 미워하고 선을 행하는데 자신을 드린다. 고린도 교회를 향한 바울의 경고는 단호했다. 바울이 이렇게 해야만 했던 이유는 그들이 주님께 버림받지 않고, 그리스도 안에서 온전하게 되기를 바랐기 때문이었다. 하나님께 버림 당하면 그보다 비참한 인생은 없다. 주의 사역자들에게 있어서 하나님의 자녀들이 그리스도 안에서 자라가고 강하게 되어가는 것을 보는 것보다 큰 행복이 없다. 우리는 그리스도가 우리의 마음에 계시게 해야 하고, 우리의 삶의 모든 영역에서 믿음의 진보를 나타내야 한다. 고린도 교회를 향한 바울의 마지막 축복은 '주 예수 그리스도의 은혜와 하나님의 사랑과 성령의 교통하심이 그들과 함께 있는 것' 이었다. 우리가 어떻게 우리의 믿음을 지키고 경건하고 거룩하게 살아갈 수 있겠는가? 우리 가운데 예수 그리스도의 은혜가 있어야 하고, 하나님의 사랑과 성령의 교통하심이 있어야 한다. 우리가 예수 그리스도의 구원의 은혜를 깨닫게 될 때, 또한 하나님의 사랑이 얼마나 놀라운 것인지 알게 되고, 우리 안에 계신 성령의 교통하심을 경험하게 된다.

11월 28일 :: 갈라디아서 1-3장

### 1. 참된 복음(1:1-10)

갈라디아서는 바울이 전도여행 중에 갈라디아 교회에 보낸 서신이다. 갈라디아 교회는 거짓된 복음의 교사들로 인해 혼란스러웠다. 거짓 교사들은 바울의 사도권을 인정하지 않았을 뿐만 아니라 믿음으로 말미암는 복음의 능력을 거부하고 복음과 율법과의 관계를 왜곡했다. 그들은 복음을 통해 주어진 자유를 거부하고 교인들의 목에 율법의 멍에를 매려고 했다. 바울은 믿음으로 말미암는 의와 그리스도 안에서 주어진 자유의 소중함을 역설함으로써 성도들이 성령의 능력을 힘입고 사랑의 법을 실천하며 자유를 누리도록 인도했다. 바울은 자신의 사도권을 무시하는 자들을 향해 자신은 예수 그리스도와 하나님 아버지로부터 직접 사도의 권세를 부여받았다고 했다. 권위의 문제는 언제나 중요하다. 참된 영적인 권위의 근원은 하나님으로부터 말미암는다. 우리가 영적인 권위를 인정하는 것은 사람의 능력이나 외적인 행위에 있지 않고 그것이 하나님으로부터 말미암았다고 하는 믿음에 기초한다. 영적인 권위를 하나님께로부터 받은 사람은 오직 하나님의 복음을 자랑한다. 갈라디아 교인들은 거짓 사도들이 전한 변질된 복음을 받아들였다. '다른 복음'이란 믿음과 더불어 율법을 행함으로 얻는 구원이었다. 그러나 구원은 오직 예수 그리스도를 믿는 믿음으로만 받는다. 예수 그리스도는 율법의 저주에서 우리를 구속하시기 위해 십자가에서 죽으셨다. 바울은 단호하게 자신이 전한 예수 그리스도의 복음 외에 다른 복음은 없다고 했다. 다른 복음을 전하면 천사라도 저주를 받을 것이라고 했다. 오직 예수 그리스도만이 우리의 완전한 구원의 보증이 되신다.

### 2. 진리 안에 거하기(2:1-10)

초대교회 안에서 할례의 문제는 복음의 진위를 가리는 중요한 문제였다. 교회 안에 있는 유대인 신자들 가운데 어떤 사람들은 모세의 율법을 지키고 할례를 받아야만 구원을 받을 수 있다고 주장했다. 바울은 이 문제를 가지고 예루살렘으로 가서 그 곳에서 자신이 전하는 복음의 내용을 사도들에게 설명했다. 복음의 내용이 일치한지 그렇지 않는지 증명하기 위함이었다. 복음의 핵심은 할례가 아니라 오직 예수 그리스도를 믿음으로만 구원을 얻는다는 것이었다. 바울이 이렇게 했던 이유는 거짓 형제들이 교회를 공격하는 것을 차단하고 참된 복음을 지키기 위함이었다.

디도는 헬라인이었지만 일부러 할례를 받게 하지 않았는데, 이는 구원이 할례에 있지 않고 예수 그리스도를 믿는 믿음에 있음을 증거하기 위해서였다. 오늘날 우리가 할례의 문제로 갈등을 겪고 있지는 않지만 여전히 거짓된 복음을 전파함으로써 복음의 자유를 무너뜨리려는 시도들이 있다. 어떤 사람들은 주일을 지키는 것은 태양신을 숭배하는 사상에서 시작되었다고 주장하며, 교회는 안식일을 지켜야 한다고 한다. 어떤 무리들은 예수님의 신성을 부인하고 속죄의 교리를 부정하고 천국과 지옥의 실재를 부인함으로써 교회를 혼란케 하기도 한다. 보편적인 진리를 확증 받는 것이 중요한 이유는 편협한 신앙으로 복음의 진리의 완전성을 무너뜨릴 수 있기 때문이다. 바울이 예루살렘을 방문하여 사도들에게 자신의 복음을 제출해야 할 필요는 없었다. 그럼에도 불구하고 거짓 사도들로 인해 공격받지 않도록 하기 위해 자신이 전하는 복음이 하나님께로부터 말미암은 것임을 증명했다. 예수님은 하나님이시고 안식일의 참된 주인이 되신다.

## 3. 듣고 믿음에서(3:1-14)

바울은 갈라디아 교인들의 영적인 무지를 책망했다. 그들은 율법주의 거짓 교사들의 가르침을 따르고 그들을 용납했다. 그들은 처음에 예수를 믿고 성령을 선물로 받았다. 그러나 거짓 교사들은 육체를 따라 행하도록 그들을 인도했다. 성령은 우리에게 진리를 분별할 능력을 주신다. 성령의 일과 육체의 일은 완전히 다르다. 육체는 행위를 강조하고 그것의 가치를 소중하게 여기지만, 성령은 하나님의 은혜를 더 크게 여긴다. 은혜의 가치를 모르면 육체를 따라 살게 된다. 성령께서 우리의 마음에 주신 자유를 육체에게 빼앗기지 않도록 하자.

하나님께서 우리의 행위를 따라 우리를 의롭다 하시지 않고 예수 그리스도를 믿는 믿음을 보시고 우리를 의롭다 하신다. 아브라함은 하나님의 말씀을 순종했던 사람이었다. 그러나 하나님께서는 그의 행위를 따라 의롭다 하지 아니하시고 그의 믿음을 의로 여기셨다. 행위가 아무리 위대해도 그것이 우리를 구원에 이르게 하지는 못한다. 오직 믿음이 우리로 하나님의 구원에 이르게 한다. 믿음이 있는 자는 누구든지 아브라함의 자녀, 약속의 자녀이다. 이방인들이 하나님 앞에서 의롭다함을 받을 수 있는 유일한 길은 예수 그리스도를 주로 고백하는 것이다. 하나님은 아브라함을 우리 믿음의 조상으로 삼으셨다. 아브라함처럼 행위를 따르지 않고 믿음을 좇는 모든 사람은 아브라함과 함께 하나님이 주시는 구원의 복을 누리게 된다. 우리가 무엇을 함으로써 구원을 얻을 수 있는 것이라면 무엇을 어떻게 해야 하나님의 마음을 기쁘시게 할 수 있겠는가? 행한 것이 없을지라도 우리의 믿음을 보시고 의롭다 하시는 하나님을 찬양하자.

## 4. 몽학선생(3:23-29)

바울은 율법의 기능을 '몽학선생'이라고 했다. 몽학선생이란 '후견인, 관리인, 시중드는 사람'이라는 뜻이다. 고대에 이런 일들은 주로 노예들이 맡아 했다. 신실하고 지혜로운 노예들이 주인의 자녀들을 맡아 돌보며 바로 자라도록 훈련시켰다. 이처럼 믿음이 오기 전까지 하나님께서 모든 사람들을 율법 아래 매어 두셨는데, 사람들을 그리스도께로 인도하여 그를 믿음으로 말미암아 의롭다 함을 얻게 하기 위함이었다. 하나님의 백성들이 율법의 보호를 받고 율법을 지킴으로 신앙을 훈련하고, 오실 그리스도를 바라보게 되었던 것이다. 그러므로 율법은 선하고 의로운 것이었다. 만일 율법이 없었다면 모든 사람들이 자신들의 죄악된 행위로 말미암아 의로우신 하나님의 심판을 피할 수 없었을 것이다. 믿음이 온 후로는 하나님의 백성들이 더 이상 그 몽학선생 아래 있지 않게 되었다. 예수 그리스도를 믿음으로 율법의 멍에로부터 완전히 자유를 얻게 되었다. 예수 그리스도 안에 있는 자에게는 더 이상 정죄함이 없고, 참된 자유를 누리게 된다. 예수님께서 "진리를 알지니 진리가 너희를 자유케 하리라"(요8:32) 고 말씀하셨다. 죄와 죄의식으로부터의 자유, 모든 율법의 속박으로부터의 자유, 마땅히 해야 할 것을 하고 하지 말아야 할 것을 하지 않을 수 있는 자유를 얻게 된 것이다. 예수님 안에 모든 것이 있다. 그 안에서 우리의 모든 죄가 사해지고, 모든 나누인 것이 하나 되고, 하늘의 신령한 복을 누리게 된다. 그러므로 우리가 믿음의 주요 또 온전케 하시는 이인 예수 그리스도를 믿고, 그 안에 있어야 한다. 예수 그리스도께 속한 자가 참 아브라함의 자녀이다.

# 11월 29일 :: 갈라디아서 4-6장

## 1. 해산하는 수고(4:12-20)

갈라디아 교회 안에 분열의 영이 역사하고 있었다. 인본주의적인 생각을 가진 사람들이 교회 안에 들어와 하나님의 은혜의 복음을 욕되게 하고 성도들을 이간시켜 바울이 전해준 복음의 진리에서 떠나 자신들을 따르도록 유혹했다. 성도들은 바울을 외모로 판단하지 않고, 그가 전했던 복음을 귀하게 받아들이고, 복음을 전했던 바울을 위하여 자기들의 눈이라도 빼어줄 만큼 존경하였었는데, 그들의 교묘한 이간책에 속아넘어가 그 모든 열심이 식어져 버렸다. 바울은 이러한 갈라디아 교인들의 영적 무지함과 분별력 없음을 안타깝게 여겼다. 유대 율법주의자들은 거짓 가르침을 통해 성도들로 하여금 복음의 진리에서, 그리스도에게서 멀어지게 하고 자기들을 따르도록 부추겼다. 교회 안에 인본주의가 들어오게 되면 필연적으로 분열의 영이 역사하게 된다. 하나님의 교회는 오직 은혜, 오직 믿음, 오직 예수를 가르쳐야 하고, 사람의 생각과 사상들이 머리를 들지 않도록 조심해야 한다.

사람의 행위로는 결코 하나님의 의를 이룰 수 없다. 예수님은 십자가에서 죽으심으로써 우리를 율법의 저주에서 속량하셨다. 바울은 갈라디아 교인들을 "나의 자녀들"이라고 했다. 그들을 자식처럼 생각했다. 그러므로 아비의 마음을 가지고 그들에게 나아가 복음을 전했다. 바울의 관심은 교인들의 신앙의 성숙에 있었다. 그러므로 성도들의 심령 속에 그리스도의 형상이 이루기까지 다시 그들을 위해 해산하는 수고를 한다고 했다. 교회를 하나님의 진리 위에 바로 세우는 일이 쉽지 않다. 교회를 무너뜨리려고 하는 사단의 방해가 늘 있기 때문이다. 참된 복음을 전하는 사역자들을 존귀하게 여기고, 교회가 하나님의 진리의 터 위에 굳게 세워지기를 소망하자.

## 2. 그리스도인의 자유(5:1-12)

바울은 할례를 주장하는 유대주의자들과 끊임없이 싸웠다. 그들의 주장은 하나님의 은혜와 복음의 능력을 헛된 것으로 돌리는 매우 위험한 이단들이었기 때문이다. 당시 할례는 하나님을 믿는 백성들에게 매우 당연한 하나님의 백성 된 표시로 믿어져 왔다. 율법이 또한 그것을 강조하고 있었기 때문이다. 그러나 할례는 예수 그리스도를 믿는 믿음으로 말미암아 하나님의 자녀로 인침 받는 싸인이고 옛 언약이었다. 이제 예수 그리스도께서 오셔서 십자가에 못박혀 죽으심으로 율법의 모든 요구를 이루셨다. 사람이 의롭게 되는 것은 하나님이 만든 율법을 단순히 지키는 것으로 되지 않는다. 또한 그 모든 율법을 완전히 지키는 사람이 아무도 없다. 우리가 하나님 앞에서 의로운 삶을 살아야 하지만 그것이 우리 구원의 증거가 될 수는 없다. 거룩한 삶은 하나님의 은혜로 구원받은 하나님의 백성들이 비로소 하나님 앞에서 살아갈 삶의 목표가 된다. 할례를 강조하는 사람이 있다면 그 사람은 율법 전체를 지켜야만 한다. 그렇지 않으면 하나님 앞에 죄인으로 드러나게 될 뿐이다. 우리는 오직 예수 그리스도를 믿는 복음 안에서 자유를 누리는 사람들이다. 구원을 얻는데 있어 율법의 행위가 강조된다면 그 사람은 그리스도에게서 끊어지고 은혜에서 떨어진 자이다. 작은 누룩이 온 덩이에 퍼진다고 했다. 복음에 대한 잘못된 가르침은 사소해 보이지만 믿음의 공동체에 심각한 위험을 가져다준다. 하나님의 교회는 어떤 경우에도 예수 그리스도의 십자가만 붙들어야 한다. 예수님은 십자가로 율법의 요구를 완성하시고 이기셨다.

### 3. 예수의 흔적(6:11-18)

바울은 편지를 마무리하면서 할례의 무익성을 다시 강조한다. 그만큼 유대주의자들이 교회에 많은 피해를 입히고 있었기 때문이다. 할례를 주장하는 자들은 육체의 모양을 내려 하는 자들이고, 그리스도 예수의 십자가를 인해 주어지는 핍박을 면하려고 하는 현실적인 기회주의자들이라고 한다. 그들이 할례를 주장하면서 율법은 지키지 않은 것은 오직 겉으로 드러난 형식적인 믿음으로 자기를 자랑하려는 어리석은 사람들이었기 때문이다. 우리가 자랑해야 할 것이 있다면 오직 예수 그리스도의 십자가 뿐이다. 예수 그리스도께서 십자가에 못박힐 때 나도 그 위에 함께 못박혔고, 예수님이 다시 사실 때에 나도 그 안에서 다시 살아나게 되었다. 주님의 십자가의 의미를 다시 우리의 마음에 깊이 새겨야 하겠다. 어떤 경우에도 십자가 외에 자랑할 것이 없어야 한다. 십자가를 자랑하지 않으면 자기를 자랑하게 되고, 육체를 자랑하게 된다. 육체를 신뢰하고 자기를 자랑하는 사람은 십자가를 욕되게 하는 자이다. 바울은 자기의 몸에 예수 그리스도의 흔적을 가졌다고 말한다. 흔적은 종이 주인에게 예속되었음을 증명하는 낙인이었다. 이 흔적은 지워질 수 없다. 우리의 몸에도 예수 그리스도의 흔적이 있다. 예수 그리스도를 믿을 때에 성령께서 우리의 심령에 그것을 인쳐주셨다. 우리가 예수 그리스도의 종이 되었다는 의미이다. 예수 그리스도의 흔적을 가진 자로 살아가고 있는지 자신을 돌아보자. 예수님은 우리를 위해 자기 전부를 내어주셨다. 이제는 내가 주님을 위해 그렇게 살아야 한다.

## 11월 30일 :: 에베소서 1-3장

### 1. 하나님이 주신 복(1:1-14)

에베소서는 바울의 옥중서신 가운데 하나로써 각 지역에 흩어져 있던 교회들에게 만유를 통일하시는 예수 그리스도 안에서 교회가 하나됨을 역설하고 성도들의 삶 또한 그리스도 안에서 통일되어야 하고, 그리스도 중심의 삶을 살아야 함을 말씀한다. 바울은 그리스도와 교회가 역사의 중심점이고 하나님의 뜻을 이루는 열쇠라고 강조한다. 하나님의 자녀들이 영적인 시각을 가지고 세상을 바라보아야 하고, 그리스도 안에서 통일된 우주적인 교회관을 가지라고 권면한다. 에베소서는 예수 그리스도 안에 있는 교회의 비밀이 어떤 것인지 보여준다.

바울은 우선 교회에게 은혜와 평강의 복을 선언한다. 은혜와 평강은 참으로 놀라운 하나님의 복이다. 은혜는 값없이 주시는 하나님의 사랑이다. 평강은 죄인을 하나님과 화목케 하는 하나님의 사랑이다. 성도는 은혜와 평강의 복을 누리는 사람들이다. 이것은 세상이 줄 수 없는 하늘에 속한 복이고 신령한 복이다. 하나님 아버지께서 그리스도 예수 안에서 이 복을 우리에게 주셨다. 하나님의 사랑이 그것을 가능하게 했다. 우리가 하나님의 사랑의 능력 안에서 살아가고 있다. 하나님께서 그리스도 안에서 우리게 주신 복은 헤아릴 수 없이 많다. 창세 전에 예수 안에서 우리를 예정하시고 당신의 아들 삼으신 하나님께서 우리에게 구원의 은혜를 베풀어 주셨다. 성령께서 그것을 우리의 심령에 인쳐 주셨다. 성령께서 우리를 하나님의 자녀로, 하나님의 소유로 인쳐주시고, 세상 끝날까지 우리의 믿음을 보호해 주신다. 우리의 구원은 삼위 하나님의 놀라운 사역이다. 우리는 예수 그리스도의 것으로, 하나님의 은혜를 찬송하도록 부름받은 사람들이다.

### 2. 하나님의 선물(2:1-10)

그리스도 예수 안에서 하나님께서 우리에게 베푸신 구속의 사랑에 대해서 말씀한다. 예수 그리스도 안에서 하나님의 백성들이 영적인 권세를 가진 백성들이 되었으며, 우리의 생각과 삶이 그리스도 안에서 근본적인 변화를 가져오게 되었다. 하나님께서 새로운 삶을 살도록 우리를 예수 안에서 부르셨으므로 성도의 삶은 계속해서 그리스도 안에서 변화되어 가야한다. 우리가 전에는 우리의 허물과 죄로 죽었던 사람들이었다. 죄는 하나님과 우리 사이를 내고, 완전히 하나님과 단절된 삶을 살게 한다. 하나님과의 관계가 단절된 삶을 죽음이라고 말한다. 영적으로 죽은 사람은 세상의 공중 권세 잡은 마귀를 따라 살게 되고, 육체의 욕심을 따라 살면서 하나님의 뜻을 거스르게 된다. 마귀의 자녀는 곧 하나님의 진노의 자녀이다. 그러나 긍휼에 풍성하신 하나님은 우리가 마귀에게 종 노릇하는 것을 원치 아니하시고 우리를 사랑하셔서 그 아들을 보내주셔서 허물과 죄 가운데서 구원해 주셨다. 더 이상 땅에 속한 자가 아니라 하늘에 속한 자가 되게 해 주셨다. 우리는 하나님의 은혜로 구원을 받았다. 우리의 구원은 하나님의 선물이므로 자랑할 수 없다. 오직 하나님만 영광 받으셔야 하고, 우리는 예수 그리스도만 자랑해야 한다. 하나님께서 우리를 선한 일을 위하여 예수 그리스도 안에서 새로 지으셨다고 말씀한다. 성도의 삶이 그리스도 안에 있어야함을 알게 한다. 우리가 구원의 감격과 기쁨을 가지고 하나님을 영화롭게 하는 삶을 살아갈 때 하나님의 구원이 헛되지 않게 된다.

## 3. 그리스도의 비밀(3:1-13)

바울은 자신을 일컬어 하나님의 경륜을 깨닫고, 이방인을 위해 고난을 받으면서, 복음의 비밀을 이방인들에게 드러내는 사도라고 말씀한다. 예수님께서 바울에게 그리스도의 비밀을 깨닫게 하셨다. 그것은 이방인들이 복음으로 말미암아 예수 그리스도 안에서 함께 하나님의 후사가 되게 하신다는 것이었다. 그러므로 바울은 이방인들을 하나님의 후사가 되게 하는 일을 위하여 부름받고 그 일에 충성된 일꾼이 되어 이방인들에게 그리스도의 풍성함을 전하는 일을 하게 되었다. 바울은 그것을 하나님의 은혜의 선물이라고 했다. 그는 하나님께서 모든 성도보다 지극히 작은 자신에게 하나님의 은혜의 복음을 이방에 전할 수 있는 특권을 주심에 대하여 감격하고 있다. 그 비밀이 교회에게 주어졌다고 말씀한다. 그러므로 바울은 그 하나님의 비밀의 경륜을 전하기 위해 어떤 환란과 핍박도 견딜 수 있었고, 오히려 그리스도를 위해서 받는 고난을 영광으로 생각했다. 바울은 성도들에게 자신의 환란에 대해서 낙심하지 말라고 했다. 받은바 은혜에 대하여 겸손하고, 감사와 감격의 마음을 가지고 그것을 자랑할 수 있는 것이 능력이다. 바울은 우리가 하나님의 교회에서 어떤 중심으로 하나님을 섬기고, 형제들을 위해 헌신해야 할 것인지 그의 삶을 통해서 깨우쳐주었다. 그리스도의 비밀이 깨달아질 때, 우리가 어떻게 살아야 할지 알게 되고, 주님의 몸 된 교회와 하나님의 영광을 위해 헌신할 수 있게 된다. 하나님을 섬기고자 하면 필연적으로 핍박과 고난을 경험한다. 세상이 그것을 기뻐하지 않기 때문이다. 그러나 그리스도의 비밀을 가진 성도는 핍박과 고난으로 인하여 낙심하지 않는다.

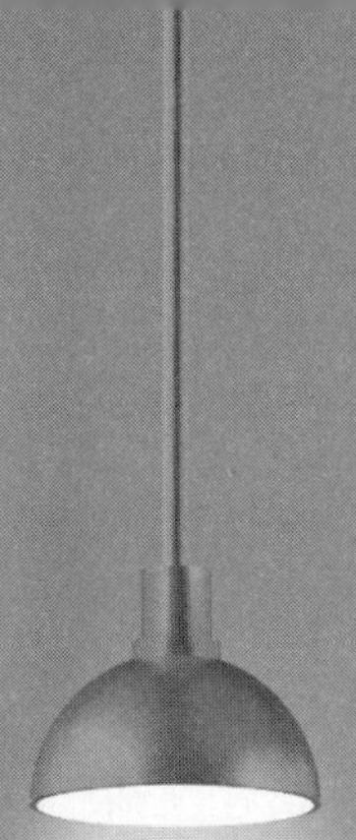

# 12월

에베소서 / 빌립보서 / 골로새서
데살로니가전 • 후서 /
디모데전 • 후서 / 디도서 / 빌레몬서
히브리서 / 야고보서 / 베드로전 • 후서
요한일서 / 요한이 • 삼서 / 유다서
요한계시록

12월 1일 :: 에베소서 4-6장

## 1. 새사람, 새 생활(4:17-24)

성경은 예수 그리스도를 믿는 사람을 새로운 피조물이라고 말씀한다. 새로운 피조물인 사람과 아닌 사람의 삶에는 차이가 있다. 예수를 몰랐던 이방인들은 마음의 허망한 것으로 행했다고 한다. 믿는 자는 그렇게 행해서는 안 된다고 한다. 하나님의 생명에서 떠난 자는 총명과 지혜가 있으되 빛이 없다고 한다. 무지함과 굳은 마음의 소유자라고 한다. 영적 감각이 없어서 자기 자신을 방탕에 내어주고 모든 더러운 것들을 욕심껏 행한다고 한다. 새 사람에게는 새로운 삶이 있어야 한다는 것이다. 사람은 자기의 신분에 맞게 살아야 하는데, 새로운 신분의 사람이 되었으면서도 구습을 좇아 살아간다면 새 사람이 아닐 수 있다. 옛 사람을 벗어버리고 새 사람을 입으라고 한다. 우리가 옛 사람의 일을 벗어버리고 불신앙의 일들을 청산해야 한다. 이러한 일은 우리의 심령이 새로워질 때만 가능하다. 겉으로 옷만 바꾸어 입어서는 안 되고 속사람이 변해야 하고, 새 사람을 입어야 하고, 하나님을 따라가는 삶을 살아야 한다.

새 사람이 되는 것은 자기를 부인하고 예수 그리스도로 옷 입는 것이다. 주님의 십자가가 나의 현실이 되어야 한다. 내가 그리스도와 함께 죽고 다시 살아났음을 고백해야 한다. 우리는 우리 힘으로 새롭게 될 수 없다. 성령께서 우리의 마음에 인쳐주시고 그리스도의 사람으로 살아갈 수 있는 은혜를 주신다. 그러므로 계속해서 우리의 심령을 영의 새로운 것으로 채워가야 한다. 그리스도 안에서 변화된 삶이 없이 그리스도인이라고 말하기 어렵다. 오늘 나의 모습은 어떤가? 주님 닮기를 힘쓰고 있는가?

## 2. 하나님을 본받는 자(5:1-14)

하나님께서 기대하시는 그리스도인의 삶은 자기 부인과 십자가를 지는 삶이다. 예수 그리스도께서 우리를 위해 자신을 버리시고 희생하심으로 하나님의 사랑을 증거하셨다. 바울은 계속해서 음행과 더러운 것과 탐욕을 버리고 하나님 안에서 거룩한 말, 감사하는 말을 하라고 권면한다. 마음에 하나님을 두지 않을 때 사람의 생각과 말과 행동이 하나님 앞에서 더러운 것이 된다. 하나님께서 기대하시는 삶을 살기 위해서는 끊임없이 자신의 죄악된 성향을 쳐서 복종시키고, 육적인 자기 부인의 삶의 있어야 한다. 그리스도인은 세상과 타협하지 않는 하나님 중심의 삶을 살고 빛된 삶을 살기를 추구해야 한다. 우리는 말과 행위에 있어 언제나 주님을 기쁘시게 할 것이 무엇인지 먼저 생각해야 한다. 나의 말과 행위가 예수님을 기쁘시게 하는 것인지 자신을 돌아보아야 한다. 우리가 전에는 어두움이었는데 예수님 안에서 빛이 되었다.

어두움의 일에는 쾌락이 있지만 거기에는 생명이 없고 선한 열매가 없다. 시간이 지나면 없어질 헛되고 무익한 일들 뿐이다. 우리가 우리의 인생을 무익한 일에 낭비하지 않도록 하자. 불의한 삶은 지나간 날들로 족한 줄 알고 남은 삶을 빛으로 살도록 하자. 우리가 빛을 비추는 자로 살도록 부름받았으므로 늘 깨어 있자. 계속해서 어두움을 사랑하게 되면 그 속에 빛이 머물 수 없다. 우리의 삶의 자리에 새로운 빛, 예수 그리스도를 모시자. 하나님 앞에서 바로 살겠다는 믿음의 결단이 있어야 하고 어두움의 일들을 청산해야 한다. 결단하고 일어나면 주께서 우리의 삶의 현장에 진리의 빛을 비추신다.

### 3. 사랑으로 하나 되라(5:22-33)

가정의 질서에 대해서 말씀하고 있다. 아내는 남편에게 복종하되 주께하듯 하고 남편은 아내를 사랑하되 그리스도께서 교회를 사랑하시고 그 교회를 위해 자신의 생명을 내어주심 같이 하라고 한다. 하나님께서는 남편과 아내의 관계를 중요하게 여기신다. 세상에서 일반적으로 사람들이 생각하는 것과는 완전히 다른 하나님 나라 차원의 부부 관계에 대해서 말씀한다. 즉 예수님과 교회의 관계, 생명을 내어주고 사랑한 관계가 부부 관계라고 한다. 남편은 아내의 머리이다. 아내는 남편에게 속해있다. 이것은 하나님께서 세워주신 질서이다. 우리가 이 질서를 바로 이해해야 한다. 아내는 몸이다. 주님께서 당신의 몸인 교회를 위해서 생명을 내어놓으셨다. 남편은 아내에게 무한 책임을 져야 하고 생명을 담보할만큼 책임의식이 있어야 한다. 그럴 때 진정한 사랑이 있게 되고 서로를 주장하지 않을 수 있다.

주님께서는 교회를 사랑하셔서 자기 목숨을 내어주심으로 우리에게 사랑의 본을 보여주셨다. 남편과 아내가 그리스도와 교회에 비유되듯이 교회와 그리스도는 또한 남편과 아내에 비유된다. 두 관계의 핵심은 자기를 희생하는 사랑이다. 사랑할 때 관계가 온전해진다. 남편과 아내가 사랑으로 한 몸을 이루듯이 교회가 예수님을 사랑해야 한다. 예수님께서는 자신을 희생하심으로써 우리에게 참 사랑이 무엇인지 보여주셨다. 그리스도의 사랑과 희생을 본받는 교회가 되어야 하겠다. 우리 한 사람 한 사람이 사랑을 실천할 때 사랑이 넘치는 가정과 교회가 된다.

### 4. 깨어 있으라(6:10-17)

성도는 삶을 통해 영적 전쟁을 치른다. 마귀는 우리의 삶의 모든 영역에서 하나님의 뜻을 이루지 못하도록 방해하고 공격한다. 마귀는 하나님의 백성들의 삶 속에 역사하여 끊임없이 하나님께 대한 불신을 조장하고 죄를 짓도록 유혹한다. 나쁜 일 뿐만 아니라 좋은 일에도 마귀의 간사한 술책이 있다. 옳고 그름에 대한 영적인 분별력을 흐리게 한다. 작은 잘못을 가볍게 여기게 만들고, 사소한 일에도 간사한 술책을 쓴다. 깨어 있지 않으면 마귀의 궤계를 분별할 수 없다. '주님 안에서와 그 힘의 능력으로 강건하여지고 마귀의 궤계를 대적하라'고 한다. 우리는 끊임없이 주님 안에서 힘을 얻어야 한다. 마귀를 대적할 만한 영적 능력이 주님 께로부터 나온다. 예수 그리스도는 우리의 내적인 힘의 원천이다. 예수님께서 나를 구원하셨고 지금도 나를 인도하시고 내가 구한 것들에 응답하심을 믿어야 한다. 주님은 지금 성령으로 나와 함께 하신다. 이런 믿음은 주님과의 관계에서 나온다.

우리는 우리의 싸움의 성격을 바로 알아야 한다. 우리는 삶의 현장에서 날마다 영적 싸움을 싸우는데, 육적 싸움이 있을 때에도 그 안에 영적 싸움이 있음을 인식해야 한다. 그 싸움에서 이기기 위해 우리가 하나님의 전신갑주를 입어야 한다. 완전 무장하고 전장으로 나가는 군인처럼 날마다 진리로 허리를 동이고, 예수로 옷 입고 복음의 신을 신고 믿음의 방패를 들고 구원의 투구를 쓰고 성령의 검을 쥐어야 한다. 준비 없이는 싸울 수 없다.

# 12월 2일 :: 빌립보서 1-4장

## 1. 복음 안에서의 교제(1:1-7)

빌립보서는 분열의 영으로 가득 찬 세상 가운데서 어떻게 연합과 일치를 이루고 하나님께서 기뻐하시는 교회로 남아서 세상에 복음의 빛을 비출 수 있을 것인지에 대해서 말씀한다. 빌립보서는 바울이 옥중에서 기록한 서신들 가운데 하나이다. 바울은 빌립보서를 통해 교회 안에서 발생하는 일들에 대해 몇 가지 주제들을 언급하면서 특별히 교회의 하나됨을 강조한다. 하나 되는데 있어서 중요한 덕목이 겸손이라고 말씀한다. 교회가 하나님 앞에서 바로 서기 위해서는 연합과 일치를 이루어야 한다고 말씀한다. 빌립보 교회는 사도 바울이 2차 전도여행을 하는 가운데 하나님께서 유럽에 복음의 문을 여셨을 때 가장 먼저 세워진 교회였다.

교회는 하나님이 세우시고 하나님이 문을 여시고 하나님께서 사람의 마음을 감동하시고 믿게 하신다. 우리의 마음을 생명 살리는데 두고 힘쓸 때에 하나님께서 사람을 붙여주시고 하나님께서 문을 열어주신다. 바울이 하나님께서 여신 길을 따라 나아갔을 때 그의 인생에서 가장 놀라운 전도의 열매를 얻게 되었고, 빌립보 교회는 바울의 평생에 그의 마음을 크게 기쁘게 했던 교회 중 하나가 되었다. 바울은 교회가 하나님의 은혜 가운데서 성장하고, 성도들이 복음 안에서 교제하며 살아오게 된 것을 생각할 때 마음에 큰 감사를 가지게 되었다. 하나님께서 이 교회를 세우시고 하나님께서 나를 이 교회를 불러주셨다는 믿음이 있을 때 우리가 주님의 몸 된 교회를 위해 봉사하고 헌신하는 기쁨을 누리며 살 수 있게 된다. 교회의 모든 일들이 남의 일이 아니라 나와 관계된 일이고 나에게 맡기신 일이라는 믿음을 갖게 된다. 그래서 무슨 일이든지 기쁜 마음으로 감당한다.

## 2. 사랑이 더해가는 교회(1:8-11)

지체의식을 가지고 복음 안에서 교제했던 빌립보 교회를 생각할 때마다 바울은 그들이 사랑스러웠다. 바울은 빌립보 교회를 예수님의 심장으로 사모했다. 우리가 어떤 사람들의 가슴 속에 있고 누구에겐가 사랑을 받는 일은 참으로 행복한 일이다. 우리의 영원한 대제사장 되시는 예수 그리스도께서 우리를 사랑하셔서 하늘의 모든 영광을 포기하시고 이 땅에 오셨다. 우리 주님께서는 자기 사람들을 사랑하시되 끝까지 사랑하시고 결국에는 자기 생명까지 내어놓으셨다. 무슨 일을 하든지 사랑하는 마음을 가지고 해야 한다. 바울은 빌립보 교회가 복음에 합당한 삶을 살기를 원하고 매사에 순결하고 흠이 없는 삶을 살되 주님 앞에 섰을 때 인정받을 수 있기를 원했다. 그런 삶을 살기 위해서는 날마다 하나님 앞에서 내 자신을 살피고 내 행위를 달아보아야 한다. 예수님이 우리에게 믿음을 주시고 우리를 온전함 가운데로 인도하신다. 또한 우리 인생의 마지막 날 주님께서 인정해 주실만한 의의 열매가 있어야 한다. 우리가 이 땅에서 하나님의 백성으로 살아갈 때 우리의 삶의 궁극적인 목적은 하나님의 영광과 찬송이 되는 것이다. 의의 열매들과 거룩한 삶의 흔적들로 가득할 때 그것이 하나님께 영광과 찬송이 된다. 빌립보 교회는 이렇게 복음 안에서 자라가고 거룩한 열매들을 맺어가고 있었다. 그것이 바울의 기쁨이었다. 그의 수고가 헛되지 않았음을 인해 보람을 느꼈다. 어떤 삶을 살든지 하나님께 영광이 되어야 하겠다.

## 3. 같은 마음, 같은 사랑(2:1-11)

그리스도 안에서 믿음의 형제들이 서로를 향해 어떤 자세를 가지고 살아야 할 것인지, 신앙이 있는 자로써 우리가 어떤 마음과 자세를 가지고 사는 것이 합당한 것인지에 대하여 말씀한다. 우선 우리가 서로에게 권면과 위로와 교제와 긍휼과 자비를 베푸는 일들을 해야 한다고 말씀한다. 서로에게 권면과 위로와 사랑이 필요하다. 성도들 간에 서로 지체의식을 가지고 그리스도 안에서 경우에 합당한 말로 권면하고, 사랑으로 위로할 수 있어야 한다. 또한 믿음 안에서 교제하고 긍휼과 자비를 베풀어야 한다고 말씀한다. 우리가 교제할 사람들이 많지만 믿음의 형제들과 더불어 교제하는 것은 귀한 일이다. 권면하고 위로하고 이웃에게 긍휼과 자비를 베푸는 것이 당연한데 잘 되지 않는다. 왜 그럴까? 바울은 교회 안에 있는 다툼과 분쟁의 원인이 이기적인 마음 때문이라고 했다. 우리가 선한 일을 할 때에도 다투는 경우들이 있다. 이기심은 늘 옳고 그름에 대한 판단력을 흐리게 만든다. 자기중심적으로 생각하기 때문에 그런 일들이 일어난다. 하나님의 뜻을 먼저 생각하고, 어떻게 하는 것이 복음에 합당한 일인지를 생각해야 한다. 언제나 내 생각을 포기할 준비가 되어 있어야 한다.

마음을 같이하여 같은 사랑을 가지고 뜻을 합하며 한 마음을 품으라고 한다. 사람의 마음이 중요하다. 모든 것이 마음에서부터 나온다. 마음이 새로워져야 한다. 아무리 선하고 의로운 일도 마음을 하나로 모으지 않으면 좋은 결과를 기대할 수 없다. 무슨 일을 하기 전에 먼저 마음부터 하나로 모아야 한다. 그 후에 큰일을 행할 수 있다. 예수 그리스도의 마음을 배워가자.

## 4. 그리스도 얻기(3:1-9)

바울은 예수님을 만난 후 그동안 그렇게 소중하게 여겨왔던 자신의 모든 인생의 가치들을 배설물처럼 버렸다고 한다. 그리스도를 알아갈수록 우리가 점점 육신의 것을 자랑하지 않게 된다. 내게 선한 것이 없음을 발견하기 때문이다. 그래서 더 이상 육체를 신뢰하지 않게 된다. 나를 사랑하시고 나를 위해서 자신의 생명을 십자가에 내어 놓으신 주님께서 나의 지금 모습 그대로 받아주신다. 바울이 예수님을 만난 후 예수님을 알아가면서 점점 예수님과 사랑에 빠졌다. 그는 예수 그리스도 안에서 인생의 의미를 발견하고, 예수 그리스도가 그의 인생에 진정한 의미를 가져다주었다. 예수님을 주님으로 고백한 사람은 다른 것으로 주인을 삼아서는 안된다. 주님이 가장 귀한 분이 되어야 한다. 우리가 이런 믿음의 자리까지 자라가야 한다. 예수님을 나의 주님으로 고백하고 그 주님 사랑하고 그분께 우리 자신을 드리는 헌신이 있어야 하겠다. 바울은 그리스도만 얻을 수 있다면 어떤 고난과 역경도 감수하고 어떤 손해에도 불구하고 그것에 연연하지 않겠다고 고백했다. 그래서 모든 것을 배설물로 여긴다고 했다. 그는 그리스도를 얻을 뿐만 아니라 또한 그 안에서 발견되려 한다고 했다. 주님 안에서 인생의 의미를 찾겠다는 말씀이다. 우리가 주님께 소망을 두고 주님을 위해 살 때 주님께서 나를 기억해 주시고 인정해 주신다. 무슨 일을 하든지 주님의 눈에 띄고 주님 앞에서 발견되기를 소망하자.

## 5. 일체의 비결(4:10-20)

바울은 빌립보 교인들이 자신에게 경제적인 도움을 준 것에 대해서 매우 기쁘게 생각했다. 빌립보 교인들은 복음을 전하는 바울을 돕는 일에 계속적인 관심을 가지고 있었는데 바울의 동역자인 에바브로디도가 빌립보를 방문하게 되었을 때 디도를 통하여 자신들의 마음을 담은 헌금을 바울에게 전달할 수 있게 되었다. 바울은 이 일을 통해 빌립보 교인들이 받은 바 그 복음을 감사하게 여기고, 그들에게 복음을 전해준 바울을 마음으로 깊이 생각하고 있었던 것에 대하여 큰 기쁨을 가지게 된 것이다.

또한 우리의 모든 삶에 자족함이 있어야 함을 말씀한다. 자족한다는 것은 '스스로 충분하다고 여기는 것'이다. 우리가 많은 것을 가지고 있으면서도 만족하지 못할 수 있고, 가진 것이 적음에도 불구하고 자족하며 감사할 수 있다. 우리에게 자족한 마음이 있을 때, 우리가 탐심을 품지 않게 된다. 우리가 하나님을 믿을 때 자족할 수 있다. 하나님께서 나에게 특별한 환경을 허락하셨다면 그것을 통해서 하나님께서 영광 받으실 일이 있는 것이다. "나의 하나님이 그리스도 예수 안에서 영광 가운데 그 풍성한대로 너희 모든 쓸 것을 채우시리라"고 말씀한다. 하나님께서 우리의 필요를 채우신다. 그러므로 우리가 하나님께 구함으로 하나님의 풍성하신 창고를 열고 하늘의 자원을 사용할 수 있어야 하겠다. 하나님의 은혜는 예수 그리스도 안에서 누리게 된다. 참된 만족함이 예수 그리스도 안에 있다. 하나님 아버지께서 그의 풍성함을 예수 그리스도 안에 감추어 두셨다. 사도의 고백처럼 우리의 삶의 일체의 비결이 예수 그리스도 안에 있다.

## 1. 감사의 기도(1:1-8)

골로새서는 바울의 옥중서신으로서 에바브라로부터 교회 내에 이단이 침투했다는 보고를 받은 후 교회를 바로 세우기 위한 목적으로 기록했다. 당시 골로새 교회 안에는 세상의 철학과 율법주의 그리고 형식주의가 만연해 있었다. 바울은 그리스도인들이 예수 그리스도를 바로 알고 믿을 때에 잘못된 세상의 가치를 이길 수 있음을 알았다. 그러므로 골로새 교회가 올바른 기독론을 확립하길 원했다. 바울은 골로새에 있는 그리스도 안에서 신실한 믿음의 형제들에게 편지했다. 바울 일행은 골로새 교회를 위해 기도할 때 마다 하나님 아버지께 감사한다고 했다. 그들이 믿음 안에 있었고 서로가 사랑 안에서 하나가 되었다는 소식과 더불어 하늘나라의 소망을 가지고 살아가고 있다는 소식을 들었기 때문이다. 그들은 에바브라에게서 복음을 듣고 믿음 안에서 자라가고 있었다. 믿음의 성장에 대한 좋은 소식은 언제나 우리의 마음을 기쁘게 한다. 하나님의 교회는 언제나 믿음 안에서 자라가야 한다. 우리가 기도할 때 마다 교회가 믿음 안에서 자라가도록 기도할 수 있어야 한다. 바울은 에바브라를 종 된 사랑하는 자, 그리스도의 신실한 일꾼이라고 소개한다. 골로새 교회는 그를 통해 하나님의 은혜를 깨달은 날부터 계속해서 믿음 안에서 자라 열매를 맺는 자리에까지 나아가게 되었다. 골로새 교회는 성령이 역사하는 교회였다. 하나님께서 우리의 믿음이 자라게 하시고 열매를 맺게 하신다. 하나님의 교회 안에 신실한 믿음의 사람이 있다는 것은 참으로 큰 복이 되고, 그들로부터 배울 수 있다는 것은 더욱더 귀한 하나님의 은혜이다.

## 2. 그리스도의 남은 고난(1:24-29)

바울은 그리스도의 복음 때문에 감옥에 갇혔는데 그것이 교회를 위해 받는 괴로움이기 때문에 기뻐한다고 한다. 뿐만 아니라 주님의 몸 된 교회가 당할 고난을 자신의 육체에 채운다고 한다. 그는 교회를 위해 모든 짐을 지고 기꺼이 고난을 감당했다. 고난을 즐거움으로 삼는 것은 예수 그리스도 안에서만 누릴 수 있는 특권이다. 예수 그리스도께서는 교회를 위해 자기의 생명을 내어놓으시고 모든 고난을 감당하셨다. 우리도 그리스도를 위한 고난을 감당할 수 있어야 한다. 예수 그리스도는 교회에게 주신 하나님의 비밀이다. 그리스도의 이름으로 교회가 세워지는 곳 마다 예수 그리스도가 그 교회의 머리가 되신다. 하나님의 비밀이 당신의 사랑하는 자녀들에게 나타나게 되었는데 그 비밀을 아는 것은 놀라운 특권이 아닐 수 없다. 하나님께서 처음에는 유대인들에게, 나중에는 이방인들에게,

그리고 나에게도 이 비밀을 알리셨다. 오직 예수 그리스도를 믿음으로 말미암아 하나님의 구원이 죄인에게 임하게 되었다. 교회는 오직 그리스도만 전하고 그리스도의 이름으로 각 사람들에게 권하고 가르쳐야 한다.

성도는 그리스도 안에서 계속하여 세워져 가는 하나님의 집이다. 우리가 그리스도의 장성한 분량에 이르기까지 그 안에서 자라가야 한다. 교회는 이 일을 위해 열심을 다해 수고해야 한다. 하나님의 비밀이 세상 끝까지 전파되어 모두가 그 비밀을 알게 해야 한다. 이것이 그리스도의 남은 고난에 동참하도록 교회에게 주어진 사명이다. 성령의 능력을 힘입어 이 일을 감당하도록 하자.

### 3. 오직 예수 그리스도(2:6-19)

그리스도 예수를 주님으로 받은 교회가 예수 그리스도 안에서 행하고 그 안에 믿음의 뿌리를 내리고 자라가며 믿음에 굳게 서서 감사함을 넘치게 하라고 한다. 우리가 예수를 믿은 것으로만 끝나서는 안된다. 우리의 믿음이 계속해서 자라가야 하고 더 깊어져야 한다. 예수 그리스도가 우리의 심령에 깊이 뿌리를 내리게 해야 한다. 그럴 때 시련과 역경을 만나도 넘어지지 않게 된다. 세상은 할 수 있는 대로 우리의 믿음을 흔들어 넘어뜨리려고 한다. 누가 철학과 헛된 속임수로 노략할까 주의하라고 했다. 복음은 철학이 아니라 생명이다. 논리가 아니라 능력이다. 세상의 철학은 사람에게 매력을 준다. 논리적인 설득에 사람의 마음이 쉽게 영향을 받는다. 그러나 그것으로 영원한 생명을 얻지는 못한다. 그리스도의 복음은 하나님의 비밀이다. 철학과 속임수에 예수 그리스도를 믿는 우리의 믿음을 빼앗기지 않도록 해야 한다. 교회는 오직 예수 그리스도만 좇아야 한다. 예수 그리스도 안에 교회의 충만함이 있고 인생의 참된 해답이 있다. 그러므로 예수 그리스도 외에 다른 어떤 것들에 대해서 지나치게 주장 할 필요가 없다. 어떤 사람들은 먹고 마시는 것과 절기나 안식일을 지키는 것을 중요한 것으로 여긴다. 그러나 예수 그리스도 안에서 그 모든 것들은 그림자에 불과하다. 어떤 사람은 인간적인 성품과 또는 자신이 경험한 신비한 체험을 자랑하기도 한다. 그러나 그것이 그리스도의 충만하심을 가리게 해서는 안된다. 그런 것들은 붙잡지도 말고 맛보지도 말고 만지지도 말라고 한다. 예수 그리스도 한 분 만으로 충분하다.

### 4. 위로를 주는 사람들(4:7-18)

바울은 감옥에 갇혀 있었지만 그의 곁에 신실한 믿음의 사람들이 많이 있었다. 두기고는 아시아 사람으로 바울의 친구였다. 오네시모는 골로새 사람으로 빌레몬의 종이었는데 감옥에서 바울을 만나 예수를 믿게 된 후 신실한 믿음의 사람이 되었다. 바울은 골로새서를 써서 이 사람들 편으로 보냈다. 그만큼 그들을 신뢰했기 때문이다. 사람에게 신뢰를 얻는 일이 중요하다. 우리가 무슨 일을 하듣지 하나님께서 주신 은혜를 따라 성실하게 행할 때 신뢰를 얻을 수 있다. 두기고와 오네시모는 좋은 소식을 전하는 사람이 되었다. 또한 복음 때문에 바울과 함께 감옥에 갇혔던 아리스다고와 마가, 그리고 유스도와 에바브라 같은 사람들은 바울에게 큰 위로를 준 사람들이었다. 그들은 가장 어려울 때에 바울 곁을 지키며 그와 함께 고난을 받으며 복음을 위해서 많은 수고를 했다. 하나님의 나라가 저절로 세워지지 않는다. 이렇게 같은 마음을 품고 수고하며 기꺼이 고난 받기를 즐겨하는 사람들이 있을 때에 하나님의 나라가 든든하게 세워져 가는 것이다. 이 모든 일들은 사람의 힘으로 된 것이 아니었다. 하나님의 복음에 붙잡힌 믿음이 있었기에 가능한 일이었다. 바울은 골로새 교회에 문안하는 또 다른 여러 사람들을 언급한다. 누가와 데마, 라오디게아에 있는 형제들과 눔바와 그의 집에 있는 교회 등등. 눔바는 여자 성도로써 그의 집을 교회로 내어놓은 사람이었다. 아킵보는 골로새 교회의 사역자였다. 바울은 비록 감옥에 있었지만 외롭지 않았다. 신실한 하나님의 사람들이 그의 위로자가 되어주었기 때문이다. 우리가 주님의 몸 된 교회를 섬길 때에 서로를 위로하고 서로에게 힘이 되어주는 그런 사람이 되어야 하겠다.

## 5. 위엣 것을 찾으라(3:1-11)

그리스도와 함께 다시 살리심을 받았으면 위엣 것을 찾으라고 말씀한다. 예수님이 지금 하나님 보좌 우편에 앉아 계시기 때문이다. 예수님이 계신 곳에 우리의 마음이 가 있어야 한다. 땅의 것에 마음을 두지 말라고 한다. 성도의 생명은 예수 그리스도와 결탁되어 있다. 예수님이 계신 곳에 우리도 있고 예수님이 다시 오실 때에 우리도 주님과 함께 그 자리에 있게 될 것이다. 그러므로 계속해서 위엣 것에 관심을 두어야 한다. 신령한 것을 사모해야 한다. 땅에 있는 지체 곧 음란과 부정과 사욕과 악한 정욕과 탐심을 죽이라고 한다. 탐심은 우상숭배다. 땅의 지체는 주로 성적인 방종과 연관되어 있다. 육체적인 쾌락을 좇게 되면 영혼이 병들게 된다. 또한 욕망과 탐욕스러운 욕심을 죽여야 한다. 이런 것들 위에 하나님의 진노가 임한다. 또한 분과 악의와 훼방과 부끄러운 말과 거짓말을 버리라고 한다. 오늘 내가 예수 그리스도 안에 살면서 버려야 할 것, 죽여야 할 것이 무엇인지 헤아려보자. 하나님의 자녀들은 모두 새 사람을 입은 자들, 예수 그리스도로 옷 입은 자들이다. 그러므로 그 안에서 계속 자라가야 한다. 하나님의 형상을 닮아가야 할 것을 말씀한다. 예수 믿는 사람은 누구든지 예수 그리스도에게까지 자라가야 한다. 나는 지금 신앙의 성장을 위해 얼마나 애쓰고 있는가? 우리 안에 끊임없는 영적 싸움이 있다. 연약한 본성을 버리는 것이 쉽지 않지만, 위엣 것을 찾아가는 수고가 있을 때 그리스도 예수 안에 있는 풍성함을 누리게 된다.

## 12월 4일 :: 데살로니가전서 1-3장

### 1. 데살로니가 교회의 믿음(1:1-10)

데살로니가전서는 바울이 실라와 디모데를 데리고 2차 선교여행을 하는 도중에 마케도니아의 한 성읍인 이곳에서 교회를 세우게 되었는데 그 교회에 보낸 편지이다. 바울 일행은 그 곳에서 3주 동안 머물면서 회당에서 복음을 전하게 되었는데 소수의 유대인들과 많은 헬라 사람들이 바울이 전한 복음을 받고 예수를 믿게 되었다. 그는 그 곳에서 스스로 수고하여 노동하면서 복음을 전했다. 그러나 복음을 반대하던 유대인들에 의해서 소동이 일어나게 되었고 바울 일행은 그 곳을 떠나게 되었다. 비록 짧은 시간이었지만 놀랍게도 그 곳에 하나님의 교회가 세워지게 된 것이다. 데살로니가 교회는 세우진지 얼마되지 않는 교회였지만 그 곳 성도들은 신앙생활에 열심을 내고 많은 시련과 역경 속에서도 모범적인 삶을 살았다. 데살로니가 교회 교인들의 삶은 마케도니아뿐 아니라 아가야에 있는 사람들, 주변의 많은 사람들에게 믿음의 좋은 소문을 내는 삶이었다. 우상을 섬기던 사람들이 그것을 버리고 하나님께로 돌아왔을 뿐만 아니라 복음에 합당한 삶을 살아감으로 주변의 많은 사람들에게 큰 감동을 주었다.

성도는 거룩한 믿음의 삶을 통해 이웃에게 감동을 주어야 한다. 데살로니가 교인들은 그리스도의 재림에 대한 소망을 가지고 살았다. 바울은 이렇게 데살로니가 교회에 복음이 온전하게 뿌리를 내리고 자라가고 있는 것을 인하여 감사했다. 우리의 신앙이 이 땅에서의 문제만을 해결받기 위한 신앙이어서는 안된다. 언제나 우리의 시선을 영원한 하나님의 나라에 두어야 한다. 승천하신 예수 그리스도께서 마지막 날 재림하셔서 우리에게 영원한 생명을 주시겠다고 하셨다. 영생을 소망하는 사람들은 언제나 세상을 이기는 믿음을 가지고 살아가게 된다.

### 2. 우리의 기쁨과 자랑(2:1-20)

바울 일행은 데살로니가 교회를 위해 하나님의 복음을 전파할 뿐만 아니라 그들의 목숨까지도 내어주기를 즐겨한다고 한다. 사랑하면 생명을 주는 것까지도 아깝지 않게 생각한다. 우리 주 예수 그리스도께서 우리를 사랑하셔서 자기의 목숨을 우리를 위해 십자가에 내어놓으셨다. 교회는 이렇게 서로 사랑하고 사랑을 받을 수 있어야 한다. 성도들 한 사람 한 사람이 예수님을 사랑하게 될 때 진심으로 형제들을 사랑하게 되고, 사랑 안에서 하나가 될 수 있다. 바울은 교인들을 권면할 때 아비가 자기 자녀에게 하듯이 그렇게 한다고 했다. 하나님의 자녀들이 복음에 합당한 삶을 살지 못할 때에 마땅히 권면과 징계를 받아야 한다. 그러나 이 때에도 오직 사랑으로 해야 한다. 자녀를 사랑하는 아버지의 말은 항상 부드럽고 온화하다. 우리가 피차에 사랑이 있는 말을 주고받을 때에 사람의 말이 아닌 하나님께서 하시는 말씀으로 받을 수 있다면 우리의 신앙의 진보를 이루는데 얼마나 큰 유익이 되겠는가? 하나님의 말씀이 신자의 마음속에 역사되어질 때 하나님의 영광을 드러내는 삶을 살게 된다. 바울은 데살로니가 교회 교인들을 그의 소망과 기쁨과 자랑의 면류관으로 삼았다. 주님 재림하실 때에 그들을 자랑할 것이라고 한다.

예수 그리스도 앞에 설 때에 우리가 내어 놓을 것, 자랑할 것은 생명의 역사로 얻게 된 전도의 열매들뿐이다. 그러므로 피차에 서로 사랑하고, 할 수 있는 대로 그리스도의 복음을 전하는 일에 헌신하여 주님 다시 오실 때에 그 앞에 드릴 것이 있게 하자. 복음을 받아들이고 복음 안에 사는 것은 하나님 앞에서 가장 가치 있는 일이다.

## 3. 사역자의 기쁨(3:1-13)

데살로니가 교회에 많은 환란과 핍박이 있었다. 바울은 교회가 걱정되었다. 그래서 교회의 형편을 알아보기 위해 디모데를 보냈다. 그들의 믿음을 굳게 하고 환란가운데서도 흔들리지 않도록 하기 위함이었다. 시련과 역경을 만나면 때로 우리의 믿음이 시험을 받아 흔들리게 된다. 그러나 성도의 시험은 이미 하나님께서 예고하신 것들이다. 복음을 방해하는 악한 세력들이 있다. 우리가 환란 앞에서 담대할 수 있는 것은 환란을 이기신 주님이 우리와 함께 계시기 때문이다. 디모데가 바울에게 전해준 데살로니가 교회에 대한 소식은 믿음과 사랑의 소식이었다. 바울이 교회를 위해서 염려하는 만큼 교회도 바울을 사모하는 마음을 가지고 있었다. 피차에 복음 안에서 교통하고 있었던 것이다. 바울 일행은 많은 궁핍과 환란 가운데서 복음을 전했다고 한다. 그러나 복음 안에서 살아가고 있다는 소식은 그런 모든 염려와 근심을 단숨에 날려버리고 남음이 있었다.

교회가 믿음 안에서 든든히 서가는 것을 보는 것이 우리의 참된 위로이다. 우리가 진실로 하나님 안에 있다면 너무 염려하지 않아도 된다. '너희가 주 안에 굳게 선즉 우리가 이제는 살리라'고 했다. 복음의 사역자들에게 있어서 하나님의 교회가 믿음으로 살고, 주님 안에 굳게 서는 것을 보는 것보다 더 큰 위로는 없다. 살 힘과 소망이 생기고, 영육 간에 건강도 회복된다. 그것이 없이는 아무리 좋은 환경이 있고, 가진 것이 넉넉하여 부족한 것이 없더라도 참된 즐거움을 주지는 못한다. 하나님 우리 아버지의 마음도 그렇다. 집으로 돌아오는 아들을 맞이했던 아버지의 마음처럼 말이다.

## 1. 더욱 많이 힘쓰라( 4:1-18)

하나님의 교회가 더욱 힘써 행할 일은 어떤 시련 가운데서도 흔들림 없이 서로 사랑하면서 믿음으로 사는 것이다. 하나님은 당신의 백성들이 세상과 구별되어 살기를 원하신다. 하나님의 말씀과 반대되는 세상의 가치관이 난무하고 있는 이 때에 신실한 하나님의 교회는 더욱 더 하나님의 말씀의 원리를 따라 행하기를 힘써야 한다. 바울은 음란을 버리고 피차에 거룩함과 존귀함으로 자기의 아내를 취하고, 색욕을 좇지 말고 그것으로 형제를 해하는 일이 없게 하라고 한다. 하나님이 정해 주신 한계 안에 머물러 있으라는 말씀이다. 성적인 타락과 방종은 가정과 교회의 질서를 파괴하고 하나님의 진노를 쌓게 한다. 하나님께서 우리를 부르신 것은 부정케 하심이 아니라 거룩케 하심이라고 말씀한다. 그러므로 성적 방종과 타락을 일삼는 삶은 곧 성령을 주신 하나님을 저버리는 행위이다. 하나님 앞에서 정결함과 거룩함을 좇아 사는 것이 성도의 본분이다. 색욕을 좇는 것은 하나님을 모르는 사람들이 행하는 대표적인 불의함이다. 하나님의 자녀들도 예외 없이 성적 타락의 위험에 노출되어 있다. 하나님이 정해주신 경계 안에 머물면서 거룩한 삶을 추구해야 한다. 하나님 앞에서 경건함과 거룩함을 좇아 살다가 죽는 것은 영광스러운 일이다. 하나님께서 성도의 죽음을 귀하게 여기신다고 하셨다. 죽음은 끝이 아니다. 하나님과 더불어 영원히 살게 된다. 그러므로 예수 그리스도께서 재림하실 때에 죽은 자들이 일어나게 될 것이고 주님의 재림을 맞이하여 영원히 주님과 함께 있게 될 것이다. 우리가 이 땅에서 살아갈 때에 곧 주님을 만날 것처럼 항상 종말론적인 삶을 살아야 한다. 마지막 날 주님 앞에 설 때 부끄럽지 않는 만남이 되게 해야 하겠다.

## 2. 깨어 있으라(5:1-28)

예수님께서는 반드시 재림하신다. 그러나 밤에 도적이 오는 것처럼 갑자기 오실 것이다. 사람들은 주님의 재림에 대해 별로 관심을 기울이지 않는다. 예수님의 재림을 먼 미래의 일로, 또는 내가 이 세상을 떠난 후의 일이라고 생각한다. 그래서 세상의 일에 취하여 오늘 평안하고 안전하다고 말하며 산다. 그러나 주님의 오심은 잉태된 여자에게 갑자기 해산 고통이 오듯이 그렇게 확실하고 갑작스럽다. 깨어 있지 않는 사람은 이 주님의 오심을 알지 못한다. 기름을 준비하지 않았던 미련한 다섯 처녀처럼 말이다. 예수님의 재림을 믿고 사모하는 성도들은 늘 깨어 있는 삶을 산다. 근신하여 믿음과 사랑의 흉배를 붙이고 구원의 소망의 투구를 쓰고 주님의 오심을 기다린다. 예수 안에서 우리에게 허락하신 하나님의 구원을 헛된 것으로 여기지 않도록 하자. 성도들이 피차에 서로 사랑하고 화목하며 연약한 자들을 붙들어 주고 무질서한 사람들을 권면하여 주님 앞에 바로 살도록 인도해야 한다. 쉽지 않는 일이지만 주님 안에 거하면서 인내로써 이 일을 감당해야 한다. 우리가 어둠 가운데서 빛으로 부르심을 받았으므로 빛 된 삶을 살아야 한다. 바울은 믿음의 삶이 구체적으로 어떠해야 하는지 말씀한다. 항상 기뻐하고 쉬지 말고 기도하고 범사에 감사하고 성령의 인도를 따라 살며 하나님의 말씀을 순종하고 악은 모양이라도 닮기를 거부하는 삶이어야 한다고 말씀한다. 믿음의 삶이 저절로 살아지지 않는다. 성령이 우리의 마음에 부어져야 한다. 내 안에 선한 것이 아무것도 없음을 인정하고 성령의 충만함을 사모하고 성령의 인도하심을 간구하자. 오직 위로부터 임한 능력만이 세상을 이길 수 있다.

## 12월 6일 :: 데살로니가후서 1-3장

### 1. 주님을 기쁘시게(1:1-12)

데살로니가후서는 바울이 데살로니가전서를 통해 교회에 많은 권면과 교훈을 주었음에도 불구하고 여전히 시정되지 않고 그릇된 사상에 미혹되어 올바르게 살지 않는 교인들에게 경고를 주는 말씀이다. 많은 성도들이 계속해서 믿음의 진보를 이루어가고 있었지만, 어떤 사람들은 여전히 거짓된 재림신앙에 미혹되어 현실의 삶을 태만히 하고 그리스도의 심판을 자초하는 곳으로 나아가고 있었다. 바울은 안타까운 마음으로 이런 자들의 잘못을 지적하고 바로잡으려고 애썼다. 교회 안에 있는 하나님의 자녀들이 계속해서 믿음이 자라가고 사랑으로 하나 되어 나아가는 것을 보는 것은 언제나 즐겁고 감사한 일이다. 특별히 어려운 시련과 역경을 참고 인내하면서 믿음을 지키는 것을 볼 수 있다면 이는 하나님 앞에서 참으로 감사한 일이 된다. 하나님은 공의로운 분이시므로 시련과 역경을 견디고 이기는 자들의 심령에 참된 만족과 쉼을 주신다. 그러나 공연한 일로 믿음의 일들을 방해하고 그릇된 길로 인도하는 자들에게는 예비해놓으신 심판을 베푸신다. 신앙생활에는 늘 반대와 핍박이 따른다. 그러나 하나님께는 모든 것을 통하여 선을 이루시는 능력이 있으시다. 믿음의 역사를 이루시는 분은 하나님이시다. 우리는 오직 주님의 이름만이 우리의 삶에서 영광을 받으실 수 있도록 힘써야 한다. 하나님이 우리를 부르신 목적은 오직 예수 그리스도를 영화롭게 하기 위함이다. 나의 삶에서 어떻게 주님의 이름을 높일 수 있을지를 생각해야 한다. 주님을 영화롭게 하기에 합당한 사람으로 살아갈 때 우리가 주님 안에서 영광을 받게 된다. 예수 그리스도는 우리에게 참된 복의 근원이 되신다.

### 2. 참 믿음의 복(2:1-17)

주님의 재림이 임박했다고 하는 거짓말에 미혹당하지 말고 두려워하지 말라고 한다. 언제나 주님께서 다시 오시기 전에는 미혹케하는 일과 배도하는 일이 있게 된다고 한다. 시대가 혼란하고 어수선할 때는 어김없이 불건전한 종말론이 세력을 얻어 사람들의 마음을 미혹하여 멸망의 길로 가게 하곤 한다. 주님의 재림은 아직 이루어지지 않는 일이고, 구체적으로 언제 어떻게 재림할지 모르는 일이므로 많은 사람들이 마치 자신이 신적인 계시를 받아 모든 비밀을 아는 것처럼 가장하여 사람들을 미혹하는 일들이 많다. 어떤 사람들은 이상한 능력과 표적과 거짓 기적들을 통해 마치 자신이 재림주인 것처럼 행동하기도 한다. 그러나 이런 사람들은 모두 주님의 심판을 면치 못하게 될 것이다.

사탄은 할 수 있는 대로 사람을 미혹하여 바른 진리를 따라 살지 못하게 한다. 하나님의 구원을 받지 못하는 자들은 어김없이 이런 것에 미혹된다. 하나님께서 이런 사람들에게 거짓 것을 믿게 하신다고 하셨다. 그렇게 함으로써 심판으로 나아가도록 하시는 것이다. 이단은 언제나 사람들을 비참한 종말로 인도하고, 적그리스도는 언제나 자신을 스스로 높여 하나님의 위치를 차지하고 자신을 숭배의 대상으로 삼도록 한다. 진리는 아무나 믿을 수 있는 것이 아니다. 우리가 하나님께 감사해야 하는 것은, 하나님께서 우리를 택하셔서 성령으로 거룩하게 하시고 진리이신 예수 그리스도를 믿음으로써 구원을 얻게 하셨기 때문이다. 하나님은 오직 복음으로써 당신의 사랑하는 자녀들을 구원으로 초청하신다. 오직 예수 그리스도만 믿고, 우리의 모든 소망을 그리스도께 두자. 예수님은 모든 믿는 자들의 참된 위로가 되신다.

### 3. 최선을 다하는 삶(3:1-18)

사도 바울은 데살로니가 교회에 기도를 부탁했다. 주님의 말씀이 달음질하도록, 그릇되고 사악한 사람들에게서 건져 달라고 기도해 줄 것을 부탁했다. 기도의 능력을 아는 사람은 언제나 기도를 부탁한다. 바울은 사도였지만 여전히 성도들의 기도가 필요한 사람이었다. 그는 데살로니가 교회에서 처럼 다른 곳에서도 주님의 말씀이 신속하게 전파될 수 있기를 바랐다. 뿐만 아니라 복음을 방해하는 악한 사람들의 불의한 훼방을 막아주시기를 바랐다. 이 또한 복음의 원활한 전파를 위해서였다. 언제나 그의 관심은 하나님의 말씀이 흥왕하게 되는 것이었다. 이 일을 위해서 교회는 기도해야 한다. 그는 또한 하나님께서 데살로니가 교회의 성도들의 마음을 인도하셔서 하나님의 사랑과 그리스도의 인내에 들어갈 수 있기를 바랐다. 핍박과 환란이 있는 교회에는 무엇보다 그리스도의 인내가 필요했다. 예수님께서는 온갖 수모와 박해를 참고 견디심으로써 하나님의 구원을 완성하셨다. 신앙에 있어 인내가 중요하다. 인내를 온전해 이룰 때에 하나님 앞에 온전하게 설 수 있다. 또한 우리의 삶이 하나님의 사랑을 실천하는 삶이 되어야 한다. 규모(질서)없이 행하는 자들에게서는 떠나라고 한다. 하나님은 질서의 하나님이시다. 그들 가운데 어떤 사람들은 주님의 재림이 임박했으므로 일할 필요가 없다며 빈둥거리면서 다른 사람들에게 피해를 끼치는 사람들도 있었다. 언제 주님께서 재림하실지 모르지만 우리는 오늘의 삶에 최선을 다함으로써 빛 된 삶을 살아야 한다. 무질서를 조장하는 사람들을 충고하되 형제를 사랑하는 마음으로 행해야 한다. 우리가 어떤 상황 속에서도 끝까지 주님의 이름을 높이려고 힘써야 한다.

## 12월 7일 :: 디모데전서 1-3장

### 1. 우리의 소망(1:1-2)

디모데전후서는 바울이 에베소 지역에서 사역하고 있던 디모데에게 쓴 서신서이다. 젊은 목회자였던 디모데를 격려하고 하나님의 교회에서 어떻게 목회를 해야 하는지 권면하고, 그 당시 교회의 위협이 되고 있던 이단 사상을 경계하고 하나님의 교회를 복음 안에서 건강하게 세우고 관리할 수 있도록 지침을 주기위한 목적으로 썼다. 디모데서는 디도서와 더불어 목회서신으로 불린다. 디모데는 바울에게서 안수 받은 목사로써 바울과 함께 복음을 위해 많은 고난을 받았다. 바울은 그를 믿음 안에서 낳은 아들이라고 불렀다.

바울은 "우리의 소망이신 그리스도 예수의 명령을 따라" 사도가 되었다고 한다. 예수님께서 우리를 위해서 십자가에서 죽으시고 부활하시고 승천하셔서 하나님께 보좌 우편에 앉아 계시면서 여전히 우리를 위해서 간구하고 계신다. 예수님은 마지막 심판의 날에 다시 오셔서 믿는 자와 믿지 않는 자를 구별하시고, 믿는 자에게는 영원한 생명을, 믿지 않는 자에게는 영원한 사망을 주실 것이다. 그러므로 예수님은 우리의 참 소망이 되신다. 헛된 것에 소망을 두지 말고 예수 그리스도를 소망으로 붙들어야 하겠다. 바울은 디모데를 "믿음 안에서 참 아들"이라고 소개한다. 육신의 혈통을 따라 난 아들이 아니라 믿음을 따라 난 아들이었다. 바울은 그 아들 디모데를 사랑했다. 그에게 안수하여 목사가 되게 하고, 또 하나님의 교회를 맡겨 목양하게 했다. 우리가 믿음 안에서 영적인 가정을 이루고 진실한 형제와 자매가 된다. 육신의 가족이 소중하듯이 영적인 가족은 그리스도 안에서 더욱 더 소중하다. 이런 사람들에게는 예수 그리스도께로부터 주어지는 은혜와 긍휼과 평강이 있게 된다.

### 2. 바른 교훈(1:3-11)

바울은 디모데에게 신화나 끝없는 족보에 몰두하지 말고 바른 교훈을 좇으라고 권면한다. 신화는 사실이 아닌 지어낸 이야기이다. 하나님의 말씀을 왜곡하여 말하는 것이다. 족보는 육신적인 혈통을 말한다. 사람들은 어느 학파에 속했는지, 누구의 계보를 따르는지에 관심이 많다. 그러나 예수 그리스도 안에서 이런 것들은 헛되고 무익한 것들이다. 얼마나 하나님의 말씀을 바로 알고 하나님의 말씀을 따라 살아가는가 하는 것이 더 중요하다. 신화나 족보를 통해서는 믿음 안에 있는 하나님의 계획을 이룰 수 없다. 이런 것들에 빠지면 자꾸 변론만 하게 되고 믿음의 진보를 이루지 못하게 한다. 진실로 구원받은 성도는 변론하는 것을 좋아하지 않다. 하나님의 말씀의 참된 뜻을 실천하려고 한다. 당시의 거짓 선생들은 스스로 하나님의 말씀을 많이 안다고 자처하면서 변론을 일삼았다. 그러나 "경계의 목적은 청결한 마음과 선한 양심과 거짓 없는 믿음에서 나는 사랑"이라고 했다. 하나님은 사랑이시다. 우리가 아무리 많은 진리의 지식을 알고 있을지라도 사랑하는 마음이 없으면 그것은 아무것도 아니다. 율법은 우리에게 많은 것을 깨닫게 해주므로 율법을 적법하게 사용해야 한다. 언제나 하나님의 뜻이 어디에 있는지를 헤아려 보아야 한다. 하나님께서 우리에게 바른 교훈인 영광스러운 복음의 말씀을 주셨다. 복음이 영광스러운 이유는 그 복음으로 인해 우리가 죄에서 해방되어 하나님의 구원에 이르기 때문이다. 하나님께서 우리에게 주신 복음의 말씀을 가지고 변론하는데 사용하지 말고 그것을 감사함으로 받아 구원의 감격을 가지고 살아야 한다. 복음을 통해 청결한 마음, 선한 양심을 가지고 사랑을 실천해야 한다.

## 3. 기도와 선행(2:1-15)

선한 싸움을 위하여 바울이 디모데에게 첫 번째 한 권면은 기도였다. 모든 사람을 위하여 간구와 기도와 도고와 감사를 하라고 했다. 도고는 다른 사람들을 위한 기도이다. 우리는 믿음의 형제들을 위해서도 기도해야 하지만 더욱 더 믿지 않는 자들을 위해서도 기도해야 한다. 불신자들의 구원을 위해 기도해야 하고 특별히 위정자들을 위해 기도해야 한다. 그들이 하나님 앞으로 돌아올 때 그들이 다스리는 통치의 영역들에서 복음의 확장이 있을 수 있다. 하나님은 우리가 이들을 위해 기도하는 것을 기뻐하신다. 우리 하나님의 관심은 모든 사람들이 구원을 받고 진리를 아는데 이르기를 기뻐하신다. 하나님께서 그의 아들을 세상에 보내주시고 대속물로 주신 것은 세상을 구원하고자 하심이었다. 그러므로 우리가 하나님께 나아가 기도할 때에 영혼의 구원을 위해 간절하게 구해야 한다.

바울은 남자들에게 분노와 다툼 없이 거룩한 손을 들어 기도하라고 권면한다. 이 세상에서 가장 아름다운 손이 있다면 기도하는 손이다. 하나님께서 남자들에게 기도할 중요한 사명을 부여하셨다. 하나님은 기도하는 사람의 기도를 들으시고 그 기도에 응답해주신다. 여자들에게는 선행을 강조한다. 단정한 옷을 입고 소박함과 정절로써 자기를 단장하고 외모를 꾸미기보다는 더욱 더 마음을 단장하라고 한다. 하나님을 경외하는 사람은 언제나 선한 행실을 통해 하나님을 섬긴다. 또한 여자는 남편에게 일체 순종해야 한다고 한다. 순종이 미덕이다. 하나님께서 남편을 가정의 머리로 세우셨다. 하나님은 믿음의 가정에 영적 질서가 회복되기를 원하신다. 범사에 겸손한 마음을 가지고 남편과 의논하고 하나님의 뜻이 어디에 있는지 찾아가야 한다.

## 4. 감독의 직분(3:1-7)

감독의 직분에 대해서 말씀한다. 감독은 하나님의 교회를 다스리고 돌보는 목사와 장로를 일컫는다. 감독의 직책을 중요하게 취급하는 이유는 그들이 그리스도의 양을 치는 일을 감당하기 때문이다. 지도자인 목사와 장로의 역할에 따라 교회가 강해지기도 하고 약해지기도 한다. 하나님의 교회가 바로 서기 위해서는 우선 지도자인 감독이 하나님 앞에 인정받아야 한다. 하나님께서 교회에 직분을 주신 이유는 당신의 교회를 강하게 세우기 위함이다. 그러므로 지도자에게는 모든 면에서 복음에 합당한 삶이 요구된다. 감독의 직분을 수행하기 위해서는 첫째로 자기 자신의 삶이 경건해야 한다. 절제, 근신, 아담(존경할만함), 술을 즐기지 아니함, 돈을 사랑치 않음의 미덕이 요구된다. 육신의 정욕으로부터 자신을 다스릴 수 있어야 한다. 자신을 바로 세우지 못한 사람이 가정과 이웃에게 선한 믿음의 증거를 남기는 것이 쉽지 않다. 둘째는 가정에서 한 아내의 남편이 되고, 자기 집을 잘 다스려 자녀들로 모든 공손함으로 복종하게 하는 자 이어야 한다고 한다. 가정은 작은 교회이다. 가정을 잘 다스리는 사람이 교회도 잘 돌아볼 수 있다.

이웃에 대해서는 나그네를 대접하며 가르치기를 잘하며 구타하지 않으며 관용하며 다투지 않으며 하나님께 영광을 돌리는 자여야 한다. 감독은 다른 사람들로부터 선하다는 증거를 얻은 자이어야 하고 새로 입교한 사람을 감독이 되게 해서는 안 된다고 한다. 다른 사람에게 증거를 얻지 못하면 지도력을 발휘하기 어렵고 새로 입교한 사람은 교회의 형편을 잘 모를 뿐 아니라 교만해져서 정죄를 받을 수 있기 때문이다. 경건한 지도자가 세워지기를 소망해야 하겠다.

## 5. 집사의 직분(3:8-13)

집사의 자격도 감독의 자격과 크게 다르지 않다. 두 직분이 다 하나님의 교회에서 중요하다. 집사는 '정중하고 일구이언을 하지 아니하고 술에 인박히지 아니하고 더러운 이를 탐하지 아니하고 깨끗한 양심에 믿음의 비밀을 가진 자여야 한다'고 말씀한다. 정중하다는 말은 하나님의 자녀로써의 의식을 가지고 구별되게 사는 것을 의미한다. 또한 안과 밖이 서로 다른 이중적인 사람이 되지 않아야 하고, 술을 탐하여 마음을 혼미케 함으로 영적 분별력을 상실하지 않도록 해야 하고, 정직함, 깨끗한 양심, 믿음의 비밀을 가지고 있어야 한다. 다른 사람에게 흠 잡힐만한 행위를 하는 사람은 집사의 직분을 받기에 적당하지 않다. 무엇보다 중요한 것은 그 마음에 믿음의 비밀 즉, 바른 신앙고백이 있어야 한다. 그래서 사람을 먼저 시험해보고 그 후에 책망할 것이 없으면 집사의 직분을 행하게 하라고 했다. 교회의 다른 지체들로부터 인정을 받아야 한다는 것이다. 무엇보다 집사는 가정생활에 모범이 되어야 한다. 여자 집사들의 경우에는 '정숙하고 모함하지 않고 절제하고 모든 일에 충성된 자'여야 한다고 한다. 모함하지 않는다는 말은 다른 사람을 헐뜯고 비방하지 않아야 한다는 것이다. 그의 삶이 성령의 열매들로 채워진 사람이 집사의 직분을 받기에 합당하다고 한다. 사람에게 인정받는 일이 쉽지 않다. 하나님 앞에서 충성된 삶을 살아갈 때 인정받는 자가 된다. 집사의 직분을 잘 한 자들은 아름다운 지위와 그리스도 예수 안에 있는 믿음에 큰 담력을 얻게 된다고 한다. 집사는 고상한 지위를 얻기를 사모해야 한다. 하나님께 인정받고, 사람들에게 사랑받는 집사가 되어야 한다. 무엇보다 집사는 믿음에 담력이 있어야 한다. 신뢰받는 믿음의 사람이 되어야 한다는 것이다. 직분자를 향한 하나님의 기준은 높다.

## 12월 8일 :: 디모데전서 4-6장

### 1. 예수의 좋은 일꾼(4:1-6)

바울은 교회를 위협하는 세력이 있을 것이라는 성령의 음성을 들었다. 어떤 사람들이 믿음에서 떠나 미혹하는 영과 귀신의 가르침을 따라 거짓말을 일삼을 것이라고 했다. 그들은 다시 율법으로 돌아가 헛된 것들을 주장함으로써 복음의 가치를 훼손하고 사람들을 미혹하게 할 것이었다. 하나님의 거룩한 명령인 혼인을 금하게 하고, 음식을 먹는 문제에 있어 거룩한 것과 속된 것을 구별하여 어떤 것은 먹되, 어떤 것은 먹지 말라고 가르칠 것이라고 했다. 그러나 하나님이 지으신 모든 것은 선하다. 감사함으로 받으면 버릴 것이 없다. 먹고 마시는 문제를 가지고 다른 사람을 판단하지 않도록 해야 한다.

진리의 말씀으로 형제들을 깨우치면 예수 그리스도의 좋은 일꾼이 된다고 했다. 교회는 끊임없이 믿음의 말씀과 좋은 교훈으로 가르침을 받아야 한다. 하나님의 말씀에서 멀어지게 되면 헛된 사상들이 그 마음에 들어와 진리를 거스르고 대적하는 자리로 나아가게 한다. 하나님의 교회에서 진리의 말씀이 선포되고, 또한 가르침 받아야 한다. 그러므로 우리가 계속해서 경건에 이르기를 연습해야 한다. 계속해서 우리 안에 진리를 채우고 그 진리의 인도를 받아야 한다. 육체의 연습이 사람에게 유익하듯이, 경건의 연습은 이 세상에서뿐만 아니라 내생에도 약속을 준다. 우리는 모든 소망을 하나님께 두어야 한다. 오직 하나님이 우리의 영혼을 구원하시고 영생을 선물로 주신다. 영광스러운 교회의 지체인 것을 감사하고 구원의 감격 가운데 살아가도록 해야 하겠다. 언제나 하나님 중심이 되고 늘 경건에 이르는 연습을 하도록 해야 하겠다. 교회의 지도자로 부름받은 사람은 더욱 더 그리스도 예수의 좋은 일꾼이 되도록 힘쓰자.

### 2. 믿음의 형제들에게(5:1-8)

교회에서 사람들을 대하는 태도에 대해서 말씀한다. 손 위 어른들을 대할 때는 꾸짖지 말고 아비에게 하듯 하고, 또한 어미에게 하듯 하며, 젊은 남자와 여자는 형제를 대하듯이 그리고 자매에게 하듯 하되 일절 깨끗함으로 하라고 한다. 사람과의 관계가 중요하다. 손 위 사람을 높일 줄 알고, 손 아래 사람에게 친절을 베풀 줄 알아야 한다. 또한 젊은 자매를 대할 때는 깨끗한 마음으로 예의 바르게 대해야 한다. 우리가 그리스도 예수 안에서 모두가 한 믿음의 가족이 되었으므로 사심없이 가족처럼 대해야 한다. 교회 안에 있는 참된 과부들을 존경하라고 한다. 과부에게 자손이 있을 때는 가정 안에서 효를 행하여 돌아보아야 한다고 한다. 부모가 자신들에게 베푼 사랑에 보답하는 양으로 해야 한다는 것이다. 진실한 과부는 언제나 그 소망을 하나님께 두어 간구하고 기도하지만 일락을 좋아하는 과부는 믿는다고는 말하지만 실제로는 죽은자와 방불하다고 한다. 과부로 살아갈 때 하나님께 소망을 두고 사는 과부는 결코 외롭지 않다. 그러한 과부들은 하나님께 인정받고, 사람들에게 존경을 받게 된다.

사람의 형편이 어떠하든지 하나님을 의지하는 사람은 다른 사람에게 인정받는다. 모든 사람들은 언제나 자기 친족, 자기 가족을 돌아보고 보살피는 일을 감당해야 한다고 한다. 그렇게 하지 않는 사람은 믿음을 배반한 불신자보다 더 악한 자라고 한다. 신앙생활은 말로만 하는 것이 아니다. 우리가 하나님의 말씀을 좇아 순종해야 하고, 무엇보다 우리의 가장 가까운 이웃인 가정에게 그리스도의 사랑을 나타내야만 한다. 사랑은 가정에서부터 시작된다. 하나님께서 우리에게 가정을 주신 목적 가운데 하나는 주 안에서 서로 사랑하게 하기 위해서이다. 하나님께서 내게 허락하신 가족을 사랑하자.

## 3. 경건의 유익(6:1-10)

믿는 종들은 범사에 상전들을 공경하라고 말씀한다. 로마 시대에는 노예가 전체 국민의 절반이상이나 되었다고 한다. 노예들은 주로 전쟁 포로나 빚을 갚지 못해 생겨났다. 제국 전역에 노예들이 많이 있었다. 그들 가운데 예수를 믿고 하나님의 백성 된 자들이 많았다. 종과 상전과의 관계는 인간적인 측면에서 다스리고 복종하는 관계였지만 그러한 이유 때문에 종이 상전에게 복종해야 한다고 말하는 것은 아니다. 예수 그리스도의 사람으로써 현재의 질서에 복종하는 것이 하나님의 복음의 영광을 드러내는 일이 되었으므로 상전을 공경할 자로 대하라는 것이다. 기독교의 복종은 언제나 자발적이다. 그리스도를 생각함으로 하는 것이다. 누구든지 주 예수 그리스도의 말씀과 경건에 관한 교훈 외에 다른 교훈을 좇지 않도록 경고한다. 교회는 오직 하나님의 말씀이 증거되고, 그 말씀에 순종해야 한다. 헛된 지혜와 지식으로 자신을 드러내고 싶어 교만하게 행할 때 교회의 화평이 깨어지고 질서가 무너지게 된다. 경건을 이익의 재료로 사용하지 말라고 했다. 변론과 언쟁으로 교회에 바람을 일으키면 그 후유증은 심각하다.

성도는 모든 일에 있어서 자족하는 마음을 가져야 한다. 마음이 부패하고 진리를 잃어버릴 때 더 이상 교회의 사명을 감당할 수 없게 된다. 하나님의 자녀들에게는 언제나 모든 일에 자족하는 마음이 있어야 한다. 무엇이든지 많은 것을 탐하게 되면 그것으로 인해 믿음을 상실하게 되고 결국 불행한 인생이 된다. 먹을 것과 입을 것이 있는 것을 족하게 여기고, 너무 돈을 사랑하여 부자가 되려고 애쓰지 않도록 해야 한다. 돈을 사랑하는 것이 일만 악의 뿌리라고 했다. 돈을 사랑하는 사람은 필경 그것을 더 많이 얻기 위해 하나님 앞에서 믿음을 잃게 된다.

## 4. 너 하나님의 사람아(6:11-21)

바울은 디모데를 일컬어 '하나님의 사람'이라고 했다. 하나님의 사람은 의와 경건과 믿음과 사랑과 인내와 온유를 좇으며 믿음의 선한 싸움을 싸워야 한다고 말씀한다. 이 믿음의 싸움에서 흔들리지 않을 것을 명령한다. 우리가 믿음으로 살아갈 때 참으로 중요한 신앙의 원리들이 무엇인지 깨닫고, 그것을 붙잡고 살아야 한다. 우리 인생의 참 주인은 하나님이시다. 하나님이 우리의 모든 필요를 아시므로 우리가 전심으로 하나님을 의뢰하고 담대하게 믿음의 싸움을 싸워야 한다. 예수 그리스도께서는 생명의 위협 앞에서도 굴하지 않고 오직 하나님의 의를 증거하는 삶을 사셨다. 우리는 주님께서 다시 나타나실 때에 책망받을 것이 없는 믿음의 삶을 추구해야 한다. 우리가 이 땅에 살면서 절대로 두 주인을 섬길 수 없다. 우리 하나님의 영광을 위하는 열심 앞에서 우리의 모든 것을 상대화 시킬 수 있어야 한다. 모든 것을 주님의 영광을 위해서만 사용하겠다는 믿음의 결단이 있어야 한다. 하나님은 만 왕의 왕이시고 만 주의 주가 되신다. 우리가 세상에서 어떤 것들이 가치 있다고 하여 열심히 추구하지만 세상의 모든 것들은 일시적이고 지나가는 것들이다. 내 삶에 하나님께 영광돌릴만한 것들이 없다면 그 삶의 결과는 부끄러운 것이 될 수밖에 없다.

세상의 부자들을 향해 경고하라고 한다. 교만한 마음을 품지 말도록, 정함이 없는 재물에 소망을 두지 말도록, 모든 소망을 하나님께 두도록, 선한 일을 행하고 선한 사업에 부하고 나눠 주기를 좋아하고 동정하는 자가 되도록 가르치라는 것이다. 물질의 부유함은 항상 사람을 교만하게 만들고, 헛된 것에 집착하게 만드는 경향이 있다. 우리에게 부가 있다면 그것을 가지고 참된 생명을 얻는 일에 사용하도록 해야 한다. 그럴 때 그 부가 진실로 값진 것이 된다. 우리가 믿음을 지키고 은혜를 받도록 하자.

# 12월 9일 :: 디모데후서 1-2장

## 1. 사랑하는 아들(1:1-5)

디모데후서는 바울이 디모데에게 보낸 두 번째 서신으로, 에베소에서 신실하게 목회하고 있던 디모데를 위로하고 그에게 새로운 힘과 용기를 주기 위한 목적으로 기록했다. 서신서 안에는 디모데를 생각하는 바울의 아비와 같은 마음들이 잘 나타나 있다. 때로는 위로하고, 때로는 격려하며 힘을 주고, 때로는 엄중하게 경고한다. 아들처럼 사랑했기 때문에 가능한 것이었다. 복음의 진리를 지키기 위해 영적 전투를 치르고 있는 아들을 사랑하는 아버지의 마음을 보여준다. 언제나 사랑은 우리로 하여금 진실하게 하고, 피상적이지 않고 구체적이게 한다. 바울에게 있어서 디모데는 복음 안에서 낳은 '사랑하는 아들'이었다. 그 사랑하는 아들에게 "하나님 아버지와 그리스도 예수 우리 주께로부터 은혜와 긍휼과 평강이 네게 있을지어다"라고 축복해 주었다. 사람이 받을 수 있는 최고의 복은 창조자이신 하나님 아버와 그 아들 예수 그리스도로부터 받는 신령한 복이다.

'은혜와 긍휼과 평강'의 복은 모두 하나님이 주신다. 하나님은 은혜와 긍휼과 평강이 충만하신 분이시다. 바울은 디모데를 참으로 깊이 사랑했다. 밤낮 기도하는 가운데 빠뜨리지 않고 그를 생각했다. 그의 조상적부터 하나님을 섬기고, 그에게 귀한 믿음을 선물로 주신 하나님께 감사한 것이다. 내 마음에 품고 기도하는 사람이 있는가? 우리가 사람에게 줄 수 있는 최고의 호의는 '사랑하는 것'이다. 우리가 사랑하는 사람을 축복할 때에 하늘의 복이 그에게 임하기를 위해 축복해 주도록 하자.

## 2. 직분의 소중함(1:6-14)

바울의 관심사 가운데 하나는 디모데의 마음 속에 하나님의 은사가 불같이 일어나는 것이었다. 이 은사는 그가 하나님께로부터 직분을 받았다는 소명의식이었다. 하나님의 일을 하다가 낙심하게 될 때가 있다. 그럴 때마다 내게 있는 직분이 사람으로부터 주어진 것이 아니라 하나님께서 주셨다는 소명의식을 새롭게 하는 것이 중요하다. 바울은 디모데에게 그가 안수받을 때 하나님 앞에서 가졌던 소명의식을 새롭게 하라고 격려한다. 두려워하지 말고 하나님께서 주신 능력과 사랑과 근신을 나타내라고 한다. 우리가 복음을 위하여 살 때 소명감을 가지고 사는 것이 중요하다. 소명감은 우리로 하여금 지치지 않고 주를 위해 살게 하고, 낙심된 자리에서도 다시 일어나게 해준다. 어떠한 위치에 있든지 나를 그 자리에 세워주신 하나님께 감사하고, 하나님 앞에 충성된 마음을 가지고 그 일을 감당해야 한다. 바울은 디모데에게 사역에 있어서 어떤 것도 부끄러워하지 말고 복음과 함께 고난을 받으라고 격려한다. 격려는 언제나 우리가 낙심된 자리에서 일어나 새롭게 앞으로 전진할 수 있는 힘을 갖게 한다. 주를 위해 헌신하면서 나 자신을 바라보게 될 때, 한심스러운 자신의 모습으로 인해 낙심하게 될 때가 있다. 그러나 주님께서 내게 직분을 주신것은 나를 충성되이 여기셨기 때문이다. 내게 주신 주님의 은혜를 생각함으로 낙심된 자리에게 다시 일어나 새롭게 시작하는 용기를 가지자. 하나님께서 내게 주신 그 첫 은혜를 굳게 붙잡고 끝까지 믿음의 경주를 하자. 그리고 넘어진 자가 있으면 손을 잡아 일으켜 세워주자.

## 3. 은혜 속에서 강하고(2:1-7)

'그리스도 예수 안에 있는 은혜 속에서 강하라'고 한다. 은혜는 하나님이 우리에 주신 모든 선물을 총칭하는 것이다. 하나님께서 우리를 사랑하셔서 그 아들을 보내사 우리를 대신하여 죽게 하신 것이 하나님의 은혜이다. 우리가 믿음을 갖게 된 것이 하나님의 은혜이다. 우리가 오늘 이 땅에서 하늘의 소망을 가지고 살아가고 있는 것이 하나님의 은혜이다. 믿음의 식구들을 주시고, 수고의 열매들을 누리며 사는 것도 하나님의 은혜이다. 충성된 사람을 얻는 것도 하나님의 은혜이다. 몸이 연약한 것도 하나님의 은혜이다. 가난한 것도 하나님의 은혜이다…. 헤아려 보면 하나님의 은혜가 아닌 것이 아무것도 없다. 하나님의 은혜를 알 때 우리의 삶에 힘이 있게 된다. 디모데가 복음을 전할 수 있는 직분을 얻게 된 것도 하나님의 은혜였다. 그러므로 그리스도 예수의 좋은 군사로 복음과 함께 고난을 받으라고 한다.

우리가 은혜를 깨닫게 될 때 게으를 수 없다. 무슨 일이든지 태만하게 할 수 없다. 주님을 위하여 고난 받는 것을 영광으로 여긴다. 하나님을 기쁘시게 하는 것을 최고의 기쁨으로 삼는 것 보다 더 행복한 것이 없다. 믿음의 경주를 하는 사람은 세상의 가치관 보다 하나님의 말씀을 최고의 기준으로 삼는다. 면류관은 아무에게나 주어지는 것이 아니다. 말씀을 따라 수고할 때 최고의 영광을 누리게 된다. 우리가 이것을 깊이 생각하자.

## 12월 10일 :: 디모데후서 3-4장

### 1. 말세의 현상들(3:1-5)

믿음을 배반하고 경건하게 살지 않는 사람들이 결국 어떤 삶을 살게 되는지 말씀한다. 이기적인 자기 사랑, 악의 뿌리가 되는 돈을 사랑하고, 무익한 일들을 자랑하고, 교만, 비방, 부모에게 함부로 대들고, 무슨 일이든지 감사하지 못하고, 거룩하지 않고, 사랑스럽지 않고, 원통함을 풀지 아니하고, 사기꾼과 같이 행하고, 다른 사람을 해치고, 무슨 일에든지 절제하지 못하고, 다른 사람에게 늘 앙심을 품고, 야만적인 행동을 하고, 자기의 이익을 위해 배신을 일삼고, 생각 없이 행동하고, 자만심으로 우쭐대고, 하나님을 사랑하는 것보다 육신의 향락을 즐기는 일에 몰두하는 일들이 믿음을 배반한 사람들에게 나타나는 현상들이다. 이러한 것들로 나를 시험해 봄으로써 내가 어떤 생각과 마음을 가지고 살아가고 있는지 살펴볼 수 있다. 한 사람의 생각과 마음을 지배하고 있는 인생관이 그 사람의 삶을 이끌어 간다. 겉으로 드러난 것보다 그 속에 품고 있는 생각, 가치관이 더 중요하다. 마음에 하나님을 경외함이 없는 사람은 오직 자신의 욕심에 끌리는 대로 생각하고 행동한다. 진실로 하나님을 사랑하는 사람은 흉내만 내는 그런 신앙생활을 하지 않는다. 복음에 지배를 받는 삶을 살게 된다. 모양이 아니라 능력으로 진가를 시험하시는 하나님 앞에서 부끄럽지 않는 삶을 살아야 하겠다. 말세의 현상들은 늘 내 곁에 머물러 있다. 이러한 것들로부터 과감하게 돌아서자.

### 2. 흔들림 없는 삶(3:6-17)

진리를 대적하는 사람들은 늘 스스로 만족하지 못하고 다른 사람들을 유혹하여 그들도 죄의 길로 나아가게 만든다. 하나님의 교회 안에서 불의한 일로 세력을 형성하여 하나님을 대적하는 일들이 자주 일어나는 이유이기도 하다. 하나님을 두려워하는 마음이 없으면 불의한 일을 서슴치 않고 행한다. 불의한 삶은 자기 혼자 만으로 족하다. 다른 사람을 유혹하고 그들을 죄된 길로 인도하지 않도록 해야 한다. 그리스도 예수 안에서 경건한 삶을 사는 것이 쉽지 않다. 늘 고난을 동반한다. 그러나 예수님을 마음에 품을 때, 그 고난이 인생의 유익한 친구가 된다. 우리의 마음에 십자가의 흔적이 있어야 한다. 진실한 신자는 예수 그리스도께서 사셨던 삶을 모델로 삼고 그 삶을 추구한다. 우리가 주님을 닮고자 하는 열심만 있다면 어떤 시험과 유혹과 도전 앞에서도 물러서지 않는 용기를 가질 수 있다. 그러므로 우리가 끊임없이 하나님의 말씀을 사랑하고 그 말씀을 우리의 마음에 새기도록 하자. 성경은 하나님께서 우리에게 주신 최고의 인생 교과서이다. 인생에 유익한 것들을 공급하는 원천이다. 말씀에서 멀어지면 우리의 삶이 중심을 잃게 된다. 우리 영혼의 닻을 말씀의 바다에 깊이 내리자.

### 3. 특별한 부탁(4:6-13)

바울은 임종의 시간이 가까이 온 것을 느끼고, 그의 사랑하는 아들 디모데에게 빨리 자기에게로 오라고 한다. 인생의 마지막 순간에 가장 만나고 싶었던 사람이 디모데였다. 그가 복음을 위해 사는 삶의 여정에서 많은 사람들을 만났는데 어떤 사람들은 그에게 많은 어려움을 주고, 피해를 끼쳤다. 반면에 어떤 사람들은 그의 사역을 돕고, 그에게 유익을 끼치기도 했다. 두 경우의 사람들이 늘 가슴에 오래도록 남는다. 나는 복음의 사역자에게 어떤 사람으로 남고 싶은가? 우리가 하나님의 나라를 위해 함께 수고함으로써 서로에게 좋은 기억으로 남는다면, 이는 하나님 앞에서 복 되고, 영광스러운 일이 될 것이다. 바울은 자신이 벌써 관제와 같이 부음이 되고 떠날 기약이 가까왔다고 말한다. 복음을 위해 열심히 달려왔고, 수 많은 고난과 역경을 만났었고, 많은 죽음의 고비들을 넘기며 영적 싸움을 싸웠는데, 그 일들이 벌써 끝나가고 하나님 앞에서 면류관을 쓰게 될 날이 가까이 왔음을 알고 아쉬움을 감추지 못하고 있다. 그러나 바울은 가보의 집에 남겨두었던 외투와, 특별히 가죽 두루마리 성경책을 가지고 오라고 부탁한다. 감옥에 있으면서 마지막 떠날 시간이 가까이 온 줄 알았지만 하나님의 말씀을 사모하는 그의 열정은 아무것도 꺾을 수 없었다. 바울은 마지막까지 하나님의 말씀을 사랑했다. 우리가 인생의 마지막 순간에 무엇을 붙들어야 하겠는가? 하나님의 말씀에 우리의 인생을 걸자.

### 4. 신의를 지킨 사람들(4:19-22)

브리스길라와 아굴라 부부, 그리고 오네시보로는 바울의 복음전파 사역에 있어서 잊을 수 없는 공을 세운 복음의 협력자들이었다. 브리스길라 부부는 바울을 돕는 일에 있어서 자기들의 목숨을 내 놓고 섬겼다. 뿐만 아니라 하나님의 교회를 위한 열심도 특심했다.(롬16:3-4) 오네시보로는 많은 사람들이 복음을 부끄럽게 여길 때에, 바울에게 아낌없는 지지를 보냄으로써 복음의 협력자가 되었던 사람이다. 그들은 바울이 결코 잊지 못할 동역자들이었다. 에라스도와 드로비모 또한 바울과 함께 한 신실한 복음의 일꾼들이었다. 바울이 그들을 믿고 신뢰하여 목회를 하도록 부탁하고, 또 예루살렘 교회에 헌금을 운반하는 일을 맡겼다.(행19:22;21:29) 이들은 모두 하나님께서 붙여주신 사람들이었다. 믿고 신뢰할 수 있는 사람, 우리에게는 그런 사람이 필요하다. 믿음의 형제로써 동역할 수 있는 은혜를 누릴 수 있는 것이 큰 특권 아니겠는가? 그 외에도 재판을 앞두고 있었던 바울 곁에 으불로, 부데, 리노, 글라우디아와 다른 형제들이 있었다. 그들은 모두 무명한 그리스도인들이었다. 그러나 끝까지 신의를 버리지 않았던 사람들이었다. 겨울이 다가오고 있었지만 이렇게 든든한 후원자들이 있었고, 또한 그의 사랑하는 아들 디모데를 만날 수 있다는 기대감 때문에 바울의 겨울은 결코 춥지 않았을 것이다. 나는 누군가에게 힘이 되어주고 있는가? 복음을 위해서 기꺼이 손해 볼 각오가 되어있는가?

## 12월 11일 :: 디도서 1-3장

### 1. 영적 지도자의 조건(1:1-9)

디도서는 바울이 그레데 섬에서 목회하고 있던 동역자 디도에게 보낸 서신이다. 교회의 질서를 바로잡고, 성도들의 올바른 신앙관을 정립하고, 바른 삶을 살도록 하기 위해 기록했다. 바울은 디도를 그레데에 남겨둔 이유를 '부족한 일을 바로잡고 나의 명한 대로 각 성에 장로들을 세우게 하려 함이라'고 했다. 교회의 질서를 세우는데 있어 먼저 교회의 영적 지도자인 장로를 제대로 세워야 한다고 말씀한다. 우선 장로는 책망할 것이 없어야 한다고 한다. 책망할 것이 없다는 말씀은 예수 그리스도와 깊은 교제가 있어야 함을 의미한다. 굳건한 믿음을 가지고 주님을 섬기는 사람이어야 한다는 것이다. 또한 장로는 건강한 가정 생활을 유지해야 한다고 한다. 남편과 아내가 서로 사랑하고, 자녀들이 부모에게 순복하는 신실한 가정을 이루어 나가야 한다. 나아가 장로는 하나님의 청지기로써 그의 삶에 있어서 다른 모든 사람들에게 모범을 나타냄으로써 그들을 바른 교훈으로 권면하고, 거스려 말하는 자들을 책망하는데 부족함이 없어야 한다고 한다. 영적 지도자는 끊임없이 자신을 하나님의 말씀 앞에 세워 부족한 부분들이 없는지 돌아보고, 경건에 이르기를 연습해야 한다. 나는 계속해서 하나님 앞에서 다듬어져가는 지도자인가? 좋은 장로가 있는 교회는 복이 있다.

### 2. 선한 일을 하라(2:1-15)

교회 안에 있는 다양한 연령의 사람들에게 맞는 적절한 교육과 훈계를 부탁하고 있다. 특히 늙은 남자와 여자는 자신들의 신앙과 행실에 있어서 흠 잡힐 것이 없어야 할 뿐 아니라 그들의 거룩한 행실로써 젊은이들에게 본을 보이고 그들을 가르쳐야 할 책무도 있다고 한다. 늙은 남자는 절제와 경건과 근신과 믿음과 사랑과 인내가 있어야 하고, 늙은 여자는 거룩한 행실과, 입조심과 금주와 선한 것을 가르치는 자들이 되어야 한다고 한다. 이러한 것들은 우리의 삶의 전반에 훈련이 있어야 함을 보여준다. 다른 사람에게 본을 보이고 그들을 지도하는 것이 쉽지 않다. 끊임없이 자신을 돌아보아 책망할 것이 없도록 노력해야 하고, 모범으로써 가르쳐야 하기 때문이다. 젊은이들을 가르침에 있어서는 디도 자신이 먼저 그들에게 선한 본을 보이라고 한다. 다른 사람에게 본보기가 되는 삶이 중요하다. 그렇게 할 때에 다른 사람에게 책잡힐 것이 없게 되고, 하나님의 영광을 드러내는 일이 된다. 종들은 정직하게 선한 충성을 하라고 한다. 그래야 하나님의 교훈이 빛나게 되기 때문이다. 세상은 늘 부패한 본성을 좇아 살아가면서도 믿는 사람들을 판단하고 정죄하려고 든다. 그런 사람들에게 비난의 빌미를 주지 않도록 해야 한다. 하나님의 백성은 세상의 부패를 막고, 빛 된 삶을 살도록 부름받은 사람들이다. 내게는 고치고 버려야 할 잘못된 것들이 있지는 않는가? 나는 다른 사람들에게 모범이 되고 있는가? 하나님의 말씀에 비추어 우리 자신들을 돌아보자.

### 3. 선한 행실(3:1-15)

하나님의 백성들이 세상을 향하여 어떤 태도를 가지고 살아야 할 것인지를 말씀한다. 우선 세상의 권세자들을 향하여 복종과 순종과 선한 행실을 가질 것을 말씀한다. 또한 사람들을 향해서는 훼방하거나 다투거나 하지 말고, 온유한 마음으로 관용의 정신을 나타내라고 한다. 우리가 자칫 신앙의 잣대로 세상을 정죄하고 판단하는 경우들이 흔히 있다. 그러나 우리 또한 하나님을 알지 못했을 때 그들과 다름없는 사람들이었음을 잊지 않아야 한다. 하나님께서 우리를 긍휼히 여기시고 은혜를 주셔서 지난 일들을 버리고 새로운 사람이 될 수 있게 된 것이다. 하나님께서 우리 마음에 성령을 보내주셔서 우리의 지난 허물들에 대하여 부끄럽게 하고 회개하게 하셨다. 그러므로 판단과 정죄보다는 관용의 마음을 가져야 한다. 우리가 하나님을 믿기 때문에 말과 행실에 있어서 더 조심해야 하고, 함부로 다른 사람들을 판단하는 일을 유보해야 한다. 변론과 분쟁과 다툼은 아무 유익이 없고 헛된 것이다. 이단에 대해서는 단호해야 하지만 그들에게도 부드러운 마음으로 훈계할 수 있는 관용이 있어야 한다. 모든 일을 행하되 하나님과 상관없이 지냈던 과거를 잊지 않고 기억하는 것이 중요하다. 그럴 때 다른 사람들을 향하여 마땅히 내가 어떻게 대해야 할 줄을 알게 된다. 우리는 선한 행실을 위하여 하나님께 부름받았다. 우리의 행실이 하나님의 영광을 드러내게 해야 하겠다.

## 12월 12일 :: 빌레몬서

### 1. 복음 안에서(1:1-16)

빌레몬서는 바울이 주인의 재산을 훔쳐서 도망간 노예 오네시모를 예수 믿게하고 그를 본래의 주인이었던 빌레몬에게 돌려보내면서 그를 용서하고 받아들일 것을 권면하고 복음전파를 위해 일할 수 있도록 요청하는 지극히 개인적인 서신이다. 당시에 주인에게 해를 끼치고 도망간 노예가 잡히면 그는 사형감이었지만 오네시모는 예수를 믿게 되었고, 그 주인 빌레몬에게 있어서 종과 주인의 관계를 뛰어넘는 믿음 안에서 한 형제의 관계가 되었다. 바울은 오네시모를 받아주도록 부탁하기에 앞서서 먼저 빌레몬의 믿음을 크게 칭찬했다. 그의 예수 그리스도와 성도들을 향한 사랑과 믿음을 높이 평가하고, 그로 인해서 많은 형제들이 평안을 누리고 있고, 바울 또한 많은 기쁨과 위로를 얻었다고 칭찬한다. 하나님의 백성들은 신앙과 행실에 있어서 누구에게서나 인정받고 칭찬받는 자리에 있어야 한다. 나 때문에 다른 사람이 평안을 누리고 행복해할 수 있게 해야 한다. 바울은 빌레몬이 오네시모를 받아들이도록 영적 스승으로써의 권위를 가지고 그에게 명령할 수 있었지만 그렇게 하지 않고 간곡하게 부탁했다.

오네시모는 바울이 옥중에서 그에게 예수를 믿게 한 사람이었다. 그러므로 이제는 믿음 안에서 한 형제가 되었다. 하나님 안에서는 어떤 신분의 차별도 있을 수 없다. 서로 주 안에서 사랑하는 형제가 되는 것이다. 바울은 오네시모를 동역자로 삼고 싶었다. 그렇지만 오네시모가 빌레몬의 종이었음을 알았기 때문에 먼저 그를 주인에게 돌려보낸 후 주인의 허락을 받고 싶어했다. 신앙은 어떤 경우에도 무례하지 않고, 모든 면에서 질서가 있어야 한다. 모든 것이 억지가 되지 않고 은혜가 되게 해야 한다.

### 2. 오! 형제여(1:17-25)

오네시모는 빌레몬에게 많은 해를 끼쳤던 것 같다. 오네시모로 인하여 빌레몬의 마음이 많이 상했을 것이다. 바울은 그런 빌레몬의 마음을 잘 알고 있었다. 그러나 오네시모가 더 이상 주인에게 해를 끼쳤던 종이 아니라 예수 그리스도 안에서 거듭난 믿음의 사람이 되었으므로 빌레몬이 그를 그리스도의 사랑으로 받아줄 것을 호소한다. 바울은 오네시모가 빌레몬에게 끼쳤던 손해를 대신해서 갚아줄 의향이 있고 또 그렇게 하겠다고 한다. 그러므로 손해를 본 것이 있으면 자신에게 말하라고 한다. 예수 그리스도 안에서 거듭난 한 영혼을 소중하게 여기는 바울의 따뜻한 사랑이 전달되어 온다.

바울은 그렇게 함으로써 예수 그리스도를 믿는다는 것이 무엇을 의미하는지 빌레몬이 알기를 원했다. 그러므로 빌레몬에게 '오, 형제여!'라며 탄원 섞인 간구를 하고 있다. 종을 포용하는 빌레몬의 그리스도를 닮은 넓은 아량으로 인해 그의 마음에 기쁨과 평안이 있기를 구했다. 예수님은 죄인들을 사랑하시고 그들을 위해 자신의 생명을 십자가에 내어놓으셨다. 그리스도의 사랑이 어떤 것인지 아는 사람은 마땅히 주 안에서 하나된 믿음의 형제들을 대할 때에 사랑의 마음을 품어야 한다. 바울은 빌레몬이 마땅히 그의 도망간 종을 다시 받아들이되 더 이상 종이 아니라 주 안에서 하나된 믿음의 형제로 받아 줄 것을 믿었다. 우리가 다른 사람에게 신뢰를 줄 수 있는 사람으로 살 수 있다면 서로에게 큰 축복이 되지 않겠는가? 복음은 진실로 우리를 사랑으로 하나되게 하는 능력이 있다.

## 12월 13일 :: 히브리서 1-3장

### 1. 우월하신 그리스도(1:1-14)

히브리서는 유대교로 다시 돌아가려고 하는 유대인 그리스도인들을 위해 기록되었다. 이 서신은 예수 그리스도의 우월성을 강조함으로써 유대인 그리스도인들의 배교를 방지하고 더욱 힘써 복음을 전파하는데 목적을 두고 쓰였다. 유대교의 배경 속에서 성장한 그리스도인들이 복음 안에 소망을 두며 사는 것이 쉬운 일은 아니었다. 그래서 그들에게 긴박하게 복음을 전해야만 했다. 그러므로 히브리서 저자는 모든 인사말들을 제쳐놓고 바로 그리스도의 위대함에 대해서 변론하고 있다. 우선 무엇보다 예수 그리스도는 그들이 추앙하고 있던 구약의 어떤 선지자들보다도 위대하신 분이심을 말씀한다. 선지자들은 하나님을 대면하고, 하나님께 직접 말씀을 듣고 그 말씀을 백성들에게 전해주었던 사람들이었다. 그런데 하나님께서 그의 아들 예수 그리스도를 이 세상에 보내시고, 그리스도를 통해 직접 우리에게 하나님의 뜻을 전달하도록 하셨다. 이 그리스도는 옛 선지자들과는 다른 하나님의 아들이었다. 하나님께서는 그리스도를 만유의 후사로 세우셨을 뿐 아니라, 그로 말미암아 모든 세계를 지으셨다. 그리스도는 창조의 사역에 동참하신 하나님이셨다. 선지자들은 우리와 같은 연약한 육체를 가진 사람들이었지만 예수 그리스도는 그들과는 비교되지 않는 하나님이셨다.

오늘도 예수 그리스도는 그 능력의 말씀으로 세상을 붙들고 계시며, 모든 죄를 깨끗하게 하는 능력을 가지고 계신다. 하나님께서는 그리스도를 높이셔서 하나님의 보좌 우편에 앉히셨다. 모든 것이 우리가 구세주로 믿고 고백하는 예수 그리스도에게서 나온다. 그리스도가 나의 하나님이 되심은 세상의 어떤 것과도 비교할 수 없는 영광스러운 일이다.

예수 그리스도가 천사보다 우월하신 분이심을 말씀한다. 유대인들은 천사를 피조물 중에서 으뜸이라고 생각하고 있었다. 그래서 선지자들이 하나님의 계시의 말씀을 전달해 주었듯이 천사가 자신들과 하나님 사이에 중개자가 되어준다고 생각하고 있었다. 그러나 저자는 하나님과 우리 사이에 중개자는 천사가 아니라 천사보다 훨씬 뛰어나신 예수 그리스도라고 증거한다. 천사들이 아무리 위대한 피조물일지라도 그것들은 여전히 섬기는 자들에 불과하고, 예수 그리스도는 영원한 왕권을 가지고 다스리는 분이시다. 천사와 그리스도의 위치에 대한 구약의 말씀을 반복해서 말씀함으로써, 저자는 천사와 그리스도는 비교될 수 있는 대상이 아니라고 증거한다. 하나님이 만드신 모든 피조물은 영원하지 못하고 변화무쌍하지만, 예수 그리스도는 영원하시고, 영원히 하나님의 보좌 우편에 계셔서 왕 노릇 하시는 분이시다. 하나님의 백성들은 변함없으신 예수 그리스도를 믿고 섬겨야 한다.

예수님은 하나님의 아들로써 하나님께서 천지를 창조하실 때 그 창조 사역에 동참하셨다. 예수님은 우주의 주인이 되신다. 그 주님께서 육신을 입고 이 세상에 오셨다. 기름부음을 받으시고 메시야가 되셔서 백성들의 죄를 대신하여 십자가에서 죽으셨다. 부활하시고 승천하셔서 영원토록 살아계신다. 천사는 부리는 영이다. 우리 구원 얻은 자를 위하여 섬기는 피조물이다. 오직 예수 그리스도만 영원히 높임을 받으셔야 한다.

## 2. 큰 구원(2:1-4)

예수 그리스도는 천사보다 우월하신 분으로 천사들도 예수 그리스도를 증거했는데 그것을 순종하지 않은 자들에게 하나님의 공의로운 심판이 있게 되었다. 하나님께서 예수 그리스도를 통해서 베풀어 주신 큰 구원의 진리를 굳게 붙잡으라고 말씀한다. 예수 그리스도는 우리 구원의 완성이 되신다. 예수님께서 우리의 죄와 허물 때문에 친히 십자가를 지시고 우리의 모든 죄를 담당하시고 하나님 앞에서 영원하고 완전한 구원을 베풀어주셨다. 우리가 그리스도 안에 있는 우리의 구원을 소홀히 하지 않아야 하는 이유는 다른 구원의 길이 우리에게 없기 때문이다. 오직 예수 그리스도를 통해서만 우리가 하나님께 나아감을 얻게 된다. 하나님께서는 친히 많은 이적과 기사들과 능력들과 성령의 역사를 통해 예수 그리스도만이 우리의 유일한 구원이 되심을 말씀하시고 확증해 주셨다. 더 나아가 성령께서 오셔서 여러가지 은사들을 주셔서 예수 그리스도 안에 있는 구원의 진리를 더욱서 굳게 붙들도록 도와주신다. 그러므로 어떤 경우에도 예수 그리스도를 생명의 주님으로 믿는 도리에서 벗어나게 하는 것을 용납해서는 안된다. 그러나 우리가 이 진리를 굳게 붙잡지 않으면 온갖 헛된 이론과 사상에 휩쓸려 자신도 모르는 사이에 떠내려 갈 수 있다. 우리의 삶의 주변에 믿는 자들을 미혹케 하여 복음의 진리에서 떠나게 하는 헛된 사상들이 많다. 예수 그리스도의 십자가를 통한 완전한 구원을 가볍게 여기는 자들과, 그리스도의 복음을 대적하여 헛된 것으로 돌리는 사람도 있다. 이러한 것들에 대해서 깨어 있어야 한다.

## 3. 사람이신 그리스도(2:5-18)

예수님이 천사보다 잠깐 동안 못하게 되셨다고 말씀한다. 하나님의 아들이 사람의 몸을 입으시고 이 세상에 오셨기 때문이다. 그러나 예수님은 피조물인 천사와는 비교될 수 없는 하나님의 아들이시고, 만물을 그 발 아래 복종케 하는 권세를 가지신 분이시다. 예수님이 죄인을 구원하시기 위해 십자가를 지시고 죽음의 고난을 받으셨지만, 하나님께서 그를 높여 주셔서 영광과 존귀의 면류관을 씌워 주셨다. 이처럼 하나님께서 우리를 위하여 베풀어 주신 은혜는 측량할 수 없다. 그러므로 고난은 부끄러운 것이 아니다. 우리가 주를 위해 고난을 받으면 주님께서 우리를 높여주신다. 예수님의 고난을 통해 우리는 하나님과 새로운 관계를 맺게 되었다. 하나님의 백성은 모두 다 그리스도 안에서 하나님의 자녀이다. 예수님은 친히 육신을 입으심으로써 사망의 세력을 잡고 있는 마귀를 없이하시고 사망의 그늘을 두려워하는 모든 자들에게 완전한 자유를 허락해 주셨다. 우리가 믿음 안에 있으면 진실로 사망이 우리를 주장하지 못하게 된다. 예수님이 친히 사망의 고통을 당하심으로 우리에게 영원한 생명을 선물로 주셨다. 또한 친히 고난을 당하셨으므로 우리의 고난을 아시고, 우리가 고난당할 때에 주님께서 곁에서 도와주시고 능히 이길 수 있게 해 주신다. 그러므로 낙심하지 말고 힘주시는 주님을 의지하고 붙들어야 한다. 사람의 몸을 입으시고, 고난당하시고, 죽음을 맛보신 주님께서 우리의 연약함을 아시고 도와주신다.

## 4. 예수를 깊이 생각하라(3장)

모세는 이스라엘 백성들에게 있어서 위대한 선지자였다. 그가 하나님께 부르심을 받고 광야에서 40년 동안 백성들을 인도했다. 백성들은 그들을 애굽에서 인도해 내신 하나님께 끊임없이 반항했다. 모세를 대하여 원망과 불평을 일삼았던 모든 자들이 가나안 땅을 밟아보지 못하고 광야에서 그들의 삶을 마감해야만 했다. 많은 눈물과 탄식이 있었지만, 모세는 그런 백성들을 인도하고, 하나님의 집을 맡은 자로서 하나님 앞에서 충성되게 살았다. 우리가 하나님 앞에서 충성되게 사는 것이 중요하다. 하나님께서는 모세를 통해 많은 이적들을 베푸시고, 하나님의 백성들을 인도하셨다. 이스라엘 백성들은 이 모세를 가장 위대한 선지자로 여길 만했다. 그러나 모세가 아무리 위대할지라도 예수 그리스도와는 비교될 수 없다. 그는 단지 하나님의 집에서 사환으로 일했을 뿐이었지만, 만물의 주인이신 예수님은 사환이 아닌 아들로써 하나님의 집에 충성했다.

우리가 주님의 말씀을 들을 때에 온전히 순종해야 하는 것은 하나님의 아들이 친히 우리와 함께 하시고 우리의 인생길을 인도하시기 때문이다. 예수님을 의지하는 자들은 하나님의 복을 누린다. 모세를 따랐던 사람들이 불순종함으로 하나님의 은혜를 누리지 못했던 것을 우리의 마음에 깊이 생각하자. 하나님은 불순종을 가볍게 넘기시는 분이 아니시다. 하나님은 계속해서 순종하는 자를 찾으신다. 예수님을 신뢰하면 어떤 인생도 반드시 하나님 앞에 성공자가 된다. 우리에게 귀한 믿음을 주신 것을 감사하고 범사에 순종하며 살겠다는 각오를 새롭게 하자.

## 1. 거룩한 두려움(4:1-13)

안식에 들어가지 못하게 될까 두려워하라고 한다. 하나님께서 자기 백성들에게 안식에 대한 약속을 주셨다. 그러나 많은 사람들이 하나님의 안식에 들어가지 못하고 광야에서 죽었다. 하나님의 말씀에 불순종했기 때문이다. 하나님께서 안식일을 주신 이유는 우리에게 안식을 누릴 수 있게 하기 위함이다. 문자적으로 그것을 지킨다고 누린다고는 말할 수 없다. 하나님의 말씀을 믿는 온전한 믿음이 있어야 한다. 하나님은 자기 백성들에게 끊임없이 안식을 누리라고 말씀하셨지만 그들이 하나님의 안식에 들어가지 못한 것은 말씀을 믿지 않았기 때문이다. 믿음은 하나님의 말씀이 우리 영혼에 유익하도록 한다. 예수님은 우리에게 참된 안식을 주시는 분이시다. 예수 그리스도 안에 있을 때 하나님께서 주시는 참된 안식이 있다. 우리가 이 땅에서 안식을 누릴 뿐 아니라, 영원한 안식에 들어가기를 힘써야 한다. 그러기 위해서는 하나님의 말씀에 순종해야 한다. 한 번 믿었다고 다 안식에 들어가는 것이 아니다. 믿음은 끊임없는 순종을 요구한다. 하나님의 말씀 앞에서 우리 자신을 내려놓고 계속해서 순종해야 한다. 우리가 하나님의 말씀을 속일 수 없다. 하나님의 말씀은 살아있어서 우리의 모든 생각과 마음을 감찰한다. 모든 것은 말씀 앞에서 판단을 받고, 드러나게 되어 있다. 주님 앞에서 우리의 믿음을 지키고, 주의 말씀에 순종하는 삶을 살도록 하자. 우리가 많은 수고를 하고서도 안식을 누릴 수 없다면 얼마나 불행한 일이 되겠는가? 우리를 위해 영원한 안식을 예비하신 주님을 찬양하자.

## 2. 은혜의 보좌(4:14-5:10)

'긍휼하심을 받고 때를 따라 돕는 은혜를 얻기 위하여 은혜의 보좌 앞으로 담대하게 나아가자'고 한다. 은혜의 보좌는 하나님이 계신 곳이다. 대제사장들은 일년에 한 차례 백성들과 자신들의 죄를 속하기 위하여 은혜의 보좌 앞으로 나갔다. 하나님께서는 죄인들이 은혜의 보좌 앞으로 나아오는 것을 용납하지 않으셨다. 그러나 예수 그리스도께서는 하나님과 우리 사이에 가로막힌 모든 담을 그의 육체의 죽으심을 통해 허무시고 단번에 은혜의 보좌를 여심으로 우리가 두려운 마음이 아니라 담대한 마음을 가지고 그 앞에 나아갈 수 있게 하셨다. 우리가 하나님의 은혜를 받도록 하자. 예수님께서 우리의 모든 연약함을 아시고 그것에 대해서 깊은 동정심을 가지고 계신다. 우리가 담대하게 예수님을 신뢰할 수 있는 이유가 바로 여기에 있다. 성도는 늘 예수 안에서 담대하게 살아야 한다.

죄가 있는 사람은 담대할 수 없다. 그러나 예수님이 우리의 모든 죄를 사해 주셨으므로 우리가 항상 담대하게 살아갈 수 있다. 하나님은 나의 의가 아닌, 예수 그리스도의 의를 보시고 나를 당신의 자녀로 인쳐주셨다. 예수님은 전쟁에서 이기고 돌아오는 아브라함을 맞이했던 멜기세덱과 같이 우리에게 영원한 대제사장이 되신다. 주님은 이 땅에 계실 때에 우리의 연약함 때문에 심한 통곡과 눈물로 간구와 소원을 올려 드렸고, 자기 몸을 드려 십자가에서 하나님의 뜻에 온전히 순종하심으로써 우리의 구원에 대하여 하나님의 응답을 받으셨다. 우리의 영원한 대제사장이 되시고, 우리를 담대하게 은혜의 보좌 앞으로 나아가게 하신 주님을 찬양하자.

## 3. 성장을 추구하라(5:11-6:8)

아브라함이 멜기세덱에게 복을 받았는데 멜기세덱은 시작도 없고 끝도 없는 영원한 하나님의 제사장이신 예수 그리스도를 예표한다. 우리가 영원한 멜기세덱이신 예수 그리스도를 믿는 믿음 가운데로 나아가야 한다. 믿은지 오래 되었지만 여전히 어린 아이와 같은 수준에 머물러 있는 신앙의 모습은 보는 이의 마음을 안타깝게 한다. 마땅히 믿음이 자랐어야 할 사람이 신앙의 진보를 위해 힘쓰지 않는 것은 하나님을 기쁘시게 하는 일이 아니다. 하나님의 자녀는 계속해서 믿음이 자라가야 한다. 신앙 성장의 원리는 어린 아이가 점점 자라 장성하게 되는 것과 같다. 처음에는 어린 아이처럼 단단한 음식을 먹지 못하여 여러가지 진리에 대하여 많은 의문들이 있었을지라도 장성한 사람이 되어서는 점점 밝은 복음의 빛 가운데로 나아가야 한다. 그런 사람에게는 신령한 일에 대한 영적인 분별력이 있어서 참된 것과 거짓된 것을 분별할 수 있게 된다. 이렇게 신앙이 장성한 사람은 어떤 일에도 쉽게 미혹을 받지 않는다. 하나님의 자녀는 끊임없이 신앙의 진보를 이루기 위해 힘써야 한다. 우리가 그리스도의 진리의 초보에만 머물러 있지 않도록 하자. 땅이 내리는 비를 흡수하여 채소를 자라게하듯이 우리가 복음의 밭을 잘 가꾸어 풍성한 열매를 맺으므로 하나님 앞에서 복을 받는 사람이 되어야 하겠다. 계속해서 성장을 추구하고 더 깊은 은혜의 자리로 나아가기를 힘쓰자. 지금 나의 믿음은 어느 수준에 머물러 있는지 신중하게 살펴보자.

## 4. 인내하는 믿음(6:9-20)

믿음의 삶에 있어서 부지런하라고 한다. 믿음에서 떠나게 하는 여러가지 유혹들이 있지만 믿음의 도리를 굳게 붙들고 게으르지 말고 끝까지 인내하라고 한다. 하나님의 약속을 받기 위해서는 마지막까지 믿음의 경주를 해야 한다. 하나님께서 아브라함의 믿음을 복 주셔서 그에게 약속했던 '복 주고 복 주며, 번성케 하고 번성케 하리라'는 약속을 이루어 주시기까지 아브라함은 인내하는 믿음을 가지고 하나님을 따라갔다. 오래 참음으로 약속을 받게 되었다. 우리는 모든 소망이 당장에 이루어지기를 기대하지만 신앙에는 인내가 필요하다. 하나님은 신실하신 분이심으로 반드시 그 약속하신 것을 이루실 줄 믿고 인내로써 소망 가운데 참고 바라보는 것이다. 배가 파도에 휩쓸려 떠내려 가지 않기 위해 닻을 내린다. 하나님의 신실하심은 우리 영혼의 닻과 같다. 그 신실하심에 우리의 믿음을 견고하게 붙들어 매야 한다. 하나님께서 예수 그리스도를 멜기세덱의 반차를 좇는 영원한 대제사장을 삼으셨다. 예수 그리스도께서 우리의 모든 죄를 단번에 해결하시고, 우리에게 완전한 구원을 허락해 주셨다. 그러므로 우리가 이 믿음에 굳게 서자. 예수님께서 율법의 모든 요구를 완전하게 만족시키셨다. 우리가 예수 그리스도를 믿음으로 하나님 앞에 온전한 자로 서게 된다. 나의 허물과 연약함에도 불구하고, 영원한 대제사장 되시는 예수 그리스도의 십자가의 피를 보시고 나를 의롭다고 인쳐 주시는 하나님이시다. 예수님께서 이루신 완전한 구원을 의심하지 말고 믿자.

## 12월 15일 :: 히브리서 7-9장

### 1. 영원한 대제사장(7장)

제사장의 직분은 레위 지파에서부터 출발했다. 영원한 대제사장이 되시는 예수 그리스도는 레위 지파가 아니라 멜기세덱의 반차를 좇아 제사장이 되셨다. 멜기세덱은 시작도 없고 끝도 없고, 아비도 없고 어미도 없고, 족보도 없는 살렘 왕이었고 제사장이었다. 멜기세덱은 예수님을 예표하는 제사장이었다. 멜기세덱은 아브라함이 그돌라오멜과 그와 함께한 왕들을 물리치고 돌아올 때에 아브라함에게 떡과 포도주를 가지고 나와 그를 축복하고, 그로부터 노략물의 십일조를 받았다. 아브라함은 그를 지극히 높으신 살렘 왕 즉, 의의 왕, 평화의 왕으로 인정하여 그에게 십일조를 드렸던 것이다. 레위 족속의 제사장 직분은 하나님께서 정해주신 특별한 것이었지만, 멜리세덱과는 달리 시작과 끝이 있는 직분이었다. 아브라함이 멜기세덱에게 십일조를 바칠 때 아브라함의 후손인 레위도 멜기세덱에게 십일조를 바친 것이나 마찬가지였다.

멜기세덱은 아브라함에게 복을 빌어준 살렘의 왕이면서 제사장이었다. 아브라함에게 있어서 멜기세덱은 하나님과 같은 존재였다. 마찬가지로 예수 그리스도는 세상의 어떤 제사장과도 비교할 수 없는, 멜기세덱의 방식을 따른, 시작도 없고 끝도 없는 영원한 대제사장이 되셔서 자기 몸을 찢으심으로 성소 휘장을 열고 하나님 보좌 앞으로 나아가셨다. 그 주님이 우리의 영원한 대제사장이 되시고, 우리에게 영원한 복을 허락해 주신다. 예수 그리스도를 세상의 어떤 제사장과 비교할 수 있겠는가? 하나님의 백성들은 영원한 대제사장 되시는 예수 그리스도의 복을 누리며 사는 사람들이다.

레위의 제사장 직분이 완전한 것이었다면 하나님께서 멜기세덱의 반차를 좇는 제사장을 세울 필요가 없었을 것이다. 레위지파의 제사장 직분은 새롭게 바뀔 필요가 있었던 한시적인 직분이었다. 예수님은 유다 지파에서 나온 제사장이셨다. 하나님께서 유다 지파에게는 제사장의 직분을 허락하시지 않았다. 그럼에도 불구하고 예수님은 유다지파에서 나와서 대제사장이 되신 것이다. 그러므로 예수님을 믿는 모든 사람들은 예수 그리스도를 힘입고 영원하신 하나님께로 나아갈 수 있게 되었다. 하나님께서는 예수님이 영원한 대제사장이 되실 것이라고 말씀하신 맹세를 좇아 대제사장이 되게 하셨다.(시110:4) 예수님은 더 좋은 언약의 보증이 되셨고, 율법을 좇아 난 레위 지파의 제사장들과는 달리 영원히 살아계셔서 우리에게 대제사장이 되신다.

믿는 자에게는 더 이상 율법의 반차를 좇은 제사장이 필요하지 않다. 우리는 예수 그리스도를 믿고 그를 힘입어 곧 바로 하나님께 나아간다. 누구든지 예수 그리스도께로 나아오는 사람은 죄를 용서받고 하나님 앞에 옳다 인정함을 받는다. 하나님께서 나를 위하여 마련하신 속죄의 길을 받아들이는 사람은 어떤 허물과 죄가 있더라도 예수 그리스도의 피를 힘입어 즉시 하나님께 나아갈 수 있는 은혜를 누린다. 예수님이 나의 영원한 대제사장이 되심을 인하여 감사드리자. 예수님은 오늘도 나를 위하여 간구하고 계신다. 우리를 위하여 완전한 구원의 길을 열어주신 주님을 찬양하자.

## 2. 새 언약의 중보(8장)

광야에 첫 장막이 세워졌을 때, 제사장들은 제사를 드리기 위해 성소에 들어갔다. 그들은 성소에서 일하는 자들이었다. 하나님께서 땅에 성소를 짓게 하시고 그들에게 성소의 일들을 하도록 명하신 것은 영원한 하나님의 나라에 있는 완전한 것의 모형과 그림자로써 하늘의 일을 모방하게 하도록 하신 것이다. 제사장들은 하나님과 하나님의 백성들 사이에 중보자가 되어 성실하게 언약을 실천했다. 그러나 예수 그리스도께서는 그들이 가졌던 직분과는 비교할 수 없이 아름다운 직분을 가지셨다. 땅에는 제사의 일들을 감당하는 많은 제사장들이 있었으므로 예수님은 이 땅에서 다시 제사장이 되실 필요가 없었다. 땅의 제사장들은 그들 자신도 죄인이었으므로 그들이 행한 제사의 일이 하나님 앞에서 온전하지 못했다.

예수님은 하늘나라의 영원한 제사장이 되어 온전한 중보자의 일을 하시는 분이시다. 중요한 것은 그 대제사장이 지금 우리 안에 계신다는 것이다. 우리가 예수 그리스도를 믿게 되었다. 예수님이 우리를 자기 집으로 삼으시고 우리에게 새로운 언약을 주셨다. 하나님의 말씀을 우리의 심령에 새겨주시고 친히 우리의 하나님이 되어주셨다. 예수님이 우리와 함께 계시기 때문에 우리가 더 이상 정죄함을 받지 않는다. 영원한 대제사장이신 예수님은 우리의 불의를 긍휼히 여기시고 자신의 피를 흘려 우리의 죄값을 완전히 지불하셨으므로 다시는 우리의 죄를 기억하지 않으신다. 영원한 중보자를 모신 하나님의 백성은 날마다 그 안에서 영혼의 참된 자유를 누린다. 하나님께서 우리를 자유케 하는 중보자를 주셨으므로 우리가 우리의 참 중보자 되시는 예수 그리스도를 의지하자.

## 3. 세상 끝에 나타나심(9:23-28)

하나님께서 광야에 성막을 만들도록 하신 이유는 하나님의 백성들과 함께 하시고 그들의 죄를 사하기 위해서였다. 죄를 짓는 사람은 하나님 앞에서 살 수 없었고 반드시 죽임을 당해야만 했다. 하나님께서 자기 백성들을 사랑하셨으므로 그들이 죽음을 면할 수 있는 길을 열어주셨는데 그것이 성막이었다. 그러나 그것은 어디까지나 모형에 불과한 것이었다. 백성들이 진실로 죄 용서함을 받는 길이 어디에 있는지를 깨우치시기 위함이었던 것이다. 하나님께서 백성들의 죄를 사하시기 위해 흠없는 제물을 요구하셨던 것은 장차 흠 없으신 당신의 아들 예수 그리스도의 피가 모든 죄인들의 죄를 용서할 수 있음을 미리 보여주신 것이었다.

대제사장은 해마다 백성들의 죄를 위해 제물의 피를 들고 성소에 들어갔지만, 예수 그리스도께서는 죄를 용서하시기 위해 친히 흠없고 완전한 자신의 피를 흘려 이 땅에 완전하고 영원한 구원을 이루셨다. 세상의 모든 사람은 자기의 죄로 인해서 죽을 수밖에 없다. 죽음은 그것으로 끝나는 것이 아니다. 그 죽음 후에는 반드시 하나님의 심판이 있다. 예수님은 우리에게 구원을 선물로 주시고 더 이상 사망이 우리를 주장하지 못하게 하기 위해 친히 나무에 달려 피를 흘리시고 돌아가셨다. 예수님께서는 단번에 죽으심으로써 더 이상 우리가 죄에 매여 종노릇하지 않도록 자유함을 주셨다. 이제 주님께서는 완전하고 영원한 구원을 바라는 당신의 백성들을 위해 다시 나타나게 될 것이다. 우리가 예수 그리스도의 십자가의 피를 믿을 때 완전한 구원을 누리게 된다. 더 이상 사망과 심판이 우리를 주관하지 못하게 된다. 당신의 희생을 통해서 나에게 완전한 속죄와 영생을 선물로 주신 주님을 찬양하자. 오직 예수 그리스도께서 십자가의 희생을 통해 우리에게 영원한 속죄를 이루셨으므로, 우리도 그의 희생을 본받아 십자가를 지는 삶을 통해 이웃을 생명의 길로 인도하고 그들이 심판에 이르지 않도록 하는 일에 쓰임받기를 소망하자.

## 12월 16일 :: 히브리서 10-11장

### 1. 그림자와 실체(10:1-18)

영원한 대제사장으로 오신 예수 그리스도께서 어떻게 우리의 죄를 담당하셨는지 말씀한다. 구약의 백성들은 율법을 좇아 제사를 드렸다. 그들은 죄를 지을 때마다 동물의 희생을 드림으로 죄 용서를 받았다. 그러나 황소와 염소의 피는 능히 죄를 없이하지 못했다. 이러한 것들은 장차 올 일의 그림자에 불과하고, 또 죄를 생각나게 하는 역할을 했다. 하나님께서 임시 방편을 마련하신 것은 언젠가는 실체가 올 것이기 때문이었다. 그 때까지 그림자를 따라 제사를 드리게 함으로써 백성들이 온전한 실체를 사모하게 했다. 하나님께서는 율법을 따라 드리는 번제와 속죄제를 원치 아니하시고 기뻐하시지도 않으셨다. 오직 하나님의 뜻을 좇아 단번에 자기 몸을 드릴 거룩하신 예수 그리스도만이 하나님의 요구를 완전하게 만족시키셨다. 그러므로 예수 그리스도의 피를 믿는 사람은 하나님 앞에서 영원한 의를 얻게 되며, 모든 죄를 완전하게 용서받는다. 구약의 백성들이 그렇게 많은 제물을 드렸음에도 온전하게 용서받지 못했던 죄를 예수 그리스도께서 십자가에 죽으심으로 단번에 죄인들의 속죄를 이루셨다.

율법은 그림자와 같은 것이었다. 그림자가 있다는 것은 실체가 있다는 것을 의미한다. 예수 그리스도는 그림자의 실체가 되신 분이시다. 그리스도의 피를 믿는 사람은 더 이상 율법에 얽매일 필요가 없다. 예수 그리스도께서 그를 믿는 자에게 완전한 용서와 자유를 주셨다. 그리스도 예수 안에서 우리의 불법을 다시는 기억하지 않으시는 하나님이시다. 예수 그리스도 안에는 참된 용서와 참된 자유가 있다. 예수 그리스도 한 분이면 충분하다. 오직 예수 그리스도의 십자가만 붙들자.

### 2. 전진하는 믿음(10:26-39)

하나님의 아들을 밟고 자기를 거룩하게 한 언약의 피를 부정한 것으로 여기고 은혜의 성령을 욕되게 하는 자에게는 다시 속죄하는 제사가 없다고 경고한다. 예수 그리스도의 피를 헛된 것으로 돌리는 사람이 하나님께 받을 수 있는 은혜는 세상에 다시 있지 않다. 하나님께서 세상을 사랑하셔서 당신의 아들을 우리를 위하여 내어주셨으므로 우리가 예수 그리스도를 온전히 신뢰해야 하는 것은 당연한 것이다. 하나님의 은혜를 욕되게 하지 말자. 예수 그리스도의 십자가 안에 모든 인생 문제의 해답이 있다. 무슨 일을 만나든지 예수 그리스도께로 나가자. 온전한 믿음을 가지고 주의 법을 좇아 순종하자.

히브리서 기자는 늘 배교의 위험 가운데 살아가던 성도들을 격려하며 하나님의 은혜 안에 굳게 붙어있으라고 격려한다. 담대함을 버리지 말라고 한다. 하나님의 백성들이 이 땅을 살아갈 때 예상하지 못했던 어려운 일들을 당하기도 하고, 때로는 많은 손해를 감수할 수도 있다. 그러나 우리가 늘 소망을 두어야 할 것은 이 땅의 것이 아니라 하늘에 있는 영구한 산업이다. 하나님께서 당신의 아들의 핏값으로 우리를 사신 것은 우리가 하나님께 소망을 두며 살도록 하기 위함이다. 믿음은 모든 사람들의 것이 아니다. 하나님이 은혜로 주신 자 만이 그 선물을 누릴 수 있다. 오직 의인은 믿음으로 살아야 하고, 뒤로 물러나면 하나님이 기뻐하지 않으시므로 믿음을 가지고 앞으로 나아가야 한다. 주님 때문에 고난과 핍박과 손해를 감수할 각오를 해야 한다. 뒤로 물러나면 우리에게 남는 것이 아무것도 없게 된다. 머뭇거리고 있는가? 멈추지 말고 계속해서 믿음을 경주하자.

## 3. 오직 믿음으로(11:1-12)

믿음은 바라는 것들의 실상이고 보지 못하는 것들의 증거라고 했다. 믿음으로 사는 것이 막연하게 여겨질 때도 있다. 그러나 믿음보다 확실한 것이 없다. 믿음은 바라는 것, 보이지 않는 것들의 확실한 실체이다. 세상에 나타난 모든 것들이 보이는 것으로 되어진 것이 아니다. 우리가 하나님의 말씀으로 세계가 지어졌다는 것을 믿음을 통해서 안다. 우리가 어떻게 하나님이 받으실만한 예배를 드릴 수 있겠는가? 하나님은 신령과 진정으로 드리는 믿음의 예배를 받으신다. 믿음보다 확실한 증거는 없다. 하나님은 우리의 눈에 보이는 어떤 것으로 우리를 평가하지 않으시고 우리의 믿음을 보시고 평가하신다. 믿음이 없으면 하나님을 기쁘시게 할 수 없다. 보이지 않는 하나님께 나아갈 때 우리가 어떻게 하나님의 살아계심을 알 수 있을까? 하나님이 우리에게 상을 주시는 분이심을 어떻게 알 수 있을까? 오직 믿음으로 알게 된다. 눈에 보이는 것은 믿는다고 말하지 않는다. 눈에 보이지 않는 것을 보기 위해서는 믿음이 필요하다. 많은 믿음의 사람들이 그들의 삶이 불확실하고 눈에 보이는 것이 아무것도 없었지만 하나님의 말씀을 믿고, 그대로 순종함으로써 하나님 앞에서 의로운 자라는 증거를 얻었고 구원에 이르게 되었다. 아벨, 에녹, 노아, 아브라함, 사라가 그런 삶을 살았다. 하나님께서 그들을 높이시고, 그들을 통해 믿음의 역사를 만들어가셨다. 하나님을 믿음으로써 인생에서 실패한 사람은 아무도 없다. 세상에서 실패한 것처럼 보였지만 모두다 하나님 앞에서 성공자들이 되었다. 믿음이 역사를 만들었고, 믿음이 구원에 이르게 했다. 믿음으로 유업을 얻게 되었고, 믿음으로 잉태하는 힘을 얻게 되었다. 모든 불가능한 것들이 믿음을 통해 현실이 되었다. 언제나 믿음이 이긴다.

## 4. 세상을 이기는 믿음(11:32-40)

믿음의 사람들을 생각하면서 그들의 이름을 열거하는 것은 신나는 일이다. 기드온, 바락, 삼손, 입다, 다윗, 사무엘, 선지자들… 이름을 다 셀 수 없는 많은 믿음의 사람들이 하나님께 귀하게 쓰임받았다. 그들은 믿음으로 나라를 이기고, 약속을 받고, 사자의 입을 막고, 불의 세력을 멸하고, 칼날을 피하고, 약한 가운데서 강하게 되고, 전쟁에서 이기기도 하고, 죽은 자를 부활로 받기도 했다. 각자 자신의 삶의 영역에서 가장 좋은 것을 받아 누렸다. 반면에 어떤 믿음의 사람들은 희롱과 채찍질을 당하고, 결박과 옥에 갇히고, 돌로 침을 당하고, 톱으로 켬을 당하고, 칼에 죽임을 당하고, 유리방황하며 궁핍과 환난과 학대를 받고, 정처 없는 삶을 살기도 했다. 그러나 믿음이 있었기 때문에 그 모든 시험을 견디고 능히 이기는 삶을 살았다. 성경은 이런 사람들을 일컬어 '세상이 감당치 못할 사람'이라고 말씀한다.

믿음으로 인해 영광스러운 삶을 살기도 하지만, 믿음으로 인해 모든 시험과 환란을 견디는 삶을 살기도 한다. 어떤 삶이든지 믿음으로 산 삶은 가치 있고 보람 있다. 믿음으로 사는 사람들을 보면 우러러보이고, 그들의 삶이 한없는 부러움으로 다가온다. 오늘 나의 곁에는 어떤 사람이 있는가? 나는 어떤 사람인가? 우리가 믿음으로 사는 사람들을 만나고, 그들과 함께 우리의 믿음을 나눌 수 있다면 그것은 참으로 귀한 축복이다. 믿음은 모든 것들을 초월하여 이기게 하고, 언제나 하나님 편에 서서 하나님을 기쁘시게 한다. 오늘 믿음의 사람과 함께 하자. 그들과 함께 믿음을 나누자. 격려받고 힘을 얻자. 믿음의 사람과 함께 있으면 나도 믿음의 사람이 되고 이기는 삶을 살게 된다.

# 12월 17일 :: 히브리서 12-13장

## 1. 예수를 바라보자(12:1-13)

구름같이 둘러싼 허다한 믿음의 증인들이 살았던 삶은 결코 평탄하지 않았다. 하나님을 위해 살지 않았다면 고난과 핍박을 받지도 않았을 것이다. 그러나 하나님을 택함으로 많은 시련과 역경을 감수해야만 했다. 믿음의 경주를 잘하기 위해서는 죄악된 생각과 마음들을 버리고 의의 옷으로 갈아입어야 한다. 예수님은 우리 믿음의 주님이시고, 우리를 온전하게 하시는 분이시다. 예수 그리스도를 바라보자.

예수님께서 이 땅에 계실 때에 하나님의 진리를 전파하다가 많은 고난을 받고 십자가를 지셨다. 그러나 주님께서는 그것을 수치로 여기지 아니하시고 영원한 하나님의 나라의 영광을 사모하며 참으심으로써 아버지 앞에 옳다 인정함을 받으셨다. 우리의 삶에 어떤 일들이 있을지라도 예수 그리스도를 바라보면 낙심하지 않고 넘어지지 않게 된다. 우리는 하나님 앞에서 믿음의 싸움을 하도록 부름받은 사람들이다. 하나님의 자녀이기 때문에 하나님께서 우리를 더욱더 강하게 훈련하시고, 징계하시고 채찍질하실 수 있다. 하나님의 자녀로 온전하게 세우기 위해서이다. 시련과 역경을 만날 때에 예수 그리스도를 바라봄으로 견디고, 이기는 삶을 살아야 하겠다. 시험을 받을 때에 예수님의 시험을 생각하고, 고난 받을 때에 예수님께서 받으셨던 고난을 생각하고, 주님께서 모든 것을 참고 이기셨으므로 우리에게도 이길 힘을 주시도록 간구하면서 주님을 의지하자. 피곤한 손과 연약한 무릎을 일으켜 세우라고 격려한다. 하나님의 사람들이 불신앙적인 세대 가운데서 그들의 믿음을 지키는 것이 얼마나 힘들었겠는가? 그때마다 예수를 바라봄으로 이기는 삶을 살았다. 언제나 우리 곁에서 우리를 응원하시는 주님이 계시기 때문에 의의 평강한 열매를 맺을 때까지 앞으로 나아가자. 믿음의 경주를 포기하지 말자.

## 2. 늘 동일하신 주(13:1-15)

형제 사랑하기를 계속하고 손님 대접하기를 잊지 말라고 한다. 무슨 일이든지 꾸준하게 계속하는 것이 쉽지 않다. 꾸준하게 하기 위해서는 열심만 가지고는 안된다. 그 일에 대한 깊은 이해가 있어야 한다. 형제를 사랑하기 위해서는 형제를 깊이 생각해야 한다. 함께 갇힌 것 같이 갇힌 자를 생각하고 내가 학대를 받는 같은 마음으로 학대받는 자를 생각해야만 진실한 사랑을 할 수 있다. 이것이 그리스도의 마음이다. 예수님은 우리를 피상적으로 대하지 않으셨다. 자신의 모든 것을 내어놓으므로 우리를 사랑하셨다. 십자가를 지시고 피 흘리기까지 우리를 사랑하셨다. 어떤 삶을 살든지 진지하고 깊이 생각할 때 가치 있는 삶을 살 수 있다. 하나님을 신뢰하는 사람은 범사에 질서가 있고, 늘 자족하며 산다. 하나님께서 정해주신 질서를 따라 살고, 하나님을 의지함으로 자족한 삶을 살면 매사에 감사와 기쁨이 있다. 우리를 위해 당신의 아들을 내어주신 하나님께서 신실함으로 우리를 붙드시고 인도해 주신다. 우리가 물질에 집착하여 사는 것보다, 자족함을 누리는 것이 훨씬 복된 삶이다. 진실한 믿음을 가지고 살았던 많은 사람들이 하나님의 신실하심에 모든 삶을 의탁하고 하나님의 인도하심을 신뢰하며 살았다. 예수님은 예나 지금이나 변함이 없으신 분이시다. 여전히 우리를 사랑하시고, 여전히 우리에게 좋은 것을 주시는 분이시다. 변하기 쉬운 것들에 소망을 두기보다는 변치 아니하시는 주님께 소망을 두자. 우리가 이 땅을 살아가지만 영원한 하나님의 나라를 소망하자. 이 땅은 영구한 도성이 아니니다. 모든 형적은 지나간다. 주님께서 가셨던 길을 가기로 선택한 사람들은 세상의 일들에 얽매이지 않는다.

## 12월 18일 :: 야고보서 1-3장

### 1. 기뻐하는 삶(1:1-11)

야고보서는 여러 나라에 흩어진 유대인들에게 보낸 서신서이다. 본서는 '행함이 있는 믿음'에 대해서 강조하는 실천적인 서신이다. 그 당시 믿음의 형제들은 예수 그리스도의 제자로서 살아가는데 많은 시련과 핍박과 역경 가운데 있었다. 야고보서는 그러한 형제들을 격려하고 계속해서 믿음에 합당한 삶을 살도록 권면한다. 여러 가지 시험을 만나거든 인내하면서 온전히 기쁘게 여기라고 한다. 어떤 모습으로 다가오든지 시험이나 시련은 우리에게 많은 고통을 가져다준다. 그러나 믿음의 시련은 그 일에 대해서 우리를 더욱 더 견고하게 만들어주므로 그것을 기쁘게 여겨야 한다. 주님 안에서는 모든 것이 유익하다. 그러므로 시험 가운데서 지혜를 구하고 하나님의 뜻을 이룰 수 있기를 구하자. 우리 주님께는 모든 것을 변하여 선으로 바꾸시는 능력이 있다. 우리가 언제나 신실하신 주님을 믿고 믿음으로 구하면 시험당할 때에 피할 길을 주시고, 또한 능히 이길 수 있는 힘을 공급해 주신다. 그러므로 우리가 항상 주 안에서 기뻐할 수 있다. 낮은 형제는 자기의 높아짐을 자랑하고, 부한 형제는 자기의 낮아짐을 자랑하라고 한다. 신분이나 경제적인 면에서 낮은 자나 높은 자가 있다. 그러나 예수 그리스도 안에서는 그러한 것들이 어떠한 차이도 만들어내지 못한다. 예수 그리스도 안에서 자신을 바라보고 평가하는 새로운 관점을 가질 때 우리가 비천한 가운데서도 주 안에서 높은 자인 것을 인해 당당할 수 있고, 비록 부유할지라도 언제나 겸손하셨던 주님 안에서 자신의 보잘것 없음을 인정하며 겸손하게 살아갈 수 있다.

### 2. 시험을 이기는 삶(1:12-18)

시험을 참는 자가 복이 있고 이것에 옳다 인정하심을 받은 자는 생명의 면류관을 받게 된다고 말씀한다. 시험을 참는 것이 쉽지 않다. 많은 인내가 있어야만 한다. 주님께서 우리가 시험당할 때에 지켜보시고 응원해주신다. 그러므로 주님을 바라봄으로 참고 이겨서 믿음을 지킴으로 생명의 면류관을 받자. 사람 앞에서 인정받지 못할지라도 주님께서 인정해주시고 잘 싸웠다고 격려하시면서 영생의 면류관을 주실 것을 기대하는 사람은 어떤 시험 가운데서도 뒤로 물러서지 않고 그것과 싸워 이길 힘을 얻는다. 또한 유혹이 있을 때에 하나님께서 나를 시험하신다고 말하지 말라고 한다. 하나님은 악한 것에 대해서 시험을 받지도 않고, 또 시험하지도 않으시는 분이시다. 언제나 유혹은 우리의 욕심에서 시작됩니다. 욕심이 잉태하여 죄를 낳고 죄가 자라서 사망에 이르게 한다고 했다. 우리가 욕심을 품는 곳에 언제나 시험이 있고 넘어짐이 있다. 욕심을 버릴 때 시험에 떨어지지 않게 된다. 욕심에 끌리지 않기 위해서는 우리가 추구하는 것들에 대한 올바른 시각을 가져야 한다. 주님 안에서 그것들이 무슨 의미가 있는 것인지를 깊이 생각할 때 쓸데없는 욕심에 이끌리지 않게 된다. 우리가 속지 말아야 할 것은, 이 땅에서 우리들이 취하는 것으로 참된 만족을 누릴 수 없다는 것이다. 우리가 이 땅에 살아가지만 늘 하나님의 자녀임을 잊지 말자. 각양 좋은 은사와 온전한 선물은 위로부터 빛들의 아버지께로부터 내려온다. 우리는 하나님 안에서 참된 만족을 누리며 살 수 있다. 욕심에 미혹된 삶이 아니라 하나님과 교통함으로 신령한 복을 누리도록 하자.

### 3. 믿음과 행함(2:14-26)

행함이 있는 믿음에 대해서 말씀한다. 어떤 사람이 자신은 믿음이 있다고 자랑하면서 행함으로써 그 믿음을 증거하지 않을 때 그 믿음은 거짓된 믿음이라고 한다. 우리가 믿음에 관해 많은 말들을 하지만, 나의 삶이 내가 어떤 믿음을 가지고 있는지를 보여준다. 믿음이 있다고 하면서 행함이 없다면 그 믿음은 죽은 믿음이고, 그러한 믿음은 하나님 앞에서 아무 효력도 발휘할 수 없다. 우리가 형제를 진실로 사랑한다면 구체적으로 형제의 필요가 무엇인지를 살피고, 어려움 가운데 있는 형제가 있으면 자신이 가진 것으로 기꺼이 그 형제를 도와주어야 한다. 그것이 진실로 형제를 사랑하는 것이다. 하나님께서 아브라함의 믿음을 보시고 의롭다고 해주셨는데, 그 때에 아브라함은 자기의 사랑하는 독자를 하나님의 말씀대로 제단에 바침으로써 의롭다는 증거를 얻게 되었다. 하나님을 사랑한다는 말은 누구나 할 수 있다. 그러나 그 사랑에 합당한 행동을 하는데는 믿음과 용기가 필요하다. 참된 믿음은 행함을 통해 증명된다. 그래서 믿음과 행함은 언제나 같이 간다. 성경에 증거된 모든 믿음의 사람들은 그들의 행함을 통해서 자신들의 믿음을 증거했다. 하나님께서 그들의 말보다 그들의 행실을 보고 믿음을 인정해 주셨다. 우리가 말만 무성한 시대에 살고 있다. 사랑을 말하지만 사랑을 실천하지 않는다. 용서를 말하지만 용서하지 못한다. 헌신을 말하지만 자신을 드리기를 꺼려한다. 하나님께서 그런 믿음을 보시고 뭐라고 하시겠는가? 하나님 앞에 인정받는 믿음의 사람으로 살아야 하겠다.

### 4. 신중한 언어생활(3장)

혀의 위험성에 대해서 경고한다. 말을 잘못함으로써 그동안 쌓아왔던 모든 신뢰를 순식간에 무너뜨리고 다른 사람의 마음에 큰 상처를 남기는 일들이 허다하다. 세상에서 가장 길들이기 어려운 것이 혀이다. 몸집이 큰 짐승들도 길들이면 온순해지고, 주인이 하라는 대로 순종한다. 그러나 혀는 우리의 몸의 작은 지체 가운데 하나이지만 쉽게 길들여지지 않는다. 혀는 불과 같아서 그 작은 혀로 온산을 태워버릴 수도 있다. 삶을 완전히 망가뜨릴 수도 있다. 우리가 혀를 가지고 하나님을 찬양하지만, 또한 그 혀를 가지고 사람들을 저주하기도 한다. 한 입으로 두 가지 일을 한다. 성경은 그렇게 하지 말라고 한다. 한 구멍에서 단물과 쓴 물이 동시에 나올 수 없듯이, 무화과나무에서 올리브 열매가 맺을 수 없듯이, 포도덩굴에서 무화과가 열릴 수 없듯이 한 입으로 찬양과 저주를 함께 쏟아내서는 안된다고 한다. 하나님 앞에서 지혜로운 사람은 언제나 온유한 마음을 가지고, 착한 행실을 한다. 사람은 마음에 가득한 것을 입으로 말한다. 평화를 위해서 일하는 사람은 평화를 심어서 정의의 열매를 거둔다고 했다. 우리의 마음 속에 평화를 심자. 우리 안에 예수 그리스도의 마음을 품자. 나의 말로 인해 형제를 시험에 빠뜨리지 않도록 하자. 우리는 평화를 위해서 살도록 부름받았다. 내가 가는 곳에 다툼과 분열이 그치도록 해야 하겠다. 착하고 선한 말을 통해 사람들에게 감화를 끼쳐야 하겠다. 혀를 재갈물리지 않는 사람은 결코 하나님께 영광 돌리는 삶을 살 수 없다. 언제나 말을 조심하자. 형제를 아프게 하는 말을 삼가고, 공동체에 평화를 가져오는 말을 하자.

12월 19일 :: 야고보서 4-5장

## 1. 마귀를 대적하자(4:1-12)

욕심은 모든 악의 근원이다. 마음에 품은 욕심 때문에 형제를 미워하고 시기하고 질투하고 살인하기까지 한다. 무엇보다 우리 안에 있는 탐심을 물리치도록 해야 한다. 우리가 육적인 욕심을 가지고 구할 때 하나님께서 듣지 않으신다. 세상적인 욕심이 우리의 마음을 지배하게 될 때 결국 하나님에게서 멀어지게 된다. 세상과 친구가 되고자 하는 사람은 하나님과 원수가 된다고 했다. 세상과 하나님은 결코 하나될 수 없다. 하나님께서 우리를 극진히 사랑하신 것처럼 우리도 하나님을 사랑해야 하지 않겠는가? 마귀는 우리가 하나님을 신뢰하지 못하도록 온갖 유혹과 욕심으로 방해한다. 그러므로 우리가 늘 깨어 있어서 마귀를 대적해야 한다. 마귀는 대적할 때 도망간다. 마귀를 대적하는 최선의 길은 우리가 하나님께 가까이 가는 것이다.

하나님의 성령께서 나의 마음을 주관하시게 하고, 하나님의 말씀을 사랑하고 하나님과 동행하자. 우리가 하나님을 가까이할 때에 하나님께서 우리의 손을 잡아주시고 능히 승리하는 삶을 살게 하신다. 나의 이기적이고 정욕적이고 죄악된 모습을 보고 하나님 앞에서 가슴을 치고 회개해야 한다. 하나님 앞에서 우는 사람은 진실로 하나님이 주시는 기쁨을 누리게 된다.

우리는 언제나 하나님 앞에서 자신을 낮추자. 스스로 높아지려고 하지 말고 하나님께서 높여주시기를 소망하자. 우리가 형제들을 대할 때에 언제나 형제를 자기보다 더 낫게 여기고 높여주면 하나님께서 우리를 높여주신다. 형제를 헐뜯고 비방해야 할 이유가 전혀 없다. 높이고 낮추는 주권이 하나님께 있다. 그러므로 우리가 모든 주권을 하나님께 돌려드리고 늘 겸손하자. 겸손한 사람이 존귀함을 얻는다.

## 2. 부자들에게(5:1-6)

불의한 부자들에게 주는 경고의 말씀이다. 야고보 사도는 마지막 날에 불의한 방법으로 부를 쌓은 것을 책망한다. 우리는 지금 황금만능의 시대를 살아가고 있다. 돈을 버는 것이 인생 최고의 가치가 되고 있다. 돈을 많이 벌기 위해 수단과 방법을 가리지 않고, 다른 사람들에게 많은 피해를 끼쳐가면서까지 재물을 모으는데 혈안이 되어있는 사람들이 많다. 하나님께서는 이런 사람들에게 엄중하게 경고하신다. 그들의 재물이 썩었고, 그 많은 옷들이 좀먹었다고 하신다. 은과 금이 녹슬고 그것이 장차 증거가 되어 심판을 받게 될 것이라고 하신다. 재물은 이 땅을 살아가는데 있어서 매우 요긴하다. 재물을 얻기 위해서 힘쓰는 것은 하나님 앞에서 지극히 합당한 일이다. 하나님은 당신을 경외하는 사람들에게 재물의 복을 허락하신다. 그러나 우리는 재물에 욕심을 두는 것을 늘 경계하고 조심해야 한다. 욕심은 언제나 죄를 낳는다. 성도는 늘 우리 인생의 미래가 하나님께 있음을 고백하며 사는 자들이다. 재물이 우리의 삶을 온전하게 지켜줄 수 없다. 재물은 세상을 섬기도록 하나님께서 허락하신 복이다. 움켜쥐지 말고 나누어주어야 한다. 이웃을 헤쳐가면서까지 재물을 모으지 않도록 하자. 정직하게 일해서 얻은 수익은 하나님의 영광이 된다. 재물을 얻기 위해 형제의 눈에 눈물이 나게 해서는 안된다. 하나님은 정직한 재물을 기뻐하신다. 우리의 재물이 하늘의 창고에 쌓이도록 하자. 포학을 의지하지 말며 탈취한 것으로 허망하여지지 말며 재물이 늘어도 거기 치심치 말라고 했다. (시62:10) 재물로 인해 하나님의 심판을 받지 않도록 재물에 대한 청지기적 사명을 다해야 하겠다.

### 3. 인내하는 믿음(5:7-12)

믿음의 삶에 있어서 인내가 필요함을 말씀한다. 우리는 우리의 믿음을 약화시키는 여러가지 환경들에 둘러쌓여 살아가고 있다. 초대교회 성도들은 주님의 임박한 재림에 대한 기대를 가지고 있었다. 그러나 그들의 기대와 다르게 주님께서는 재림하지 않으셨다. 야고보는 성도들에게 주님 오실 때까지 참고 기다리라고 권면했다. 하나님의 자녀들이 믿음의 삶을 살아갈 때, 주님 안에서 많은 것들을 기대한다. 그러나 우리가 기대한 대로 모든 일들이 이루어지지는 않는다. 그럴 때 우리의 믿음이 시험을 받고 흔들리기 쉽다. 믿음에는 언제나 인내가 필요하다. 농부가 가을에 소출을 기대하면서 봄, 여름 긴 시간을 인내로써 수고하여 농사를 짓는다. 우리의 믿음에도 이런 인내가 필요하다. 당장에 어떤 결과가 없고 열매가 없다고 낙심하지 말자. 모든 것에는 때가 있다. 우리는 그 때를 위해 인내해야 한다. 어떤 어려움이 있더라도 끝까지 견디는 사람이 복이 있다.

많은 믿음의 선진들이 하나님 앞에서 옳다 인정함을 받기까지 인내로써 믿음의 경주를 했다. 욥의 인내는 모든 성도들에게 인내의 귀감이 된다. 가장 절망적인 상황 속에서도 그는 믿음을 잃지 않고 하나님을 기대했다. 하나님께서 욥의 인내를 귀하여 여기시고 그에게 모든 삶의 영역에서 배나 되는 복을 허락해 주셨다. 주님은 우리가 어떤 형편 가운데 있든지 늘 우리에게 깊은 관심을 가지고 계신다. 오늘 주님의 응답이 없다고 낙심하지 말자. 인내로써 믿음을 경주하자. 하나님의 말씀 앞에서 '예' 해야 하고, 하나님의 뜻을 거스르는 일에 대해서는 '아니오'라고 분명하게 말하자. 범사에 주님을 의지하자.

## 12월 20일 :: 베드로전서 1-3장

### 1. 보배로운 믿음(1:1-12)

베드로전서는 예수님의 제자였던 사도 베드로가 소아시아 여러 지역에 흩어져 살고 있던 나그네들에게 쓴 서신서이다. 그리스도인의 고난과 소망과 위로에 대해서 기록했다. 베드로는 성도들을 '나그네'라고 불렀다. 나그네는 돌아갈 본향이 있는 사람들이다. 하나님의 백성들은 영혼의 본향을 사모하며 이 땅에서 나그네로 살아간다. 우리가 나그네 의식을 가질 때 하늘 나라에 대한 소망으로 더 충만하게 된다. 성도는 또한 하나님의 작정 가운데서 성령의 은혜로 인해 예수 그리스도의 피로 죄 씻음을 받은 사람들이다. 우리가 하나님께 감사하고, 하나님을 찬양해야 하는 이유이다. 하나님이 우리를 구원하시고 우리를 위해 썩지 않고 더러워지지 않고 쇠하지 않는 분깃을 하늘에 예비해 놓으셨다. 하나님은 우리를 위해서 구원의 선물을 준비해 놓으시고 계속해서 우리의 믿음과 인내를 시험하신다. 그러므로 성도는 여러가지 시련을 만날지라도 주님 안에서 기뻐해야 한다. 하나님은 시련을 통해서 우리의 믿음을 연단하시고, 더욱 순수하게 만들어 가신다. 우리의 믿음의 결국은 영혼이 하나님의 구원을 누리는 것이다. 많은 믿음의 선진들이 그리스도 예수 안에 있는 구원을 보기를 갈망했다. 그러나 이제 우리는 주님 안에서 그 피로 인해 완전한 구원을 누리게 되었다. 나는 주님 안에서 얻게 된, 천사도 보고 싶어하는 이 구원을 얼마나 감격으로 맞이하고 있는가? 주님 안에서 베푸신 구원의 소중함을 알아갈 때, 우리가 인내하며 우리의 믿음의 경주를 하는 것이 얼마나 소중한 것인지를 깨닫게 된다. 보배로운 믿음을 주신 하나님께 영광을 돌려드리자. 인내로써 믿음의 경주를 계속하자.

### 2. 하나님의 백성(2:1-10)

악의, 기만, 위선, 시기, 비방을 버리고 갓난 아이처럼 순전하고 신령한 하나님의 말씀을 사모하며 살라고 한다. 또한 예수 그리스도를 통해 하나님께 신령한 제사를 드리라고 한다. 예수님은 사람들에게 싫어 버린바 되었지만 하나님께서 그를 집 모퉁이의 머릿돌로 삼아 요긴하게 하셨다. 이제 하나님은 우리를 불러 요긴한 하나님의 나라의 백성으로 살게 하신다. 우리를 택한 민족, 왕 같은 제사장, 거룩한 나라로 불러주신 하나님 이시다. 어두움 가운데서 살던 우리를 불러 빛의 나라, 생명의 나라로 인도해 주셨다. 우리가 이 땅에서 하나님의 백성으로 살아간다고 하는 것이 얼마나 놀라운 특권인가? 우리의 믿음의 집을 잘 지어가야 하겠다. 언제나 예수 그리스도가 우리 삶의 중심이 되게 하고, 반석 되신 예수 그리스도 위에 우리 믿음의 집을 잘 세우자. 하나님의 나라에는 악하고 불의한 것들이 없다. 어두움이 없고, 그림자가 없다. 주님께 가까이하는 자가 생명을 얻고, 하나님의 말씀을 사모하는 사람이 구원을 받는다. 하나님은 우리를 택하셔서 제사장으로, 거룩한 나라 백성으로 살아가게 하셨는데 우리가 우리의 신분을 망각하고 아무렇게나 살아서는 안된다. 말씀을 사랑하고 말씀을 우리의 삶의 중요한 원리로 삼을 때 하나님의 뜻을 깨닫게 되고, 하나님의 인도를 받게 된다. 어린 아이는 자신의 생명이 어미와 결탁되어 있기 때문에 전적으로 어미를 의지한다. 우리의 생명이 하나님 안에 있다. 전심으로 여호와를 의뢰하는 자가 힘을 얻고 영원한 생명을 누린다.

### 3. 애매한 고난 앞에서(2:18-25)

사환들은 범사에 두려워함으로 주인에게 순종하되 선하고 관용하는 주인에게뿐만 아니라 까다로운 자들에게도 그렇게 하라고 한다. 부당한 고난을 받을 때에 하나님을 생각함으로 참으면 하나님 앞에서 아름다운 일이라고 한다. 애매한 고난을 받을 때라도 참고 견디는 것을 하나님이 기뻐하신다. 그러한 삶은 예수 그리스도의 발자취를 따라가는 삶이다. 예수님은 아무 흠이 없으신 분이었지만 고난을 당하셨다. 그러나 주님은 그 일로 인해 욕하지 않으셨고, 고난 받을 때에 위협하지 않으셨고, 끝까지 참으심으로써 십자가를 지시고 하나님 아버지의 뜻을 이루는 삶의 자리로 나아가셨다. 예수님의 인내가 아니었다면 우리는 한 사람도 하나님의 구원에 이르지 못하게 되었을 것이다. 애매한 고난을 받을 때에 참는 사람이 많지 않다. 자기의 정당성을 주장하려고 한다. 그러나 하나님 앞에서 인내하자. 모든 일에 하나님의 뜻이 있음을 믿고 받아들일 때 하나님의 자녀로서의 품위를 잃지 않게 된다.

예수님은 선을 행하다가 고난을 받는 모든 자들의 모범이 되셨다. 주님께서는 낮아지셨지만 하나님께서 높여주셨다. 주님의 십자가를 생각할 때 우리가 참을 수 없는 것이 없다. 주님께서 철저하게 낮아지셨기 때문에 죄인 된 우리가 생명을 얻고, 고침을 받고 은혜를 입게 되었다. 오늘 주님 때문에 받는 고난과 핍박과 무시당함이 있는가? 주님께 우리의 소망을 두도록 하자. 우리가 어떤 핍박과 멸시와 고난을 받은들 예수님께서 우리를 위해서 참고 당한 고난만큼 큰 핍박과 고난이 있겠는가? 그리스도를 생각함으로 참고 우리의 소망을 하나님께 둘 때, 능히 이길 수 있는 힘을 하나님이 주신다.

### 4. 선한 행실로써(3:13-22)

열심으로 선을 행하면 해할 자가 없다고 했다. 예수님을 믿는 자들은 악한 생각과 마음을 버리고 선한 자가 되어 선을 본받아 살아야 한다. 선하게 살다가 당하는 불행한 일들은 하나님 앞에서 복이 된다. 그러므로 근심하며 염려할 필요가 없다. 모든 판단을 하나님께 맡기고 그 앞에서 잠잠하면 하나님께서 모든 일들을 복으로 바꾸신다. 우리가 항상 예수 그리스도를 우리 마음에 주님으로 삼고, 주님의 마음을 품고 거룩한 삶을 추구해야 한다. 성도는 삶으로써 믿음을 나타내 보이는 자이다. 말만 무성하고 행함으로 실천하지 않는 것은 공허한 신앙이다. 우리에게 소망의 이유를 묻는 자들에게 항상 대답할 것을 준비하되 온유와 두려움으로 하고 선한 양심을 가지라고 한다. 사람은 마음에 가득한 것을 입으로 말하고 행동으로 나타내게 되어 있다. 선하고 진실하고 거룩한 말과 행위는 악한 마음을 품고 비방하는 사람들의 입을 막고 하나님께 영광을 돌리게 한다. 우리 주님께서는 모든 일에 있어서 오래 참고 늘 겸손한 마음으로 사람들에게 나아갔다. 예수님은 고난을 받으셨지만 그들에게 욕을 돌리지 않으셨다. 한 사람이라도 하나님 아버지께로 인도하기 위해 모든 노력을 아끼지 않으셨다.

어떤 경우에도 악에 대해서는 입을 닫자. 의를 위하여 핍박을 받는 자가 복이 있다. 불의한 자들의 말을 인해 오히려 기뻐하고 즐거워하라고 한다. 성도는 하늘의 복을 생각하는 자들이다. 의인 노아는 일체 오래 참음으로 의를 전파하고 묵묵히 하나님의 뜻을 순종함으로써 불의한 세상에서 하나님의 구원을 누리는 복을 받았다. 인내하는 것이 쉽지 않지만 우리가 인내함으로 많은 복을 누리게 된다.

## 12월 21일 :: 베드로전서 4-5장

### 1. 새로운 삶의 목표(4:1-11)

예수님은 우리가 우리의 남은 때를 더 이상 정욕을 좇아 살지 않고 하나님의 뜻을 좇아 살게하기 위해 고난을 받으셨다. 그러므로 같은 마음으로 갑옷을 삼고 음란과 정욕과 술취함과 방탕과 향락과 무법한 우상 숭배를 버리라고 한다. 하나님의 뜻을 좇아 사는 삶은 우리의 욕심을 따라 사는 삶이 아니라 성령의 충만함을 받고 성령의 인도를 따라 살아가는 삶이다. 우리가 날마다 새로운 사람으로 옷 입어야 한다. 유혹이 끊임없이 성도를 괴롭히지만 단호하게 벗어버려야 한다. 언제나 육체의 소욕은 성령을 거스른다. 바울은 우리 몸을 하나님이 기뻐하시는 거룩한 산 제사로 드리라고 했다.(롬12:1) 하나님께 대한 온전한 헌신의 삶이 있어야 하겠다. 마지막 시대를 살아가는 성도들의 삶에 있어 거룩한 것과 신령한 것을 분별하는 분별력이 필요하다.

우리가 이 땅에서 살아가는 삶이 전부가 아니다. 마지막 날에 우리의 죄와 허물을 위하여 죽었다가 살아나신 우리 주 예수 그리스도 앞에 서게 될 것이다. 우리의 삶의 목표를 새롭게 하자. 더 이상 육신의 정욕을 좇지 말고 하나님의 뜻을 좇아 살도록 하자. 불의하고 정욕적이고 더러운 일들은 우리의 지나간 때로 족하다. 주님께서 나의 허물과 죄를 용서하시고 일절 오래 참으신 것으로 인해 감사하고, 이제 하나님의 거룩한 백성으로 살도록 예수 안에서 우리를 불러 주셨으므로 하나님을 기쁘시게 하는 삶에 우리 자신을 드리자. 지금 나는 어떤 삶의 자리에 서 있는가? 오늘 나의 삶이 주님 앞에 섰을 때 어떤 판단과 평가를 받을 것인지를 깊이 생각하고 경외하는 마음을 가지고 살자.

### 2. 본이 되는 삶(5:1-6)

교회의 영적인 지도자들인 목사와 장로들에게 주는 교훈이다. 하나님의 양무리를 치되 억지로 하지 말고 하나님의 뜻을 따라 자원함으로 하고, 기꺼이 하고, 주장하는 자세를 하지 말고, 양무리의 본이 되라고 한다. 주님의 몸 된 교회를 섬기는 일을 귀한 일이다. 목사와 장로의 직분을 받은 것은 하나님 앞에서 영광스러운 일이다. 하나님께서 맡겨주신 주님의 몸 된 교회를 섬길 때에 매사에 자원함으로 하고, 모든 성도들에게 본이 되는 삶을 살아야 한다. 자신의 사사로운 유익을 위해서 일하지 않아야 한다. 하나님은 우리 마음의 동기가 순수하기를 원하신다. 또한 맡은 자들은 주장하는 자세를 취하지 말고 오직 양무리의 본이 되어야 한다. 교회의 대표가 되었다는 것은 섬김의 삶으로 부르심을 받았음을 의미한다. 어떤 경우에도 권위의식을 가지고 사람들을 대해서는 안된다. 본이 되는 삶은 섬김을 통해서만 가능하다. 으뜸이 되고자 하는 자는 종이 되어야 한다고 했다. 예수님께서는 친히 자신의 모든 권리를 포기하시고 죄인들과 세리의 친구가 되셨다. 그들을 위해 섬기는 삶을 살되 자기 목숨까지 희생하심으로써 모든 양무리의 본이 되셨다. 지도자는 사람에게 잘 보이기 위해 일하지 않고 하나님께 인정받기 위해 일해야 한다.

젊은이들은 장로들에게 순복하고 서로 겸손으로 허리를 동이라고 한다. 교회의 권위와 질서를 존중하고, 겸손으로 허리를 동임으로써 영적인 질서에 순복하자. 언제나 남을 나보다 더 낫게 여기는 그리스도의 마음을 품고, 더욱 더 영적인 지도자들을 존경하고 따르자. 그럴 때 신령한 유익을 얻게 되고 하나님께 인정받는다. 주님의 교회에서 성도들은 늘 겸손해야 한다.

### 3. 근신하라 깨어라(5:7-14)

성도를 대적하는 마귀의 세력이 활동하고 있으므로 염려를 다 주님께 맡기고 근신하며 깨어 있으라고 한다. 악한 마귀는 모든 선한 것들의 대적자이다. 우리의 믿음과 소망과 사랑에 대적하고, 우리를 불신앙의 자리로 몰아넣어 좌절시키고, 낙심시키고, 서로를 미워하게 만든다. 마귀를 대적할 수 있는 길은 우리의 믿음을 굳게 하는 것이다. 마귀는 불신앙의 틈을 비집고 들어와 성도를 분열시키고, 하나님에게서 멀어지게 만든다. 그러므로 마귀에게 틈을 주지 않도록 늘 깨어 있자. 특히 고난을 받을 때 마귀의 시험이 있지만 우리가 한 가지 확신할 수 있는 것은 우리 하나님께서 우리를 그리스도 안에서 부르시고 예수 그리스도를 통해 하나님의 영원한 영광에 들어가게 하셨으므로 우리가 결국은 이기고, 하나님의 구원의 은혜를 누리게 된다는 것이다. 하나님이 우리의 든든한 보장이 되셔서 우리를 지키시고 보호하실 줄 믿는다. 그러므로 우리가 우리의 모든 짐들을 하나님께 맡기자.

성도들이 사랑의 입맞춤으로 서로 문안하라고 한다. 하나님의 자녀들은 주님 안에서 서로 사랑의 교제를 해야 한다. 주님 안에서 서로를 사랑하고, 서로 돌아보면서 사랑과 선행을 격려하자. 주님의 교회에 사랑이 넘치게 해야 할 책임이 우리에게 있다. 주님께서 우리를 사랑하셨듯이 우리가 주님의 마음을 품고 피차에 사랑으로 하나되자. 사랑은 허다한 죄를 덮고 더욱 더 하나님께 가까이 나아가게 한다.

# 12월 22일 :: 베드로후서 1-3장

## 1. 부르심과 택하심(1장)

하나님께서 우리를 그리스도 예수 안에서 불러 주셔서 생명의 은혜를 누리게 하신 것은 참으로 영광스러운 일이다. 하나님은 우리에게 생명과 경건에 속한 모든 것을 주신 분이시다. 그러므로 우리가 하나님과 예수 그리스도를 알아 갈수록 더 큰 은혜를 깨닫게 되고, 참된 평화를 누리게 된다. 하나님은 우리를 변하지 않고 없어지지 않는 신의 성품에 참여하는 자가 되게 하려고 우리를 부르셨다. 그러므로 우리가 더욱 힘써 믿음과 덕과 지식과 절제와 인내와 경건과 형제 우애와 사랑이 우리 안에서 넘치게 해야 한다고 한다. 우리가 주님의 마음을 알아갈 때 이런 것들이 더욱 더 우리 안에서 풍성하게 된다. 우리가 이 세상에 살면서 늘 신령한 것들에 소망을 품고 우리를 부르시고 택하신 하나님을 기쁘시게 하는 일에 우리 자신들을 드리기를 힘쓰자. 하나님의 백성은 궁극적으로 영원한 그리스도의 나라에 들어갈 자들이다. 그러므로 이 땅에 사는 동안 백성 된 신분에 걸맞은 모습을 갖추도록 노력하자. 보배롭고 지극히 큰 약속을 받은 자로써 세상의 썩어질 것을 위해 살지 말고 계속해서 신의 성품에 참예할 수 있도록 날마다 우리의 육신적인 자아를 쳐서 복종시키고 거룩함을 이루어나가자.

## 2. 다시 생각하게 함(1:12-21)

성도들이 갖추어야 할 여러가지 성품들은 변함없이 지속되어야 할 성품들이다. 우리 안에 끊임없이 하나님의 은혜가 임하게 하고, 그리스도의 평화가 넘치게 해야 한다. 우리가 때로는 연약해질 때가 있고, 열심이 식어질 때도 있고, 낙심되고 퇴보할 때도 있다. 그러므로 서로가 격려하고 믿음에 굳게 서 있도록 붙들어 세워주어야 하고, 계속해서 진리 안에 서 있을 수 있도록 격려해주도록 하자. 하나님은 영원히 살아계시고, 예수 그리스도께서는 우리를 위하여 영원한 처소를 예비하고 계신다. 우리는 모두 언젠가 하나님 앞에 서게 될 것이고 그 때에 영광스러운 주님을 만나뵙게 될 것이다. 무엇보다 우리가 하나님의 말씀을 사랑하고 그 말씀에 소망을 두자. 하나님의 말씀은 우리의 삶을 밝히는 등불이다. 하나님께서 성령의 감동을 통해 주신 성경 말씀으로 당신의 백성들을 살리시고 생명의 길로 인도하신다. 세상 모든 것들이 지나가지만 하나님의 말씀은 영원하고 결코 쇠하지 않는다고 했다. (사40:8) 우리가 하나님의 말씀에 착념할 때 하나님께서 우리에게 말씀을 주시고 우리의 길을 그 말씀으로 인도하신다.

### 3. 멸망케 할 이단(2:1-22)

민간에 일어난 거짓 선지자들과 거짓 선생들에 대해 경고한다. 그들은 멸망하게 할 이단을 가만히 끌어들여 생명의 주 되신 예수님을 부인하게 만들고, 진리의 도를 훼방하며 방탕한 것들을 좇게 하는 자들이었다. 하나님께서는 이러한 자들을 결코 용서하지 않으신다. 하나님께서 홍수로 세상을 심판하신 일과, 소돔과 고모라 성을 멸망시키신 일, 그리고 브올의 아들 발람의 최후에 대한 말씀을 주신 것은 하나님의 뜻을 거스르고 진리를 대적하는 자들의 결과가 어떻게 될 것인지에 대한 확실한 경고이다. 그러나 사람들은 홍수로 멸하기까지 자신들의 잘못을 깨닫지 못하고 하나님께 대하여 무관심하며, 여전히 먹고 마시고 사고 팔고 시집가고 장가가는 일에만 바빴다. 그 때 하나님께서 세상을 물로 심판하시고 오직 의를 좇은 노아의 식구들만 보존하셨다. 하나님께서 소돔과 고모라 성을 멸하실 때에도 음란으로 가득 차 있던 그 땅에 불을 내려 완전히 심판하셨다. 브올의 아들 발람도 재물에 눈이 멀어 이스라엘을 유혹하여 우상을 섬기게 하고 정욕에 이끌려 하나님께 범죄함으로써 나귀만도 못한 사람이 되었습니다. 이런 사람들은 모두 물 없는 샘, 광풍에 밀려 가는 안개라고 했다. 오늘도 미혹하는 이단들이 슬그머니 교회에 들어와 믿는 자들을 넘어뜨리는 일들이 일어나고 있다. 우리가 깨어 진리에 굳게 서 있어야 한다. 주께 받은 거룩한 명령을 저버리지 않도록 하자.

### 4. 두 번째 심판(3:1-7)

말세에 나타날 증상에 대하여 말씀한다. 말세에 비웃는 자들이 와서 자기의 정욕을 좇아 행하며 비웃으면서 주의 강림하신다는 약속이 어디 있느냐고 한다고 한다. 세상이 처음 창조 되었을 때와 같이 여전히 있지 않느냐고 말한다고 한다. 그러나 하나님께서는 이미 말씀하신 바와 같이 물로 세상을 심판하신 적이 있었다.

이제 동일한 말씀으로 세상을 불사르기 위하여 준비하고 계신다. 말세에 경건치 않는 자들에게 심판을 행하실 것이다. 우리가 날마다 거룩한 선지자들과 사도들의 입으로 하신 말씀을 통하여 진실한 마음으로 깨우침 받아야만 하는 이유는 그러한 어리석음에 빠지지 않게 하기 위함이다. 마지막 때에는 어떻게 해서든지 진리의 말씀의 권위를 무너뜨리고 영원하신 하나님께 우리의 관심을 두지 못하게 하는 일들이 일어날 것이다. 원수 마귀는 언제나 이런 방식으로 하나님의 교회와 그 백성들을 괴롭혀 왔다. 그러나 모든 인생의 일들을 주관하시는 하나님께서 그들이 행한 것들에 보응하실 것이고, 당신의 백성들을 거룩하게 구별하실 것이다. 첫 번째 심판을 내리시겠다고 경고하신 하나님께서 땅에 심판을 내리신 것이 확실하듯이, 두 번째 심판을 예고하시는 하나님의 말씀 또한 확실하게 이루어질 날이 있게 될 것이다. 우리가 그 날을 예비하며 믿음으로 살자.

## 12월 23일 :: 요한일서 1-5장

### 1. 생명의 말씀(1:1-4)

요한 1,2,3서는 사도 요한이 당시 소아시아에 흩어져 살던 그리스도인들에게 보낸 서신이다. 당시 그리스도인들은 거짓 선생들의 가르침으로 인해 영적으로 많은 혼란을 겪고 있었다. 요한은 적그리스도의 거짓된 가르침을 바로잡고 성도가 어떻게 서로 사랑하며 살아야 하는지에 대해서 말씀한다. 무엇보다 먼저 예수 그리스도를 분명하게 소개하고 있다. '태초부터 있는 생명의 말씀에 관하여는 우리가 들은 바요 눈으로 본 바요 주목하고 우리 손으로 만진 바라 이 생명이 나타내신바 된지라 이 영원한 생명을 우리가 보았고 증거하여 너희에게 전한다'고 한다. 말씀이 육신이 되신 예수 그리스도는 아버지와 함께 계시다가 우리에게 나타나시게 되었다고 말씀한다. 적그리스도인들은 언제나 예수님의 하나님 되심과 그분이 육신을 입고 이 세상에 오신 것을 부인했다. 그러나 이 참된 진리를 거부하면 성경은 우리에게 아무 유익을 줄 수 없는 책이 되고 만다. 우리는 하나님 아버지와 함께 계셨던 말씀이 육신을 입고 그리스도로 이 세상에 오셔서 우리의 죄와 허물을 대신 지시고 십자가에서 죽으시고, 삼일만에 부활하셔서 승천하신 것을 믿는다.

그리고 그 주님께서 마지막 심판의 때에 다시 오실 것을 믿는다. 우리가 이 분명한 믿음 가운데 거할 때 우리의 마음에 기쁨이 있게 된다. 우리를 그리스도와 사귀며 모든 신령한 것을 함께 나누게 하시는 하나님 아버지의 이름을 찬양하자.

### 2. 우리의 대언자(2:1-11)

서신을 쓴 목적을, 우리로 하여금 죄를 범치 않게 하기 위함이라고 한다. 그러나 우리는 늘 허물이 많고 죄에서 자유롭지 못하다. 그러므로 하나님께서 대언자를 우리에게 보내주셨다. 예수님께서 우리 죄를 가지고 아버지 앞에 나아가 우리를 대신해서 대언해주실 수 있는 것은, 우리 죄를 위해 친히 자기의 몸을 십자가에 내어주셨기 때문이다. 죄를 사하기 위해 이렇게 큰 희생을 치르신 이유는 우리가 하나님 아버지와 교제하는 것이 중요하기 때문이다. 아버지와 교제가 없는 사람에게는 생명이 없다. 그러나 그리스도의 생명을 가진 사람은 그 안에서 아버지와 참된 교제를 누린다. 우리에게 죄가 있을 때에 하나님과의 교제는 막히게 된다. 그러므로 우리가 늘 그리스도의 십자가의 희생을 의지하고 하나님께로 나아가자. 또한 하나님께서 우리에게 주신 계명의 말씀을 힘써 지키자. 계명을 지키지 않는 자는 거짓말하는 자요 진리가 그 속에 있지 않다고 했다.

하나님은 오늘도 말씀 안에서 우리와 교제하기를 원하신다. 하나님의 계명의 핵심은 사랑이다. 하나님을 사랑하고 형제를 사랑하는 것이다. 사랑은 율법의 완성이라고 했다. 우리는 형제를 사랑함으로써 하나님을 사랑한다.

## 3. 진실한 사랑(3:13-24)

어떻게 형제를 사랑할 수 있는지 말씀한다. 예수 그리스도의 피로 구원받고 하나님의 자녀가 된 자들은 모두 형제로 부름을 받았다. 형제 된 성도들의 삶은 사랑을 실천하는 삶이 되어야 한다. 예수님께서는 우리에게 사랑이 무엇인지 친히 보여주셨다. 자신의 생명을 내어주심으로 사랑을 실천하셨다. 우리의 믿음은 언제나 행함과 긴밀한 관계를 가진다. 요한은 직설적인 언어로 우리에게 참된 사랑에 대해서 말씀한다. 형제를 사랑함으로 사망에서 옮겨 생명으로 들어간 것을 알게 되고, 형제를 사랑하지 않는 자는 여전히 사망 안에 거한다고 한다. 또한 형제를 미워하는 자는 곧 살인하는 자라고 한다. 우리의 믿음이 행함을 통해 증명되어야 하고, 그 행함은 사랑에 기초해야 한다는 것이다. 사랑이 무엇인지 알기 위해서는 늘 우리의 시선이 그리스도의 십자가로 향해야 한다. 우리가 그 곳에서 참된 사랑을 발견할 수 있기 때문이다. 우리가 그리스도의 사랑에 감동될 때 비로서 사랑하는 마음을 가지고 어려운 형제들에게 관심을 가지게 되며, 그들의 궁핍함과 고난에 함께 동참할 수 있게 된다.

사랑은 말로 하는 것이 아니라 행함과 진실함으로 해야 한다. 언제나 말은 쉽다. 그러나 행함에는 수고와 헌신과 희생이 따른다. 예수님 십자가의 희생은 우리에게 큰 교훈을 준다. 우리도 행함으로써 사랑을 나타내야 한다는 것이다. 예수 피로 구원받았다고 해서 모든 것이 끝나는 것이 아니다. 우리 마음이 사랑으로 채워질 때, 형제를 위해서 목숨을 버리지는 못할지라도 그들의 어려움에 좀더 가까이 다가갈 수 있게 된다. 다시 한 번 우리의 시선을 예수 그리스도의 십자에 고정시키고 그리스도의 마음을 주시도록, 진실한 사랑을 할 수 있도록 구하자.

## 4. 하나님은 사랑이시다(4:7-21)

서로 사랑하자고 말씀한다. 우리는 사랑함으로써 하나님을 알아간다. 하나님이 세상을 사랑하셔서 독생자를 세상에 보내주셨다. 세상은 하나님을 사랑하지 못하고 무관심하고 대적했지만, 세상을 향하신 하나님의 사랑은 모든 것들을 덮으시고 감싸 안으셨다. 우리 죄를 위해 당신의 독생자를 화목제물로 보내셨다. 우리가 이렇게 하나님의 사랑을 입었으므로 피차에 서로 사랑하는 것이 당연하다. 막연한 생각이나 느낌이나 감정을 사랑이라고 말할 수 없다. 사랑에는 구체적인 행동이 따른다. 표현하고 나타내고 실천하는 것이다. 사랑은 다른 사람에게 관심을 가지고 다가가는 것이다. 하나님께서 그 아들을 우리를 위해서 보내 주심으로 우리를 사랑하심을 증거해 보이셨듯이, 우리가 구체적인 실천을 통해 우리의 사랑을 나타내자. 우리가 하나님을 사랑한다고 말할 때 무엇으로 그 사랑을 증거할 수 있겠는가? 우리가 서로 사랑할 때 하나님이 우리 안에 계신다. 형제를 사랑한다고 말하면서 미워하면 그 속에 하나님이 계실 수 없다. 형제를 사랑하므로 하나님이 우리 안에 계시는 증거를 보여야 하지 않겠는가? 사랑할 수 없는 자에게 다가와 사랑의 실천을 보이셨던 주님의 본을 깊이 생각해보자. 오늘 내가 용서할 수 없는 사람, 미워하는 사람이 있는가? 그 사람을 향해 마음을 열고 그리스도의 사랑으로 다가갈 수는 없겠는가?

### 5. 세상을 이기는 믿음(5:1-12)

하나님께서 우리에게 주신 계명들을 지킴으로 우리는 하나님을 사랑한다. 하나님의 계명은 하나님을 사랑하고 이웃을 사랑하라는 것이다. 우리가 열심을 가지고 무슨 일을 할지라도 그 속에 사랑이 없을 때 하나님께서 그런 것들을 가치 없는 것으로 여기신다. 사랑으로 행할 때에 하나님께 속한 자가 된다. 예수님을 믿는 사람은 예수님께서 이 땅에 오셔서 보여주신 사랑의 모범을 따르고 그 사랑을 실천하기 위해서 살려고 노력한다. 우리 안에 예수 그리스도의 사랑이 충만할 때 우리의 믿음은 진실한 것이 된다. 우리가 늘 마음에 예수 그리스도를 품자. 그리스도가 우리 안에 있을 때에 우리에게 하나님의 생명이 있다. 믿음은 그리스도의 생명을 내 안에 품는 것이다. 그 믿음이 세상을 이긴다. 오늘 내 안에는 주님이 계신 증거들이 있는가? 주님을 마음에 품은 사람은 모든 것들을 사랑의 마음으로 대하고, 늘 사랑으로 충만한 삶을 산다. 사랑이 식어짐을 느낄 때 우리가 즉시 주님을 바라보자. 나를 위해서 주님께서 하신 일들을 주목하자. 우리를 대적하는 원수는 할 수 있는대로 우리의 시선을 주님에게서 떠나게 만들지만, 예수님은 우리의 믿음의 주가 되시고 우리를 하나님 앞에서 온전한 자가 되게 하신다.

## 12월 24일 :: 요한이.삼서, 유다서

### 1. 진리와 사랑(요한2서 1:1-13)

아버지께 받은 계명대로 진리에 행하는 사람을 볼 때 그 일이 심히 기쁘다고 말한다. 진리 안에 행하는 것은 서로 사랑하는 것이다. 하나님의 말씀은 사랑으로 충만하다. 우리를 사랑하신다는 사랑의 고백이 하나님의 말씀이다. 사랑은 그 계명을 좇아 행하는 것이다. 사랑의 삶을 살 때 그 안에서 하나님의 은혜와 긍휼과 평강을 누리게 된다. 우리 안에 이것들이 넘치게 하자.

무엇보다 예수 그리스도께서 우리를 위해 육신을 입고 오신 것을 굳게 붙잡으라고 한다. 요한이 살던 시대는 예수님이 세상을 떠나 아버지께로 가신지 얼마되지 않은 때였다. 그런데 어떤 사람들이 나타나 예수 그리스도의 육체로 오심을 부인하고 많은 사람들을 믿음에서 떠나도록 부추겼다. 요한은 이런 사람들을 단호하게 대하라고 한다. 그들의 교훈을 듣지 않아야 하고 그런 사람들을 집에 들이지도 말고 인사도 하지 말라고 한다. 하나님의 자녀들이 악한 일에 참여함으로 넘어질 것을 염려했던 것이다. 예수 그리스도를 믿는 것은 하나님의 아들이 우리를 위해 육신을 입고 이 세상에 오셔서 우리 죄를 대신하여 십자가에서 죽으신 것을 믿는 것이다. 우리가 이 진리를 굳게 붙들어야 한다. 그리스도의 사랑에 대해서 요한이 그의 성도들에게 하고 싶었던 말이 많았다. 그래서 그는 그들과 대면하기를 원했고 그리스도의 사랑을 함께 나누고 싶어했다. 우리의 만남이 이런 만남이 되기를 소망하자. 그리스도의 은혜와 사랑을 나누고, 형제가 피차에 사랑함으로 하나님께 속한 자인 것을 확인하고, 하나님께서 주신 귀한 은혜를 함께 나누는 성숙한 믿음의 사람이 되기를 소망하자.

### 2. 디오드레베(요한3서 1:9-15)

교회 안에 으뜸이 되기를 좋아하는 디오드레베라는 사람이 있었다. 그는 악한 말로 지도자들을 비하하고 판단했다. 자기 이름을 드러내기를 좋아하고 선한 일보다는 악한 일에 앞장섰다. 교만한 사람은 선을 사랑하지 않고 형제들을 인정하지 않는다. 모든 생각들이 자기 중심적이고 자신을 높이고 인정받고자 한다. 선을 행하면 스스로 높이지 않아도 다른 사람들이 인정하고 높여준다. 으뜸 되기를 좋아한다고 으뜸이 되는 것이 아니다. 낮아질 때 높아지고 겸손할 때 존귀하게 되는 법이다. 예수 그리스도께서 자신을 낮추시고 죽기까지 복종하셨을 때 하나님께서 그를 지극히 높이셔서 모든 이름 위에 뛰어난 이름이 되게 하셨다.

교만한 사람은 복음의 초보도 모르는 사람이다. 디오드레베는 형제들을 접대치 아니할 뿐만 아니라 형제들을 접대하고자 하는 자들을 금하고 교회에서 내어쫓는 일을 일삼았다. 이는 참으로 악한 일이었다. 그는 교회에서 부끄러운 이름의 대명사가 되었다. 악한 일을 볼 때마다 사람들은 디오드레베를 떠올렸을 것이다. 이런 사람은 하나님께 속한 사람이라고 할 수 없다. 악을 행하는 자는 하나님을 뵙지 못한 자라고 했다. 우리가 이런 마음을 품지 않도록 하자. 나의 언행으로 인해 형제가 상처를 입거나 교회가 피해를 입는 일이 없도록 하자. 예수 그리스도의 마음을 품자.

## 3. 믿음의 선한 싸움(유다서 1:1-4)

예수님의 동생인 유다가 보낸 서신서이다. 그는 자신을 예수 그리스도의 종이라고 불렀다. 육신적으로는 형제였지만 영적으로는 예수님을 그리스도로, 자신의 주님으로 고백했다. 하나님께서 그에게 믿음을 주셨다. 예수님은 우리의 믿음의 주가 되신다고 고백하는 것이 사람의 생각으로 되지 않는다. 하나님께서 은혜를 주시고, 깨닫게 하시고, 믿게 하시는 것이다. 믿음은 하나님의 선물이다. 그는 믿음의 형제들에게 믿음의 도를 위해서 힘써 싸우라고 권면한다. 초대교회가 믿음의 도를 지키는 것이 쉽지 않았다. 거짓 선생들이 교회안에 들어와 성도들을 미혹하고 그들을 믿음에서 떠나게 하려고 애썼다. 그러므로 교회는 중요한 신앙적 가치를 위해서 기꺼이 믿음의 선한 싸움을 싸워야 한다. 복음의 진리를 왜곡하는 어떠한 시도도 우리 자신과 우리의 교회에 침투하지 못하게 해야 한다. 사탄은 언제나 그리스도의 핏값으로 세워진 교회를 무너뜨리고 복음을 무가치한 것으로 만들려고 한다. 이렇게 사탄에 매인 자들을 성경은, 하나님의 은혜의 도를 색욕거리로 바꾸고 홀로 하나이신 주재 곧 우리 주 예수 그리스도를 부인하는 자들이라고 한다. 그리스도를 부인하는 사람은 그리스도인이 아니다. 그리스도가 부인되는 교회는 교회가 아니다. 교회는 복음으로 무장해야 하고, 복음의 진리를 무너뜨리려는 사탄의 공격에 단호하게 맞서 싸워야 한다. 복음이 약해지면 교회가 힘을 잃게 된다. 힘써 믿음을 지키자.

## 4. 거룩한 믿음으로(유다서 1:17-25)

마지막 때에는 자기의 경건치 않은 정욕대로 행하며 기롱하는 자들이 있을것이라고 한 사도들의 말을 기억하라고 한다. 교회 안에서 당을 짓고 자기를 따르게 하는 사람들의 마음 속에는 성령이 계시지 않는다고 한다. 참으로 무서운 경고의 말씀이다. 성령이 없는 사람, 성령이 계시지 않는 교회는 하나님 앞에서 아무 가치가 없다. 우리가 조심하여 우리 자신의 믿음을 시험하고 하나님 앞에서 겸비한 마음을 가지고 살아야 한다.

그러므로 지극히 거룩한 믿음 위에 자기를 건축하고 성령으로 기도하고 하나님의 사랑 안에서 자기를 지키고 영생에 이르도록 우리 주 예수 그리스도의 긍휼을 기다리라고 한다. 또한 믿음이 연약한 자들을 긍휼히 여기고 낙심되고 시험에 든 영혼들을 불에서 끌어내어 구원하라고 한다. 연약한 자들을 참고 두려움으로 긍휼히 여기라고 한다. 하나님의 자녀는 언제나 마지막 날 하나님 앞에 설 것을 생각하며 믿음으로 살아야 한다. 한 번 죽는 것은 사람에게 정하신 것이고 그 후에는 반드시 심판이 있다고 했다. (히9:27) 하나님께서 우리의 행위를 따라 심판하실 것이다. 공의로운 하나님의 심판이 있을 때에 우리가 그 앞에서 옳다 인정함을 받는 자들이 되어야 하겠다. 그러기 위해서 믿음과 거룩으로 단장하고, 두렵고 떨림으로 하나님을 섬기고, 한 영혼이라도 생명의 길에 이르도록 잘 인도하는 삶을 살자.

## 12월 25일 :: 요한계시록 1-3장

### 1. 예수 그리스도의 계시(1:1-8)

요한계시록은 신구약 성경의 결론으로, 인류 역사의 종말에 있을 일들에 대한 "예수 그리스도의 계시"이다. 계시는 감추어져 있는 것을 드러내는 것을 의미한다. 요한계시록을 통해 아직 도래하지 않은 역사의 종말을 미리서 볼 수 있게 한다. 예수 그리스도의 재림을 전후하여 이루어질 대환란과 심판과 영원한 형벌과 축복에 대한 말씀이고, 종국적으로 완성되게 될 하나님 나라에 대한 말씀이다. 요한계시록을 읽으면서 우리는 우리가 믿음을 지키며 사는 것이 얼마나 중요한지를 깨닫게 된다.

요한계시록은 소아시아에 있었던 일곱 교회에 보낸 편지이다. 이 일곱 교회는 세상의 모든 교회들을 대표하는 교회들로써 교회에게 주신 그리스도의 말씀이다. 예수님께서 요한을 통해 일곱 교회에 말씀하고 싶으신 중요한 메시지를 전달하셨다. 요한계시록은 어려운 말씀이 아니다. 모든 사람에게 주신 말씀이고, 누구든지 이 예언의 말씀을 읽는 자와 듣는 자들과 그 가운데 기록한 것을 지키는 자들에게 복이 있다고 말씀한다. 요한은 아버지 하나님과 성령과 아들을 통해서 나오는 은혜와 평강이 교회에게 있기를 소망한다. 예수님께서 친히 십자가에서 피를 흘리심으로써 우리를 죄에서 해방시키시고, 우리를 하나님의 나라와 제사장으로 삼으셨다고 말씀한다. 교회에게 이 영광스러운 은혜를 부어주셨다. 그러므로 교회는 모든 영광과 능력을 그리스도께 돌려드려야 한다. 예수님은 마지막 날에 구름을 타고 다시 오신다. 우리가 그 날을 소망하며 우리의 믿음을 지켜 나가야 한다.

### 2. 만왕의 왕(1:9-20)

요한은 예수의 환란과 나라와 참음에 동참하다가 추방당해 밧모섬에 유배되었다. 그는 주의 날에 성령의 감동을 받고, 자기가 본 것을 책에 써서 일곱 교회에 보내라는 큰 나팔소리를 듣게 되었다. 그 날 요한은 죽었다가 다시 사신 예수 그리스도를 뵈었다. 예수님이 일곱 금촛대(교회) 사이를 다니고 계셨다. 주님은 영광스러운 모습을 하고 계셨다. 발에 끌리는 옷을 입고 가슴에 금 띠를 띠고 머리에서는 광채가 나고 그의 눈은 불꽃처럼 타오르고 그의 발은 단련된 주석처럼 빛이 나고 있었다. 그 주님의 입에서 나오는 말씀은 좌우에 날선 검과 같았다. 그 주님 앞에서 요한은 엎드러져 죽은자 같이 되었다. 교회를 지극히 사랑하시고 교회에 깊은 관심을 가지고 계시는 영광스러운 주님을 뵐 때 우리도 그렇게 낮아지게 될 것이다. 예수님은 우리를 위해 죽으셨는데 다시 사셔서 세세토록 계시면서 사망과 음부의 열쇠를 가지고 계신다. 부활하신 주님께서 모든 주권을 가지고 계신다.

모든 일들이 예수님과의 관계 속에서 이루어진다. 예수님과 관계없는 일은 아무것도 없다. 교회도 예수님의 손 안에 있다. 예수님은 요한에게 일곱 교회와 일곱 교회의 사자의 비밀을 보여주시면서 이제 있는 일과 장차 될 일을 기록하라고 하셨다. 예수님이 그 중심에 계셨다. 요한계시록은 처음부터 끝까지 왕 되신 예수 그리스도의 말씀이다. 교회는 항상 예수 그리스도가 그 안에 계심을 인식해야 한다.

## 3. 서머나 교회에게(2:8-11)

처음이요 나중이요 죽었다가 살아나신 주님께서 서머나 교회에게 주신 말씀이다. 서머나 교회는 많은 핍박과 환란을 당한 교회였다. 예수님께서 그들의 환란과 궁핍을 알고 계신다고 말씀하신다. 서머나 교회의 감독이었던 폴리갑은 신앙의 핍박을 받아 순교했다. 그 핍박의 중심에는 언제나 유대인들이 있었다. 그들은 자칭 아브라함의 자손이라고 여겼지만 영적으로는 마귀의 자식들이었다. 마귀는 언제나 교회를 핍박하고 무너뜨리려고 한다. 서머나 교회가 당한 환란과 핍박은 교회에 반드시 환란과 핍박이 있을 것임을 보여준다. 우리가 믿음의 삶을 살 때 환란과 핍박을 피하고 싶지만 그것이 당연히 있음을 인식하고, 그러한 환란과 핍박 앞에서 의연해야 하고 인내로써 감당해야 한다. 성경은 마지막 때에는 심한 핍박과 환란이 있을 것이라고 말씀한다. 우리가 여러가지 시험과 핍박을 참을 수 있는 것은 우리 주님께서 그러한 고난을 이미 통과하시고 승리하셨기 때문이다. 처음이요 나중이요 죽었다가 살아나신 이가 서머나 교회에게 말씀하신다. 예수님께서는 서머나 교회가 당하고 있는 핍박과 환란과 궁핍이 어떤 것인지를 몸소 체험하셨으므로 잘 알고 계셨다. 환란이 있겠지만 죽도록 충성하면 생명의 면류관을 주시겠다고 하신다. 열흘동안 환란을 받을 것이지만 그 끝이 있다고 하신다. 우리가 믿음을 지키기 위해서 당하는 시련과 고난이 있을 때에, 주님께서 우리의 고난에 동참하실 것을 믿고, 이기는 자에게 주시는 면류관을 소망하자.

## 4. 빌라델비아 교회에게(3:7-13)

거룩하고 진실하사 다윗의 열쇠를 가지신 예수 그리스도께서 빌라델비아 교회에 주신 말씀이다. 이 교회는 주님께 많은 격려를 받았다. 많은 유혹과 핍박이 있었음에도 불구하고 그들은 작은 능력을 가지고도 주님의 말씀을 지키며, 주님의 이름을 배반하지 않았다. 주님께서 그들의 발 앞에 원수가 굴복하게 해주시겠다고 약속하신다. 주의 인내의 말씀을 지키는 자들에게 주시는 축복이다. 그러므로 끝까지 그것을 지켜서 아무도 면류관을 빼앗지 못하게 하라고 한다. 우리가 큰 것만 가지고 주님을 섬길 수 있는 것이 아니다. 작은 것이지만 생명이 있을 때 주님 앞에 귀하게 쓰임받는다.

우리 주님은 다윗의 열쇠를 가지신 분이시다. 주님께서 여시면 닫을 사람이 없고, 주님께서 닫으시면 열 사람이 없다. 주님께서 빌라델비아 교회 앞에 열린 문을 두셨다. 베드로의 온전한 신앙고백을 받으시고 주님께서 그에게 천국열쇠를 주셨듯이, 주의 말씀을 지키고 믿음을 배반하지 않는 사람은 열린 문으로 들어가 주의 얼굴을 뵐 수 있게 된다. 끝까지 이기는 자는 하나님의 성전의 기둥이 되어 영원히 하나님과 함께 있게 된다. 보석은 시련을 통해 진가를 발휘하듯이 하나님의 말씀에 뿌리내린 믿음은 유혹과 시련을 견딤으로써 승리하게 된다. 주님께서 오늘도 우리와 동행하시고 우리를 살피신다.

## 1. 천상의 예배(4:1-11)

일곱 교회에게 말씀을 주신 후, 주님께서 하늘의 열린 문으로 요한을 인도하셔서 하늘 보좌를 보게 하셨다. 천상의 위엄과 영광을 보게 하신 것이다. 보좌에 앉아계신 하나님의 모습이 벽옥과 홍보석 같았다. 무지개가 보좌에 둘러있고 그 보좌 위에 24 장로들이 있었다. 그리고 각각 여섯 날개를 가진 네 생물이 있어서 밤낮 쉬지 않고 하나님을 찬양하고 있었다. 24 장로들도 그 보좌 앞에 엎드려 하나님을 경배했다. 하나님의 보좌가 중심에 있는 것은 하나님이 만물의 중심이 되심을 나타낸다. 모든 것들은 그 보좌를 중심하여 모이고, 세세토록 살아계셔서 보좌에 앉아계신 하나님께 경배한다. 우리 하나님은 모든 피조물에게 경배를 받으시기에 합당하신 분이시다. 흰 옷을 입고 금 면류관을 쓰고 있던 장로들은 모두다 그 면류관을 벗어서 보좌 앞에 던졌다. 그리고 오직 주 하나님만이 영광과 존귀와 능력을 받으셔야 한다고 고백했다. 면류관은 충성된 자에게 주어진 영광의 상징이었다. 장로들은 자신의 면류관을 보좌 앞에 벗어놓으면서 하나님께 영광을 돌렸다. 받아야 할 상급이 있다면 그것도 하나님의 은혜로 되어진 일임을 알았기에 거룩하신 하나님 앞에서 겸손할 수밖에 없었던 것이다. 참된 예배는 오직 하나님만 바라보고, 모든 영광을 하나님께만 돌린다. 오늘 우리의 예배가 성삼위 하나님께 모든 영광을 돌려드리는 천상의 예배가 되게 하자.

## 2. 영광받으실 주님(5:1-14)

말세의 비밀이 간직된 일곱 인으로 봉한 책이 하나님의 손에 들려져 있었는데 그 인을 뗄 때에 그 속에 있는 비밀들이 열리게 되고 세상 종말의 역사들이 진행되게 되었다. 그러나 그 인을 떼기에 합당한 사람은 아무도 없었다. 오직 예수 그리스도만이 그것을 떼기에 합당한 분이셨다. 예수님은 유다지파의 사자, 다윗의 뿌리로써 십자가에서 고난을 받으시고 승리하셨으므로 보좌에게 계신 아버지께서 그에게 인봉한 책을 주셨다. 네 생물과 이십 사 장로들이 모두 다 어린양 앞에 엎드려 찬송하기를 "책을 가지시고 그 인봉을 떼기에 합당하시도다. 일찍 죽임을 당하사 각 족속과 방언과 백성과 나라 가운데서 사람들을 피로 사서 하나님께 드리시고 저희로 우리 하나님 앞에서 나라와 제사장을 삼으셨으니 저희가 땅에서 왕노릇 하리로다"라고 했다. 모든 영광을 예수 그리스도께 돌려드렸다. 예수님께서 자기를 낮추어 천사들과 같이 되시고, 사람들을 위하여 고난을 받으셨을 때 아버지께서 그를 지극히 높여주시고, 그에게 세상의 모든 역사를 주관할 권세를 허락해 주셨다. 고난은 언제나 우리를 권세 있는 자리로 인도한다. 고난 없는 영광은 없다. 성도가 이 땅에서 고난을 받을 때 하나님이 주실 영광은 측량할 수 없다.(롬8:18) 예수 그리스도의 십자가는 우리 인생의 비밀과 모든 문제의 해답이다. 우리가 주님께서 가셨던 고난의 길을 따라갈 때 주님과 함께 영광을 누리게 된다.

### 3. 네 개의 인과 다른 두 인(6:1-17)

세상에 오셔서 심판을 받으시고 승리하셨던 어린 양이 마침내 일곱 인 중에서 하나를 떼셨다. 심판의 주가 되셔서 종말의 심판을 알리신 것이다. 첫번째 인을 떼자 흰 말을 탄 정복자가 나타났다. 땅 위에 환란을 가지고 올 정복자였다. 둘째 인을 떼시니 붉은 말을 탄 자가 나왔다. 그는 땅에서 화평을 제하여 버리고 서로 죽이게 했다. 세째 인을 떼셨는데 검은 말 탄 자가 손에 저울을 잡고 나왔다. 땅에 기근을 가져올 것을 보여준다. 이어서 네째 인을 떼자 청황색 말을 탄 자가 나왔다. 그의 이름은 사망이었다. 이 네 개의 인은 전쟁에 대한 소식을 가져다주었다. 정복자가 나타나 전쟁을 하여 많은 사람들을 죽이고, 그로 인해 땅에는 대 기근이 임하게 되어 사람들이 굶주려 죽는 일이 있게 될 것이다. 우리 주님께서는 말세에 이런 재난이 있을 것이라고 말씀하셨다.(마24장) 민족이 민족을, 나라가 나라를 대적하여 일어나고, 처처에 기근과 지진이 있겠다고 하셨다. 이러한 환란으로 인해 많은 사람이 시험에 빠지게 될 것이라고 하셨다. 이런 시험과 환란은 성도의 삶에서도 끊임없이 일어난다. 어떻게 시험과 환란의 때에 이길 수 있겠는가? 우리가 인내로써 이런 것들을 견뎌내야 한다. 말세에는 이보다 더 혹독한 시련과 배교가 있을 것이다.

다섯째 인을 때실 때 보여진 것은 하나님의 말씀과 저희의 가진 증거를 인하여 죽임을 당한 영혼들이 제단 아래에서 큰 소리로 하나님을 불러 자신들이 받은 고난에 대해서 땅을 심판해 주시라는, 하나님의 공의를 이루어 주시라는 호소였다. 그러나 하나님께서는 땅의 심판을 보류하신다. 아직도 고난받고 죽임을 당해야 할 형제들이 많이 있다는 것이다. 그들의 수가 차기까지는 심판을 보류하신다고 말씀하신다. 이는 마지막 때에 하나님의 백성들이 어떤 고난을 받게 될 것인지를 보여준다. 견디기 힘든 고난이 있을 것을 예고하고 있다. 지금까지 수 많은 믿음의 사람들이 그들의 피를 흘리면서까지 싸워서 믿음을 지켜왔다. 하나님께서는 그들의 피를 결코 헛되게 하지 않으신다. 그러나 아직 하나님의 심판의 때는 오지 않았다. 하나님께서 심판하실 때까지 우리의 믿음을 지키자. 여섯째 인을 떼실 때에 마침내 종말의 징조들이 나타난다. 우주 만물에 엄청난 변화가 일어난다. 별들이 떨어지고 하늘이 종이축처럼 말렸다. 산과 섬들도 제 자리에 있지 않았다. 우주의 대 격변이 있게 되는 것이다. 그 일 후에 인자가 오신다.(마24:29-31) 보좌 우편에 앉아계신 주님께서 심판하실 날을 준비하고 계신다. 우리가 인내로써 우리의 믿음을 지키자.

## 12월 27일 :: 요한계시록 7-9장

### 1. 하나님의 인 맞은 자(7:1-17)

하나님의 인을 가진 천사가 해 돋는 데서 올라와 하나님의 종들의 이마에 인을 쳤다. 세상을 심판하는 천사들도 그들을 해하지 못했다. 그 인 맞은 자들은 십 사만 사천이었고, 능히 셀 수 없는 흰 옷을 입은 큰 무리들이었다. 십 사만 사천은 영적 이스라엘인 하나님의 백성들을 가리킨다. 각 나라와 족속과 백성과 방언에서 하나님께 택함받고 구원받은 자녀들, 곧 하나님의 교회를 지칭한다. 이 사람들이 24 장로들과 네 생물로 더불어 손에 종려가지를 들고 보좌 앞과 어린 양 앞에서 하나님과 어린양에게 경배를 드렸다. 이 사람들은 모두 어린양의 피에 그의 옷을 빨아서 희게 된 옷을 입고 있었다. 그들이 밤낮으로 하나님을 섬길 수 있게 되었다. 하나님께서는 그들이 어떤 해도 당하지 않게 하시고, 예수님이 친히 목자가 되셔서 그들을 생명수 샘으로 인도하시고 그들의 눈에서 모든 눈물들을 닦아주셨다. 교회는 이처럼 하나님 앞에서 영광스러운 존재이다. 비록 이 땅에서 많은 시련과 환란이 있지만 하나님의 인을 맞은 교회는 어떤 시련과 역경 속에서도 넘어지지 않는다. 실패하지 않는다. 성령의 인침을 받은 교회는 반드시 이기고 하나님의 보좌 앞에 서게 된다. 오직 어린양의 피가 교회를 거룩하게 하고 하나님 앞에 서기에 합당하게 만든다. 그러므로 교회는 오직 예수 그리스도만 의지해야 한다. 나를 하나님의 보좌 앞에 서게하는 것은 그리스도의 피 밖에 없다.

### 2. 하나님의 심판(8:1-13)

일곱 나팔의 심판에 대해서 말씀한다. 나팔은 특별한 일 - 기념일, 승리, 왕의 즉위식, 경고 등등 - 이 있을 때 불었다. 천사들이 나팔을 불 때마다 땅에 무서운 심판이 내려지고 있다. 땅의 삼분의 일이 타버리고, 바다의 삼분의 일이 피가 되고, 하늘에서 큰 별들이 떨어지고, 해와 달의 삼분의 일이 타격을 받았다. 그야말로 큰 화가 임하게 되었다. 이는 하나님의 심판이 얼마나 무서운 것인지를 보여준다. 그래서 독수리가 날아가면서 땅에 있는 자들을 향해 '화, 화, 화,'라고 했다. 이 나팔소리는 분명 경고의 나팔소리이다. 하나님의 심판이 반드시 있을 것을 보여준다. 그러므로 경고의 나팔이 울릴 때에 깨닫아야 하고, 죄에서 돌아서야 한다. 이 나팔소리는 역사의 어느 시점에만 울려퍼지는 것이 아니다. 우리의 삶 속에서 하나님은 계속해서 경고의 나팔을 부신다. 나팔을 불 때마다 땅위에 심각한 피해가 있었다. 그러나 이 심판은 세상을 사랑하시는 하나님께서 영원한 심판을 피하도록 미리 경고하시는 것에 불과하다. 아직 세상은 하나님께로 돌이킬 기회가 있음을 의미하는 것이다.

이 심판의 때에 하나님의 백성들은 인내로써 하나님 앞에 기도해야 한다. 경고의 나팔소리 앞에서 두려워 떨며 보좌 앞으로 나아와야 한다. 성도의 진실한 기도는 향연이 되어 하나님의 보좌 앞에 상달된다. 무서운 심판의 때를 견디고 이기기 위해 늘 깨어서 기도하며, 모든 소망을 오직 세세토록 살아 계신 우리 주님께만 두자.

## 3. 무저갱의 열쇠(9:1-11)

하늘에서 떨어진 별이 열쇠를 가지고 무저갱을 열어 황충을 올라오게 하여 그것들이 하나님의 인을 맞지 않은 사람들을 심히 해하고 있다. 사람들이 죽기를 구하여도 죽을 수 없는 고난이 있다. 그들을 괴롭히는 황충의 모양은 무시무시하다. 그 황충의 우두머리는 아볼루온(파괴자)이었다. 마치 지옥의 모습을 연상케하는 무시무시한 환란을 보여준다. 하늘에서 떨어진 별은 사탄이다. 이 사탄이 하나님에게서 세상을 해할 권세를 받았다. 그러나 그는 하나님의 인 맞은 자는 건드릴 수 없었다. 사탄의 권세가 아무리 커도 그것은 하나님께서 허락하신 권세일 뿐이다. 사탄은 하나님의 백성들을 결코 해할 수 없다. 세상은 사탄에 의해서 조종을 받고, 심한 해를 당하게 되어있다. 얼마나 끔찍했으면 차라리 죽는 것이 낫다고 했겠는가? 그러나 그 고통은 죽어도 죽을 수 없는 고통이었다. 사탄은 이 재앙을 환경이 아닌 사람들에게 직접 쏟아낸다. 하나님이 없는 인생들에게 임하는 지옥의 고통이 있다. 차라리 죽었으면 좋겠다는 탄식을 쏟아낸다. 하나님 없는 사람들의 삶의 모습이 아름다운 것 같지만 비참하기 이를데 없다. 하나님의 자녀들이 끊임없는 고난의 현장에서 하나님의 은혜를 받고, 하나님의 보호하심을 입는 것은 참으로 큰 복이다. 우리가 매 순간 하나님께 소망을 두며 살자.

# 요한계시록 10-13장

## 1. 임박한 심판(10:1-11)

힘센 두 천사가 구름을 입고 하늘에서 내려와 임박한 최후의 심판에 대한 나팔을 불려고 준비하고 있다. 그 천사의 모습은 이전의 천사들의 모습과는 사뭇 달랐다. 머리위에 무지개가 있고, 그 얼굴은 해 같고, 그 발은 불기둥 같고 그 손에는 펴놓인 작은 책을 들고, 두 발로는 각각 바다와 땅을 밟고 일곱 우뢰소리와 같은 소리를 발하고 있었다. 마치 예수 그리스도의 모습을 보는듯하다. 요한이 그 환상을 보고 기록하려고 할 때, 하늘로부터 그것을 인봉하고 기록하지 말라는 말을 들었다. 천사가 일곱째나팔을 불게 되면 마침내 종말이 임하게 된다. 천사는 그것을 부는 것을 지체하지 않겠다고 한다. 더 이상 시간이 없다는 것이다. 임박한 종말을 보여준다. 나팔이 울려퍼지게 되면 마침내 하나님의 비밀인 복음이 이루어지게 되는 것이다. 하나님께서 그동안 많은 경고들을 통해 하나님을 대적하는 자들이 회개하고 돌아올 기회를 주며 기다리셨다. 그러나 마지막 나팔소리가 울리면 종말의 때는 오고야 만다. 요한은 천사가 준 작은 책을 먹었다. 먹을 때는 입에 달았지만 배에서는 쓰게 되었다. 하나님과 불화하고 회개하지 않는 자에게 복음을 전파하는 일은 고통스러운 일이다. 그것은 더 이상 복음이 아니라 심판이다. 그럼에도 불구하고 하나님의 백성들은 세상에 복음을 전해야 한다. 복음전파는 하나님의 심판을 알리는 마지막 나팔이다.

## 2. 교회를 보호하시는 하나님(11:1-14)

일곱째 인의 둘째 화에 대한 장면을 묘사하고 있다. 교회가 세상으로부터 많은 핍박을 받아 거의 죽게 된 것처럼 보이지만 결국은 패하지 않고 승리하게 됨을 보여준다. 하나님께서 성전과 제단과 그 안에서 경배하는 자들을 척량하라고 하셨다. 이는 하나님께서 교회를 보호하시겠다는 말씀이다. 핍박의 때에도 계속해서 두 증인은 하나님의 말씀을 전파한다. 그들이 굵은 베를 입고 일천 이백 육십 일을 예언한다고 했다. 그러나 이 때에 사단은 더 크게 권세를 부려 전쟁을 일으키고 저희를 죽이게 되는데 그 곳은 소돔이라고도 하고 애굽이라고도 하는데 곧 우리 주님께서 십자가에서 못박히신 곳이었다. 하나님을 대적하던 백성들은 선지자의 죽음을 즐거워한다. 마치 예수님께서 십자가에서 못박히실 때에 그들이 승리를 자축했던 것과 동일한 일들이 일어난다. 그러나 하나님은 죽은자들에게 생기를 보내 다시 살리시고 그들을 하늘로 올리신다. 결국 하나님의 교회가 죽음을 경험하는 핍박 속에서도 쇠하지 않고 하나님의 부활의 능력으로 다시 살아 하나님의 영광에 참여하게 되는 것이다. 이 세상의 교회는 어떤 경우에도 패하는 법이 없다. 잠시 악이 성하고 교회가 실패하는 것처럼 보이지만 하나님은 당신의 교회를 척량하시고 그 교회를 온전하게 보호하신다. 예수 그리스도께서 이미 십자가에서 모든 죄를 짊어지고 죽으셨다가 다시 살아나셔서 승리의 노래를 부르신 것처럼, 하나님의 말씀과 예수 그리스도의 십자가를 붙드는 성도는 반드시 영광스러운 주님의 나라에 들어가게 된다. 그러므로 우리가 어떤 시련과 역경 가운데서도 굴하지 말고 십자가를 굳게 붙들자.

## 3. 영적 전투(12:7-17)

교회가 사탄과 치르는 영적인 전투를 보다 상세하게 묘사하고 있다. 하늘에서 전쟁이 있게 되는데 미가엘과 그 사자들이 용과 그 사자들로 더불어 싸운다. 용은 그 전쟁에서 패하여 결국 땅으로 쫓겨난다. 온 천하를 꾀던 사탄 마귀가 그의 사자들과 함께 내어 쫓기게 되는 것이다. 이는 마치 에덴동산에서 아담과 하와를 넘어뜨린 마귀가 쫓겨나 저주를 받는 것을 상기하게 한다. 또한 애굽의 바로가 결국 하나님의 백성을 붙들어놓지 못하고 할 수 없이 내어놓게 된 것을 연상케 한다. 하나님의 교회와 마귀와의 싸움은 태초부터 있어왔다. 언제나 하나님의 교회가 패하는 것 같았지만 결국 최후의 패자는 마귀였다. 교회가 마귀를 대적하여 이길 수 있는 유일한 힘은 교회 자신에게 있지 않다. 오직 어린양의 피와 그리스도의 말씀의 능력에 있다. 그리스도의 말씀과 그의 십자가를 붙드는 교회는 어떤 시련과 역경 속에서도 살아남아 최후의 승리자가 된다. 이제 마귀는 세상을 완전한 파멸로 이끌기 위해서 마지막 분노를 발하게 될 것이다. 그러나 끝까지 그리스도의 피의 증거를 가진 교회는 그 모든 해로부터 완전하게 보호를 받게 되고, 마귀가 토해낸 물에도 전혀 해를 입지 않게 된다.

하나님께서는 이스라엘 백성들 앞에서 홍해 물을 말리시고 그 곳에 길을 내셔서 자기 백성들을 안전하게 건너가게 하셨다. 그러나 바로의 군대는 그 물에 빠져 죽고 말았다. 오늘 우리에게 어떤 시련이 있든지 예수 그리스도의 피를 믿고, 그의 말씀을 온전히 신뢰하는 믿음을 가지고 마귀를 대적하자.

## 4. 바다에서 올라온 짐승(13:1-10)

요한이 본 첫째 환상은 일곱 머리 열 뿔 가진 한 짐승이 바다에서 올라오는 것이었다. 이 짐승은 하나님의 신성을 모독하는 이름이 새겨진 왕관들을 그 머리에 쓰고 있었다. 사탄은 이 짐승에게 그가 가지고 있는 모든 능력과 보좌와 큰 권세를 주었다. 그 짐승의 머리 하나가 상하여 죽게 된 것 같더니 그 죽게 되었던 상처가 낫게 되자 온 땅이 놀랍게 여겨 그 짐승을 따르며 그 짐승을 경배한다. 이 짐승은 삼 년 반 동안 땅을 해칠 권세를 용으로부터 받았다. 그래서 그 입으로 하나님을 비방하고, 성도들과 더불어 싸웠다. 성도들은 어린양의 생명책에 기록되어 있었으므로 그들의 권세가 이기지 못했지만 땅에 있는 자들은 모두 그 짐승에게 경배했다. 성도들은 끝까지 인내로써 그들의 믿음을 지켜냈다. 이 짐승이 무엇인지 짐작할 수 있다. 그것은 하나님을 버리고 인간의 모든 능력과 권세를 자랑하는 하나님 없는 세상의 권세들인 것이다. 사탄에게 권세를 위임받은 세상은 자신들의 권세를 사용하고, 자신들이 추구하는 이상들을 좇아 살아가게 될 것이다. 그것은 정의, 윤리, 도덕, 인권, 자유…등등이 될 수 있다. 사람들은 그것을 최고의 이상과 가치로 여기며 산다. 그 모든 것들을 주신 분이 하나님이신데, 그 속에서 하나님을 배제해버리면 그것 자체가 큰 권세가 되고, 모든 사람들이 그 권세 앞에 굴복하며 살게 된다. 이렇게 사탄은 세상을 왜곡하고 그것을 최고의 가치로 여긴다. 그러나 오직 우리의 자랑은 예수 그리스도와 그의 십자가의 피 밖에 없다. 예수님이 진리이고 생명이고 참된 능력이고 권세이다.

## 5. 땅에서 나온 짐승(13:11-18)

두번째 환상은 땅에서 올라온 짐승의 환상이다. 이 짐승은 모양은 어린양 같지만 목소리는 용의 목소리다. 그것이 첫번째 짐승의 모든 권세를 그 앞에서 행하고 땅에 사는 모든 자들로 하여금 첫째 짐승에게 경배하게 했다.그 짐승은 큰 이적을 행했다. 그러므로 사람들이 그 이적에 미혹되어 짐승이 요구하는대로 우상을 만들게 되었고 짐승은 그 우상에게 생기를 주어 마치 생명이 있어 말도 하는 것처럼 하게 했다. 그리고 땅에 있는 모든 자들에게 오른손이나 이마에 표를 받게 하고 그 표를 가진 사람 외에는 매매도 못하게 했다. 그 표는 짐승의 표, 666 이다. 분명히 땅에서 올라온 짐승은 거짓되고 왜곡된 이단적인 종교를 상징하고, 더불어 하나님에게서 돌아서게 하는 세상의 모든 철학과 학문들을 상징하기도 한다. 사람들은 표적에 쉽게 미혹을 당하고, 이적과 기사를 행하는 곳에 생명과 능력이 있는 것으로 착각하여 그것을 따라가고 그것에 자신들의 모든 인생을 걸곤 한다. 그래서 초자연적인 일이 많이 행해지는 곳에는 언제나 많은 사람들이 몰린다. 또한 사람들은 어떤 제도에 쉽게 종속되고, 그것이 자신들의 삶을 보장해 줄 것이라고 착각한다. 이것은 철저하게 666으로 상징되는 인본주의적인 삶의 모든 시도들이다. 그러나 신실한 하나님의 교회는 오직 예수 그리스도만 붙들어야 하고, 그분의 이름만 높여야 한다. 기독교의 이름을 빙자하여 인간의 숨겨진 욕망들을 충족시키고자 할 때 그것이 적그리스도의 표적이다. 교회는 철저하게 내가 죽고 예수만 살아야 한다. 예수 그리스도의 이름만 증거되어야 한다. 그 외의 모든 것은 진짜로 위장된 가짜일 뿐이다.

## 1. 어린양과 십 사만 사천(14:1-5)

세번째 환상은 시온산에 선 어린양과 그와 함께 있는 십 사만 사천의 무리들이었다. 그들은 모두다 그 이마에 어린양의 이름과 그 아버지의 이름이 새겨져 있었다. 십 사만 사천은 교회, 즉 영적 이스라엘인 하나님의 모든 백성을 의미한다. 그들은 구속받은 자의 노래를 부르는 자들이다. 그들이 보좌와 네 생물과 장로들 앞에서 새 노래를 불렀다. 찬송은 아무나 부를 수 없다. 오직 하나님의 인을 맞은 자들의 입술에서만 하나님이 받으시는 찬송이 나온다. 그들은 정결하고 거짓이 없고 흠이 없는 자들로 어린양이 인도하시는 대로 따라가는 자들이었다. 모두다 그리스도의 십자가의 의를 덧입은 자들이었다. 이제 그들은 자신들의 모든 것을 내려놓고 오직 그리스도께서 인도하시는 대로만 따라갔다. 성령의 인도를 받은 것이다. 하나님의 교회는 언제나 하나님의 도성인 새예루살렘이 있는 시온산 위에서 하나님과 함께 있게 된다. 하나님의 백성들이 하나님과 함께 있는 것은 참으로 영광스러운 일이다. 우리가 시온산에 서신 어린양과 하나되기 위해서 오직 예수 그리스도의 십자가만 붙들어야 한다. 그리스도의 인도를 따라가야 한다. 우리의 매일의 삶은 그리스도를 따르는 것을 연습하는 삶이다. 그 날에는 그분만 따르게 될 것이다. 예수님께서는 이 땅에서 누구든지 주님을 따라오려거든 자기를 부인하고 자기 십자가를 지고 따르라고 했다. 시온산에서 어린양과 함께 설 날을 사모하자.

## 2. 진노의 금대접(15:5-16:1)

마침내 마지막으로 쏟아질 재앙이 준비된다. 네 생물 중에 하나로부터 일곱 천사가 하나님의 진노를 담은 금 대접 일곱을 받아들었다. 이제 그 심판이 차례대로 진행되게 될 것이다. 증거의 장막은 하나님이 계신 곳이다. 하나님은 그곳에서 당신의 백성들을 만나셨다. 그러나 어느 누구도 하나님을 직접 대면하지 못했다. 모세조차도 그렇게 하지 못했다. 하나님의 영광스러운 임재를 보았을 때 모세도 그 장막에 들어갈 수 없었다. 이제 하나님은 진노의 대접을 가지고 계신 분이셨으므로 모든 사람이 그 앞에서 공포심을 느낄 수밖에 없다. 하나님을 대적했던 자들이 어떻게 그 앞에 설 수 있겠는가? 일곱개의 완전한 진노의 대접 앞에서 누가 살아남을 수 있겠는가? 아무리 대적의 세력이 강할지라도 그들은 진노하시는 하나님의 엄위하심 앞에 굴복당할 수밖에 없게 된다. 그러나 어린양의 피로 씻음받은 하나님의 백성들은 더이상 무서운 진노의 대접을 두려워하지 않는다. 이미 그것이 지나갔기 때문이다. 어린 양이 우리를 위해서 모든 진노를 담당하셨다. 예수님이 십자가에서 죽으시고 다시 살아나셨다. 그러므로 이제 땅에 쏟아질 진노는 주를 따르는 백성들에게 오히려 기대를 갖게 한다.

### 3. 일곱 대접 재앙(16:2-21)

이제 돌이킬 수 없는 재앙이 임하게 된다. 그동안 많은 재난들은 회개를 위한 하나님의 경고였다. 그러나 대접 재앙 앞에서는 회개할 기회를 얻지 못한다. 짐승의 표를 받았던 사람들, 우상에게 경배하는 자들에게 진노가 임한다. 끝까지 강퍅한 마음을 가졌던 바로가 결국에는 철저한 패배를 당했던 것처럼 하나님의 경고를 무시하고 대적했던 자들에게 돌이킬 수 없는 재앙이 임한다. 이러한 심판이 내려질 때 한 천사가 그 심판의 정당성을 노래한다. 성도들과 선지자들의 피를 흘렸던 자들은 응당 심판을 당해야만 한다고 했다. 하나님의 공의는 불의에 대해서 반드시 징벌을 내리신다. 하나님을 대적했던 자들은 대접의 심판이 내려질 때 아파서 혀를 깨물면서도 오히려 하나님을 비방하고 그들의 행위를 회개하지 않았다. 귀신의 영은 마지막까지 발악한다. 하나님의 심판은 우주적이다. 하늘과 땅과 바다에 물과 불로 심판을 행하신다. 그 심판에서 살아남을 자가 아무도 없다. 결국 바벨론은 무너지게 된다. 하나님의 심판은 확실하다. 성도는 인내로써 끝까지 믿음을 지켜야 한다.

## 1. 큰 음녀 바벨론(17:1-6)

큰 음녀 바벨론이 받을 심판에 대해서 말씀한다. 땅에 거하는 자들과 땅의 임금들이 그 음녀와 더불어 음행했다. 바벨론은 화려하고 풍성하고 매혹적인 세상을 대표한다. 그것은 하나님을 떠난, 하나님과 관계없는 세상의 모든 것들을 일컫는다. 우리가 세상에서 살아갈 때에 세상의 힘과 권세와 영광과 화려함을 바라보며 부러워하고 그것을 얻기를 사모하지만, 이 모든 것들을 한 꺼풀만 벗겨 보면 그 속에는 온갖 더러운 것들로 가득 차 있다. 모든 이론과 사상과 경제와 문화와 현상들이 하나님을 대적하고 있다. 오직 자기의 배만 위해서 살아가고 있는 것을 보게 된다. 성도는 그런 것들에게서 빠져나와야 한다. 그래서 광야로 나와서 그것을 바라볼 수 있어야 한다. 성령께서 요한을 광야로 데리고 가신 이유는 그것들의 실상을 바로 보라는 것이다. 그것들은 정말 화려하게 보였다. 힘과 권세가 있었다. 화려한 의복으로 치장하고 있었다. 그러나 모든 가증한 것과 음행들로 가득 차 있었다. 만 왕의 왕이신 예수를 부인하고 믿는 자들을 핍박하고 있었다. 예수로 충만한 사람은 아무리 뒤져도 예수만 나온다.

## 2. 일곱 머리, 열 뿔(17:7-18)

일곱 머리와 열 뿔에 대해서 말씀한다. 이것들은 바벨론, 즉 음녀를 상징한다. 일곱 머리는 일곱 산이고 열 뿔은 열 왕이라고 했다. 아주 완전하고 견고한 하나님 없는 세상의 권력을 의미한다. 그것들은 큰 권세를 가지고 자기를 자랑한다. 여기서 말하는 세상은 우리가 살아가는 세상이 아니라 그 중심에 하나님이 없는 모든 것에 대한 지칭이다. 내 안에 하나님이 없을 때 나의 모든 추구도 세상이 되는 것이다. 그들은 서로 뜻을 합하여 이 세상에서 힘과 능력을 과시한다. 그것들은 필연적으로 어린양과 더불어 싸우는 영적 싸움을 하게 된다. 그리스도와 벨리알은 하나 될 수 없다. 그러나 그들이 아무리 힘과 능력을 과시해도 그것들은 멸망이 예비되어 있는 존재들일 뿐이다. 어린양이 반드시 이기고 어린 양에게 붙어있는 자들이 이기게 되는 것이다. 그러므로 그리스도의 신부인 교회는 승리가 보장된 싸움을 싸우고 있는 것이다. 결국에 가서 세상은 스스로 분열하게 될 것이다. 열 뿔과 짐승이 음녀를 미워하여 망하게 하고 벌거벗게 하고 그 살을 먹고 불로 아주 사르리라고 했다. 역사의 주인은 하나님이시다. 하나님이 역사를 주관하신다.

### 3. 무너진 바벨론(18:1-24)

이 땅에서 온갖 권세를 부리며 사치하던 바벨론과 그를 따르던 세상의 나라들이 무너지는 모습을 보여주고 있다. 하늘에서 난 다른 음성은 내 백성 즉, 하나님의 백성들이 바벨론에서 나오고 그 죄에 참여하지 말고 그들이 받을 재앙들을 받지 말라고 한다. 교회는 이 세상과 구별되어야 하고 그들의 힘의 원리에 압도당하지 말아야 한다. 교회가 걸어가야 할 길이 있다. 그것은 오직 우리 주 예수 그리스도의 십자가만 붙드는 것이다. 세상의 쾌락과 권세와 능력을 포기해야 한다. 그것들로 힘을 삼지 말아야 한다.

바벨론으로 상징되는 음녀의 죄가 하늘에 사무쳤다고 한다. 더 이상 하나님께서 참으실 수 없을 때, 마침내 종말이 오게 된다. 자기를 위해서 사는 것, 자기를 챙기기에 급급한 삶을 사는 세상을 향해 하나님께서 갚아주실 것이 있다. 그것은 재앙이고 애통이고 심판이다. 그리스도와 그의 백성들을 대적하고 그것을 따르던 모든 사람들이 가슴을 치며 통곡할 날이 있게 될 것이다. 그 영혼이 탐하던 모든 과실들은 대풍을 만나 모두 떨어지게 될 것이다. 모든 것은 일시적인 것들이다. 금방 화가 미치게 되는 것이다. 그러므로 우리가 이 땅에서 무엇을 소망하며 살아야 하겠는가? 성도는 영원을 바라보며 살아야 한다.

### 4. 백마를 탄 자(19:11-21)

피 뿌린 옷을 입고 백마를 타고 오시는 예수 그리스도의 모습을 보여주고 있다. 그 때에 하늘에 있는 군대들도 희고 깨끗한 세마포를 입고 백마를 타를 그를 따르고 있었다. 그의 입에서 나오는 거룩한 말씀이 온 세상을 치고, 권세를 가지고 그들을 다스리며 맹렬한 진노의 포도주 틀을 밟게 될 것이었다. 그분이 바로 승리하신 예수 그리스도이다. 그러나 사탄은 끝까지 반항한다. 그를 따르는 세상과 연합하여 그리스도를 대적하여 싸우려고 한다. 그러나 그 전쟁은 이미 그리스도의 승리로 끝난 전쟁이었다. 결국 모든 짐승들이 잡혀 결박되고 산채로 유황불이 붙는 무저갱에 던져 넣어져 버리게 되는 것이다. 이 세상에 파루시아(그리스도의 영광스러운 재림)가 임할 때까지 싸움은 계속되게 될 것이다. 성도가 세상의 권세 앞에 굴복하지 말아야 하는 것은 승리하신 그리스도가 우리와 함께 계시기 때문이다. 교회는 승리가 보장된 싸움을 싸우고 있다. 그러므로 압도당하여 뒤로 물러서지 말고 더욱 더 힘 있게 앞으로 나아가자. 우리가 진실로 압도당해야 하는 것은 세상의 부와 권력과 명예가 아니라 승리의 왕으로 오시는 우리 주 예수 그리스도이다. 예수님은 말씀이고, 충신과 진실이고, 만 왕의 왕, 만 주의 주가 되신다

# 12월 31일 :: 요한계시록 20-22장

## 1. 천년왕국(20:1-6)

천사가 무저갱 열쇠와 큰 쇠사슬을 그 손에 가지고 하늘로서 내려와서 용, 옛 뱀, 마귀, 사단을 잡아 천년 동안 결박하여 무저갱에 던져 잠그고 인봉함으로 천년이 차기까지 만국을 미혹하지 못하게 하는 환상을 보았다. 우리가 이것을 천년왕국이라고 부른다. 천년왕국이 언제 임하느냐의 문제를 가지고 사람들 사이에 많은 논쟁이 있다. 그러나 천년왕국은 예수 그리스도의 초림과 더불어 이미 이 세상에 임했다. 예수님은 마귀의 일을 멸하기 위해서 오셨다. 그래서 귀신을 쫓아내고 강한자를 결박하는 일들을 하셨다. 성도는 승리하신 예수 그리스도와 더불어 천년왕국을 살아가고 있다. 우리 안에서 계속해서 하나님의 나라를 이루어 가고 있는 것이다. 마귀는 굉장한 힘을 가지고 있지만 이미 패배당하고 결박되어 무저갱에 갇혔으므로 하나님의 백성을 결코 넘어뜨릴 수 없다. 마귀의 일을 멸하는 권세가 예수 그리스도께 있다. 그러므로 우리가 이 세상에서 승리를 누리며 살기 위해서 우리 자신의 힘과 능력이 아니라 예수 그리스도께서 공급하시는 힘과 능력을 의지해야 한다. 마귀의 미혹이 있지만 계속해서 교회는 흥왕하게 되고 복음은 전파된다.

## 2. 백보좌 심판(20:11-15)

이제 요한에게 보인 것은 오직 심판의 보좌뿐이다. 그는 보좌에 앉아 계신 분 앞에 생명책과 다른 책들이 펴져 있는 것을 보았다. 모든 사람들은 그 책에 기록된 대로 그들의 행위를 따라 심판을 받게 되어 있었다. 마지막 심판이 있게 될 때 모든 육체는 부활을 하게 되고 하나님의 심판대 앞에 서게 된다. 생명책에 기록되지 못한 사람들은 예외없이 심판을 받아 불 못에 던져진다. 이것이 둘째 사망이다. 그리스도를 대적했던 세상의 모든 사람들은 이미 첫째 사망을 경험한 자들이었고, 그들은 한 번도 부활을 경험해보지 못했던 사람들이었다. 그들이 마지막 심판의 때에 부활하게 되는데 영원한 불못에 들어가기 위해서 부활하는 것이다. 그들이 아무리 자신들의 행위의 정당성을 주장해 보지만 하나님은 그 어떤 것도 가치 있는 것으로 받아들이지 않으신다. 한편 생명책에 기록된 자들은 그 무서운 심판의 날에 아예 심판을 받지 않고 둘째 부활에 참여하여 영원히 하나님과 더불어 왕노릇 하게 된다. 하나님께서 그들에게서 찾으시는 행위는 그들 자신들의 행위가 아니라 그들과 연합한 그리스도의 행위, 능력, 의, 순종의 행위들이다. 그러한 행위는 하나님 앞에 인정받는 행위로써 심판을 면하게 하는 행위가 된다. 그러므로 성도가 자랑할 수 있는 행위는 아무것도 없다. 우리는 오직 그리스도의 십자가만 붙들고, 그리스도께서 이루신 일만 의지하면 된다. 구원이 그런 것이다. 예수님 우편에 달렸던 강도가 그렇게 구원을 받았다.

### 3. 새 하늘과 새 땅(21:1-8)

요한이 새 하늘과 새 땅을 보았다. 그것은 하나님과 그의 성도들, 즉 그리스도의 신부들이 함께 있는 것이었다. 하나님의 장막, 즉 하나님의 임재가 그들 가운데 충만하게 임한 것을 보았다. 그 신부인 교회는 남편을 위해 단장한 모습이었다. 요한이 보좌에서 나오는 음성을 들었다. " 보라 하나님의 장막이 사람들과 함께 있으매 하나님이 저희와 함께 거하시리니 저희는 하나님의 백성이 되고 하나님은 친히 저희와 함께 계셔서 모든 눈물을 그 눈에서 씻기시매 다시 사망이 없고 애통하는 것이나 곡하는 것이나 아픈 것이 다시 있지 아니하리니 처음 것들이 다 지나갔음이러라" 듣기만 해도 가슴 벅차고 황송한 음성이었다. 우리가 마지막 날 하나님의 보좌 앞에 섰을 때 이렇게 우리를 위로하시는 하나님 아버지의 음성을 듣게 될 것이다.

그 하나님께서 우리에게 주시는 위로는 끊어지지 않고 계속된다. "내가 만물을 새롭게 하노라. 나는 알파와 오메가요 처음과 나중이라 내가 생명수 샘물로 목 마른 자에게 값없이 주리니 이기는 자는 이것들을 유업으로 얻으리라 나는 저의 하나님이 되고 그는 내 아들이 되리라" 얼마나 황홀하고 영광스러운 광경인가! 내가 뭔데 이렇게 과분한 복을 나에게 주시는가! 둘째 사망의 해를 면하게 해주신 것 만으로도 감사한데, 측량할 수 없는 은혜와 복을 주시는 그 아버지의 나라가 얼마나 기대되는가!

### 4. 새 창조(22:1-10)

하나님이 계시는 새 예루살렘 성에는 생명수 강이 흐르고 있었다. 그 강물이 하나님과 어린 양의 보좌로부터 흘러나왔다. 강 좌우에 생명나무가 있어서 달마다 실과를 맺히고 그 나무 잎사귀들은 만국을 소성시켰다. 그 곳에는 더 이상 저주가 없고 어린 양의 보좌를 중심으로 성도들이 어린양을 섬기고 어린양이 세세토록 왕노릇 하고 있었다. 만물이 새롭게 되었다. 하나님께서 아담과 하와가 쫓겨남을 당했던 그 낙원을 다시 회복시키셨다. 더 이상 그곳에 하나님처럼 높아지고자 하는 인간의 교만한 시도는 없다. 아담의 타락 이후에 우리 주님께서 그렇게도 새롭게 하시기 원하셨던 새로운 창조가 일어나고 있다. 이 새 창조는 오늘 성도의 삶에서도 일어나야 한다. 예수님만 왕으로 모시고 예수님만 의지할 때 그곳에 하나님의 영광이 나타나게 되고, 하나님이 주시는 생명의 말씀을 먹고, 그 말씀이 머무는 곳에 변화의 역사, 생명의 역사들이 일어나게 된다. 속된 것과 가증한 일, 거짓말은 하나님의 나라에 합당하지 못한 것이라고 했다. 예수 그리스도가 나를 비추고, 그 주님과 더불어 왕 노릇하며 살기를 소망하자.

## 5. 천국으로의 초대(22:11-21)

하나님께서 영광스러운 하나님의 나라로 자기 백성들을 초대하신다. “성령과 신부가 말씀하시기를 오라 하시는도다 듣는 자도 오라 할 것이요 목마른 자도 올 것이요 또 원하는 자는 값 없이 생명수를 받으라”고 하신다. 진실로 속히 오겠다고 말씀하시는 주님 앞에서 “아멘 주 예수여 오시옵소서”로 대단원의 막을 내린다.

불의를 하는 자는 그대로 불의를 하고 더러운 자는 그대로 더럽고 의로운 자는 그대로 의를 행하고 거룩한 자는 그대로 거룩되게 하라고 한다. 그 삶에 대한 결과는 그렇게 살았던 자가 얻게 된다. 이 땅에서 오직 두 가지 삶이 있다. 불의하고 더러운 삶이 있고, 의롭고 거룩한 삶이 있다. 의롭고 거룩한 삶은 오직 예수 그리스도 안에만 있다. 영광스러운 하나님의 나라가 있는 것을 믿는 자는 이 땅에서 함부로 살 수 없다. 그리스도의 의를 붙들고 산다. 알파와 오메가, 처음과 나중, 시작과 끝이 되시는 예수 그리스도의 피에 두루마기를 빠는 자들은 복이 있다. 그리스도 안에서만 그룹들이 화염검으로 가로막고 있던 그 생명나무의 길로 나아갈 권세를 얻게 된다. “아멘 주 예수여 오시옵소서.”